STUDIA
HUMANITATIS
문명텍스트

STUDIA HUMANITATIS
문명텍스트
44

'어떤 철학'의 변명

이소크라테스의 연설문 『교환소송(antidosis)에 관하여』

이소크라테스 지음 | 김헌 주해

서울대학교출판문화원

STUDIA HUMANITATIS
문명텍스트 44

'어떤 철학'의 변명

이소크라테스의 연설문 『교환소송(antidosis)에 관하여』

초판 1쇄 인쇄 2019년 10월 10일
초판 1쇄 발행 2019년 10월 15일

지은이 이소크라테스
주해자 김헌
펴낸이 오세정
펴낸곳 서울대학교출판문화원

출판등록 제15-3호

주소 08826 서울 관악구 관악로 1
대표 전화 02-880-5252 | 팩스 02-889-0785
도서 주문 02-889-4424, 02-880-7995
이메일 snubook@snu.ac.kr
홈페이지 www.snupress.com

ISBN 978-89-521-1913-1 94100
978-89-521-1574-4 (세트)

이 저서는 2007년 정부(교육과학기술부)의 재원으로
한국연구재단의 지원을 받아 수행된 연구임(NRF-2007-361-AL0016).

✿ 머리말

"그 사람의 생각 속에는 '어떤 철학'(tis philosophia)이 들어 있거든."

플라톤이 쓴 『파이드로스』의 마지막 부분(279a-b)에서 소크라테스가 파이드로스에게 했던 말이다. '아름답게 말하고 글을 쓰는 것'에 관하여 대화를 나누던 두 사람, 대화의 막바지에서 그들의 결론은 이렇게 정리될 수 있다. '자신이 쓰는 것에 관하여 진리를 안다면, 그의 말과 글은 아름다울 것이다.' 그런 사람을 무엇이라고 부를까? 파이드로스가 묻자, 소크라테스는 '지혜로운 자'(sophos)는 왠지 인간에게는 너무 거창해서 신에게나 어울릴 것 같고, '지혜를 사랑하는 자'(philosophos)라고 해야 할 것 같단다. '지혜와 명철(哲)을 갈망하고 희구하여(希) 배우는(學) 사람(者)', 일본의 니시 아마네는 소크라테스의 표현 '필로소포스'를 '희철학자'라고 새겼고, 다시 간단하게 '철학자'라고 했다. 그래서 '필로소피아'(philosophia)는 '철학'으로 새긴다. 무언가 여전히 궁금한 파이드로스가 소크라테스에게 마지막으로 물었다. "그 사람은 어떤가요?" 누구? "이소크라테스, 그 아름다운 사람 말입니다. 그에게 무슨 말씀을 전하시겠습니까? 그를 무엇이라고 말해야 할까요?"(278e) 그도 철학자라고 부를 수 있느냐는 뜻이다. 그 물음에 소크라테스는 즉답을 피하는 대신, 이소크라테스가 훌륭한 재능을 가지고 있다고 칭찬하면서 이렇게 말한 것이다. "그 사람의 생각 속에는 '어떤 철학'이 들어 있거든." 그리고 덧붙여서 그것은 '본성적인 것'(phusei)이라고 했다. 그가 타고난 재능을 잘 닦고 가다듬으면 그도 철학하는 사람, 즉 철학자가 될 수 있다는 뜻이리라.

그런데 '어떤 철학'이라고? 왜 그냥 '철학'이 아니고 그 앞에 '어떤'이라는 표현이 붙었을까? 소크라테스의 대사는 내내 내 머릿속을 맴돌았다. 그리고 이소크라테스의 책을 붙들고 씨름하게 된 중요한 계기가 되었다. 이 책은 그의 『교환소송(antidosis)에 관하여』에 대한 주해서인데, 나는 그의 연설문 제목 앞에 『'어떤 철학'의 변명』이라는 제목을 붙였다. 단순한 번역이 아니라 내 해석이 들어간 '내 책'임을 보여주려는 의도가 없지는 않지만, 이 책이 무엇을 말하려는지 가장 잘 보여줄 수 있을 것 같아 붙인 제목이다. 좀처럼 철학자라 불리지 않는 이소크라테스가 자신의 철학, 즉 소크라테스가 말한 그 '어떤 철학'을 변명하는 글이기 때문이다. 이소크라테스는 마치 법정에서 피고인이 변론을 하듯, 자기가 평생을 바쳐서 해왔던 그 '어떤 철학'에 가해진 부당한 오해와 악의적인 공격을 되받아치며 옳고 그름을 가려 사리를 분명하게 하려고 한다. 어쩌면 그의 '어떤 철학'에 공격을 가한 사람 가운데에는 플라톤도 있었을지도 모른다.

잘 알려져 있듯이 플라톤의 글은 '대화편'이라 불린다. 그는 자기 스승인 소크라테스를 주인공으로 내세우고 그와 마주하는 인물과 철학적인 대화를 나누도록 하고 그 장면을 작품에 담은 것이다. 그 형식은 당대 가장 유행하던 문학 장르인 '드라마'에서 가져온 것 같다. 아테네의 대 디오뉘소스 극장의 비극과 희극 경연대회에서는 배우들이 자신의 얼굴을 가면으로 가리고 나와서 가면에 그려진 인물인 양 말하고 행동했다. 그리고 그 인물의, 예컨대 무대 위의 오이디푸스가 하는 말과 행동은 오이디푸스 가면을 쓰고 행동하는 배우의 것이 아니다. 나아가 가면이 재현하는 실제 오이디푸스의 것도 아니다. 가면의 주인공을 움직이고 말하게 하는 이는 바로 작가(poiētēs), 즉 소포클레스이며, 따라서 등장인물들이 무대 위에서 말하는 모든 것은 작가인 그가 생각하는 그 무엇이다.

플라톤도 마찬가지였다. 그가 자신의 작품에서 내세우는 '소크라테스'는 오롯이 실제 소크라테스가 아니며, '소크라테스'의 말은 온전히 역사적 소크라테스의 것이 아니다. 그것은 플라톤이 지어낸 것이다. 말하자면 '소크라테스'는 플라톤의 가면이다. 그래서 마치 배우들이 그렇듯, 플라톤의 작품 속에 등장하는 '소크라테스'는 작가로서 플라톤이 만든 가면을 쓰고 그가 쓴 대본을 읽고 행동하는 것이다. 『파이드로스』에서 플라톤은 당대 자신의 최고 경쟁자였던 이소크라테스에게 "당신이 하는 것은 진정한 철학이 아니오"라고 말하고 싶었던 것은 아닐까? 그러나 대놓고 그러지 못하고 소크라테스를 통해 "당신 안에는 '어떤 철학'이 있다"고 말함으로써 그 말을 대신한 것 같다.

그렇다면 플라톤이 표현한 이소크라테스의 '어떤 철학', 철학은 아닌데, 또 완전히 아닌 것은 아닌 철학, 그 '어떤 철학'은 무엇일까? 이 질문에 대한 대답은 이제 이소크라테스의 몫이다. 그리고 여러분은 나의 주해와 함께 그의 목소리를 통해 그 답을 듣게 될 것이다. 그는 혼신을 다해 자신의 철학, 플라톤이 말한 '어떤 철학'이 많은 사람들에게 쓸모가 있음을 역설할 것이다.

이 책은 참 어렵게 나왔고 오랜 시간이 걸렸다. 2007년에 서울대학교 인문대학 협동과정 서양고전학과의 대학원 과정에서 강독 세미나를 진행하면서 나는 학생들과 함께 이 연설문 『교환소송(antidosis)에 관하여』를 본격적으로 읽었다. 그리고 2010년에 대학원 세미나를 한 번 더 했다. 그때 강독은 끝냈지만, 우리말로 다듬고 해설하는 작업이 고되었고 시간을 많이 잡아먹었다. 그리고 그리스어 원문을 함께 달기 위한 문헌학적 작업이 또 많은 시간을 요구했다. 그렇게 10년이 지났고 겨우 책으로 나오게 되었다. 최선을 다했으나 아쉬움이 많다. 그래도 나오게 되니 기쁘다. 이 기쁨은 많은 분들의 도움에서 비롯된 것임을 잊지 않는다.

이 책을 함께 읽어준 서양고전학과 학생들에게 먼저 고마움을 전한다. 그리고 번역의 초고를 미리 읽고 중요한 오류를 바로잡아 주신 이태수 선생님과, 내가 이소크라테스의 가면을 쓰고 그의 역할을 할 때마다 플라톤의 가면을 기꺼이 써주신 김남두 선생님께도 감사드린다. 두 분의 조언이 내가 이소크라테스에 심취하면서도 그를 비판적으로 바라보고, 플라톤에 대해 순진한 반감만을 갖지 않고 그의 치열한 고민을 다시 되새겨볼 수 있도록 해주었음을 고백한다. 그리고 수사학에 관해 항상 유익한 정보를 공유해주시며 공부의 방향을 조언해주시는 페르노(Laurent Pernot) 선생님께도 깊은 감사의 말씀을 드린다. 마지막으로, 오래 기다려주고 꼼꼼하게 원고를 검토해준 서울대학교출판문화원의 관계자 여러분에게도 심심한 감사의 말씀을 전한다.

2019년 9월

김헌

✿ 차례

이소크라테스의 '어떤 철학'의 변명

■ 해제

1

이 책은 이소크라테스가 기원전 353년 83세의 나이에 발표한 『교환 소송(antidosis)에 관하여』라는 제목의 연설문을 다룬다. 이 연설문은 기본적으로 법정연설문의 형식을 갖추고 있지만, 이소크라테스가 진짜로 법정에 서서 발표한 연설문은 아니다.[1] 그는 고약한 전문 소송꾼(sukophans)에게 걸려 법정에 섰고, 자신의 무죄를 입증하기 위해 변론을 하는 처지에 있는 것처럼 꾸며서 이 글을 쓴 것이다. 이 연설문에서 이소크라테스를 법정에 서게 만든 소송꾼의 이름은 '뤼시마코스'라고 되어 있다.

그러나 고대의 기록에 따르면, 이 연설문은 완전히 가상적인 것은 아니며, 이소크라테스가 실제로 직접 연루되었던 소송과 관련이 있으며, 따라서 역사적 사실에 근거를 두고 재구성된 것으로 봐야 한

1 많은 학자들은 이 연설문이 이소크라테스의 학교에서 학생들을 위한 교재로 사용되었을 가능성이 높다고 생각한다. 당대 수사학 교사들이 연설문을 작성하는 가장 중요한 이유는 학생들을 위한 교육 자료로서 활용하기 위해서였다. 그 외에도 학생을 끌어모으기 위한 홍보 수단으로도 활용되었으며, 사회적 이슈들에 관한 자신의 의견을 내는 경우도 있었다. Too, Y. L.(2008), *A Commentary on Isocrates' Antidosis*, Oxford University Press, p. 3. 본 주해서는 투(Y. L. Too)의 주해서의 많은 부분을 비판적으로 참조하였으며, 일부는 출처를 밝히지 않고 소개하였는데, 그만의 특별한 통찰이라 보기 힘든 부분이었기 때문임을 밝힌다.

다. 플루타르코스가 썼다고 알려진 기록에 따르면, 이소크라테스가 학교를 세운 후에 연설법(수사학)을 교육하여 많은 돈을 벌었고, 그 부유함 때문에 국가로부터 삼단노 건조 비용을 책임지라는 요청을 세 번이나 받았다.[2] 그중에 두 번은 이소크라테스가 병 때문에 재판정에 나가지 못했지만, 그의 양아들 아파레우스가 대신 나가 변론을 대독함으로써 그 책임을 면제받았다. 그러나 세 번째 요구에는 책임을 피하지 못하고 건조 비용을 물어야 했다고 한다.

한편 위(僞) 플루타르코스의 기록은 이소크라테스가 평생 두 번의 소송에 연루되었다는 사실도 알려준다.[3] 그에 따르면, 두 번 모두 삼단노 건조와 관련된 교환소송(antidosis)이었다고 한다. 첫 번째는 메가클레이데스라는 사람이 제기한 교환소송이었다. 메가클레이데스는 국가로부터 삼단노 건조 비용을 내놓으라는 요구를 받자 이에 불응하면서, 자신보다 이소크라테스가 훨씬 더 부자이니까 그에게 그 비용을 요구하는 것이 당연하다고 책임을 전가했다. 이로써 교환소송이 이루어진 것이다. 이 소송에서 이소크라테스는 병이 들어 재판정에 직접 나가지 못하고 아파레우스가 연설문을 대독했는데, 승소하였다고 한다. 기원전 366년경의 일로 추정된다.

두 번째 교환소송은 뤼시마코스의 고소에 의해 이루어졌고, 이 소송에서는 이소크라테스가 패해서 삼단노 건조 비용을 내야 했다고 한다. 위 플루타르코스의 기록이 사실이라면, 이소크라테스는 세 번의 삼단노 건조 비용을 냈는데, 그중에 한 번은 소송에서 패했기

---

2 위(僞) 플루타르코스, 「10명의 연설가의 생애: 이소크라테스 편」, 『모랄리아』, 838a.
3 위의 책 839c.

때문인 셈이다. 그러나 투(Y. L. Too)를 비롯한 여러 학자들은 위 플루타르코스의 기록 가운데 두 번째 소송은 실제로 일어난 것이 아니라고 생각한다. 그들은 위 플루타르코스가 이 가상의 연설문이 실제로 법정에서 이소크라테스에 의해 낭독된 연설문이라고 착각하였기 때문에 그가 두 번의 교환소송에 연루되었다고 기록한 것이라고 지적한다.[4]

이와 같이 위 플루타르코스의 기록은 다소 혼란스럽고 기록의 정확성도 신뢰할 정도로 높다고 할 수는 없다. 게다가 이소크라테스의 고백과도 일치하지 않는다. 이 연설문에서 이소크라테스는 "세 번이나 이미 삼단노 건조 비용을 부담했다"([145])고 말하기 때문이다. 어떤 기록을 의지하느냐에 따라 사실이 달라질 판인데, 누구의 기록이 정확한 것인지 밝혀줄 다른 객관적인 기록이 없어 사실을 밝히기 쉽지 않은 상황이다.

2

그러나 이 연설문이 취하는 변론 형식과 뤼시마코스에 의해 이소크라테스가 소송에 연루되었다는 설정은 모두 가상일 수 있다. 그는 이를 염두에 둔 듯, 자신의 연설문은 여느 연설문과 같지 않다고

---

4 Cuvigny, M.(1981), *Plutarque Oeuvres Morales*, Tome XII, Paris: Les Belles Lettres, p. 210. 퀴비니는 이소크라테스가 패소한 것은 메가클레이데스가 제기한 교환소송에서였다고 해석한다(p. 208). 반면 투(Too)는 위 플루타르코스의 기록대로 메가클레이데스가 제기한 소송에서는 양아들이 나가 변론을 대독하여 승소한 것으로 보면서도, 두 번의 소송에 관한 위 플루타르코스의 기록은 실제와 가상을 혼동한 것이라고 주장한다. Too, Y. L.(2008), pp. 2-3.

말하면서 입을 연다. 법정에서 하는 연설이지만 '그 자리에 맞지 않다'(atopos)는 것이다. 하지만 그 가상적인 설정과 새롭고 독특한 형식 안에 담긴 내용의 많은 부분은 이소크라테스와 관련된 사실로 보인다. 이 연설문에서 이소크라테스는 자신이 교환소송에 연루되었던 사실이 있다고 밝히는데([4]), 그것은 아마도 메가클레이데스에 의해 제기된 소송일 것이다. 그렇다면 지금 이 연설문은 이소크라테스가 그 소송에서 겪은 것들을 되돌아보며 작성한 가상의 변론이라고 생각해 볼 수 있으며, 그가 실제 소송에서는 승리를 거두었지만 소송 과정에서 자신에 대해 많은 사람들이 오해를 하고 있다는 사실을 깨달았고, 이를 바로잡고 싶어서 이 가상의 연설문을 작성했던 것으로 볼 수도 있다.

이 가상의 연설문에서 소송을 제기한 사람은 뤼시마코스라고 소개되는데, 그는 그야말로 가공의 인물일 수 있다. 이 가공의 전문 소송꾼은 이소크라테스가 마땅히 국가의 공역, 특히 삼단노 건조를 위한 비용을 감당해야 할 큰 부자이면서도 이를 회피했다고 고발한다. 일종의 '세금포탈'의 죄목을 이소크라테스에게 뒤집어씌운 것이다. 게다가 이소크라테스가 돈을 번 방법도 문제 삼는다. 이소크라테스가 소피스트처럼 젊은이들에게 '말솜씨'를 가르치면서 큰돈을 받았으며, 그 교육을 통해 학생들을 망가뜨렸다는 것이 뤼시마코스의 주장이었다. 이소크라테스는 이에 맞서 자신의 결백을 주장한다. 자신은 학생들을 망가뜨리는 교육을 한 적이 없으며, 그들을 가르쳐 돈을 받은 것은 사실이지만, 그것은 아테네 이외 지역에서 온 타지인들에게 한정된 것이었으며, 게다가 그 수익이 삼단노 건조 비용을 맡아야 할 만큼 엄청나게 큰 것이 아니었다는 주장이다.

그의 변론의 핵심은 자신의 삶 전체를 통해 실천한 교육의 의미와 가치를 부각시키는 것이었다. 그는 철학이라 불리는 자신의 교육이 학생들에게 유익하며, 따라서 자기에게 배운 학생들은 아테네를 비롯해서 그리스 전체에 유익을 끼칠 사람들임을 강조한다. 한 마디로 그의 변론은 자신의 교육과 '철학을 위한 변명'이며, 그런 철학을 성실하게 수행해 온 자기 자신의 삶과 행동, 이념에 관한 고백인 셈이다. 이런 점에서 모미글리아노(A. Momigliano)과 미슈(G. Misch)는 이 연설문을 서양 고대의 자서전 전통의 맥락 안에서 중요한 작품으로 본다.[5]

일반적으로 법정에 선 피고인은 문제가 된 사안에 대한 관련성 여부를 설명하는 가운데 자신의 삶 전체를 소개하는 기회를 갖는다. 예컨대 뤼시아스가 작성한 연설문에서 만티테오스라는 사람은 법정에 서서 "자기 삶 전체에 관한 말(pantos tou biou logon)을 하는 것이 정당하다"(16.9)고 말하는가 하면, 한 피고인은 법정에 서서 청중에게 자신의 '삶에 대한 말'(tou biou logon; 24.1)을 할 수 있게 해주어 고맙다는 말로 변론을 시작한다. 기원전 399년에 법정에 선 소크라테스의 변론도, 비록 그 기록은 크세노폰과 플라톤에 의해 재구성된 형태로 남아 있지만, 이런 맥락에서 비슷한 방식으로 구성된 것이다. 이와 같은 관례에 따라 이소크라테스는 교환소송에 관련된 법정연설문의 형식을 취해 자신의 삶을 바쳐 실천한 교육과 철학, 그리고 그것을 통해 아테네와 그리스 전체를 위해 구현하고자 했던 정치적 이념

5 Misch, G.(1950), *A History of Autobiography of Antiquity*, Vol. I, trans. D. McLintock, Cambridge, p. 173; Momigliano, A.(1971), *The Development of Greek Biography. Four Lectures*, Cambridge, pp. 48-49, p. 51. 이상은 Too, Y. L.(2008), p. 4에서 재인용.

이 무엇인지를 밝히려고 한다. 한 마디로 변론의 형식으로 자서전을 쓴 셈인데, 이 연설문에 대해 이소크라테스는 "저의 생각과 제가 살면서 이루어 온 다른 모든 것들의 그림과도 같은 연설"([7])이라고 말했다.[6]

3

그런데 이소크라테스 연설문의 제목에 나타나며 그가 연루되었다는 '교환소송'(antidosis)이란 무엇인가? 말 그대로 교환이 문제가 되는 소송인데, 두 명의 부자가 법정에 서서 여차하면 서로의 재산을 맞바꾸게 될 판이다.

기원전 4세기에 도시국가(polis) 아테네에서는 도시가 어떤 한 사람의 부자에게 공적인 일을 수행하기 위해 필요한 비용을 부담할 것을 명령할 수 있었다. 예컨대 디오뉘소스 축제 등 비극과 희극 공연에 필요한 '합창단의 훈련'(khorēgia)이나 '운동시합의 준비'(gumnasiarkhia), 국방 강화를 위한 '삼단노 건조나 운영'(triērarkhia)에 필요한 돈을 세금처럼 내도록 하는 것이다. 기원전 4세기 아테네에서는 도시를 구성하는 10개의 부족에서 재산을 기준으로 각각 상위 120명씩 모두 1,200명이 그런 국가적인 명령에 응해야 할 법적 책임의 대상자로 지

---

6 이런 점에서 미슈는 이소크라테스의 『교환소송에 관하여』가 서양 고대 최초의 자서전이라고 평가했다.(Misch, G.(1950), p. 158) 투는 이 연설문에서 이소크라테스가 부각시키려고 했던 자신의 모습은 '아테네 시민으로서의 나'이며, 이런 자기표현의 측면을 일반화시켜 이소크라테스의 수사학을 '정체성의 수사학'이라고 해석한다. Too, Y. L.(1995), *The Rhetoric of Identity in Isocrates*, Cambridge를 보라.

정되었다.

그때 비용부담의 대상으로 지목된 부자(A)가 도시의 요청이 부당하다고 생각하여 이의를 제기하면서, 다른 사람(B)을 지목하여 "저 사람이 나보다 훨씬 더 부자니까 나에게 부과된 비용부담의 의무를 저 사람에게 지워야 한다"고 주장하며 소송을 제기할 수 있었다. 그런데 이때 B가 A의 이의제기를 받아들여 A 대신에 비용을 부담하겠다고 하면 소송은 거기서 끝난다.

그러나 B가 A의 이의제기를 거부하면서 "아니다! 나는 저 사람보다 더 부자가 아니니, 저 사람에게 부과된 비용부담의 의무는 저 사람이 그냥 져야 한다"라고 반박하면 소송은 계속된다. A는 B에게 서로의 재산을 완전히 맞바꾸는 교환을 요청한다. "좋다. 저 사람의 재산과 내 재산을 맞바꿔 달라. 그러면 내가 그 비용을 내겠다"라고 주장하는 것이다. B는 자기가 A보다 더 부자라는 주장에 반대했기 때문에 A가 요청한 '재산교환'(antidosis)의 제안을 받아들이게 되며, 그렇게 해서 두 사람은 재산의 규모를 속이지 않겠다는 맹세를 한 후, 사흘 뒤에 재산 목록을 제출해야 한다.[7]

이런 식의 교환소송은 거슬러 올라가면 솔론(대략 기원전 630~560년)에 의해 제정된 것으로 보이며, 실제로 실행된 적이 있다는 증거

7 그런데 만약 B가 A의 재산교환의 제안을 거부하면, 소송은 애초에 A에게 비용부담의 의무를 부가했던 심판단에게 넘어가는데, 그것을 '비용부담자 판결'(diadikasia)이라고 한다. 심판단은 두 사람을 놓고 실제로 누가 더 부자인지, 그래서 누가 그 비용을 부담해야 하는지 결정해야 한다. 그러나 이런 과정은 교환소송의 일부가 아니었다고 주장하는 학자도 있다. Gabrielsen, V.(1987), "The *Antidosis* Procedure in Classical Athens", *Classica & Mediaevalia* 38, pp. 17-44. Too, Y. L.(2008), p. 5에서 재인용.

자료들이 존재하기는 하지만, 자주 일어난 소송은 아닌 것 같다. 부유한 시민들은 대체로 공적인 비용을 부담하는 것을 개인적으로나 가문에 명예로운 일로 생각하였기 때문에 기꺼이 비용을 제공하는 모습을 보였으며, 사람들이 보내는 고마움의 찬사를 즐겼다. 또한 고소를 당해 법정에 섰을 때, 자신을 변호하기 위해 자신이나 자기 부모, 선조가 공적인 비용을 부담했던 이력을 열거하는 것은 수사학적인 관행이었다. 그것은 사적인 이익에 얽매이지 않고 '공적인 이익을 돌보며'(tēn tōn koinōn epimeleian) 행동하는 사람임을 보여주는 하나의 증거로 통용되었다.

4

교환소송에 연루된 것으로 보아 이소크라테스는 당시 아테네 부유층 인사로 평가된 것이 분명하다. 그의 주 수입원은 교육활동에서 얻는 수업료였다. 그는 기원전 436년에 태어났고, 아테네 에르키아 데모스 출신이었다. 그의 아버지 테오도로스는 아울로스(관악기) 제조로 큰돈을 모았던 신흥 부호였다. 부와 교양에 대한 집안의 관심 덕택에 이소크라테스는 어려서부터 당대 최고의 교육을 받을 수 있었다. 당시 교육에는 소피스트들의 새바람이 불고 있었다. 그것은 민주정을 바탕으로 시민들의 정치 참여가 다방면에서 이루어지면서 요구되던 연설의 기술, 청중을 설득하여 자신의 의견을 정치적·법리적으로 관철시킬 수 있는 수사학 교육이었다. 이소크라테스는 당대 최고의 소피스트로 꼽히던 티시아스(기원전 5세기에 활동), 고르기아스(기원전 485~380년), 프로디코스(기원전 465~395년)에게 교육을 받았다고 한다.

그가 본격적으로 공적인 활동을 시작한 것은 펠로폰네소스 전쟁이 끝난 직후인 기원전 403년경으로, 그의 나이는 30대 초반이었다. 수사학으로 무장한 그는 처음에는 '연설문 작성가'(logographos)로 활동했다. 법정에서 변론이나 고발을 해야 하는 사람들의 요청에 따라 연설문 대필을 한 것이다. 채무, 상속, 폭력행위와 관련된 법정소송의 연설문이 남아 있다. 그러나 그는 곧 연설문 대필을 그만두었다. 정치적인 연설가로 활동하는 것도 고려했으나, 목소리가 약하고 청중 앞에 설 때 필요한 배짱이 부족함을 깨닫고 포기했다.[8]

결국 그가 선택한 것은 교육이었다. 392년쯤에, 그러니까 나이 44세에 그는 학교를 열었다. 잠시 비교하자면, 그가 학교를 열고 7년이 지난 후(인 기원전 385년)에 플라톤이 '아카데미아'라는 학교를 열어 이소크라테스는 물론 수사학을 중심으로 하는 아테네 교육에 비판적인 대립각을 세웠다. 그러나 당대 최고의 학교로 꼽히는 것은 플라톤의 아카데미아가 아니라 이소크라테스의 학교였다. 유명세를 탄 그의 학교로 많은 학생들이 각처에서 몰려왔다. 그래서 많은 사람들은 그가 학교를 운영하며 큰돈을 벌었다고 생각했고, 실제로 그는 그 평판과 명성에 걸맞은 공적 의무를 금전적으로도 수행했다. 그러나 그것보다 더 큰 공헌은, 그가 이 연설문에서 밝혔듯이 아테네와 전체 그리스에 필요한 인재를 양성한 것이었다.

---

8 이소크라테스는 이런 사실을 자주 고백했다. "사실 저는 처음에는 공적인 어떤 행위에도 곧바로 관여하지 않았습니다. 그 이유를 구구절절이 이야기하는 것은 저에게는 아주 피곤한 일이 될 것입니다."(「디오뉘시오스에게」(편지) 9) 그 구체적인 이유는 다음과 같다. "저는 충분한 목소리와 과감성이 없었기 때문입니다."(「뮈틸레나이아인들의 지도자들에게」(편지) 7), 『전(全) 아테네인들의 축전에 부쳐』 9-10, 『필립포스에게』(연설문) 81 등)

이소크라테스는 단순히 말을 잘하는 연설가를 키운 것이 아니라, 공적인 책임감을 가진 훌륭한 시민과 지도자를 키웠노라고 주장했고, 그것이 아테네와 그리스에 그가 바친 가장 중요한 자산이라고 자부했다. 그는 자신의 생애를 통째로 교육에 바침으로써 아테네와 그리스에 기여했으니, 공적 비용의 의무를 이유로 교환소송에 연루되어 법정에 서는 것은 부당하다고 반박했다. 그는 자신이 법적인 의무를 다하지 못했고 청년들을 타락시킨다는 죄목으로 벌을 받을 것이 아니라, 아테네와 그리스를 위해 사심 없이 노력하고 실천한 교육 때문에 감사의 상을 받아야 마땅하다고 주장했다.

당시 아테네에는 민주 정체(政體)가 보장하는 활동을 이용하여 출세하려는 사람들이 적지 않았다. 특히 귀족 출신이나 부자들, 즉 일반시민이 질투할 만한 좋은 조건을 가진 특권층의 약점을 노려 소송을 제기하면서 대중의 인기에 영합하며 부를 축적하려는 사람들이 있었다. 그들이 말로 내세우는 것은 아테네의 안정과 발전이었지만, 행동으로 보여준 것은 자신의 영달을 추구하는 것이었다. 그들은 공적인 소송을 제기할 뿐만 아니라, 민사적인 분쟁에 걸린 사람들에게 적절한 연설문을 작성해 줌으로써 돈을 두둑이 챙겼다. 이소크라테스는 이와 같은 전문 소송꾼들이 무고한 시민들을 곤란에 빠뜨리는 것은 물론, 사회 전체의 질서와 가치를 무너뜨린다고 비판하며, 좋은 시민을 육성하는 것을 목표로 교육과 집필 활동을 했던 것이다.

5

이 연설문에서 그의 변론이 가장 강조하는 개념은 '철학'과 '말'

이다. 이 둘은 밀접하게 연결되어 있다. 그가 말하는 교육은 '말의 교육'(paideia tōn logōn)이었으며 그 자체를 '철학'(philosophia)이라고 불렀기 때문이다. 철학이 지혜(sophia)에 대한 사랑(philo-)라고 할 때, 그가 생각하는 참된 '지혜'는 정치적인 공동체 안에서 시시각각 변하는 정황에 맞춰서 '시의'(kairos)적절한 '의견'(doxa)을 구성하고 설득력 있게 제시하여 공동체 전체의 이익을 도모할 수 있는 능력이었으며, 이는 '현명함'(phronēsis)으로 표현되었다. 그는 교육을 통해 '현명하고'(phronimos) '지혜로운'(sophos) '수사학적'(rhētorikos) 인재를 키우려고 했다. 그와 같은 인재를 키워내는 교육이 바로 '참된 지혜에 대한 사랑'으로서의 철학이라고 생각했다. 이런 입장을 고수했기 때문에 여러 측면에서 그는 당대에 플라톤과 대립할 수밖에 없었다.

플라톤은 인간의 인식을 (1) 앎(gnōsis)과 지식(epistēmē), (2) 모름(agnōsis), (3) 의견(doxa)의 세 가지로 구분했다.[9] 이 가운데 '의견'은 '앎(지식)'과 '모름' 사이에서 이루어지는 것인데, 제대로 알지는 못하지만 그렇다고 아무것도 모르는 것은 아닌 상태에서 나온다. 특정한 개인에게는 분명히 그렇게 '보이며'(dokein) '나에게 보이는 바'(to moi dokoun; hōs moi dokein)가 곧 '나의 의견'(emē doxa)이다. 그래서 나는 그것이 좋고 옳다는 판단을 내리지만, 그 사실을 설명하고 확증할 수 있는 입증자료가 충분하지 않기 때문에 나(와 나의 의견에 설득되어 동의하는 사람)에게만 유효한 판단이다. 따라서 철학이 추구해야 할

---

9 이하 내용의 일부는 김헌(2013), 「이소크라테스의 철학과 파이데이아에서의 '의견'(doxa): 플라톤의 '의견' 개념과 비교연구」, 『서양고전학연구』 제50집, pp. 74-99에서 가져와 손질한 것이다.

궁극적 대상이 될 수 없다. 오직 지식만이 철학의 지향점이 되어야 한다.

인식의 세 가지는 각각 존재론의 관점에서 구분되는 다음 세 가지 항목과 짝을 이룬다.[10]

(a) '앎'과 '지식'은 언제나 '있는 것'(to on)에 짝이 되는데, 그것은 항상 있되 다른 것들과 섞이지 않고 그 자체로 '순수하게 있는 것'(to eilikrinōs on), 순수하되 조금의 부족함도 없이 '완벽하게 있는 것'(to pantelōs on)이다. 어떤 속성을 두고 말한다면 항상 그 속성을 가지고 '있는 것'이며, 변하지 않고 항상 그 속성 그대로 '인 것'을 가리킨다. 존재와 속성의 측면에서 '생성을 갖지 않는 것', 즉 생성 소멸과 변화를 겪지 않는 것이다.[11] 이것은 그 속성을 오롯이 드러내는 존재의 '참모습'이다. 플라톤은 이것을 참된 '형상'(形相) — '이데아'(idea) 또는 '에이도스'(eidos)라고 하였다.

(b) 반면 '모름'에는 전혀 '있지 않은 것'(to mē on)이 연결된다. 하지만 '그 어떤 방식으로도 있지 않은 것'(to mēdamē on)이며 전혀 '없는 것'으로서, 어떤 속성을 두고 말한다면 그것은 그 어떤 특성도 가지고 '있지 않은 것', 즉 아무런 특성도 '없는 것'이며, 전혀 그 무엇'이지도 않은 것'이다. '그런 것에 대해선' 우리가 뭘 안다는 것이 불가능하며, 완벽하게 모른다.[12]

(c) 마지막으로 '의견'이나 판단(또는 평판)에는 '있는 것'과 '없는

10 『국가』 5권 476b-480a.

11 『티마이오스』 27d.

12 사실 '그런 것에 대해선'이라는 말도 논리적으로는 쓸 수가 없을 것이다. 없는데 어떻게 '그런 것'이라는 말을 붙일 수 있겠는가?

것' 사이에서 이루어지는 '있기도 하고 또 있지 않기도 한 것'이 짝을 이룬다. 이것은 어떤 때는 '있다'가 어떤 때는 '없는' 것, 즉 시간의 흐름에 따라 생성과 현존과 소멸을 겪는 것이다. 어떤 속성을 두고 말한다면, 때와 조건에 따라 그 속성이 '있으면서 있지 않기도 한 것'이며, 그 속성대로 '이기도 하고 또 이지 않기도 한 것'을 가리킨다. 의견이 앎과 모름 사이에 있듯이, 이것도 '있음'과 '있지 않음', '임'과 '이지 않음'의 중간에 있다. 이것이 있음과 있지 않음, 임과 이지 않음 사이를 오가는 생성과 소멸과 변화를 겪는 이유는 이것이 항상 변화를 수반하는 물질의 요건을 갖추고 있기 때문이다. 플라톤은 이것을 '현상'(現象, phainomena, phantasma)이라고 불렀다. 우리가 살고 있는 이곳, 즉 물질로 이루어져 있고 감각할 수 있는 이 세계가 바로 현상의 세계다. 현상은 이데아와 같은 실재가 우리의 감각과 물질적인 세계에 드러난 바이다.

이런 플라톤의 구도에 따르면, 이소크라테스가 지혜의 핵심으로 보는 '의견'(doxa)은 전혀 근거가 없는 무책임한 것이다. 『티마이오스』 편에서도 플라톤은 엄밀하게 존재론적인 구분을 한다.

> 언제나 존재하는 것이되 생성을 갖지 않는 것과, 언제나 생성되는 것이되 결코 존재하지는 않는 것은 구분되어야 한다. 분명히 앞엣것은 합리적 설명(logos)과 함께하는 지성에 의한 이해(noēsis meta logou)에 의해 포착되는 것이며 언제나 같은 상태로 있는 것인 반면에, 뒤엣것은 비이성적인 감각(aisthēsis alogos)과 함께하는 의견(doxa)의 대상이며, 생성 소멸되는 것이요, 참으로 존재하는 것이 아니다.[13]

13 『티마이오스』 27d-28a.

플라톤에게 철학은 '언제나 그 어떤 무엇이며, 그것으로서 언제나 있는 참된 존재'를 알려고 하는 열망과 노력을 가리킨다. 참된 지혜를 사랑하는 철학자들은 항상 변하며 생겨났다 사라지는 것들에 대한 의견에 휘둘리지 않으며, 그 의견이 영원한 것에 잇닿지 않는 한 끝내 배제하려고 한다. 반면 인간의 감각에 나타나는 현상들에만 집착하고 그 현상에 대한 감각 정보로 구성되는 한갓 의견을 추구하며, 그 의견을 영원한 본질과 진리에 비추지 않은 채 오로지 더 많은 사람들의 동의만을 얻기 위해 말로 설득을 일삼는 사람들은 '철학자'(philosophos)가 아니라 '호사꾼'(philodoxos)에 불과하다. 그것이 소피스트와 이소크라테스에 대한 플라톤의 비판적인 태도였다.

6

이소크라테스는 '말'(logos)의 교육을 내세우는데, 여기서 말이란 한 사람의 "생각(dianoia)과 그가 살면서 이루어 온 다른 모든 것들의 그림(eikôn)"([7])이다. "꼭 필요한 말을 한다는 것"이 " '현명하게 판단을 잘하는 것'(phronein eu)의 가장 중요한 징표"이며, "참되고 합법적이며 정의로운 말은 참되고 믿을 수 있는 영혼의 모상(eidōlon)"인 한([255]), 말의 교육은 말만의 교육에 그치지 않고, 말이라는 그림과 모상으로 표현되어야 하는 생각과 판단과 행동과 삶에 대한 포괄적인 교육으로 확장된다. 그리고 한 개인이 '도시국가(polis)'라는 정치적 공동체 안에서만 실질적인 의미를 갖는다면, 말의 교육은 곧 '도시국가' 안에서 살아가기 위해 필요한 모든 것을 아우르는 총체성을 띠게 되며, 말은 곧 도시국가와 관련된 '정치적 담론'(logos politikos)이 된다.([295]) 따라서 그것은 여느 소피스트들이 그러는 것처럼 사사로운 계약과 이해관계의 분쟁을 해결하기 위한 '법정연설문 작성'(dikographia)에만 국한되지 않는다. 말의 교육은 한 개인을 특정한 도시국가 안에서 살아가는 '시민'으로서 스스로를 명확하게 인식하고, 직면한 정치적인 상황에서 현명한 판단을 내릴 줄 알며, 그에 알맞은 '정치적' 의견을 잘 만들어내고, 말을 통해 설득력 있게 피력하며, 다른 사람들과 원활하게 소통하여 유익한 합의에 이를 수 있는 정치적 의사소통 과정 전체를 전제한다. "수사학에 정치적인 방향성을 분명하게 부여한 것"은 수사학 전통에서 이소크라테스가 이루어낸 가장 중요한 변화라고 할 수 있다.[14]

말을 통해 생산적으로 논쟁하며, 아무에게도 알려지지 않은 것을 탐구하여 모두에게 알게 하고, 중대한 사안에 관하여 적절한 의견을 심의하고 설득하면서 대중과 소통할 수 있는 사람을 이소크라테스는 '수사적 인간',[15] '논의에 능한 사람'(euboulos)[16]이라 불렀다. 그런 사람에게 필요한 것은, 플라톤이 생각했던 것처럼 수많은 개별적인 대상들을 포괄하는 보편적인 지식이나, 변화무쌍하며 일시

---

14 Poulakos, T.(1997), *Speaking for the Polis, Isocrates' Rhetorical Education*, University of South Carolina Press, p. 4.

15 말 그대로 하면 연설가(rhētōr)의 능력을 가진 사람(-kos)을 가리킨다. 이런 점에서 이소크라테스가 추구한 것이 '수사학'(rhētorikē)라고 할 수 있다.

16 청중을 대상으로 말을 할 줄 알면 '연설가의 능력을 가진 사람'이 되고, 혼자서도 다른 사람들과 대화를 나누듯이 이리저리 다양한 궁리를 할 줄 알면 '논의에 능한 사람'(euboulos)이다. 심의에 능한 사람이 청중 앞에 나서서도 연설을 잘할 수 있다고 할 수는 없겠지만, 연설을 잘하기 위해 심의를 잘하는 것은 필요한 조건이다. 이소크라테스는 이 둘이 한 사람 안에서 통합되는 것을 이상적으로 여겼으며, 그것을 교육의 이상으로 생각했다.

적인 현상의 저변에서 작동하는 영원불변의 원리에 대한 인식이 아니다.

> 우리가 무엇을 행하고 말해야 하는지 알기 위해 가져야 하는 그런 지식을 얻는 것이 우리 인간의 본성에 가능한 일이 아니기 때문에, 나머지 다른 것들을 근거로 저는 이렇게 생각합니다. 즉 '많은 경우에'(hōs epi to polu) 의견에 의해 더 좋은 것에 이를 수 있는 사람이 '지혜로운 사람'(sophos)이며, 그와 같은 '현명함'(phronēsis)을 가장 빠르게 취할 수 있는 원천이 되는 것들을 위해 소일하는 사람이 '철학자'(philosophos)라고 생각합니다.([271])

이런 사람들은 일반시민 한 사람 한 사람 모두에 대해서 공정관대한 태도(epieikōs)를 취할 것이다.([4]) 이와 같은 태도를 가져야만 사사로운 이익을 추구하는 이기적인 욕망에서 벗어나 모든 사람들이 공감할 수 있는 공정하고 합리적이며 유연하고 관대한 태도를 지닐 수 있으며, 시민들로 하여금 서로를 존중하면서 개별적인 애로점을 헤아려 배려하며 하나의 도시국가라는 공동체의 일원으로서 공동의 선을 지향하도록 해줄 수 있다.

말이 중요한 것은 무엇보다도 그것이 갖는 위력 때문이다. 하나의 동일한 행위도 어떻게 말하느냐에 따라 그 무게와 의미, 어감이 달라진다. 이소크라테스는 그것을 잘 알고 있었다. 그는 "말이란 동일한 것에 관해서도 다양한 방식으로 설명할 수 있으며, 중대한 일을 평범한 것으로 만들고, 사소한 것을 중대한 것처럼 옷 입힐 수 있으며,[17] 옛날의 일을 최신의 것처럼 기술하고, 최근에 일어난 일에 대해 고풍스럽게 (또는 옛날 일처럼) 말할 수 있는, 그런 본성을 가지고 있"다고 말한다.[18] 언어의 연금술은 사람들에게 마법처럼 작용하여 세상을 바라보는 시선과 사태를 그려내는 상상력을 조작하고 그들에게서 특정한 행동을 이끌어내는 엄청난 힘을 갖는다. 그러나 그 위력은 마치 중무장 전투나 권투, 레슬링 등 격투기를 배운 사람이 갖는 힘처럼, 그 힘을 가진 사람의 의도에 따라 나쁘게 쓰일 수도 있다.[19] 예컨대 모함은 가장 위험하며 악질적인 말의 일그러진 활용이다.

> 그것은 거짓말쟁이를 좋은 평판을 가진 사람처럼 보이게 만들고, 아무 실수도 안 저지른 사람을 부정을 저지른 것처럼 보이게 만들며, 재판관으로 하여금 맹세를 깨뜨리게 만듭니다. 한마디로 진실을 사라지게 하고 청중에게 거짓 의견을 불어넣어, 시민들 중에 누구라도 걸리면 부당한 손해를 입힙니다.([18])

---

17 이 표현은 기원전 5세기 후반에 활동하던 소피스트들에게서 나온 공식과 같은 말이다. 이소크라테스는 이 표현을 가져다 썼다. 이에 대해 플라톤은 진실을 말로써 왜곡하는 수사학의 폐해에 대한 비판을 연관시켰다. 특히 『파이드로스』 267a-b에서 플라톤은 이소크라테스의 표현을 텍스트 거의 그대로 가져다 쓰면서, 이런 방법이 테이시아스와 고르기아스의 것이라고 주장했다.

18 이소크라테스의 『시민 대축전을 위한 찬사(*Panēgurikos*)』 7-8. 이후 이 연설문에서 인용하는 경우 'P'라는 기호와 구분 번호를 사용한다.

19 플라톤은 이와 같은 위력의 위험성을 직시하고 이소크라테스의 스승으로 알려진 고르기아스로 하여금 이렇게 말하게 만들었다. "연설술(또는 수사학)에 능한 사람과 의사가 당신이 원하는 어떤 나라에 가더라도, 둘 중에 누가 의사로 선발되어야 하는지를 놓고 민회나 다른 어떤 집회에서 말로 경쟁을 해야 한다면, 의사는 어디에도 보이지 않고 말하는 데 유능한 자가 원하기만 한다면 선발될 겁니다." 의사보다도 더 의사처럼 보이게 만드는 언어의 마력, "그러므로 그 기술(=연설술 또는 수사학)의 힘은 그만큼 크고 대단한 것이지요."(『고르기아스』, 456b-c; 김인곤 역(2011), 『고르기아스』, 이제이북스)

따라서 꼭 필요한 말을 적절하게 해야 한다. 이소크라테스가 교육과 철학에서 초점을 맞추는 '말'은 기본적으로 공적인 것이다. 말이 말하는 사람과 듣는 사람을 연결시키는 순간 공적인 가치를 갖는다. 따라서 말은 사사로운 이해관계를 떠나 개인들을 하나의 공동체 안으로 불러들이고, 공동선을 향하여 더불어 나아갈 수 있는 길을 열어준다. 그의 통찰에 따르면, 말이 없다면 우리는 동물만 못하다. ([253]) 그러나 말이 있기 때문에 인간은 동물처럼 사는 수준에서 벗어나 위대한 업적을 이루어낼 수 있다.

> 그러나 우리에게는 서로를 설득할 수 있고 우리 자신에게 우리가 논의하게 될 일들에 관하여 분명하게 드러낼 수 있기 때문에, 우리는 짐승처럼 살아가는 일에서 벗어날 수 있을 뿐만 아니라 함께 모여서 도시를 이루며 살아왔으며, 법을 세울 수 있었고, 기술을 발견할 수 있었습니다. 우리가 고안한 거의 모든 것들을 마련해 준 것, 그것이 바로 말입니다.([254])

공적인 차원에서 이소크라테스가 열거하는 '현명한', '지혜로운', '철학적인(=지혜를 사랑하는)', '수사적인', '공명관대한' 판단과 의견을 구성하는 도구가 바로 말이며, 그것은 도시국가와 시민을 위한 정치적인 것이다. 이소크라테스는 그런 말이 공동체 의식을 잃고 갈등하는 아테네 내부의 상처를 치유하고, 반목하며 소모적인 전투를 치르는 그리스 세계의 도시국가들을 하나로 모으는 힘을 발휘할 수 있다고 보았다.

그는 기원전 338년 98세의 나이로 숨을 거둘 때까지 학교를 계속 운영하면서 교육을 실천하고 인재를 육성하였으며, 그리스 전체를 통합할 수 있는 소위 '범그리스주의적'(panhellenic) 지도자를 물색하며 여러 후보자에게 편지와 연설문을 보내기도 했다. 그는 자신의 시대에 그리스가 직면한 가장 큰 위기는 그리스 도시국가들이 서로 반목하고 갈등하며 주도권 다툼으로 전쟁을 지속하면서 피폐해지는 것이라고 보았다. 내부의 갈등은 외부의 적에게 침략의 기회를 줄 것이라 생각한 것이다. 기원전 5세기 초에 두 차례에 걸쳐 그리스를 침략했던 페르시아 제국이 여전히 건재한 상태였기 때문에 이소크라테스의 위기의식은 잦아들지 않았다. 그는 그리스의 모든 도시들이 한마음 한뜻으로 연합하여 힘을 합쳐 외부의 위협 세력인 페르시아를 쳐야 한다고 주장했다. 결국 그의 정치적인 이념은 기원전 4세기 말 마케도니아의 알렉산드로스 대왕에 의해 상당부분 실현되었다. 물론 그것은 이소크라테스가 숨을 거둔 이후의 이야기다.

7

연설문의 내용을 상세하게 이해해 나가는 것은 이제 독자들의 몫이다. 해제의 마지막 부분에는 이 책의 형식과 이소크라테스 연설문의 전승에 관한 문헌학적인 설명이 필요하다. 이 책은 이소크라테스 연설문의 그리스어 원문을 제시하고 그 옆에 번역을 붙여 원문과 대조해서 볼 수 있도록 했다. 그리스어를 모르는 일반 독자들은 그리스어 원문이 불필요하다고 느낄 수도 있겠지만, 나는 독자들이 조금만 전문적으로 참조하려고 한다면 원문이 큰 도움을 줄 수 있으리라 믿는다. 그리스어 원문 아래에는 문헌학적인 비판 장치를 넣었고, 필요한 경우에는 번역 부분에 그 설명을 덧붙였다. 이런 형식을 취한 이유는 이소크라테스의 문헌이 처음 만들어지고 전승되고 편집되고 인쇄되어 온 복잡한 과정 때문이다.

그 복잡한 과정을 한번 재구성해 보자. 기원전 353년경 이소크라테스가 글을 쓴다. 그가 직접 쓸 수도 있고, 필기전문 노예를 통해 받아쓰도록 할 수도 있다. 그렇게 만들어진 원본은 사라졌고 우리에게 전해지지 않는다. 어쨌든 당시에는 원본이 있었고, 그의 글을 보고 싶어 하는 사람들은 원본을 베껴 쓰는 작업을 필요로 한다. 그리고 그 베껴 쓴 최초의 필사본을 보고 또 다른 필사본이 만들어진다. 그리고 또 필사본의 필사본을 보고 베낀 또 다른 필사본이 만들어지고 …… 그런 식으로 필사본들이 재생산되면서 어떤 것들은 없어지고, 어떤 것들은 망가진 채로 남아 있고, 어떤 것들은 제법 온전하게 남아 있다.

우리는 긴 세월 동안 여러 사람들에 의해 필사의 과정을 거치면서 현재 우리에게 전해진 필사본들의 내용이 이소크라테스의 원래 작품과 똑같다고 장담하기 어려운 상황에 있다. 고전문헌학자들은 남아 있는 필사본들 사이의 관계를 일종의 족보처럼 정리한 후에, 그것들 가운데 어떤 것이 가장 믿을 만한지 판단하고 남아 있는 필사본들이 참조했을 가장 이상적인 판본에 가깝게 가는 한편, 궁극적으로는 이소크라테스의 원래 작품에 가까이 가려고 한다. 나는 이런 식의 고민에서 이루어진 작업들 가운데 프랑스의 고전학자인 마티유(G. Mathieu)가 1942년에 펴낸 편집본을 바탕으로 원문을 정리하고, 해석에 문제가 될 수 있는 부분에 대해서는 다른 필사본들이 어떤 식으로 기록되어 있는지, 어떤 고전학자가 추정을 통해 현존하는 필사본들과는 다르게 읽으려고 했는지 보여주는 '약식 편집'(editio minor)의 방식으로 그리스어 원문을 정리했다.

현재 17종의 필사본이 『교환소송에 관하여』를 전체적으로 또는 부분적으로 전해주고 있는데, 그 가운데 12종은 연설문의 상당량, 즉 [72]에서부터 [310]의 시작부분까지를 빠뜨리고 있다.[20] 서기 1~2세기 사이에 작성된 것으로 추정되는 Oxyrhynchus Papyrus 27은 [77]에서 [81]까지만 담고 있다. 19세기 초까지만 해도 이와 같이 불완전한 필사본에 담긴 것이 학자들이 볼 수 있던 전부였다. 그러나 1812년에 안드레아스 무스톡쉬디스(Andreas Mustoxydis)가 두 개의 필사본(Ambrosianus E144(E)와 Laurentianus LXXXVII 314Θ)에서 본문 전체를 발견하였고 이를 밀라노에서 출간하였다. 그 이듬해인 1813년에 앙겔로 마이(Angelo Maï)는 무스톡쉬디스의 편집본을 놓고 라틴어 번역을 만들어 내놓으면서 작품에 대한 주석을 달았고, 오렐리(Orelli)는 1814년에 자신만의 편집본을 취리히에서 새롭게 출간했다. 그 이후에 바이터(Baiter, 1846), 코베트(Cobet, 1849), 뷔르만(Buermann)이 무스톡쉬디스가 사용한 두 개의 필사본을 철저하게 검토하여 새로운 편집본을 내놓았다. 1851년에 벤슬러(Gustav Benseler)가 이소크라테스 전집의 편집본을 라이프치히에서 발간하였다.[21]

---

20 이후 『교환소송에 관하여』의 필사본에 관한 정보는 투의 책(Too, Y. L.(2008), pp. 27-32)에서 정리한 것이다.

21 투(Too)가 전하는 바에 따르면, 카르트리에(A. Cartelier)와 아베(E. Havet)는 벤슬러가 자신이 생각하는 이소크라테스의 어법을 기준으로 전통적인 필사본들이 전하는 바를 무시하고 수정을 가했다고 평가한다. Cartelier, A. & E. Havet(1862), *Le Discours d'Isocrate sur lui-même, intitulé, sur l'Antidosis, Paris*, p. 199; Too, Y. L.(2008), p. 27에서 재인용. 예를 들면, [110]에서 필사본에는 'διὰ τοῦ ᾽Ισθμοῦ'

『교환소송에 관하여』를 편집할 때 반드시 참조해야 할 주요 필사본은 다음 네 종류이다.

(1) 9세기 후반에서 10세기 초반 사이에 작성된 Urbainas 111(Γ)

(2) 14세기에 작성된 Vaticanus 936(Δ)

(3) 15세기에 작성된 Ambrosianus O 144(E)

(4) 13세기에 작성된 Laurentianus LXXXVII 14(Θ)

이 가운데 바티칸 도서관에 소장된 Urbainas 111(Γ)가 가장 신뢰할 만한 필사본으로 평가된다. 드레럽(E. Drerup)은 이 필사본에서 필사가 대여섯 명의 필적이 발견된다고 주장했다. 9세기 후반이나 10세기 초에 첫 번째 필사가가 전체 원문을 작성한 후, 다른 필사가가 필사 원본과 대조하거나 추정하여 일차로 수정했고, 또 다른 한 사람이 여백에다 그 이전에 유통되던 '대중적인 필사본'(vulgata)을 대조하여 다른 독법을 적어 넣은 필적이 있으며, 10세기, 11세기, 12세기, 13세기로 추정되는 또 다른 네 명의 서로 다른 필적이 수정을 가했다는 것이다.[22] Urbainas 111(Γ)에서 Vaticanus 936(Δ)가 필사된 것으로 보이며, Ambrosianus O 144(E)와 전체적으로 필사 내용이 일치한다.[23]

라고 되어 있지만, 벤슬리는 'δι' 'Ισθμοῦ'라고 고쳐 읽었고, [166]에서는 필사본에는 'τῷ δ' ἤθει τῷ ἑαυτοῦ'라고 되어 있지만, 벤슬리는 'τῷ δ' ἤθει'라고 고쳐 읽었다.

22 Drerup, E.(1906), *Isocratis Opera Omnia, Leipzig*, pp. X-XII.

23 이소크라테스의 필사본 전체에 관한 좀 더 상세한 설명은 김헌(2017), 『그리스 지도자들에게 고함 — 이소크라테스의 아홉 통의 편지』의 해제를 보라.

교감장치에 쓰인 필사본 표시

Γ	Urbinas 111, IX. aut X. saeculi
Δ	Vaticanus 936, XIV. saec.
E	Ambrosianus O-144-sup., XV. saec.
Θ	Laurentianus LXXXVII 14, XIII. saec.
Λ	Vaticanus 65, anno 1063 scriptus
Pap.	Fragmenta in papyris servata
vulg.	Editiones quae ante Urbinatem inventum prodierunt et deteriores codices sequuntur
Vict.	Annotationes a Victorio (P. Verrori) in margine editionis Aldinae scriptae

약어 표시

cett.	다른 판본들(ceteri)
codd.	주요 필사본들(codices)
coni.	추정, 제안했다(coniecit)
del.	지웠다(delevit)
ins.	끼워넣었다(inseruit)
mg.	필사본의 여백에, 외곽 주석에(in margine)
om.	생략했다(omisit)
secl.	삭제했다(seclusit)

교환소송(antidosis)에 관하여

[1] εἰ μὲν ὅμοιος ἦν ὁ λόγος ὁ μέλλων ἀναγνωσθήσεσθαι τοῖς ἢ πρὸς τοὺς ἀγῶνας ἢ πρὸς τὰς ἐπιδείξεις γιγνομένοις, οὐδὲν ἂν οἶμαι προδιαλεχθῆναι περὶ αὐτου· νῦν δὲ διὰ τὴν καινότητα καὶ τὴν διαφορὰν ἀναγκαῖόν ἐστιν προειπεῖν τὰς αἰτίας δι᾽ ἃς οὕτως ἀνόμοιον αὐτὸν ὄντα τοῖς ἄλλοις γράφειν προειλόμην· μὴ γὰρ τούτων δηλωθεισῶν πολλοῖς ἂν ἴσως ἄτοπος εἶναι δόξειεν.

[2] ἐγὼ γὰρ εἰδὼς ἐνίους τῶν σοφιστῶν βλασφημοῦντας περὶ τῆς ἐμῆς διατριβῆς καὶ λέγοντας ὡς ἔστιν περὶ δικογραφίαν, καὶ παραπλήσιον ποιοῦντας ὥσπερ ἂν εἴ τις Φειδίαν τὸν τὸ τῆς Ἀθηνᾶς ἕδος ἐργασάμενον τολμῴη καλεῖν κοροπλάθον, ἢ Ζεῦξιν καὶ Παρράσιον τὴν αὐτὴν ἔχειν φαίη τέχνην τοῖς τὰ πινάκια γράφουσιν, ὅμως οὐδὲ πώποτε τὴν μικρολογίαν ταύτην ἠμυνάμην αὐτῶν.

[1] 2 γιγνομένοις ΓΔΕΘ : γεγραμμένοις vulg. 3 οἶμαι Γ : ἔδει ΔΕ vulg. 4 προειπεῖν Γ^2 codd. : προσειπεῖν Γ^{1}ΔΘΛ

[1] 지금 낭독하려는[1)] 연설이 법정싸움을 위해서나 부각하기[24] 위해 만든 연설들과 비슷하다면,[2)] 이 연설에 관해 미리 설명할 것은 아무것도 없다고 생각합니다. 하지만 지금 이 연설은 아주 새롭고 전혀 다른 것이기 때문에, 왜 제가 다른 것들과 이렇게 비슷하지 않은 이 연설을 쓰기로 작정했는지 그 이유를 먼저 말씀드리는 것이 필요합니다. 그 이유를 밝히지 않는다면, 아마도 이 연설은 많은 사람들에게 이상하게[3)] 보일 수도 있기 때문이지요.

[2] 사실 저는 일부 소피스트[4)]들이 제가 법정연설문 작성과 관련된 소일거리[25]에 종사한다고 말하며 비방한다는 것을[5)] 잘 압니다. 그러나 그것은 아테나 여신상을 조각한 페이디아[6)]를 인형제작공이라고 부르는 것만큼 무모한 짓이며, 제욱시스와 파라시오스[7)]가 서판그림쟁이들[26]과 같은 기술[8)]을 가지고 있다고 말하는 것과 거의 비슷합니다. 그렇지만 저는 단 한 번도 그들의 그런 '쩨쩨하고 시시한 말'[9)]에 맞서 저를 방어하지는 않았습니다.

---

24 '에피데익시스'(epideixis)는 '드러내 보여주기'라는 뜻이며, '부각', '과시', '전시', '시범'으로 번역할 수 있다. 수사학의 전문용어로 찬사와 비방의 연설을 가리킬 때 쓰는 말이다. 찬사 대상의 미덕이나 비방 대상의 악덕을 부각하거나, 자신의 연설능력을 돋보이게 하는 과시하는 연설이다.

25 '소일거리'(diatribē)에 관해서는 미주 69)를 보라.

26 병에서 회복되거나 항해에서 위험한 고비를 넘기고 귀향했을 때, 감사의 마음을 표현하기 위해 서판에 신들의 모습을 그려 신전에다 봉헌했다. 이런 그림을 그려주고 생계를 유지하던 화가들을 가리킨다.

[3] ἡγούμενος τὰς μὲν ἐκείνων φλυαρίας οὐδεμίαν δύναμιν ἔχειν, αὐτὸς δὲ πᾶσι τοῦτο πεποιηκέναι φανερὸν, ὅτι προῄρημαι καὶ λέγειν καὶ γράφειν οὐ περὶ τῶν ἰδίων συμβολαίων, ἀλλ᾽ ὑπὲρ τηλικούτων τὸ μέγεθος καὶ τοιούτων πραγμάτων, ὑπὲρ ὧν οὐδεὶς ἂν ἄλλος ἐπιχειρήσειεν πλὴν τῶν ἐμοὶ πεπλησιακότων ἢ τῶν τούτους μιμεῖσθαι βουλομένων.

[4] μέχρι μὲν οὖν πόρρω τῆς ἡλικίας ᾤμην καὶ διὰ τὴν προαίρεσιν ταύτην καὶ διὰ τὴν ἄλλην ἀπραγμοσύνην ἐπιεικῶς ἔχειν πρὸς ἅπαντας τοὺς ἰδιώτας· ἤδη δ᾽ ὑπογυίου μοι τῆς τοῦ βίου τελευτῆς οὔσης, ἀντιδόσεως γενομένης περὶ τριηραρχίας καὶ περὶ ταύτης ἀγῶνος, ἔγνων καὶ τούτων τινὰς οὐχ οὕτω πρός με διακειμένους ὥσπερ ἤλπιζον, ἀλλὰ τοὺς μὲν πολὺ διεψευσμένους τῶν ἐμῶν ἐπιτηδευμάτων καὶ ῥέποντας ἐπὶ τὸ πείθεσθαι τοῖς ἀνεπιτήδειόν τι λέγουσιν, τοὺς δὲ σαφῶς μὲν εἰδότας περὶ ἃ τυγχάνω διατρίβων, φθονοῦντας δὲ καὶ ταὐτὸν πεπονθότας τοῖς σοφισταῖς καὶ χαίροντας ἐπὶ τοῖς ψευδῆ περί μου δόξαν ἔχουσιν.

[3] 저는 그 사람들이 지껄여대는 소리[27]가 아무런 힘도 가지지 못한다고 생각했으며, 저 자신은 사사로운 계약에 관해서가 아니라, 그 반대로 제 곁에서 배운 사람들이나 또는 그 사람들을 모방하길 원하던 사람들 이외에는 다른 어떤 사람도 시도해본 적이 없는[28] 종류의 중차대한 사안들에 관해[29] 말을 하거나 글을 쓰는 길을 선택했다는 사실을 모든 사람들에게 명백하게 보여주었다고 생각했던 것입니다.

[4] 따라서 저는 이 나이가 될 때까지 이런 선택을 해왔으며 다른 일에는 관여하지 않았기 때문에,[10)] 모든 일반시민에게 공명관대한 사람이었다[11)]고 생각했습니다. 그런데 이제 삶을 마감할 시간이 가까이 왔을 때, 삼단노선 건조 비용과 관련된 교환소송과 그런 법정싸움이 벌어지자,[30] 비로소 저는 알게 되었습니다. 일반시민 중에는 저에게 제가 희망했던 것과는 다른 태도를 취하는 사람이 있었고, 저의 작업들에 대해 아주 그릇된 생각을 가지고 있었으며, 심지어 적대적인 말을 하는 사람에게 설득되어 그쪽으로 기운 사람도 있었다는 사실을 말입니다. 어떤 사람은 제가 소일했던 일들에 관해 분명하게 알고 있으면서도, 질투심 때문에 소피스트들에게 느끼는 것과 똑같은 감정을 느끼면서 저에 대해 잘못된 의견을 가진 사람을 만나면 좋아했습니다.

---

27 '지껄여대는 소리'로 번역된 '플뤼아리아'(pluaria)는 소피스트나 전문적인 수사학 교사들의 '궤변'을 가리킬 때 쓰는 관행적인 단어였다.

28 이소크라테스는 자신의 연설 방식이나 내용의 참신성을 강조하기 위해, 자기보다 앞서 헬라스 전체의 이익을 우선적으로 주장했던 고르기아스나 뤼시아스와 같은 연설가들을 의도적으로 언급하지 않는다.

29 '중차대한 사안들'(to megethos)은 이소크라테스를 공격하려고 다른 사람들이 사용한 '쩨쩨하고 시시한 말'(mikrorigia)과 대립되는 개념이다.

30 '삼단노선 건조 비용(약 4,000~6,000드라크마) 부담 공역'과 관련된 교환소송은 기원전 356/5년에 있었던 것으로 추정된다.

[5] ἐδήλωσαν δ᾽ οὕτω διακείμενοι· τοῦ γὰρ ἀντιδίκου περὶ μὲν ὧν ἡ κρίσις ἦν οὐδὲν λέγοντος δίκαιον, διαβάλλον τος δὲ τὴν τῶν λόγων τῶν ἐμῶν δύναμιν καὶ καταλαζονευομένου περί τε τοῦ πλούτου καὶ τοῦ πλήθους τῶν μαθητῶν, ἔγνωσαν ἐμὴν εἶναι τὴν λειτουργίαν. τὴν μὲν οὖν δαπάνην οὕτως ἠνέγκαμεν, ὥσπερ προσήκει τοὺς μήτε λίαν ὑπὸ τῶν τοιούτων ἐκταραττομένους μήτε παντάπασιν ἀσώτως μηδ᾽ ὀλιγώρως πρὸς χρήματα διακειμένους.

[6] ᾐσθημένος δ᾽ ὥσπερ εἶπον, πλείους ὄντας ὧν ᾤμην τοὺς οὐκ ὀρθῶς περί μου γιγνώσκοντας, ἐνεθυμούμην πῶς ἂν δηλώσαιμι καὶ τούτοις καὶ τοῖς ἐπιγιγνομένοις καὶ τὸν τρόπον ὃν ἔχω, καὶ τὸν βίον ὃν ζῶ, καὶ τὴν παιδείαν περὶ ἣν διατρίβω, καὶ μὴ περιίδοιμι περὶ τῶν τοιούτων ἄκριτον ἐμαυτὸν ὄντα, μηδ᾽ ἐπὶ τοῖς βλασφημεῖν εἰθισμένοις ὥσπερ νῦν γενόμενον·

[5] 2 λέγοντος ΓΔΕ : ἀντιλέγοντος Θ vulg.

[5] 그들은 이런 식으로 자신들의 입장을 분명히 드러냈습니다. 그들은 판결이 걸린 사안들에 관하여 저의 재판상대자[31]가 정당한 논변을 하나도 내놓지 않으면서, 제 말이 가진 힘을 모함하는 한편[12)] 저의 재산과 학생들의 수를 멋대로 부풀리자,[13)] 제가 공적 임무를 져야 한다는 판단을 내렸던 것입니다. 그 결과 저는 그 비용을 물었습니다.[32] 마치 이런 문제로 큰 충격을 받지는 않지만 돈과 관련해서 함부로 낭비하지는 않는, 그렇다고 해서 걱정을 안 해도 되는 것은 아닌 상태에 있는 사람들에게나 어울릴 방식으로 말입니다.

[6] 이미 말씀드린 것처럼, 저는 저에 관해 잘못 알고 있는 사람들이 제가 생각했던 것보다 훨씬 더 많다는 사실을 알았을 때, 어떻게 해야 그들과 후대 사람들에게 저의 방식[33]과 제가 사는 삶과 제가 소일하는 교육[34]을 분명히 보여줄 수 있을지, 그래서 이런 일들에 관해 제 자신이 재판도 없이 지금 제가 처한 상황처럼 비방을 일삼는 자들의 손에 내맡겨지도록 가만히 보고만 있지 않을 수 있는지 궁리해보았습니다.[14)]

---

31 기원전 356년의 일로, 그때 이소크라테스를 대상으로 교환소송을 제기한 사람은 메가클레이테스였다고 한다. 반면 이 연설문에서는 뤼시마코스라는 가상적인 인물이 소송을 제기한 것으로 소개된다. [14]와 해당 미주 27)을 보라. 제임스(C. A. James, 2013)는 이소크라테스가 고발자로 내세운 가상인물의 실체는 플라톤이라고 주장한다.(On the Defense: Reading Isocrates' *Antidosis* as a Response to Plato's *Phaedrus*, University of Arkansas, p. 1)

32 [145]를 보라. 그는 삼단노 건조 비용을 세 번이나 부담했다고 한다.

33 '방식'(tropos)은 생각, 판단, 행동, 표현의 방식 전체를 가리키며 습관이나 태도, 감정까지도 포괄하는 개념이다. '성격'(character, G. Norlin; caractère, G. Mathieu)이나 '본성'(nature, Y. L. Too)으로 해석할 수도 있다.

34 '교육'(paideia)에 관해서는 미주 68)을 보라.

[7] σκοπούμενος οὖν εὕρισκον οὐδαμῶς ἂν ἄλλως τοῦτο διαπραξάμενος, πλὴν εἰ γραφείη λόγος ὥσπερ εἰκὼν τῆς ἐμῆς διανοίας καὶ τῶν ἄλλων τῶν [ἐμοὶ] βεβιωμένων· διὰ τούτου γὰρ ἤλπιζον καὶ τὰ περὶ ἐμὲ μάλιστα γνωσθήσεσθαι καὶ τὸν αὐτὸν τοῦτον μνημεῖόν μου καταλειφθήσεσθαι πολὺ κάλλιον τῶν χαλκῶν ἀναθημάτων.

[8] εἰ μὲν οὖν ἐπαινεῖν ἐμαυτὸν ἐπιχειροίην, ἑώρων οὔτε περιλαβεῖν ἅπαντα περὶ ὧν διελθεῖν προῃρούμην οἷός τε γενησόμενος, οὔτ' ἐπιχαρίτως οὐδ' ἀνεπιφθόνως εἰπεῖν περὶ αὐτῶν δυνησόμενος· εἰ δ' ὑποθείμην ἀγῶνα μὲν καὶ κίνδυνόν τινα περὶ ἐμὲ γιγνόμενον, συκοφάντην δ' ὄντα τὸν γεγραμμένον καὶ τὸν πράγματά μοι παρέχοντα, κἀκεῖνον μὲν ταῖς διαβολαῖς χρώμενον ταῖς ἐπὶ τῆς ἀντιδόσεως ῥηθείσαις, ἐμαυτὸν δ' ἐν ἀπολογίας σχήματι τοὺς λόγους ποιούμενον, οὕτως ἂν ἐκγενέσθαι μοι μάλιστα διαλεχθῆναι περὶ ἁπάντων ὧν τυγχάνω βουλόμενος.

[8] 2 ἐπιχειροίην Γ : ἐγχειροίην E vulg.

[7] 이런 점들을 살펴보면서 저는 저의 생각과 제가 살면서 이루어 온 다른 모든 것들의 그림과도 같은 말로 연설[15)]을 쓰는 것 말고는 그 일을 해낼 수 있는 다른 방법이 없다는 사실을 발견하였습니다. 실제로 저는 그것을 통해 저에 관한 사실들을 가장 많이 알릴 수 있고,[16)] 동시에 그것을 저에 대한 기념물로 청동 조각상들[35]보다 훨씬 더 아름답게 사후에도 남길 수 있으리라는 희망을 품고 있습니다.

[8] 그런데 저는 만약 제가 자화자찬을 시도한다면 제가 설명하려고 선택한 모든 것들을 다 포괄할 수는 없을 것이며, 그것들에 관하여 말할 때에 청중의 기분을 좋게 만들 수도 없으며, 질투심을 유발하지 않을 재간도 없으리라는 것을 잘 보았습니다. 그런데 만약 제가 저를 둘러싼 법정싸움과 어떤 위험[36]이 생기는 한편, 소송꾼[17)]이 고발장을 써서 저에게 문제를 일으키고,[18)] 또한 그 사람이 교환소송에서 언급된 모함을 이용하고, 그러면 저는 저대로 변론의 형태로 연설을 작성한다고 가정한다면, 바로 그런 식으로 저는 제가 원하는 모든 것들에 관하여 가능한 한 많은 말을 할 수 있다는 것도 보았습니다.

35 이소크라테스의 제자였던 티모테오스는 실제로 이소크라테스의 청동 조각상을 세웠다고 알려져 있다.(위 플루타르코스, 「10명의 연설가의 생애」, 838d)

36 '위험'은 '킨뒤노스'(kindunos)의 번역인데, 구체적으로는 법정소송에 연류되어 유죄판결을 받아 처벌받게 될 위험, 또는 간단히 법적 소송에 연류될 위험을 가리킨다. 이후 이 단어는 모두 소송으로 번역한다.

[9] ταῦτα δὲ διανοηθεὶς ἔγραφον τὸν λόγον τοῦτον, οὐκ ἀκμάζων, ἀλλ᾽ ἔτη γεγονὼς δύο καὶ ὀγδοήκοντα. διόπερ χρὴ συγγνώμην ἔχειν, ἢν μαλακώτερος ὢν φαίνηται τῶν παρ᾽ ἐμοῦ πρότερον ἐκδεδομένων. καὶ γὰρ οὐδὲ ῥᾴδιος ἦν οὐδ᾽ ἁπλοῦς, ἀλλὰ πολλὴν ἔχων πραγματείαν.

[10] ἔστιν γὰρ τῶν γεγραμμένων ἔνια μὲν ἐν δικαστηρίῳ πρέποντα ῥηθῆναι, τὰ δὲ πρὸς μὲν τοὺς τοιούτους ἀγῶνας οὐχ ἁρμόττοντα, περὶ δὲ φιλοσοφίας πεπαρρησιασμένα καὶ δεδηλωκότα τὴν δύναμιν αὐτῆς· ἔστιν δέ τι καὶ τοιοῦτον, ὃ τῶν νεωτέρων τοῖς ἐπὶ τὰ μαθήματα καὶ τὴν παιδείαν ὁρμῶσιν ἀκούσασιν ἂν συνενέγκοι, πολλὰ δὲ καὶ τῶν ὑπ᾽ ἐμοῦ πάλαι γεγραμμένων ἐγκαταμεμιγμένα τοῖς νῦν λεγομένοις, οὐκ ἀλόγως οὐδ᾽ ἀκαίρως, ἀλλὰ προσηκόντως τοῖς ὑποκειμένοις.

[9] 저는 이런 생각들을 하면서 이 연설문을 썼습니다. 비록 저는 지금 한창때의 나이가 아니며, 여든하고도 두 살을 더 먹었지만 말입니다. 따라서 만약 이 연설이 제가 예전에 발표했던 것들보다 더 유약하다는 것이 명백히 드러나더라도 여러분께서는 양해해주셔야만 합니다. 이 일은 결코 쉽지도 단순하지도 않으며,[37] 손이 많이 가는 일이기 때문입니다.

[10] 제가 쓴 연설들 가운데 일부는 법정에서 발표되는 것이 적절하며,[38] 또 다른 일부는 그와 같은 법정싸움에는 어울리지 않고, 오히려 철학[19)]에 관하여 허심탄회하게 말하고[20)] 철학의 힘을 분명하게 드러내는 것입니다. 거기에는 젊은 사람들 중에 배움과 교육에 열정적으로 뛰어든 사람이 듣는다면 도움이 될 만한 그런 것들도 있습니다. 그런데 제가 오래전에 썼던 것들 가운데[39] 많은 부분이 지금 이 연설에 섞여 들어갔는데, 비논리적이거나 시의적절하지 않게 들어간 것은 없으며,[21)] 지금 주제들에 적절한 것들만 있습니다.

---

37 '단순하지 않다'(ouk haplous)는 것은 이질적이고 복합적인 요소들이 함께 결합된 것임을 의미한다. 형식뿐만 아니라 내용도 그렇다. 이 구체적인 내용은 [10]-[11]에서 소개될 것이다.

38 '적절하다'(preponta)는 이소크라테스가 중요하게 여기는 '시의적절성'(karios)의 개념과 연결되기도 하고 서로 바꿔 쓰이기도 한다.

39 『시민대축전에 부쳐』, 『평화에 관하여』, 『니코클레스에게』, 『소피스트 반박』 등의 일부 내용이 중간에 증인들의 등장처럼 소개된다.

[11] τοσοῦτον οὖν μῆκος λόγου συνιδεῖν καὶ τοσαύτας ἰδέας καὶ τοσοῦτον ἀλλήλων ἀφεστώσας συναρμόσαι καὶ συναγαγεῖν καὶ τὰς ἐπιφερομένας οἰκειῶσαι ταῖς προειρημέναις καὶ πάσας ποιῆσαι σφίσιν αὐταῖς ὁμολογουμένας οὐ πάνυ μικρὸν ἦν ἔργον. ὅμως δ' οὐκ ἀπέστην, καίπερ τηλικοῦτος ὤν, πρὶν αὐτὸν ἀπετέλεσα, μετὰ πολλῆς μὲν ἀληθείας εἰρημένον, τὰ δ' ἄλλα τοιοῦτον οἷος ἂν εἶναι δόξῃ τοῖς ἀκροωμένοις.

[12] χρὴ δὲ τοὺς διεξιόντας αὐτὸν πρῶτον μὲν ὡς ὄντος μικτοῦ τοῦ λόγου καὶ πρὸς ἁπάσας τὰς ὑποθέσεις ταύτας γεγραμμένου ποιεῖσθαι τὴν ἀκρόασιν, ἔπειτα προσέχειν τὸν νοῦν ἔτι μᾶλλον τοῖς λέγεσθαι μέλλουσιν ἢ τοῖς ἤδη προειρημένοις, πρὸς δὲ τούτοις μὴ ζητεῖν εὐθὺς ἐπελθόντας ὅλον αὐτὸν διελθεῖν, ἀλλὰ τοσοῦτον μέρος ὅσον μὴ λυπήσει τοὺς παρόντας. ἢν γὰρ ἐμμείνητε τούτοις, μᾶλλον δυνήσεσθε κατιδεῖν εἴ τι τυγχάνομεν λέγοντες ἄξιον ἡμῶν αὐτῶν.

[11] 2 καὶ συναγαγεῖν ΓΔΕ : om. cett.

[11] 이렇게 긴 연설을 한눈에 다 보고, 이렇게 서로 많이 동떨어진 다양한 모습들을[22)] 모두 조화롭게 다듬어 함께 이끌어나가고, 또 나중에 나오는 것들을 앞에 나온 것들에 맞춰서 적절하게 꾸려나가며, 그 모든 것들이 함께 일관성을 갖도록 짓는 일은[23)] 결코 작은 일이 아닙니다. 그렇지만 저는 이 나이에도 불구하고 이것을 완성하기 전까지 결코 포기하지 않았습니다. 많은 진실을 여기에 담아서 말하였으니, 나머지 다른 것들에 관해서는 듣고 계신 청중의 의견에 맡깁니다.

[12] 그런데 이것을 끝까지 쭉 읽으려는 사람들은[40] 일단 이 연설이 복합적이며[24)] 이 모든 주제들과 관련해서 쓴 것으로 생각하면서 경청해야 합니다. 그리고 그다음으로는 먼저 앞에서 이미 언급된 것들보다는 앞으로 언급될 것들에 더 많은 신경을 써야 하며, 추가로 이것 전체를 단숨에 다 읽으려고 애쓰는 대신, 이곳에 있는 사람들을 괴롭게 하지 않을 만큼만 골라내 부분적으로 읽어야 합니다.[25)] 여러분이 이런 점들을 잘 지키신다면, 우리가 우리 자신에게 합당한 것을[41] 말하는지 아닌지 훨씬 더 잘 살펴보실 수가 있습니다.

---

40 '디엑시온타스'(diexiontas)는 청중 앞에서 큰 소리로 낭독하는 사람들을 가리킨다.

41 이소크라테스는 '나'라는 표현 대신 '우리 자신'(hēmōn autōn)이라는 복수형을 사용했는데, 겸양어법(plural of modesty. Smith H. W.(1956), *Greek Grammar*, Cambridge: Havard University Press, p. 271, 1008번)이다.

[13] ἅ μὲν οὖν ἀναγκαῖον ἦν προειπεῖν, ταῦτ᾽ ἐστιν· ἤδη δ᾽ ἀναγιγνώσκετε τὴν ἀπολογίαν τὴν προσποιουμένην μὲν περὶ κρίσεως γεγράφθαι, βουλομένην δὲ περὶ ἐμοῦ δηλῶσαι τὴν ἀλήθειαν, καὶ τοὺς μὲν ἀγνοοῦντας εἰδέναι ποιῆσαι, τοὺς δὲ φθονοῦντας ἔτι μᾶλλον ὑπὸ τῆς νόσου ταύτης λυπεῖσθαι· μείζω γὰρ δίκην οὐκ ἂν δυναίμην λαβεῖν παρ᾽ αὐτῶν.

[14] πάντων ἡγοῦμαι πονηροτάτους εἶναι καὶ μεγίστης ζημίας ἀξίους, οἵτινες οἷς αὐτοὶ τυγχάνουσιν ὄντες ἔνοχοι, ταῦτα τῶν ἄλλων τολμῶσι κατηγορεῖν, ὅπερ Λυσίμαχος πεποίηκεν. οὗτος γὰρ αὐτὸς συγγεγραμμένα λέγων περὶ τῶν ἐμῶν συγγραμμάτων πλείω πεποίηται λόγον ἢ περὶ τῶν ἄλλων ἁπάντων, ὅμοιον ἐργαζόμενος ὥσπερ ἂν εἴ τις ἱεροσυλίας ἕτερον διώκων αὐτὸς τὰ τῶν θεῶν ἐν τοῖν χεροῖν ἔχων φανείη.

[13] 먼저 말씀드려야만 했던 것은[26] 바로 이런 것들입니다. 이제 여러분께서는 저의 변론을 들어주시기 바랍니다. 이 변론은 판결을 염두에 두고 작성된 것이기는 하지만, 저에 관한 진실을 밝히려는 염원에서, 그래서 모르는 사람들은 알게 만드는 반면 질시하는 사람들은 그 질병으로 인해 훨씬 더 많은 고통을 당하기를 바라면서 작성된 것입니다. 사실 그들에게 이보다 더 큰 심판을 마련할 수는 없을 것입니다.

[14] 저는 모든 사람들 가운데 가장 사악하며 가장 큰 벌을 받아 마땅한 사람은 자기 스스로가 벌 받을 짓들을 해놓고 감히 다른 사람들을 고발하려는 자들이라고 생각합니다. 뤼시마코스가 바로 그런 짓을 했지요.[27] 이 사람은 자기가 쓴 글로 직접 연설을 하면서 다른 모든 일들에 관해서보다는 제가 쓴 글에 관해서 더 많은 연설을 지어냈습니다.[28] 이는 마치 다른 사람을 성물절도죄로 고발해놓고 자신은 신들께 바쳐진 성물들을 두 손에 들고 나타나는 것과 똑같은 짓입니다.

[15] πρὸ πολλοῦ δ' ἂν ἐποιησάμην οὕτως αὐτὸν νομίζειν εἶναί με δεινὸν ὥσπερ ἐν ὑμῖν εἴρηκεν· οὐ γὰρ ἄν ποτέ μοι πράγματα παρέχειν ἐπεχείρησεν. νῦν δὲ λέγει μὲν ὡς ἐγὼ τοὺς ἥττους λόγους κρείττους δύναμαι ποιεῖν, τοσοῦτον δέ μου καταπεφρόνηκεν ὥστ' αὐτὸς ψευδόμενος ἐμοῦ τἀληθῆ λέγοντος ἐλπίζει ῥᾳδίως ἐπικρατήσειν.

[16] οὕτω δέ μοι δυσκόλως ἅπαντα συμβέβηκεν ὥσθ' οἱ μὲν ἄλλοι τοῖς λόγοις διαλύονται τὰς διαβολάς, ἐμοῦ δὲ Λυσίμαχος αὐτοὺς τοὺς λόγους μάλιστα διαβέβληκεν ἵν', ἢν μὲν ἱκανῶς δόξω λέγειν, ἔνοχος ὢν φανῶ τοῖς ὑπὸ τούτου περὶ τῆς δεινότητος τῆς ἐμῆς προειρημένοις, ἢν δ' ἐνδεέστερον τύχω διαλεχθεὶς ὧν οὗτος ὑμᾶς προσδοκᾶν πεποίηκεν, τὰς πράξεις ἡγήσησθέ μου χείρους εἶναι.

[15] 3 παρέχειν E mg. vulg. : ποιεῖν ΓΔΕΘ

[15] 그가 여러분 앞에서 말했던 것처럼 저를 그렇게 위력적인 연설가라고 생각한다면, 저는 그것을 크게 문제 삼을 수 있습니다. 그런 경우 그는 저에게 소송을 제기하지 않았을 것이기 때문입니다. 지금 그는 제가 열등한 논변을 더 강하게 만들 수 있다고 말하지만[29] 사실은 저를 아주 깔보고 있습니다. 그는 자신은 거짓말을 하면서도 진실을 말하는 저를 쉽게 제압하리라는 희망을 품고 있는 것입니다.

[16] 그런데 모든 일들이 저에게는 아주 불리하게 돌아가고 있습니다. 그래서 다른 사람들은 말로써 모함을 해소하지만 뤼시마코스는 저의 말 자체를 극도로 모함하기 때문에, 제가 말을 충분히 하는 것처럼 보이면 그가 저의 위력적인 말솜씨에 관하여 앞서 말했던 것이 사실이라고 드러내는 꼴이 되는 반면, 제가 저 사람이 여러분에게 불어넣은 기대감에 못 미치게 말을 하면 여러분은 저의 행위를 더 나쁘다고 생각하실 테니까요.[30]

[17] δέομαι οὖν ὑμῶν μήτε πιστεύειν πω μήτ' ἀπιστεῖν τοῖς εἰρημένοις, πρὶν ἂν διὰ τέλους ἀκούσητε καὶ τὰ παρ' ἡμῶν, ἐνθυμουμένους ὅτι μηδὲν ἂν ἔδει δίδοσθαι τοῖς φεύγουσιν ἀπολογίαν εἴπερ οἷόν τ' ἦν ἐκ τῶν τοῦ διώκοντος λόγων ἐψηφίσθαι τὰ δίκαια. νῦν δ' εἰ μὲν εὖ τυγχάνει κατηγορηκὼς ἢ κακῶς, οὐδεὶς ἂν τῶν παρόντων ἀγνοήσειεν· εἰ δ' ἀληθέσι κέχρηται τοῖς λόγοις, οὐκέτι τοῦτο τοῖς κρίνουσι γνῶναι ῥᾴδιον ἐξ ὧν ὁ πρότερος εἴρηκεν, ἀλλ' ἀγαπητὸν ἦν ἐξ ἀμφοτέρων τῶν λόγων ἐκλαβεῖν δυνηθῶσιν τὸ δίκαιον.

[18] οὐ θαυμάζω δὲ τῶν πλείω χρόνον διατριβόντων ἐπὶ ταῖς τῶν ἐξαπατώντων κατηγορίαις ἢ ταῖς ὑπὲρ αὑτῶν ἀπολογίαις, οὐδὲ τῶν λεγόντων ὡς ἔστι μέγιστον κακὸν διαβολή· τί γὰρ ἂν γένοιτο ταύτης κακουργότερον, ἣ ποιεῖ τοὺς μὲν ψευδομένους εὐδοκιμεῖν, τοὺς δὲ μηδὲν ἡμαρτηκότας δοκεῖν ἀδικεῖν, τοὺς δὲ δικάζοντας ἐπιορκεῖν, ὅλως δὲ τὴν μὲν ἀλήθειαν ἀφανίζει, ψευδῆ δὲ δόξαν παραστήσασα τοῖς ἀκούουσιν ὃν ἂν τύχῃ τῶν πολιτῶν ἀδίκως ἀπόλλυσιν.

[17] 5 εὖ τυγχάνει ΓΔΕΘ : ἐντυγχ- cett.
[18] 5 ἡμαρτηκότας ΓΔΕΘ : ἠδικηκότας cett.

[17] 그래서 여러분께 부탁드립니다. 부디 제가 드리는 말씀을 끝까지 다 듣기 전까지는 지금까지 이야기된 것들을 믿지도 말고 안 믿으려고도 하지 마십시오. 만약 고소인의 말을 다 듣고 그로부터 정의로운 투표를 할 수 있다면, 굳이 피고인들에게까지 변론을 허락할 필요는 없다고 마음속으로 결론을 내렸더라도 말입니다. 그런데 지금 저 사람이 고발을 잘했는지 잘못했는지에 관해서는 여기 있는 사람들 중에 그 누구라도 알 수 있습니다. 그렇지만 판정관들이 그가 진실을 말했는지에 관해서는 먼저 말한 사람의 말만 가지고 알아내기가 쉽지 않습니다. 그러나 양쪽의 말을 다 듣고 나서[42] 정당한 결론을 끌어낼 수 있다면 만족스러울 것입니다.

[18] 저는 사람들이 자신을 위한 변론보다는 속임수를 쓰는 사람들의 고발에 대해 더 많은 시간을 소일한다는 것에는 놀라지 않습니다. 모함이 가장 큰 해악이라고 말한다는 것에도 놀라지 않습니다. 사실 모함보다 더한 악행이 무엇이겠습니까?[31)] 그것은 거짓말쟁이를 좋은 평판을 가진 사람처럼 보이게 만들고, 아무 실수도 안 저지른 사람을 부정을 저지른 것처럼 보이게 만들며, 재판관들로 하여금 맹세를 깨뜨리게 만듭니다. 한마디로 진실을 사라지게 하고 청중에게 거짓 의견을 불어넣어, 시민들 중에 누구라도 걸리면 부당한 손해를 입게 합니다.

---

42 '양쪽의 말(고소 고발인의 기소 내용과 변호인의 변론)을 다 듣는 것'은 아테네 법정에서 판정관으로 뽑힌 시민들이 서약하는 맹세의 내용이었다. 미주 36)을 보라.

[19] ἃ φυλακτέον ἐστὶν, ὅπως μηδὲν ὑμῖν συμβήσεται τοιοῦτον, μηδ' ἃ τοῖς ἄλλοις ἂν ἐπιτιμήσετε, τούτοις αὐτοὶ φανήσεσθε περιπίπτοντες. οἶμαι δ' ὑμᾶς οὐκ ἀγνοεῖν ὅτι τῇ πόλει πολλάκις οὕτως ἤδη μετεμέλησεν τῶν κρίσεων τῶν μετ' ὀργῆς καὶ μὴ μετ' ἐλέγχου γενομένων ὥστ' οὐ πολὺν χρόνον διαλιποῦσα παρὰ μὲν τῶν ἐξαπατησάντων δίκην λαβεῖν ἐπεθύμησεν, τοὺς δὲ διαβληθέντας ἡδέως ἂν εἶδεν ἄμεινον ἢ πρότερον πράττοντας.

[20] ὧν χρὴ μεμνημένους μὴ προπετῶς πιστεύειν τοῖς τῶν κατηγόρων λόγοις, μηδὲ μετὰ θορύβου καὶ χαλεπότητος ἀκροᾶσθαι τῶν ἀπολογουμένων. καὶ γὰρ αἰσχρὸν ἐπὶ μὲν τῶν ἄλλων πραγμάτων ἐλεημονεστάτους ὁμολογεῖσθαι καὶ πραοτάτους ἁπάντων εἶναι τῶν Ἑλλήνων, ἐπὶ δὲ τοῖς ἀγῶσι τοῖς ἐνθάδε γιγνομένοις τἀναντία τῇ δόξῃ ταύτῃ φαίνεσθαι πράττοντας·

[19] 5 καὶ μὴ codd. : καὶ ΓΔ[1]

[19] 여러분에게 그런 일이 일어나지 않으려면 조심해야 할 것이 있습니다. 다른 사람을 힐난했던 그 일에 여러분 자신이 빠지는 모습을 보이지 말아야 한다는 것입니다. 하지만 저는 여러분이 모를 거라고 생각하지는 않습니다. 이 도시[43]가 분노에 휩싸여 아무런 증거도 없이 내린 판결들에 대해 이미 많이 후회하였다는 것을,[32)] 오래지 않은 시간이 흐른 뒤에 속임수를 썼던 사람들이 정당한 처벌을 받기를 열망했다는 것을, 모함을 당했던 사람이 예전보다는 더 잘 지내는 모습을 보면서 기뻐할 수 있었다는 것을 말입니다.

[20] 이런 것들을 기억하면서 여러분은 고발하는 사람의 말을 너무 성급하게 믿지 말아야 하며, 변론하는 사람의 말을 들을 때에는 소란스럽게 떠들거나[33)] 까다로운 거부감을 가져서는 안 됩니다. 다른 상황에서는 모든 헬라스인 중에 가장 연민을 잘 느끼며 가장 온화한 사람이라는[44] 인정을 받으면서 지금 여기에서 진행되는 이 법정싸움에서는 그 평판에 정반대되는 일을 저지르는 모습을 보인다면 추한 일이기 때문입니다.

---

43 이 연설문에서 '이 도시'라는 표현은 거의 대부분 아테네를 가리킨다.

44 '온화함'(praos)은 아테네인의 품성이나 성격([125]), 정체의 특징([70])을 수식하는 말인데, 이소크라테스의 철학과 교육의 한 목표였다. '친절함'이나 '점잖음'의 뜻으로 이해될 수도 있다. 동물에 대해서 사용될 경우 '온순함'으로 옮겼다.([211], [214])

[21] καὶ παρ᾽ ἑτέροις μὲν, ἐπειδὰν περὶ ψυχῆς ἀνθρώπου δικάζωσιν, μέρος τι τῶν ψήφων ὑποβάλλεσθαι τοῖς φεύγουσιν, παρ᾽ ὑμῖν δὲ μηδὲ τῶν ἴσων τυγχάνειν τοὺς κινδυνεύοντας τοῖς συκοφαντοῦσιν, ἀλλ᾽ ὀμνύναι μὲν καθ᾽ ἕκαστον τὸν ἐνιαυτὸν ἦ μὴν ὁμοίως ἀκροάσεσθαι τῶν κατηγορούντων καὶ τῶν ἀπολογουμένων.

[22] τοσοῦτον δὲ τὸ μεταξὺ ποιεῖν ὥστε τῶν μὲν αἰτιωμένων ὅ τι ἂν λέγωσιν ἀποδέχεσθαι, τῶν δὲ τούτους ἐξελέγχειν πειρωμένων ἐνίοτε μηδὲ τὴν φωνὴν ἀκούοντας ἀνέχεσθαι, καὶ νομίζειν μὲν ἀοικήτους εἶναι ταύτας τῶν πόλεων ἐν αἷς ἄκριτοί τινες ἀπόλλυνται τῶν πολιτῶν, ἀγνοεῖν δ᾽ ὅτι τοῦτο ποιοῦσιν οἱ μὴ κοινὴν τὴν εὔνοιαν τοῖς ἀγωνιζομένοις παρέχοντες.

[22] 2 τούτους om. Γ[1], ins. Γ[2] mg.

[21] 그리고 다른 도시의 시민들의 경우에는 사람의 목숨[45]이 걸린 재판이 벌어지면 일단 표의 일정 부분은 피고인에게 유리하도록 던집니다.[34)] 그에 반해 우리 도시의 경우에는 소송에 걸린 사람이 소송꾼들과 동등한 기회를 갖지 못하는 실정입니다.[35)] 그러면서도 우리는 해마다 고발인들과 변론하는 사람들의 말을 똑같이 들어주겠노라고 맹세를 합니다.[36)]

[22] 하지만 우리는 너무나도 큰 차별을 두고 있으며, 그 결과 송사를 제기하는 사람들에 대해서 그들이 하는 말이면 무엇이든 받아들이려고 하지만, 그들에게 반박하려는 사람들의 목소리를 듣는 것은 종종 꺼립니다. 시민들 중에 누군가가 재판도 없이 처형을 당하는 도시가 있다면 그런 도시는 살 곳이 못 된다고 생각하면서도, 법정싸움을 하는 사람들에게 공통의 호의를 베풀지 않는 사람은 바로 이런 짓을 하는 것임을 알지 못합니다.

---

45 '목숨'은 '프쉬케'(psukhē)의 번역이다. '혼백' 또는 '영혼'으로 번역하기도 하는데, 이 책의 다른 부분에서는 주로 '영혼'으로 번역하였다. 미주 34)를 보라.

[23] ὃ δὲ πάντων δεινότατον, ὅταν τις αὐτὸς μὲν κινδυνεύων κατηγορῇ τῶν διαβαλλόντων, ἑτέρῳ δὲ δικάζων μὴ τὴν αὐτὴν ἔχῃ γνώμην περὶ αὐτῶν. καίτοι χρὴ τοὺς νοῦν ἔχοντας τοιούτους εἶναι κριτὰς τοῖς ἄλλοις, οἵων περ ἂν αὐτοὶ τυγχάνειν ἀξιώσειαν, λογιζομένους ὅτι διὰ τοὺς συκοφαντεῖν τολμῶντας ἄδηλον ὅστις εἰς κίνδυνον καταστὰς ἀναγκασθήσεται λέγειν ἅπερ ἐγὼ νῦν πρὸς τοὺς μέλλοντας περὶ ἑμαυτοῦ τὴν ψῆφον διοίσειν.

[24] οὐ γὰρ δὴ τῷ γε κοσμίως ζῆν ἄξιον πιστεύειν ὡς ἀδεῶς ἐξέσται τὴν πόλιν οἰκεῖν· οἱ γὰρ προῃρημένοι τῶν μὲν ἰδίων ἀμελεῖν, τοῖς δ᾽ ἀλλοτρίοις ἐπιβουλεύειν, οὐ τῶν μὲν σωφρόνως πολιτευομένων ἀπέχονται, τοὺς δὲ κακόν τι δρῶντας εἰς ὑμᾶς εἰσάγουσιν, ἀλλ᾽ ἐν τοῖς μηδὲν ἀδικοῦσιν ἐπιδειξάμενοι τὰς αὑτῶν δυνάμεις παρὰ τῶν φανερῶς ἐξημαρτηκότων πλέον λαμβάνουσιν ἀργύριον.

[23] 8 ἑμαυτου $Γ^2$ΔΕΘ : αὑτοῦ $Γ^1$ vulg. : αὑτοῦ Havet

[23] 모든 것들 중에서 가장 무서운 것은, 자기가 소송에 걸리는 경우에는 자신을 모함하는 사람들을 공격하지만, 다른 사람의 재판에 참여하는 경우에는 그들에 관해 같은 견해를 갖지 않는다는 사실입니다. 양식[46]을 가진 사람이라면 다른 사람에 대한 판정관이 되었을 때, 자기가 만났으면 좋겠다고 생각하는 판정관이 되어야 합니다. 뻔뻔한 소송꾼들 때문에 도대체 누가 위험에 빠져, 지금 제가 제 자신에 대해 투표를 행사할 사람들 앞에서 하는 것처럼 말하라고 강요받게 될지 분명하지 않다는 것을 논리적으로 따져보면서 말입니다.

[24] 질서 있게 산다고 이 도시에서 두려움 없이 살 수 있으리라 믿는 것은 당치도 않습니다. 제 자신의 것에는 관심을 두지 않고 다른 사람의 것에 대해 음모를 꾸미려고 사람들은37) 절제된 시민생활을 하는 사람에게서[47] 도무지 떨어지지 않고, 여러분을 공격하기 위해 나쁜 짓을 일삼는 사람들을 끌고 옵니다. 그러나 부정한 일을 저지른 적이 없는 사람들 사이에서는 자신의 능력을 부각하면서38) 명백한 잘못을 저지른 사람들로부터 훨씬 더 많은 돈을 뜯어냅니다.

---

46 '양식(良識)'은 '누스'(nous)를 번역한 것이다. 의미가 좁혀지는 느낌이 있긴 하지만 '지성'이나 '이성'으로 번역해도 무방하다.

47 이소크라테스가 '절제된 시민생활'(sōphronōs politeuomenōn)을 강조하는 것은 그의 보수적인 민주주의 의식을 반영한 것이다.(Too, Y. L.(2008), p. 109)

[25] ἅπερ Λυσίμαχος διανοηθεὶς εἰς τουτονὶ τὸν κίνδυνόν με κατέστησεν, ἡγούμενος τὸν ἀγῶνα τὸν πρὸς ἐμὲ παρ' ἑτέρων αὑτῷ χρηματισμὸν ποιήσειν, καὶ προσδοκῶν, ἢν ἐμοῦ περιγένηται τοῖς λόγοις, ὅν φησι διδάσκαλον εἶναι τῶν ἄλλων, ἀνυπόστατον τὴν αὑτοῦ δύναμιν ἅπασιν εἶναι δόξειν.

[26] ἐλπίζει δὲ ῥᾳδίως τοῦτο ποιήσειν· ὁρᾷ γὰρ ὑμᾶς μὲν λίαν ταχέως ἀποδεχομένους τὰς αἰτίας καὶ τὰς διαβολάς, ἐμὲ δ' ὑπὲρ αὑτῶν οὐ δυνησόμενον ἀξίως τῆς δόξης ἀπολογήσασθαι καὶ διὰ τὸ γῆρας καὶ διὰ τὴν ἀπειρίαν τῶν τοιούτων ἀγώνων.

[26] 2 διαβολὰς Γ[2] codd. : μεταβολὰς Γ[1]

[25] 이것이 뤼시마코스가 저를 지금 이 소송의 위험 속에 세워 놓고 생각했던 것입니다. 저와 법정싸움을 하면 다른 사람들로부터 돈을 벌 수 있다고 생각하면서, 그리고 저를 다른 사람들의 교사라고 말하면서 연설에서 압도한다면 자신의 능력은 저항할 수 없이 강력한 것이라는 평판을 모든 사람들로부터 얻게 되리라고 기대하면서 말입니다.

[26] 그는 이 일을 쉽게 해낼 것이라는 희망도 품고 있습니다. 왜냐하면 그는 일단 자신의 트집과 모함[48]을 여러분이 너무나도 빨리 받아들이는 모습과, 제가 노령의 몸이고 이런 법정싸움에 무경험이라서 그런 모함과 트집에 맞서 저의 평판에 걸맞게 변론을 하지 못하는 모습을 보고 있기 때문입니다.

48 필사본 Γ에는 원래 '변화'(metabolas)라고 적혀 있지만, 이 단어가 적절하지 않다고 판단한 다른 필사가가 '모함'(diabolas)라고 덧붙였다.

[27] οὕτω γὰρ βεβίωκα τὸν παρελθόντα χρόνον ὥστε μηδένα μοι πώποτε μήτ' ἐν ὀλιγαρχίᾳ μήτ' ἐν δημοκρατίᾳ μήθ' ὕβριν μήτ' ἀδικίαν ἐγκαλέσαι, μηδ' εἶναι μήτε διαιτητὴν μήτε δικαστὴν ὅστις περὶ τῶν ἐμοὶ πεπραγμένων φανήσεται γεγενημένος· ἠπιστάμην γὰρ αὐτὸς μὲν εἰς τοὺς ἄλλους μηδὲν ἐξαμαρτάνειν, ἀδικούμενος δὲ μὴ μετὰ δικαστηρίου ποιεῖσθαι τὰς τιμωρίας, ἀλλ' ἐν τοῖς φίλοις τοῖς ἐκείνων διαλύεσθαι περὶ τῶν ἀμφισβητουμένων.

[28] ὧν οὐδέν μοι πλέον γέγονεν, ἀλλ' ἀνεγκλητεὶ μέχρι ταυτησὶ τῆς ἡλικίας βεβιωκὼς εἰς τὸν αὐτὸν καθέστηκα κίνδυνον εἰς ὅνπερ ἂν εἰ πάντας ἐτύγχανον ἠδικηκώς. οὐ μὴν παντάπασιν ἀθυμῶ διὰ τὸ μέγεθος τοῦ τιμήματος, ἀλλ' ἄνπερ ἐθελήσητε μετ' εὐνοίας ἀκροάσασθαι, πολλὰς ἐλπίδας ἔχω τοὺς μὲν διεψευσμένους τῶν ἐμῶν ἐπιτηδευμάτων καὶ πεπεισμένους ὑπὸ τῶν βουλομένων βλασφημεῖν ταχέως μεταπεισθήσεσθαι περὶ αὐτῶν, τοὺς δὲ τοιοῦτον εἶναί με νομίζοντας οἷόσπερ εἰμὶ, βεβαιότερον ἔτι ταύτην ἕξειν τὴν διάνοιαν.

[28] πεπεισμένους ... βλασφημεῖν ΓΔΕ : ῥέποντας ἐπὶ τὸ πείθεσθαι τοῖς ἀνεπιτήδειόν τι λέγουσι περὶ ἡμῶν Θ vulg.

[27] 사실 저는 지나온 시간 동안 과두정 안에서든39) 민주정 안에서든 폭력이나 부정으로 인해[49] 누구의 법정소환도 받아본 적이 없이 살아왔습니다.[50] 또한 누군가가 제가 행한 일들에 관련해 법정에 출두해서 중재관이나 배심원이 되는 일은 없게끔 살아왔습니다.40) 저는 제 자신이 다른 사람들을 상대로 그 어떤 잘못도 저지르지 않아야 한다는 것을 알고 있었으며, 제가 부정한 일을 당할 때는 법정에서 보복을 하지 않고, 그 대신 법정 공방이 되는 일들에 관하여 그들의 친구들과의 관계를 통해 해결할 줄도 알고 있었기 때문입니다.

[28] 이 가운데 어떤 것도 저에게 좋을 것은 없습니다. 법정소환 당할 일 없이 이 나이가 되도록 살아왔지만, 제가 모든 사람에게 부정한 짓을 저질렀을 때 당할 것과 똑같은 소송의 위험에 처했으니 말입니다. 정말로 저는 벌금의 크기 때문에 완전히 낙담하지는 않습니다. 그러나 만약 여러분이 호의를 가지고41) 듣기를 원하신다면, 저는 제가 해왔던 작업들에 관해 철저히 속아서 잘못 알고 계신 분들과 비방하길 원하는 사람들에게 설득되신 분들이[51] 그 일들에 관하여 반대로 제게 설득되어 빨리 생각을 바꾸시게 될 것이며, 제가 어떤 사람인지 진짜 모습 그대로 저를 생각하고 계신 분들은 그 생각을 훨씬 더 공고히 하리라는 큰 희망을 품고 있습니다.

---

49 '폭력'(hubris)은 개인 간 일어난 권리의 침해, 재산의 손해, 신체 손상에 관련되는 반면, '부정'(adikia)은 공적 차원에서 법에 저촉되는 범죄나 위법행위를 가리킨다.

50 소크라테스도 이런 점을 강조한다. "지금 난 일흔 살이 되어서 처음으로 재판정에 올라왔죠."(『소크라테스의 변명』 17d)

51 "모함하길 원하는 사람들에게 설득되신 분들이"(Γ, Δ, Ε) 대신, "우리에 관해 어떤 부적절한 말을 하는 사람들에게 설득되는 쪽으로 기울어진 분들이"라고 적힌 사본(Θ, vulg.)도 있다.

[29] ἵνα δὲ μὴ λίαν ἐνοχλῶ πολλὰ πρὸ τοῦ πράγματος λέγων, ἀφέμενος τούτων, περὶ ὧν οἴσετε τὴν ψῆφον, ἤδη πειράσομαι διδάσκειν ὑμᾶς. καί μοι τὴν γραφὴν ἀνάγνωθι.

γραφή.

[30] ἐκ μὲν τοίνυν τῆς γραφῆς πειρᾶταί με διαβάλλειν ὁ κατήγορος, ὡς διαφθείρω τοὺς νεωτέρους λέγειν διδάσκων καὶ παρὰ τὸ δίκαιον ἐν τοῖς ἀγῶσι πλεονεκτεῖν, ἐκ δὲ τῶν ἄλλων λόγων ποιεῖ με τηλικοῦτον ὅσος οὐδεὶς πώποτε γέγονεν οὔτε τῶν περὶ τὰ δικαστήρια καλινδουμένων οὔτε τῶν περὶ τὴν φιλοσοφίαν διατριψάντων· οὐ γὰρ μόνον ἰδιώτας φησί μου γεγενῆσθαι μαθητάς, ἀλλὰ καὶ ῥήτορας καὶ στρατηγοὺς καὶ βασιλέας καὶ τυράννους, καὶ χρήματα παρ᾽ αὐτῶν παμπληθῆ τὰ μὲν εἰληφέναι, τὰ δ᾽ ἔτι καὶ νῦν λαμβάνειν.

[29] 주제[52]에 앞서 너무 많은 것을 말해 짜증나게 하지 않도록, 지금까지의 논의는 제쳐 두고 여러분이 투표해야 할 사안에 관해 이제 여러분에게 알려드리겠습니다. 저에 대한 고발장을 읽어주세요.

고발장[42)]

[30] 이 고발장에서 고발인은 저를 모함하려고 갖은 애를 씁니다. 제가 말을 잘하는 방법을, 그리고 정의에 어긋나면서까지 법정싸움에서 자기의 이득을 증폭시키는 방법을 가르치면서 젊은이들을 타락시킨다는 것입니다.[43)] 그는 연설의 나머지 부분에서도 저를 법정에 자주 드나드는 사람들 가운데에서도, 철학에 시간을 바친 사람들 가운데에서도 도무지 전례를 찾아볼 수 없는 그런 종류의 사람으로 만듭니다. 게다가 그는 저의 학생들 가운데는 일반시민뿐만 아니라 연설가, 장군, 왕과 참주들도 있으며,[44)] 제가 그들로부터 엄청난 돈을 취했고 지금까지도 계속 그래왔다고 말을 합니다.

52 '주제'는 '프라그마'(pragma)의 번역이다. 어떤 '행위(prattein; praxis)의 결과'라는 뜻인데, '사건'으로 번역될 수도 있다. 소송의 쟁점이 되는 사건을 가리키면 '주제', '사안'으로 번역될 수도 있다.

[31] τοῦτον δὲ τὸν τρόπον πεποίηται τὴν κατηγορίαν, ἡγούμενος ἐκ μὲν ὧν καταλαζονεύεται περί μου καὶ τοῦ πλούτου καὶ τοῦ πλήθους τῶν μαθητῶν φθόνον ἅπασι τοῖς ἀκούουσιν ἐμποιήσειν, ἐκ δὲ τῆς περὶ τὰ δικαστήρια πραγματείας εἰς ὀργὴν καὶ μῖσος ὑμᾶς καταστήσειν· ἅπερ ὅταν πάθωσιν οἱ κρίνοντες, χαλεπώτατοι τοῖς ἀγωνιζομένοις εἰσίν. ὡς οὖν τὰ μὲν μείζω τοῦ προσήκοντος εἴρηκεν, τὰ δ' ὅλως ψεύδεται, ῥᾳδίως οἶμαι φανερὸν ποιήσειν.

[32] ἀξιῶ δ' ὑμᾶς τοῖς μὲν λόγοις οἷς πρότερον ἀκηκόατε περί μου τῶν βλασφημεῖν καὶ διαβάλλειν βουλομένων μὴ προσέχειν τὸν νοῦν, μηδὲ πιστεύειν τοῖς μήτε μετ' ἐλέγχου μήτε μετὰ κρίσεως εἰρημένοις, μηδὲ ταῖς δόξαις χρῆσθαι ταῖς ἀδίκως ὑπ' ἐκείνων ὑμῖν ἐγγεγενημέναις, ἀλλ' ὁποῖός τις ἂν ἐκ τῆς κατηγορίας τῆς νῦν καὶ τῆς ἀπολογίας φαίνωμαι, τοιοῦτον εἶναί με νομίζειν· οὕτω γὰρ γιγνώσκοντες αὐτοί τε δόξετε καλῶς κρίνειν καὶ νομίμως, ἐγώ τε τεύξομαι πάντων τῶν δικαίων.

[31] 8 ποιήσειν ΓΔ[1] : ποιήσειν ὑμῖν Δ[2]Ε : ὑμῖν ποιήσειν Θ vulg.

[31] 그는 이런 방식으로 고발을 한 상태입니다. 저에 관하여, 그러니까 저의 재산과 제가 가르치는 학생들의 수에 관하여[45] 부풀려 주장함으로써 모든 청중에게 질투심을 유발하고, 저의 법정 관련 활동이 여러분에게 격분과 증오를 일으키리라고 생각하는 것입니다. 판정관들이 이와 같은 감정에 휩싸이면, 그들은 법정싸움 당사자들에 대해 이루 말할 수 없이 까다롭게 행동합니다.[46] 그러나 예전의 고발에서 그는 정도 이상으로 심하게 부풀려 말했고, 다른 고발에서도 거짓말을 했는데, 저는 쉽게 그것을 분명하게 밝힐 수 있으리라[53] 생각합니다.

[32] 여러분에게 간곡하게 요청합니다. 여러분이 과거에 저에 관해 비방하고 모함하기를 원했던 자들에게 들었던 말에 마음을 빼앗기지 마십시오. 어떤 증거도[47] 없고 어떤 판결도 내려지지 않은 상태에서 그들이 했던 말들을 믿지 마십시오. 저들이 여러분 안에 부당하게 심어놓은 의견들을 염두에 두지 마십시오. 그 대신에 지금의 고발과 저의 변론에서 드러나는 모습 그대로 제가 어떠한 사람인지 판단해 주십시오. 여러분이 그렇게 판정을 내려줘야 여러분 자신이 아름답고 합법적으로 판결을 내렸다는 평판을 얻을 것이며, 저는 또 온전히 정당한 처분에 맡겨질 것입니다.

---

53 한국어 번역으로는 살리기 힘든 수사학적 표현 기법에 주목할 필요가 있다. '~고소를 한 상태입니다'(pepoiētai), '~증오를 일으키리라고'(empoiēsein), '~밝힐 수 있으리라'(poiēsein)에서 '짓다, 만들다, 하다'라는 뜻의 동사 '포이에인'(poiein)의 다양한 형태가 일정한 간격을 두고 세 번 반복되어 전체 문장에 음악적인 효과를 낸다. 고르기아스에게서 자주 볼 수 있는 수사적 기법(poly-topon)이다.

[33] ὅτι μὲν οὖν οὐδεὶς οὔθ᾽ ὑπὸ τῆς δεινότητος τῆς ἐμῆς οὔθ᾽ ὑπὸ τῶν συγγραμμάτων βέβλαπται τῶν πολιτῶν, τὸν ἐνεστῶτα κίνδυνον ἡγοῦμαι μέγιστον εἶναι τεκμήριον. ἐι γάρ τις ἦν ἠδικημένος, εἰ καὶ τὸν ἄλλον χρόνον ἡσυχίαν εἶχεν, οὐκ ἂν ἠμέλησε τοῦ καιροῦ τοῦ παρόντος, ἀλλ᾽ ἦλθεν ἂν ἤτοι κατηγορήσων ἢ καταμαρτυρήσων. ὅπου γὰρ ὁ μηδ᾽ ἀκηκοὼς μηδὲν πώποτε φλαῦρον εἰς ἀγῶνά με τηλικουτονὶ κατέστησεν, ἦ που σφόδρ᾽ ἂν οἱ κακῶς πεπονθότες ἐπειρῶντ᾽ ἂν δίκην παρ᾽ ἐμοῦ λαμβάνειν.

[34] οὐ γὰρ δὴ τοῦτό γ᾽ ἐστιν οὔτ᾽ εἰκὸς οὔτε δυνατὸν, ἐμὲ μὲν περὶ πολλοὺς ἡμαρτηκέναι, τοὺς δὲ ταῖς συμφοραῖς δι᾽ ἐμὲ περιπεπτωκότας ἡσυχίαν ἔχειν καὶ μὴ τολμᾶν ἐγκαλεῖν, ἀλλὰ πραοτέρους ἐν τοῖς ἐμοῖς εἶναι κινδύνοις τῶν μηδὲν ἠδικημένων, ἐξὸν αὐτοῖς δηλώσασιν ἃ πεπόνθασιν τὴν μεγίστην παρ᾽ ἐμοῦ λαβεῖν τιμωρίαν.

[33] 6 καταμαρτυρήσων Γ[1] : καταψευδομαρτυρήσων Γ[2]ΔΕΛ vulg.

[33] 시민들 중에 어떤 사람도 제가 가진 위력에 의해서나 제가 작성한 글에 의해서 해를 입은 적이 없다는 것에 대한 가장 큰 확증 자료는 바로 지금 진행 중인 이 소송이라고 생각합니다. 만약 저에 의해 부정한 일을 당한 사람이 있다면, 비록 다른 때에는 침묵을 지켰다고 해도 바로 지금 이 시의적절한 기회에 무관심하진 않을 것입니다. 자신도 고발을 하거나 아니면 제게 불리한 증언을 하려고 이 자리에 왔을 것입니다.[48)] 사실 제가 험담하는 것을 한 번도 들어본 적이 없는 사람이라면 이런 엄청난 법정싸움에 저를 세울 리가 없겠지만, 몹쓸 짓을 당한 사람이라면 분명히 저에게 앙갚음[54]을 하려 들 것입니다.

[34] 제가 많은 사람들에게 잘못을 저질렀다는 것도, 저 때문에 불행에 빠진 사람들이 침묵을 지키며 법정에 소환하려고 하지 않는다는 것도, 제가 지금 소송 중이기 때문에 그들이 저에게 최대의 보복[55]을 하려고 한다면 지금이야말로 저에게 당했던 일들을 분명하게 폭로할 수 있는 순간인데도 저에게 부정한 일을 당한 적이 없는 사람들보다 더 얌전하게 있다는 것은 개연성도[49)] 가능성도 없습니다.

54 이때의 앙갚음은 사적 보복이 아니라 재판(dikēn)에 회부하여 처벌을 받게 하는 일련의 공적 행위를 가리킨다.

55 이때의 보복도 사적인 보복이나 앙갚음이 아니라 재판을 통해 처벌(timōrian)을 받게 하는 일련의 사법적 행위를 가리킨다.

[35] ἀλλὰ γὰρ οὔτε πρότερον οὔτε νῦν οὐδείς μοι φανήσεται τοιοῦτον οὐδὲν ἐγκαλέσας. ὥστ᾽ εἰ συγχωρήσαιμι τῷ κατηγόρῳ καὶ προσομολογήσαιμι πάντων ἀνθρώπων εἶναι δεινότατος καὶ συγγραφεὺς τῶν λόγων τῶν λυπούντων ὑμᾶς τοιοῦτος οἷος οὐδεὶς ἄλλος γέγονεν, πολὺ ἂν δικαιότερον ἐπιεικὴς εἶναι δοκοίην ἢ ζημιωθείην.

[36] τοῦ μὲν γὰρ γενέσθαι προέχοντα τῶν ἄλλων ἢ περὶ τοὺς λόγους ἢ περὶ τὰς πράξεις εἰκότως ἄν τις τὴν τύχην αἰτιάσαιτο, τοῦ δὲ καλῶς καὶ μετρίως κεχρῆσθαι τῇ φύσει δικαίως ἂν ἅπαντες τὸν τρόπον τὸν ἐμὸν ἐπαινέσειαν. οὐ μὴν οὐδ᾽ εἰ ταῦτ᾽ ἔχων περὶ ἐμαυτοῦ λέγειν, οὐδ᾽ οὕτω φανήσομαι περὶ τοὺς λόγους τοὺς τοιούτους γεγενημένος.

[35] 그러나 그런 식으로 저를 법정에 소환하는 사람은 예전에도 없었고 지금도 없는 것이 분명합니다. 따라서 설령 제가 고발인에게 수긍하여 모든 사람들 중에 가장 위력적이며 여러분에게 고통을 주는 연설문 작성가로서 다른 어떤 사람도 필적할 수 없는 사람이라는 것에 동의한다 해도, 저는 벌을 받기보다는 공명관대하다는 평판을 받는 것이 훨씬 더 정당할 것입니다.

[36] 어떤 사람이 말에서든 행위에서든 다른 사람보다 더 뛰어나게끔 태어난 것은 행운이라고 해야 개연성 있는 설명이겠지만, 타고난 본성을 아름답게 중용을 지키며 발휘하는 저의 방식에 대해서는 모든 사람들이 칭찬해야 정당할 것입니다. 그렇지만 저 자신에 관하여 이런 말을 할 수 있다고 하더라도, 저는 그런 식으로 그런 종류의 연설에 연연하는 모습을 보여주지는 않을 것입니다.

[37] γνώσεσθε δ' ἐκ τῶν ἐπιτηδευμάτων τῶν ἐμῶν, ἐξ ὧνπερ οἷόν τ' ἐστιν εἰδέναι τὴν ἀλήθειαν πολὺ μᾶλλον ἢ παρὰ τῶν διαβαλλόντων. οἶμαι γὰρ οὐδένα τοῦτ' ἀγνοεῖν, ὅτι πάντες ἄνθρωποι περὶ τὸν τόπον τοῦτον εἰώθασιν διατρίβειν ὅθεν ἂν προέλωνται τὸν βίον πορίζεσθαι.

[38] τοὺς μὲν τοίνυν ἀπὸ τῶν συμβολαίων τῶν ὑμετέρων ζῶντας καὶ τῆς περὶ ταῦτα πραγματείας ἴδοιτ' ἂν μόνον οὐκ ἐν τοῖς δικαστηρίοις οἰκοῦντας, ἐμὲ δ' οὐδεὶς πώποθ' ἑώρακεν οὔτ' ἐν τοῖς συνεδρίοις οὔτε περὶ τὰς ἀνακρίσεις οὔτ' ἐπὶ τοῖς δικαστηρίοις οὔτε πρὸς τοῖς διαιτηταῖς, ἀλλ' οὕτως ἀπέχομαι τούτων ἁπάντων ὡς οὐδεὶς ἄλλος τῶν πολιτῶν.

[37] 4 τόπον codd. : τρόπον Λ1

[38] 3 ἴδοιτ' ἂν Γ : ἴδοι τις ἂν vulg. 5 ἀνακρίσεις Γ : κρίσεις Θ vulg.

[37] 여러분은 제가 애써왔던 작업들로부터 그 사실을 알게 될 것이며, 바로 그것들로부터 여러분은 저를 모함하는 사람들로부터 알게 되는 것보다 훨씬 더 많은 진실을 알 수 있을 겁니다. 저는 모든 사람이 자신의 삶의 터전으로 선택한 곳에서 소일하는 것이 보통이라는 사실을 모르는 사람은 없다고 생각합니다.

[38] 여러분은 여러분이 맺는 계약들과 그런 일들에 관련된 일거리로 살아가는 사람들이 법정을 거의 제집 드나들 듯이 하는 것을 볼 수 있을 겁니다. 하지만 제가 법정심의위원회[56]에 있거나 사전 청문회[57] 근처에 얼씬거리거나 법정에 서거나, 중재관들과 마주하고 있는 것을 본 사람은 아직까지 하나도 없습니다. 반대로 저는 시민들 가운데 다른 어떤 사람도 할 수 없을 만큼 그런 모든 일들과는 무관하게 지내고 있습니다.

56 '법정심의위원회'(sunedrion)는 법률 제정을 맡은 법정 공무원인 '테스모테타이' 여섯 명의 '하급 아르콘'으로 구성된다. 이들은 국가 질서와 기강을 어지럽히는 중대 사안에 대해 사법권을 가지고 있다.

57 '사전 청문회'(anakrisis)는 재판정에서 연설하기 전에 질의응답을 준비하는 예비심사 성격의 모임이다. 고발인과 변호인은 공무집행인 앞에 출두하여 증거를 제출했는데, 공무집행인이 질문하면 소송당사자들은 답변했으며 진실할 것을 맹세했다.

[39] ἔπειτ᾽ ἐκείνους μὲν ἂν εὕροιτε παρ᾽ ὑμῖν μόνοις χρηματίζεσθαι δυναμένους, εἰ δ᾽ ἄλλοσέ ποι πλεύσειαν, ἐνδεεῖς ἂν ὄντας τῶν καθ᾽ ἡμέραν, ἐμοὶ δὲ τὰς εὐπορίας, περὶ ὧν οὗτος μειζόνως εἴρηκεν, ἔξωθεν ἁπάσας γεγενημένας· ἔτι δὲ τοῖς μὲν πλησιάζοντας ἢ τοὺς ἐν κακοῖς αὑτοὺς ὄντας ἢ τοὺς ἑτέροις πράγματα παρέχειν βουλομένους, ἐμοὶ δὲ τοὺς πλείστην σχολὴν τῶν Ἑλλήνων ἄγοντας.

[40] ἠκούσατε δὲ καὶ τοῦ κατηγόρου λέγοντος ὅτι παρὰ Νικοκλέους τοῦ Σαλαμινίων βασιλέως πολλὰς ἔλαβον καὶ μεγάλας δωρεάς. καίτοι τίνι πιστὸν ὑμῶν ἐστιν ὡς Νικοκλῆς ἔδωκέ μοι ταύτας ἵνα δίκας μανθάνῃ λέγειν, ὃς καὶ τοῖς ἄλλοις περὶ τῶν ἀμφισβητουμένων ὥσπερ δεσπότης ἐδίκαζεν ὥστ᾽ ἐξ ὧν αὐτὸς οὗτος εἴρηκεν, ῥᾴδιον καταμαθεῖν ὅτι πόρρω τῶν πραγματειῶν εἰμι τῶν περὶ τὰ συμβόλαια γιγνομένων.

[39] 게다가 여러분은 저 사람들이 오직 여러분 곁에게서만 돈을 벌 수 있고, 만약 다른 곳으로 배를 타고 나간다면 하루하루 먹고 살 것조차도 구하지 못해서 쩔쩔매는 것을 발견할 것입니다. 반면 제가 가진 재산은, 저 사람들은 이것을 부풀려 말을 했지만, 어쨌든 모두 바깥에서[58] 왔습니다.[50)] 저 사람들 곁에는 나쁜 상황에 빠져 있는 사람이나 다른 사람들에게 문제를 일으키려는 사람만이 가까이 있지만, 저의 곁에는 헬라스인 중에 가장 여유 있는 사람들이[51)] 가까이 있습니다.

[40] 그런데 여러분은 제가 살라미스의 왕인 니코클레스로부터 엄청난 선물을 많이 받았다고 고발인이 말한 것을 들었을 것입니다. 니코클레스가 '법정연설법'을 배우려고 그런 선물을 주었다고 하던데, 여러분 중에 그 말을 믿는 사람이 있습니까? 그는 다른 사람들이 법정공방을 벌이면, 집주인이 그러듯이 재판관 역할을 하는 사람입니다.[52)] 그러니까 저 사람이 직접 말한 것에서 여러분은 제가 사사로운 계약과 관련된 문제들과는 멀리 떨어져 지낸다는 사실을 쉽게 알 수 있을 것입니다.[53)]

---

58 아테네 바깥이라는 뜻. 다른 도시국가를 의미한다.

[41] ἀλλὰ μὴν κἀκεῖνο πᾶσι φανερόν ἐστιν, ὅτι παμπληθεῖς εἰσιν οἱ παρασκευάζοντες τοὺς λόγους τοῖς ἐν τοῖς δικαστηρίοις ἀγωνιζομένοις. τούτων μὲν τοίνυν τοσούτων ὄντων οὐδεὶς πώποτε φανήσεται μαθητῶν ἠξιωμένος, ἐγὼ δὲ πλείους εἰληφὼς, ὥς φησιν ὁ κατήγορος, ἢ σύμπαντες οἱ περὶ τὴν φιλοσοφίαν διατρίβοντες. καίτοι πῶς εἰκὸς τοὺς τοσοῦτον τοῖς ἐπιτηδεύμασιν ἀλλήλων ἀφεστῶτας περὶ τὰς αὐτὰς πράξεις ἡγεῖσθαι διατρίβειν;

[42] ἔχων δὲ πολλὰς εἰπεῖν διαφορὰς περὶ τοῦ βίου τοῦ τ' ἐμοῦ καὶ τῶν περὶ τὰς δίκας, ἐκείνως ὑμᾶς ἡγοῦμαι τάχιστ' ἂν ἀφέσθαι τῆς δόξης ταύτης, εἴ τις ὑμῖν ἐπιδείξειεν μὴ τούτων τῶν πραγμάτων μαθητάς μου γιγνομένους ὧν ὁ κατήγορος εἴρηκεν, μηδὲ περὶ τοὺς λόγους ὄντα με δεινὸν τοὺς περὶ τῶν ἰδίων συμβολαίων.

[42] 3 ἀφέσθαι Coraï : ἀφεῖσθαι codd.

[41] 그렇지만 법정에서 법정싸움을 하는 사람에게 연설문을 대신 써주는 사람들의 수가 아주 많다는 것도 모든 사람들에게 분명합니다. 그렇지만 그들의 수가 그렇게 많다 해도, 그들 중 어느 누구도 학생을 가질 만한 자격이 있다고 드러나지는 않을 것입니다. 하지만 저는 저 고발인이 말하는 것처럼 철학[54)]에 소일하는 사람들을 다 합친 경우보다도 더 많은 학생들을 가져보았습니다. 그러니 하는 일들이 달라 서로 그토록이나 동떨어져 있는 사람들이 동일한 행위를 하며 소일한다고 생각하는 것이 어떻게 개연성이 있겠습니까?

[42] 제가 저의 삶과 재판에 열중하는 사람들[59]의 삶에 관해 많은 차이점을 말씀드릴 수도 있습니다만, 제가 생각하기에 만약 누군가가 고발인이 말하는 그 일들에 저의 학생들이 전혀 관련되어 있지 않으며, 저도 사사로운 계약들에 관한 연설에 뛰어나지 않다는 사실을 여러분에게 부각할 수만 있다면,[55)] 그런 식으로 저는 아주 빠른 시간 안에 여러분을 그런 평판으로부터[60] 벗어나게 할 수 있을 겁니다.

---

59 '소송에 열중하는 사람들'은 넓게는 연설문 작성가(logoraphos)를 가리키는데, 다른 사람들을 고발하고 돈을 챙기는 '소송꾼'(sukophantēs)도 포함된다.

60 이소크라테스가 소송에 열중하는 사람들, 그래서 학생을 가질 만한 자격이 없는 사람들과 비슷한 삶을 살았다는 평판을 가리킨다.

[43] οἶμαι γὰρ ὑμᾶς, ἐξελεγχομένης τῆς αἰτίας ἧς εἶχον πρότερον, ζητεῖν ἑτέραν μεταλαβεῖν διάνοιαν, καὶ ποθεῖν ἀκοῦσαι περὶ ποίους ἄλλους λόγους γεγενημένος τηλικαύτην δόξαν ἔλαβον. εἰ μὲν οὖν μοι συνοίσει κατειπόντι τὴν ἀλήθειαν, οὐκ οἶδα· χαλεπὸν γὰρ στοχάζεσθαι τῆς ὑμετέρας διανοίας· οὐ μὴν ἀλλὰ παρρησιάσομαί γε πρὸς ὑμᾶς.

[44] καὶ γὰρ ἂν αἰσχυνθείην τοὺς πλησιάσαντας, εἰ, πολλάκις εἰρηκὼς ὅτι δεξαίμην ἂν ἅπαντας εἰδέναι τοὺς πολίτας καὶ τὸν βίον ὃν ζῶ καὶ τοὺς λόγους οὓς λέγω, νῦν μὴ δηλοίην ὑμῖν αὐτούς, ἀλλ᾽ ἀποκρυπτόμενος φανείην. ὡς οὖν ἀκουσόμενοι τὴν ἀλήθειαν, οὕτω προσέχετε τὸν νοῦν.

[43] 2 διάνοιαν om. Γ[1], ins. Γ[2] mg.

[43] 제가 예전에 연루된 송사[61]에서 패하기는 했지만, 저는 여러분이 생각을 다른 식으로 바꿀 길을 찾고 있다고 생각합니다. 또한 여러분은 제가 그토록 높은 평판을 얻었던 전혀 다른 종류의 연설이 어떤 성격의 것인지를 듣고 싶어 한다고도 생각합니다. 그런데 제가 진실을 말씀드리는 것이 이로울지는 잘 모르겠습니다. 여러분의 생각을 짐작하기가 어렵기 때문입니다.[56)] 하지만 저는 여러분에게 허심탄회하게 말하겠습니다.

[44] 왜냐하면 저는 제가 살아온 삶과 제가 해온 말들을 모든 시민들이 알도록 하겠노라고 자주 말을 했는데, 만약 지금 제가 여러분에게 그것을 밝히지 않고 감추려고 한 것이 드러난다면, 저는 저의 제자들 앞에서 수치스러울 수도 있기 때문입니다.[62] 그러니 이제 진실을 듣고자 하신다면 그런 자세로 정신을 집중해주시기 바랍니다.

61 그가 패소했던 교환소송(antidosis)을 가리킨다.
62 또는 "추한 꼴이 될 수도 있기 때문입니다."

[45] πρῶτον μὲν οὖν ἐκεῖνο δεῖ μαθεῖν ὑμᾶς, ὅτι τρόποι τῶν λόγων εἰσὶν οὐκ ἐλάττους ἢ τῶν μετὰ μέτρου ποιημάτων. οἱ μὲν γὰρ τὰ γένη τὰ τῶν ἡμιθέων ἀναζητοῦντες τὸν βίον τὸν αὐτῶν κατέτριψαν, οἱ δὲ περὶ τοὺς ποιητὰς ἐφιλοσόφησαν, ἕτεροι δὲ τὰς πράξεις τὰς ἐν τοῖς πολέμοις συναγαγεῖν ἐβουλήθησαν, ἄλλοι δέ τινες περὶ τὰς ἐρωτήσεις καὶ τὰς ἀποκρίσεις γεγόνασιν, οὓς ἀντιλογικοὺς καλοῦσιν.

[46] εἴη δ᾽ ἂν οὐ μικρὸν ἔργον εἰ πάσας τις τὰς ἰδέας τὰς τῶν λόγων ἐξαριθμεῖν ἐπιχειρήσειεν· ἧς δ᾽ οὖν ἐμοὶ προσήκει, ταύτης μνησθεὶς ἐάσω τὰς ἄλλας. εἰσὶν γάρ τινες οἳ τῶν μὲν προειρημένων οὐκ ἀπείρως ἔχουσιν, γράφειν δὲ προῄρηνται λόγους, οὐ περὶ τῶν ὑμετέρων συμβολαίων, ἀλλ᾽ Ἑλληνικοὺς καὶ πολιτικοὺς καὶ πανηγυρικούς, οὓς ἅπαντες ἂν φήσειαν ὁμοιοτέρους εἶναι τοῖς μετὰ μουσικῆς καὶ ῥυθμῶν πεποιημένοις ἢ τοῖς ἐν δικαστηρίῳ λεγομένοις.

[45] 3 ἀναζητοῦντες ΓΘ vulg. : ἂν ζητοῦντες Δ : ἐκζητοῦντες Ε
[46] 5 ὑμετέρων ΓΔ[1] : ἰδιων ΕΘ vulg.

[45] 여러분은 먼저 이것을 알아두셔야만 합니다. 연설의 방법[57]이 운율을 가진 시의 방법보다 적지 않다는 사실을 말입니다. 어떤 이들은 반신(反神)들의 족보를 거슬러 올라가며 탐구하는 데에 자신의 삶을 모두 바쳤고,[58] 또 어떤 이들은 시인들에 관해 철학을 했으며,[59] 또 어떤 이들은 전쟁 중에 벌어진 일들에 관하여 집필하기를 원했으며,[60] 또 그 밖의 다른 이들은 묻고 답하는 것들을 다루었는데, 이들을 '반론에 능한 사람들'이라고 부릅니다.[61]

[46] 만약 누군가가 연설의 모든 형태들을 열거하는 일에 착수한다면, 그것은 작은 일일 수 없을 것입니다. 그래서 저에게 적절한 것만 떠올리고 다른 것들은 그냥 놔두겠습니다. 어떤 이들은 앞에서 이미 언급했던 것들에 대해 무경험자가 아닌[63] 사람들이었는데, 그들이 선택한 것은 사사로운 계약들에 관한 연설을 쓰는 것이 아니라, 헬라스 전체와 관련된 연설이나 정치적 연설, 또는 시민대축전에 붙이는 연설을 쓰는 것이었습니다.[62] 모든 사람들은 이들의 연설이 법정에서 실연되는 연설보다는 음악과 리듬을 갖춘 시와 더 비슷하다고 말할 수 있을 것입니다.[63]

63 '경험이 아주 풍부한'으로 이해될 수 있다.

[47] καὶ γὰρ τῇ λέξει ποιητικωτέρᾳ καὶ ποικιλωτέρᾳ τὰς πράξεις δηλοῦσιν, καὶ τοῖς ἐνθυμήμασιν ὀγκωδεστέροις καὶ καινοτέροις χρῆσθαι ζητοῦσιν, ἔτι δὲ ταῖς ἄλλαις ἰδέαις ἐπιφανεστέραις καὶ πλείοσιν ὅλον τὸν λόγον διοικοῦσιν. ὧν ἅπαντες μὲν ἀκούοντες χαίρουσιν οὐδὲν ἧττον ἢ τῶν ἐν τοῖς μέτροις πεποιημένων, πολλοὶ δὲ καὶ μαθηταὶ γίγνεσθαι βούλονται, νομίζοντες τοὺς ἐν τούτοις πρωτεύοντας πολὺ σοφωτέρους καὶ βελτίους καὶ μᾶλλον ὠφελεῖν δυναμένους εἶναι τῶν τὰς δίκας εὖ λεγόντων.

[48] συνίσασι γὰρ τοὺς μὲν διὰ πολυπραγμοσύνην ἐμπείρους τῶν ἀγώνων γεγενημένους, τοὺς δ᾽ ἐκ φιλοσοφίας ἐκείνων τῶν λόγων ὧν ἄρτι προεῖπον τὴν δύναμιν εἰληφότας, καὶ τοὺς μὲν δικανικοὺς δοκοῦντας εἶναι ταύτην τὴν ἡμέραν μόνην ἀνεκτοὺς ὄντας ἐν ᾗπερ ἂν ἀγωνιζόμενοι τυγχάνωσιν, τοὺς δ᾽ ἐν ἁπάσαις ταῖς ὁμιλίαις καὶ παρὰ πάντα τὸν χρόνον ἐντίμους ὄντας καὶ δόξης ἐπιεικοῦς τυγχάνοντας·

[48] 2 πολυπραγμοσύνην ΓΔ^{1}Ε : φιλοπραγμοσύνην Δ^{2}Ε mg. Θ vulg.

[47] 그리고 더 시적이고 더 화려한 표현으로 행위를 분명히 보여주며, 더 웅장하고 더 참신한 궁리들[64)]을 이용할 길을 모색합니다. 그뿐만이 아닙니다. 이들은 훨씬 더 두드러진 특징을 보여주는 더 많은 다른 모습들을 가지고 연설 전체를 가꾸어 나갈 것입니다. 모든 사람이 그것을 듣고 운율이 풍부한 시를 들을 때보다 결코 더 적지 않게 즐거워하며,[65)] 많은 사람들은 이런 연설에서 으뜸이 된다면 재판에서 말을 잘하는 사람들보다 훨씬 더 지혜롭고 더 훌륭하며 많은 이익을 가져올 수 있는 사람이 되리라고 생각하면서[66)] 그들의 학생이 되기를 원합니다.

[48] 많은 사람들은 소송에서 말 잘하는 사람들이 많은 송사를 겪은 탓에[64] 법정싸움에 풍부한 경험을 갖게 된 반면, 앞서 말한 축전의 연설가들은 제가 언급했던 그런 연설의 능력을 철학[67)]으로부터 얻었다는 사실을 잘 압니다. 많은 사람들은 또한 법정연설로 평판이 자자한 사람들이 단지 법정싸움이 있는 날에만 참아줄 만한 반면, 축전연설가들은 어떤 집단에서든 어떤 시간에든 명예를 존중받으며 공명관대한 평판을 얻는다는 것도 잘 압니다.

---

64 여기에서는 '많은 송사를 겪은 탓에'(διὰ πολυπραγμοσύνην)라고 읽는 판본(ΓΔ[1]E)을 선택했는데, '송사를 좋아하는 탓에'(διὰ φιλοπραγμοσύνην)라고 읽은 판본(Δ[2]E mg. Θ vulg.)도 있다. 송사를 좋아하는 사람은 송사를 많이 하고, 송사를 많이 하는 사람은 송사를 좋아할 가능성이 높으니, 어떻게 읽어도 뜻이 통한다고 볼 수 있으나, 가장 기본이 되는 판본(Γ)에 따라 읽었다.

[49] ἔτι δὲ τοὺς μὲν, ἢν ὀφθῶσιν δὶς ἢ τρὶς ἐπὶ τῶν δικαστηρίων, μισουμένους καὶ διαβαλλομένους, τοὺς δ᾽ ὅσῳ περ ἂν πλείοσι καὶ πλεονάκις συγγίγνωνται, τοσούτῳ μᾶλλον θαυμαζομένους· πρὸς δὲ τούτοις τοὺς μὲν περὶ τὰς δίκας δεινοὺς πόρρω τῶν λόγων ἐκείνων ὄντας, τοὺς δ᾽ εἰ βουληθεῖεν ταχέως ἂν ἑλεῖν καὶ τούτους δυνηθέντας.

[50] ταῦτα λογιζόμενοι καὶ πολὺ κρείττω νομίζοντες εἶναι τὴν αἵρεσιν, βούλονται μετασχεῖν τῆς παιδείας ταύτης, ἧς οὐδ᾽ ἂν ἐγὼ φανείην ἀπεληλαμένος, ἀλλὰ πολλῷ χαριεστέραν δόξαν εἰληφώς. περὶ μὲν οὖν τῆς ἐμῆς εἴτε βούλεσθε καλεῖν δυνάμεως εἴτε φιλοσοφίας εἴτε διατριβῆς, ἀκηκόατε πᾶσαν τὴν ἀλήθειαν.

[49] 6 ἑλεῖν Γ : λέγειν Ε mg. Θ vulg. : λύειν $Δ^2$
[50] 4 ἀπεληλαμένος Γ : ἀπολελειμμένος ΕΘ vulg.

[49] 게다가 그들은 법정연설가들이 법정에서 두세 번 눈에 띄면 미움과 모함의 대상이 되지만, 축전연설가들은 더 많은 사람들에게 더 많이 나타날수록 그만큼 더 큰 경탄의 대상이 된다는 것도, 그리고 재판에 위력적인 사람들은 축전연설가들의 연설과는 거리가 멀지만, 축전연설가들은 원하기만 하면 법정연설에도 곧바로 능숙해진다는 사실도 잘 알고 있습니다.

[50] 이 사실들을 논리적으로 따져보고 훨씬 더 좋은 선택이라고 생각하는 사람들은 축전연설가들의 교육[68)]에 참여하기를 원합니다. 그 교육에서 제가 배제되어 있지 않으며, 오히려 그것에서 훨씬 더 우아한 평판을 얻고 있다는 사실이 드러날 것입니다. 그러니 이제 여러분이 뭐라고 부르길 원하시든, 여러분은 저의 능력이랄까, 철학이랄까, 저의 소일거리[69)]에 관하여 모든 진실을 들으신 것입니다.

[51] βούλομαι δὲ περὶ ἐμαυτοῦ καὶ νόμον θεῖναι χαλεπώτερον ἢ περὶ τῶν ἄλλων καὶ λόγον εἰπεῖν θρασύτερον ἢ κατὰ τὴν ἐμὴν ἡλικίαν· ἀξιῶ γὰρ οὐ μόνον, εἰ βλαβεροῖς χρῶμαι τοῖς λόγοις, μηδεμιᾶς συγγνώμης τυγχάνειν παρ' ὑμῶν, ἀλλ' εἰ μὴ τοιούτοις οἵοις οὐδεὶς ἄλλος, τὴν μεγίστην ὑποσχεῖν τιμωρίαν. οὐχ οὕτω δ' ἂν τολμηρὰν ἐποιησάμην τὴν ὑπόσχεσιν, εἰ μὴ καὶ δείξειν ἤμελλον ὑμῖν καὶ ῥᾳδίαν ποιήσειν τὴν διάγνωσιν αὐτῶν.

[52] ἔχει γὰρ οὕτως· ἐγὼ καλλίστην ἡγοῦμαι καὶ δικαιοτάτην εἶναι τὴν τοιαύτην ἀπολογίαν, ἥτις εἰδέναι ποιεῖ τοὺς δικάζοντας ὡς δυνατὸν μάλιστα, περὶ ὧν τὴν ψῆφον οἴσουσιν, καὶ μὴ πλανᾶσθαι τῇ διανοίᾳ μηδ' ἀμφιγνοεῖν τοὺς τἀληθῆ λέγοντας.

[51] 저는 다른 사람들에 대해서보다 저 자신에 대해 더 까다로운 법을 세워두고 싶습니다. 그리고 제 나이에 비해 더 철저한 연설을 하고 싶습니다. 제가 만약 해로운 연설을 한다면, 저는 여러분에게 어떤 용서도 구하지 않겠습니다. 뿐만 아니라, 제가 만약 그 누구도 할 수 없을 수준의 연설을 하지 못한다면, 가장 엄중한 징벌을 내려달라고 요구하겠습니다. 제가 만약 여러분에게 제대로 보여드리지 못하고 또 그것들에 대한 판단을 쉽게 내릴 수 있도록 하지 못한다면, 제가 감히 이런 식의 약속을 하지는 않았을 것입니다.

[52] 그것은 바로 이런 식이지요. 즉 제가 생각하기에, 가장 아름답고 가장 정의로운 변론은 재판관들이 투표를 행사할 사안에 관하여 가능한 많이 알 수 있도록 해주고, 진실을 말하는 사람이 누군지 판단하는 데 그 생각에서 헷갈리지 않게 해주고 의심할 여지가 없게 해주는 그런 변론입니다.

[53] εἰ μὲν τοίνυν ἠγωνιζόμην ὡς περὶ πράξεις τινὰς ἡμαρτηκώς, οὐκ ἂν οἷός τ᾽ ἦν ἰδεῖν ὑμῖν αὐτὰς παρασχεῖν, ἀλλ᾽ ἀναγκαίως εἶχεν εἰκάζοντας ὑμᾶς ἐκ τῶν εἰρημένων διαγιγνώσκειν ὅπως ἐτύχετε περὶ τῶν πεπραγμένων· ἐπειδὴ δὲ περὶ τοὺς λόγους ἔχω τὴν αἰτίαν, οἶμαι μᾶλλον ὑμῖν ἐμφανιεῖν τὴν ἀλήθειαν.

[54] αὐτοὺς γὰρ ὑμῖν δείξω τοὺς εἰρημένους ὑπ᾽ ἐμοῦ καὶ γεγραμμένους, ὥστ᾽ οὐ δοξάσαντες, ἀλλὰ σαφῶς εἰδότες ὁποῖοί τινές εἰσιν, τὴν ψῆφον οἴσετε περὶ αὐτῶν. ἅπαντας μὲν οὖν διὰ τέλους εἰπεῖν οὐκ ἂν δυναίμην· ὁ γὰρ χρόνος ὁ δεδομένος ἡμῖν ὀλίγος ἐστίν· ὥσπερ δὲ τῶν καρπῶν, ἐξενεγκεῖν ἑκάστου δεῖγμα πειράσομαι. μικρὸν γὰρ μέρος ἀκούσαντες ῥᾳδίως τό τ᾽ ἐμὸν ἦθος γνωριεῖτε καὶ τῶν λόγων τὴν δύναμιν ἁπάντων μαθήσεσθε.

[53] 그런데 만약 제가 어떤 잘못된 행위를 하고서 법정싸움을 하는 것이라면, 저는 그 행위를 여러분이 볼 수 있도록 제시할 수는 없습니다. 여러분은 그저 제가 말하는 것들로부터 여러분이 할 수 있는 대로 그 일어난 일들에 관한 그럴법한 그림을 그리면서 판단해야 할 상황입니다. 그러나 저는 연설과 관련되어 송사를 당했으니, 여러분에게 진실을 더 잘 보여주게 되리라고 생각합니다.

[54] 왜냐하면 저는 여러분에게 제가 말하고 쓴 연설들을 보여줄 것이며, 여러분은 그것들이 어떤 특징을 가진 무슨 연설인지 짐작하는 것이 아니라 분명하게 알고서[65] 그것들에 관해 투표를 행사할 수 있기 때문입니다. 그런데 저는 모든 연설들을 처음부터 끝까지 다 말할 수는 없을 것입니다. 저에게 주어진 시간이 적기 때문입니다.[66] 하지만 마치 열매들을 따듯이, 각 연설에서 맛보기가 될 만한 것을 뽑도록 하겠습니다. 여러분은 작은 부분을 듣더라도 저의 품성을 알게 되고[70)] 제가 한 모든 연설의 힘을 깨닫게 될[67] 것입니다.

---

65 이소크라테스는 연설의 특징과 종류를 청중이 '알 것이며'(eidotes) '어림잡아 짐작해서 한갓 의견을 갖게 되지는'(doxasantes) 않을 것이라고 자신한다. 여기에서 그는 플라톤의 개념 틀을 차용하면서, 의견보다는 앎이 인식론적으로 더 신뢰할 만하다는 태도를 보인다.

66 아테네에서는 어떤 소송도 하루를 넘기지 않았다. 따라서 고소인(또는 고발인)이나 피고인이 말하는 시간은 제한되어 있었고, 물시계로 측정되었다.

67 '깨닫게 될'은 '마테세스테'(mathēsesthe)의 번역. 학생(mathētēs)이 교사로부터 배워 깨달아 알게 되는 일련의 과정을 가리킨다. 여기에서 이소크라테스는 연설을 통해 학생을 가르치고 있다는 상황을 전제하는 것으로 보인다.

[55] δέομαι δὲ τῶν πολλάκις ἀνεγνωκότων τὰ μέλλοντα ῥηθήσεσθαι μὴ ζητεῖν ἐν τῷ παρόντι παρ' ἐμοῦ καινοὺς λόγους, μηδ' ὀχληρόν με νομίζειν ὅτι λέγω τοὺς πάλαι παρ' ὑμῖν διατεθρυλημένους. εἰ μὲν γὰρ ἐπίδειξιν ποιούμενος ἔλεγον αὐτοὺς, εἰκότως ἂν εἶχον τὴν αἰτίαν ταύτην· νῦν δὲ κρινόμενος καὶ κινδυνεύων ἀναγκάζομαι χρῆσθαι τοῦτον τὸν τρόπον αὐτοῖς.

[56] καὶ γὰρ ἂν πάντων εἴην καταγελαστότατος, εἰ τοῦ κατηγόρου διαβάλλοντος ὅτι τοιούτους γράφω λόγους οἳ καὶ τὴν πόλιν βλάπτουσιν καὶ τοὺς νεωτέρους διαφθείρουσιν, δι' ἑτέρων ποιοίμην τὴν ἀπολογίαν, ἐξὸν αὐτοὺς δείξαντι τούτους ἀπολύσασθαι τὴν διαβολὴν τὴν λεγομένην περὶ ἡμῶν. ὑμᾶς μὲν οὖν ἀξιῶ μοι διὰ ταῦτα συγγνώμην ἔχειν καὶ συναγωνιστὰς γίγνεσθαι, τοῖς δ' ἄλλοις ἤδη περαίνειν ἐπιχειρήσω, μικρὸν ἔτι προειπὼν, ἵνα ῥᾷον ἐπακολουθῶσι τοῖς λεγομένοις.

[56] 7 τοῖς δ' ἄλλοις Γ : τοὺς δὲ λόγους $Δ^2$Ε vulg. 7 μικρὸν ἔτι Γ : μικρόν τι Θ vulg.

[55] 저는 지금 제가 이제 곧 하게 될 연설을 이미 자주 들었던 분들에게 부탁합니다. 지금 이 순간 저에게서 새로운 연설을 찾지 마시고, 여러분에게 예전부터 널리 퍼져 있는[71)] 연설들을 지금 제가 반복해도 저에 대해 따분하게 생각하지 마십시오. 제가 부각연설을 하면서 그 연설들을 하는 것이라면, 그런 비난을 받아도 괜찮습니다. 그러나 저는 지금 판결을 받아야 하는 위험에서 이런 식으로 그 연설들을 이용하지 않으면 안 되게끔 강요받고 있는 것입니다.[68]

[56] 지금 고발인은 제가 도시를 해롭게 하고 젊은이들을 망치는[72)] 연설들을 쓴다고 모함하는데, 제가 만약 저와 관련해서 이야기된 그 모함을 바로 그 연설들을 제시하면서 물리칠 수 있는데도 불구하고 다른 연설들을 통해 변론을 한다면, 저는 그 누구보다도 큰 비웃음거리가 될 수도 있습니다. 그러므로 저는 여러분에게 바로 이런 이유로 해서 저를 이해해 주시고 지원군이 되어 주시기를 요청하는 한편, 다른 분들[73)]에게[69]는 제가 드리는 말씀을 좀 더 쉽게 따라갈 수 있도록 일단 작은 부분을 미리 말씀드리고서 끝까지 가보도록 하겠습니다.

---

68 이 연설문은 법정 변론 형식을 취하고는 있지만 철저하지 않으며, 부분 부분에서 이 연설문이 학생들의 교육을 위한 시범연설임을 밝히곤 한다. Bonner, R. J. (1920), "The Legal Setting of Isocrates' *Antidosis*," *Classical Philology*, Vol. 15, No. 2, pp. 193-197.

69 '다른 분들에게'(τοῖς δ' ἄλλοις)라고 읽는 것은 주요 필사본 Γ을 따라 읽은 것인데, 일부 다른 사본들(Δ^2E vulg.)은 '제 연설을'(τοὺς δὲ λόγους) 끝까지 해보겠다는 뜻으로 읽힌다.

[57] ὁ μὲν γὰρ λόγος ὁ μέλλων πρῶτος ὑμῖν δειχθήσεσθαι κατ᾽ ἐκείνους ἐγράφη τοὺς χρόνους, ὅτε Λακεδαιμόνιοι μὲν ἦρχον τῶν Ἑλλήνων, ἡμεῖς δὲ ταπεινῶς ἐπράττομεν. ἔστιν δὲ τοὺς μὲν Ἕλληνας παρακαλῶν ἐπὶ τὴν τῶν βαρβάρων στρατείαν, Λακεδαιμονίοις δὲ περὶ τῆς ἡγεμονίας ἀμφισβητῶν.

[58] τοιαύτην δὲ τὴν ὑπόθεσιν ποιησάμενος ἀποφαίνω τὴν πόλιν ἁπάντων τῶν ὑπαρχόντων τοῖς Ἕλλησιν ἀγαθῶν αἰτίαν γεγενημένην. ἀφορισάμενος δὲ τὸν λόγον τὸν περὶ τῶν τοιούτων εὐεργεσιῶν καὶ βουλόμενος τὴν ἡγεμονίαν ἔτι σαφέστερον ἀποφαίνειν ὡς ἔστιν τῆς πόλεως, ἐνθένδε ποθὲν ἐπιχειρῶ διδάσκειν περὶ τούτων, ὡς τῇ πόλει τιμᾶσθαι προσήκει πολὺ μᾶλλον ἐκ τῶν περὶ τὸν πόλεμον κινδύνων ἢ τῶν ἄλλων εὐεργεσιῶν.

[57] 첫 번째로 여러분께 보여드리려는 연설은 라케다이몬인들이 헬라스인들을 이끌었고 우리는 보잘것없는 역할을 하던 바로 그 시간들[74)]을 썼던 것입니다. 그것은 이방인들에 대한 군사적인 원정을 위하여 헬라스인들을 불러모으는 한편, 주도권을 놓고 라케다이몬인들과 논쟁을 벌이는 내용입니다.[75)]

[58] 그런 주제를 내놓은 다음, 저는 헬라스인들에게 생기는 좋은 일들은 모두 이 도시[70] 때문임을 분명하게 보여줍니다. 이렇게 훌륭한 일들을 했던 것에 관한 말을 마무리 지은 다음, 주도권이 이 도시에 속하는 것임을 더욱더 분명하게 부각시키려는 마음으로 저는 거기서 더 나아가 그 문제에 관해 다음과 같은 사실을 가르쳐주려고[71] 합니다. 즉 이 도시는 이전에 베풀었던 다른 훌륭한 기여에 관련해서도 명예를 존중받아야 하지만, 전쟁과 관련해서 겪었던 위험들을 고려할 때 훨씬 더 많이 존중받는 것이 적절하다는 사실을 말입니다.

---

70 아테네.

71 이 단어를 사용한 것은 『시민대축전에 부쳐』가 단순한 시범연설이나 예식연설이 아니라 일종의 '정치적인 교시'(political teaching, instruction)으로 구상된 것임을 보여준다. 이소크라테스는 이런 축전에서의 시범연설 또는 예식연설을 통해 일종의 '시민교육'(civic education)을 실천한 것이라고 할 수 있다. 이에 관해서는 김헌(2015), 「이소크라테스와 시민교육」, 『서양고전학연구』 제54권 제1호, pp. 35-64를 보라.

[59] ᾤμην μὲν οὖν αὐτὸς δυνήσεσθαι διελθεῖν περὶ αὐτῶν· νῦν δέ με τὸ γῆρας ἐμποδίζει καὶ ποιεῖ προαπαγορεύειν. ἵν' οὖν μὴ παντάπασιν ἐκλυθῶ πολλῶν ἔτι μοι λεκτέων ὄντων, ἀρξάμενος ἀπὸ τῆς παραγραφῆς ἀνάγνωθι τὰ περὶ τῆς ἡγεμονίας αὐτοῖς.

ἐκ τοῦ Πανηγυρικοῦ 51-99[72]

[60] περὶ μὲν οὖν τῆς ἡγεμονίας, ὡς δικαίως ἂν εἴη τῆς πόλεως, ῥᾴδιον ἐκ τῶν εἰρημένων καταμαθεῖν. ἐνθυμήθητε δὲ πρὸς ὑμᾶς αὐτοὺς, εἰ δοκῶ τοῖς λόγοις διαφθείρειν τοὺς νεωτέρους, ἀλλὰ μὴ προτρέπειν ἐπ' ἀρετὴν καὶ τοὺς ὑπὲρ τῆς πόλεως κινδύνους, ἢ δικαίως ἂν δοῦναι δίκην ὑπὲρ τῶν εἰρημένων, ἀλλ' οὐκ ἂν χάριν κομίσασθαι παρ' ὑμῶν τὴν μεγίστην,

72 가장 중요한 필사본인 Urbainas 111(Γ)에는 『시민대축전에 부쳐』 [59]의 시작 부분과 [99]의 끝부분이 인용되어 있다.

[59] 저는 그것들에 관해 제가 직접 전모를 다 말할 수 있으리라 생각했지요. 그러나 지금 노령의 나이가 저의 발목을 붙잡고 포기하도록 만듭니다. 그래서 제가 해야 할 말이 여전히 많이 남아 있는 상태에서 완전히 지쳐버리는 일이 없도록, 표시된 여기부터 시작해서 이들의[73] 주도권에 관한 내용을 읽어주십시오.

연설문 『시민대축전에 부쳐』 가운데 51-99까지 읽는다.[76)]

[60] 주도권에 관해서, 그것이 이 도시에 속하는 것이 정당하다는 것을 지금 읽는 부분들로부터 쉽게 배울 것입니다.[74] 여러분 스스로 궁리해보십시오. 과연 제가 말로써 젊은이들을 망치면서 덕에 마음을 두라고, 그리고 이 도시를 위해 위험을 무릅쓰라고 권유하지 않는 것으로 보이는지, 그래서 지금 읽었던 부분 때문에 처벌을 받는 것이 정당한 것인지, 아니면 여러분에게서 가장 큰 감사[77)]를 받았어야만 하는 것인지를 말입니다.

---

73 아테네인들.

74 '배울 것입니다'(katamathein)는 교사와 학생 사이에서 전형적으로 사용되는 단어다. 이 단어를 사용한 것은 이소크라테스의 지금 연설, 즉 『교환소송에 관하여』가 가상적인 법정을 설정하고 학생들을 청중이자 판결관으로서 가정한 상태에서 발표되고 있음을 보여주는 셈이다. 앞에서 사용된 '일깨워주려고'(didaskein=가르치려고)가 시민교육의 차원에서 사용된 것이라면, 이것은 이른바 '수사학 학교에서의 연설가 교육'의 차원에서 사용된 것으로 볼 수 있다.

[61] ὃς οὕτως ἐγκεκωμίακα τὴν πόλιν καὶ τοὺς προγόνους καὶ τοὺς κινδύνους τοὺς ἐν ἐκείνοις τοῖς χρόνοις γεγενημένους ὥστε τούς τε πρότερον γράψαντας περὶ τὴν ὑπόθεσιν ταύτην ἅπαντας ἠφανικέναι τοὺς λόγους, αἰσχυνομένους ὑπὲρ τῶν εἰρημένων αὐτοῖς, τούς τε νῦν δοκοῦντας εἶναι δεινοὺς μὴ τολμᾶν ἔτι λέγειν περὶ τούτων, ἀλλὰ καταμέμφεσθαι τὴν δύναμιν τὴν σφετέραν αὐτῶν.

[62] ἀλλ᾽ ὅμως, τούτων οὕτως ἐχόντων, φανήσονταί τινες τῶν εὑρεῖν μὲν οὐδὲν οὐδ᾽ εἰπεῖν ἄξιον λόγου δυναμένων, ἐπιτιμᾶν δὲ καὶ βασκαίνειν τὰ τῶν ἄλλων μεμελετηκότων, οἳ χαριέντως μὲν εἰρῆσθαι ταῦτα φήσουσιν, τὸ γὰρ εὖ φθονήσουσιν εἰπεῖν, πολὺ μέντοι χρησιμωτέρους εἶναι τῶν λόγων καὶ κρείττους τοὺς ἐπιπλήττοντας τοῖς νῦν ἁμαρτανομένοις ἢ τοὺς τὰ πεπραγμένα πρότερον ἐπαινοῦντας, καὶ τοὺς περὶ ὧν δεῖ πράττειν συμβουλεύοντας ἢ τοὺς τὰ παλαιὰ τῶν ἔργων διεξιόντας.

[61] 저는 이 도시와 우리의 조상들과 그 시간에 발생했던 위험들을 칭송한 바 있는데,[78)] 그 결과는 대단한 것입니다. 즉 이 주제에 관하여 저보다 앞서 글을 썼던 사람들은 자신들이 말했던 것들에 대해서 수치심을 느낀 나머지 그 연설문들을 모조리 파기해 버렸으며, 지금 위력적인 연설가라고 평판이 나 있는 사람들은 제가 말했던 것들에 관해서는 아직까지도 감히 말을 하려고 하지 않고 자신들의 능력이 부족함을 탓할 지경입니다.

[62] 그러나 지금 말한 것이 사실인데도, 말할 가치가 있는 것을 발견할 수도[75] 말할 수도 없으면서 다른 사람들이 한 일을 힐난하고 부정적인 편견으로 바라보는 데에 이골이 난 사람들 중에는 그것들이 기분을 좋게 하는 식으로[79)] 이야기되었다고 말하는 사람이 있을 것입니다. 그들은 '잘'이라고 말하는 데에 아주 인색한 사람들이라 그렇게 말한 것입니다. 그들은 또 연설들 중에서 예전에 행해진 일들을 칭찬하는 것보다는 현재 저질러진 잘못들을 치는 것이, 그리고 예전에 이루어진 일들을 기술하는 것보다는 앞으로 해야 할 일들을 조언하는 것이 훨씬 더 유용하며 더 강력한 연설이라고 말할 것입니다.

75 '찾아내다'는 '헤우레인'(heurein)을 옮긴 것이다. 이 동사는 수사학의 전문 용어로 발전하게 되는데, 흔히 서구 수사학의 정립 과정에서 '착상'이라고 하는 'inventio'에 해당한다. 주어진 주제에 대해 무슨 말을 어떻게 해야 할지 적절한 토포스(topos)를 찾는 것은 물론, 그것을 효과적으로 드러내는 표현, 배치에도 적용되는 개념으로서, 연설의 작성과 실연의 첫걸음이며 가장 중요한 요소로 평가될 수 있다.

[63] ἵν᾽ οὖν μηδὲ ταῦτ᾽ ἔχωσιν εἰπεῖν, ἀφέμενος τοῦ βοηθεῖν τοῖς εἰρημένοις πειράσομαι μέρος ἑτέρου λόγου τοσοῦτον ὅσον περ ἄρτι διελθεῖν ὑμῖν, ἐν ᾧ φανήσομαι περὶ τούτων ἁπάντων πολλὴν ἐπιμέλειαν πεποιημένος. ἔστιν δὲ τὰ μὲν ἐν ἀρχῇ λεγόμενα περὶ τῆς εἰρήνης τῆς πρὸς Χίους καὶ Ῥοδίους καὶ Βυζαντίους,

[64] ἐπιδείξας δ᾽ ὡς συμφέρει τῇ πόλει διαλύσασθαι τὸν πόλεμον, κατηγορῶ τῆς δυναστείας τῆς ἐν τοῖς Ἕλλησιν καὶ τῆς ἀρχῆς τῆς κατὰ θάλατταν, ἀποφαίνων αὐτὴν οὐδὲν διαφέρουσαν οὔτε ταῖς πράξεσιν οὔτε τοῖς πάθεσι τῶν μοναρχιῶν· ἀναμιμνήσκω δὲ καὶ τὰ συμβάντα δι᾽ αὐτὴν τῇ πόλει καὶ Λακεδαιμονίοις καὶ τοῖς ἄλλοις ἅπασιν.

[63] 따라서 저는 저들이 이런 말을 할 수 없도록 하기 위해, 제가 이미 들려드렸던 것들을 붙들고 옹호하는 데서 벗어나, 조금 전에 들려드렸던 것만큼의 다른 연설의 일부분을 여러분에게 들려드리겠습니다. 그것을 통해 저는 이 모든 주제들을 아주 많이 돌보아왔던 사람임이 밝혀질 것입니다. 제가 처음에 논의한 것은 키오스인들과 로도스인들과 뷔잔티온인들과의 평화에 관한 것이었습니다.[80)]

[64] 그리고 저는 전쟁을 그만두는 것이 이 도시에 유익할 것임을 부각한 다음에,[81)] 이 도시가 헬라스인들 사이에서 행사하던 권력과 바다에서 누리던 패권을 비판합니다. 저는 능동적인 행위에서도 수동적으로 겪어야 하는 것에서도 그것이 독재 권력과 아무런 차이가 없다고 규탄하면서, 이 도시와 라케다이몬인들과 다른 모든 도시에서 그것 때문에 벌어진 일들도 상기시킵니다.

[65] διαλεχθεὶς δὲ περὶ τούτων καὶ τὰς τῆς Ἑλλάδος συμφορὰς ὀδυράμενος καὶ τῇ πόλει παραινέσας ὡς χρὴ μὴ περιορᾶν αὐτὴν οὕτω πράττουσαν, ἐπὶ τελευτῆς ἐπί τε τὴν δικαιοσύνην παρακαλῶ καὶ τοῖς ἁμαρτανομένοις ἐπιπλήττω καὶ περὶ τῶν μελλόντων συμβουλεύω. λαβὼν οὖν ἀρχὴν ταύτην ὅθεν διαλέγομαι περὶ αὐτῶν, ἀνάγνωθι καὶ τοῦτο τὸ μέρος αὐτοῖς,

[66] ἐκ τοῦ Περὶ εἰρήνης 25-56, 132-145.[76]

76 가장 중요한 필사본인 Urbainas 111(Γ)에는 『평화에 관하여』 [25]의 시작 부분과 [133]의 끝부분이 인용되어 있으며, 그 끝에 '그리고 책의 나머지 부분'(καὶ τὰ λοιπὰ τοῦ βιβλίου)이라는 구절이 붙어 있다.

[65] 이런 일들에 관하여 논의를 하고 난 다음, 저는 헬라스가 겪은 불행들을 한탄하고 이 도시가 지금 상태 그대로 계속되도록 가만히 두고만 보고 있으면 안 된다고 권고합니다. 마지막으로 저는 정의를 향해 사람들을 불러모으며 잘못을 저지른 사람들을 치고 미래에 일어날 일에 관하여 조언합니다. 따라서 이런 일들에 관하여 제가 논의하는 대목을 출발점으로 삼고, 바로 이 부분도 여기 계신 분들에게 읽어주십시오.

[66] 연설문 『평화에 관하여』 가운데 25-56, 132-145를 읽는다.[77]

77 낭독한 부분에서 이소크라테스는 독립을 원하는 예전의 동맹국들과의 전쟁을 그만두고 평화협정을 맺으라고 촉구한다. 아테네가 다른 도시들이 정당하게 소유하고 누리는 것을 취하는 행위는 정의롭지 못하다는 비판도 가한다. 아테네의 선조들은 정치적으로, 시민으로 훌륭한 행동을 했는데 이를 본보기 삼아야 한다고 주장한다. 그리고 당대의 전문 고발꾼들을 비판하면서 첫 부분을 마무리한다. 두 번째 부분에서 이소크라테스는 전문 고발꾼들을 대신할 훌륭한 지도자를 뽑으라고 촉구한 후에, 아테네의 운명은 곧 그리스의 운명임을 청중에게 상기시키고, 참주를 들여서는 안 된다고 경고한다.

[67] δυοῖν μὲν τοίνυν λόγοιν ἀκηκόατε· βούλομαι δὲ καὶ τοῦ τρίτου μικρὰ διελθεῖν, ἵν' ὑμῖν ἔτι μᾶλλον γένηται καταφανὲς ὅτι πάντες οἱ λόγοι πρὸς ἀρετὴν καὶ δικαιοσύνην συντείνουσιν. ἔστιν δ' ὁ μέλλων δειχθήσεσθαι Νικοκλεῖ τῷ Κυπρίῳ, τῷ κατ' ἐκεῖνον τὸν χρόνον βασιλεῖ, συμβουλεύων ὡς δεῖ τῶν πολιτῶν ἄρχειν· οὐχ ὁμοίως δὲ γέγραπται τοῖς ἀνεγνωσμένοις.

[68] οὗτοι μὲν γὰρ τὸ λεγόμενον ὁμολογούμενον ἀεὶ τῷ προειρημένῳ καὶ συγκεκλειμένον ἔχουσιν, ἐν δὲ τούτῳ τοὐναντίον· ἀπολύσας γὰρ ἀπὸ τοῦ προτέρου καὶ χωρὶς ὥσπερ τὰ καλούμενα κεφάλαια ποιήσας πειρῶμαι διὰ βραχέων ἕκαστον ὧν συμβουλεύω φράζειν.

[67] 4 δειχθήσεσθαι ΓΔ[1] : ῥηθήσεσθαι ΕΘ vulg.

[67] 여러분은 두 연설을 들었습니다. 이제 저는 세 번째 연설[78]의 작은 부분을 들려드리고 싶습니다. 모든 연설이 덕과 정의를 지향한다는 사실을 여러분에게 훨씬 더 뚜렷하게 하기 위해서입니다. 그런데 지금 제시할 연설은 그 당시 퀴프로스의 왕이었던 니코클레스[79]에게 했던 것인데, 시민들을 이끌어나갈 방법에 관해 그에게 조언하는 것입니다. 이것은 이미 읽어드린 것들과 같은 방식으로 작성된 것은 아닙니다.

[68] 앞에서 읽어드린 것들은 한 부분에서 한 말이 그에 앞서 말한 것에 언제나 호응하며 연결되는 모양새인 반면, 지금 읽어드린 것은 정반대이기 때문입니다. 저는 앞부분에서 떼어내어, 마치 이른바 '요점 정리'라고 불리는 것들을 여러 개 만드는 것처럼,[80] 제가 조언하려는 것들 각각을 짤막하게 표현하려고 하기 때문입니다.

---

78 기원전 374년에 발표된 연설문 『니코클레스에게』.

79 니코클레스는 퀴프로스섬의 동쪽에 있던 도시국가 살라미스의 왕이었다. [40]에서는 그를 '살라미스의 왕'이라고 표현한다. 미주 52)를 보라.

80 짧은 격언들이 제시되면서 툭툭 끊어지는 형식으로 작성되었다.

[69] τούτου δ' ἕνεκα ταύτην ἐποιησάμην τὴν ὑπόθεσιν, ἡγούμενος ἐκ τοῦ παραινεῖν τήν τε διάνοιαν τὴν ἐκείνου μάλιστ' ὠφελήσειν καὶ τὸν τρόπον τὸν ἐμαυτοῦ τάχιστα δηλώσειν. διὰ τὴν αὐτὴν δὲ ταύτην πρόφασιν καὶ νῦν αὐτὸν ὑμῖν δεῖξαι προειλόμην, οὐχ ὡς ἄριστα τῶν λοιπῶν γεγραμμένον, ἀλλ' ὡς ἐκ τούτου μάλιστα φανερὸς γενησόμενος ὃν τρόπον εἴθισμαι καὶ τοῖς ἰδιώταις καὶ τοῖς δυνάσταις πλησιάζειν·

[70] φανήσομαι γὰρ πρὸς αὐτὸν ἐλευθέρως καὶ τῆς πόλεως ἀξίως διειλεγμένος, καὶ οὐ τὸν ἐκείνου πλοῦτον οὐδὲ τὴν δύναμιν θεραπεύων, ἀλλὰ τοῖς ἀρχομένοις ἐπαμύνων καὶ παρασκευάζων καθ' ὅσον ἠδυνάμην τὴν πολιτείαν αὐτοῖς ὡς οἷόν τε πραοτάτην. ὅπου δὲ βασιλεῖ διαλεγόμενος ὑπὲρ τοῦ δήμου τοὺς λόγους ἐποιούμην, ἦπου τοῖς ἐν δημοκρατίᾳ πολιτευομένοις σφόδρ' ἂν παρακελευσαίμην τὸ πλῆθος θεραπεύειν.

[69] 그런데 제가 그 주제를[81] 다룬 이유는 제가 그에게 권고하는 것이 그의 생각을 가장 잘 돕고 제 자신의 방법을 가장 빨리 명확하게 할 수 있는 길이라고 생각했기 때문입니다. 그런데 그와 똑같은 동기에서 지금 이 자리에서도 여러분에게 그것을 보여드리기로 결심했습니다. 이것이 다른 나머지 연설들과 비교해서 가장 훌륭하게 작성되었기 때문이 아니라, 이것으로부터 제가 일반 시민이나 권력자들에게 다가서던 방법을 가장 분명하게 드러낼 수 있으리라고 생각해서였습니다.

[70] 왜냐하면 제가 그를 대하면서 자유민의 격조를 지키고 이 도시의 품격에 맞게 말을 했다는 것과, 그 사람의 재산이나 권력에 개의치 않고 오히려 그의 지배를 받던 사람들을 지켜주려고 했다는 것과, 제가 할 수 있는 선에서 그들에게 가능한 한 가장 온화한 정체(政體)를 마련해 주려고 했다는 것이 명백히 드러날 것이기 때문입니다. 그런데 제가 왕을 상대로 말을 나누면서도 민중을 위한 말을 했던 만큼, 확실히 저는 민주정 안에서 시민으로 살아가는 사람들에게도 대중에게 신경을 쓰라고 강력히 권고하지 않겠습니까?

81 시민들을 이끌어나갈 방법에 관해 그에게 조언하는 것.([67])

[71] ἐν μὲν οὖν τῷ προοιμίῳ καὶ τοῖς πρώτοις λεγομένοις ἐπιτιμῶ ταῖς μοναρχίαις ὅτι δέον αὐτοὺς τὴν φρόνησιν ἀσκεῖν μᾶλλον τῶν ἄλλων, οἱ δὲ χεῖρον παιδεύονται τῶν ἰδιωτῶν. διαλεχθεὶς δὲ περὶ τούτων παραινῶ τῷ Νικοκλεῖ μὴ ῥᾳθυμεῖν μηδ᾽ ὥσπερ ἱερωσύνην εἰληφότα τὴν βασιλείαν, οὕτω τὴν γνώμην ἔχειν, ἀλλὰ τῶν ἡδονῶν ἀμελήσαντα προσέχειν τὸν νοῦν τοῖς πράγμασιν.

[72] ἐπιχειρῶ δὲ καὶ τοῦτο πείθειν αὐτὸν, ὡς χρὴ δεινὸν νομίζειν ὅταν ὁρᾷ τοὺς [μὲν] χείρους τῶν βελτιόνων ἄρχοντας καὶ τοὺς ἀνοητοτέρους τοῖς φρονιμωτέροις προσ-τάττοντας, λέγων ὡς ὅσῳ περ ἂν ἐρρωμενέστερον τὴν τῶν ἄλλων ἄνοιαν ἀτιμάσῃ, τοσούτῳ μᾶλλον τὴν αὑτοῦ διάνοιαν ἀσκήσει. ποιησάμενος οὖν ἀρχὴν ἣν ἐγὼ τελευτὴν, ἀνάγνωθι καὶ τούτου τοῦ λόγου τὸ λοιπὸν μέρος αὐτοῖς.

[71] 5 οὕτω Γ[1] : ἀμελῶς οὕτω Γ[2]ΔΕΘ vulg.

[72] 5 ἄνοιαν ΔΕΘ : ἄγνοιαν ΓΛ vulg.

[71] 따라서 저는 먼저 도입부와 첫 번째 말하는 부분에서 독재정을 비난합니다. 왜냐하면 그들은 다른 사람들보다도 현명함을 더 많이 갖추려고 해야 함에도 불구하고, 일반시민들보다도 교육을 덜 받고 있기 때문입니다. 이런 일들에 관하여 이야기를 나눈 다음, 저는 니코클레스에게 안일하게 생각하지 말고, 마치 성직을 수행하듯이 왕권을 수행하려는 그런 견해를 갖지 말아야 하며,[82] 쾌락에 관심을 두지 말고 직무에만 정신을 집중하라고 권면합니다.

[72] 그리고 저는 그에게 이런 것도 설득하려고 합니다. 즉 더 못난 사람들이 더 훌륭한 사람들을 지휘하고, 생각 없는 사람들이 더 현명한 사람들에게 명령하는 것을 보면, 그것은 무서운 일이라고 생각해야 한다고 말입니다.[83] 그리고 다른 사람들이 생각 없이 구는 것을 강하게 무시하는 만큼 자신의 생각을 그만큼 더 갖추려고 해야 한다고 말합니다. 자, 이제 제가 끝맺은 부분을 출발점으로 삼아 이 연설의 나머지 부분을 저분들께 읽어주시기 바랍니다.

[73] ἐκ τοῦ Πρὸς Νικοκλέα[82]

[74] τῶν μὲν τοίνυν λόγων ἅλις ἡμῖν ἔστω τῶν ἀναγιγνωσκομένων καὶ τηλικοῦτο μῆκος ἐχόντων· ἐπεὶ μικροῦ γε μέρους τῶν πάλαι γεγραμμένων οὐκ ἂν ἀποσχοίμην, ἀλλ᾽ εἴποιμ᾽ ἂν, εἴ τί μοι δόξειε πρέπον εἶναι τῷ παρόντι καιρῷ· καὶ γὰρ ἂν ἄτοπος εἴην εἰ τοὺς ἄλλους ὁρῶν τοῖς ἐμοῖς χρωμένους ἐγὼ μόνος ἀπεχοίμην τῶν ὑπ᾽ ἐμοῦ πρότερον εἰρημένων, ἄλλως τε καὶ νῦν ὅτ᾽ οὐ μόνον μικροῖς μέρεσιν, ἀλλ᾽ ὅλοις εἴδεσιν προειλόμην χρῆσθαι πρὸς ὑμᾶς. ταῦτα μὲν οὖν, ὅπως ἂν ἡμῖν συμπίπτῃ, ποιήσομεν.

[74] 2 ἀναγιγνωσκομένων Orelli : ἀναμιμνησκομένων codd.

82 가장 중요한 필사본인 Urbainas 111(Γ)에는 『니코클레스에게』 [14]의 시작 부분과 [39]의 끝부분이 인용되어 있다.

[73] 연설문 『니코클레스에게』 가운데 14-39를 읽는다.[84)]

[74] 지금 우리에게는 이 연설들 가운데 이만큼 낭독한 것으로 일단 충분하다고 해두겠습니다. 예전에 작성했던 연설들 가운데 아무리 작은 부분이라도 생략하지 않고, 지금 이 시의적절한 시점에 저에게 적절해 보이는 것이 있다면 저는 말할 수 있기 때문입니다.[85)] 만약 제가 다른 사람들이 저의 연설들을 이용하는 것을 보고도 저만은 제가 예전에 발표했던 연설들의 사용을 포기한다면, 특히나 지금 여러분을 상대로 단순히 작은 부분만이 아니라 전체 모습을 이용하기로 결정한 상태에서 그렇게 한다면, 그건 이상한 일[83]일 겁니다. 따라서 이제 저의 처지에 맞도록 이 문제를 다루어보겠습니다.

83 '이상한 일'(atopos)은 수사학적 '토포스'(topos)에 어긋난다는 뜻으로 읽힐 수 있다.

[75] εἶπον δέ που πρὶν ἀναγιγνώσκεσθαι τούτους, ὡς ἄξιος εἴην οὐ μόνον, εἰ βλαβεροῖς χρῶμαι τοῖς λόγοις, δοῦναι δίκην ὑμῖν, ἀλλ᾽ εἰ μὴ τοιούτοις οἵοις οὐδεὶς ἄλλος, τῆς μεγίστης τυχεῖν τιμωρίας. εἴ τινες οὖν ὑμῶν ὑπέλαβον τότε λίαν ἀλαζονικὸν εἶναι καὶ μέγα τὸ ῥηθὲν, οὐκ ἂν δικαίως ἔτι τὴν γνώμην ταύτην ἔχοιεν· οἶμαι γὰρ ἀποδεδωκέναι τὴν ὑπόσχεσιν καὶ τοιούτους εἶναι τοὺς λόγους τοὺς ἀναγνωσθέντας οἵους περ ἐξ ἀρχῆς ὑπεθέμην.

[76] βούλομαι δ᾽ ὑμῖν διὰ βραχέων ἀπολογήσασθαι περὶ ἑκάστου καὶ ποιῆσαι μᾶλλον ἔτι καταφανὲς, ὡς ἀληθῆ καὶ τότε προεῖπον καὶ νῦν λέγω περὶ αὐτῶν. καὶ πρῶτον μὲν ποῖος γένοιτ᾽ ἂν λόγος ὁσιώτερος ἢ δικαιότερος τοῦ τοὺς προγόνους ἐγκωμιάζοντος ἀξίως τῆς ἀρετῆς τῆς ἐκείνων καὶ τῶν ἔργων τῶν πεπραγμένων αὐτοῖς;

[75] 2-3 δίκην ὑμῖν Γ[1] : δίκην ὑμῖν τὴν μεγίστην Γ[2]Δ mg. Θ : δίκην τὴν μεγίστην ὑμῖν ΔΕ

[75] 저는 이 부분들이 낭독되기 전에, 만약 제가 해로운 연설을 이용한다면 여러분에게 심판을 받아 마땅하며, 뿐만 아니라 만약 다른 어떤 이도 이용한 적이 없는 연설을 이용한다면 가장 큰 징벌을 받아 마땅하다고 말씀드린 바 있습니다. 따라서 여러분 중에 누군가 한번이라도 제가 말한 것이 지나치게 허풍스럽고 엄청나다고 생각한 적이 있다면, 그런 견해를 계속 갖는 것이 올바르지는 않을 것입니다. 왜냐하면 저는 약속을 지켰고,[84] 낭독되었던 연설들이 제가 처음부터 그럴 거라고 했던 그런 연설이라고 생각하기 때문입니다.

[76] 저는 여러분께 짤막하게 각각에 관해 변론하고, 그것들에 관해 예전에도 저는 진실을 말했고 지금도 여전히 진실을 말하고 있다는 사실을 훨씬 더 분명하게 해놓고 싶습니다. 그럼 먼저 묻겠습니다. 조상들이 갖춘 덕과 그분들이 행동으로 이루어놓은 성과들의 값에 맞게 그분들을 높이 칭송하는 연설보다도 더 경건하거나 더 정당할 수 있는 연설은 어떤 것이겠습니까?

84 약속에 관해서는 [51]을 보라. 이것은 당대 무책임한 소피스트와 자신을 차별화하는 발언이다.

[77] ἔπειτα τίς ἂν πολιτικώτερος καὶ μᾶλλον πρέπων τῇ πόλει τοῦ τὴν ἡγεμονίαν ἀποφαίνοντος ἔκ τε τῶν ἄλλων εὐεργεσιῶν καὶ τῶν κινδύνων ἡμετέραν οὖσαν μᾶλλον ἢ Λακεδαιμονίων; ἔτι δὲ τίς ἂν περὶ καλλιόνων καὶ μειζόνων πραγμάτων τοῦ τοὺς Ἕλληνας ἐπί τε τὴν τῶν βαρβάρων στρατείαν παρακαλοῦντος καὶ περὶ τῆς πρὸς ἀλλήλους ὁμονοίας συμβουλεύοντος;

[78] ἐν μὲν τοίνυν τῷ πρώτῳ λόγῳ περὶ τούτων τυγχάνω διειλεγμένος, ἐν δὲ τοῖς ὑστέροις περὶ ἐλαττόνων μὲν ἢ τηλικούτων, οὐ μὴν περὶ ἀχρηστοτέρων οὐδ' ἧττον τῇ πόλει συμφερόντων. γνώσεσθε δὲ τὴν δύναμιν αὐτῶν, ἢν παραβάλλητε πρὸς ἕτερα τῶν εὐδοκιμούντων καὶ τῶν ὠφελίμων εἶναι δοκούντων.

[77] 3 κινδύνων codd. : ἄλλων κινδύνων *Pap.*

[78] 1 περὶ τούτων $Γ^2$ cett. : μεχρὶ τούτων $Γ^1$

[77] 이어서 묻겠습니다. 다른 훌륭한 성과들과 우리들이 감당했던 위험들을 근거로 주도권이 라케다이몬인들보다는 우리들 차지임을 분명히 밝히는 연설보다도 더 정치적이며 이 도시에 훨씬 더 적절할 수 있는 연설[86)]은 무엇입니까? 그리고 하나 더 묻겠습니다. 이방인들에 대한 군사적인 원정을 위해 헬라스인들을 소집하고, 서로가 한마음 한뜻이 될 것을 조언하는 말보다 더 아름답고 더 위대한 일들에 관한 연설은 무엇입니까?

[78] 저는 이 첫 번째 연설에서 이런 문제들에 관해 논의했고, 그 뒤에 한 연설에서 그 정도 크기에는 못 미치는 문제들이긴 하지만 쓸모없다고는 할 수 없고 이 도시에 적잖게 유익한 문제들에 관하여 논의했습니다. 만약 여러분이 이 연설들을 좋은 평판을 가진 사람들과 유익한 것처럼 보이는[85] 연설가의 다른 연설들과 비교해 보신다면, 여러분은 이 연설들의 힘을 알게 될 것입니다.

85 유익한 것처럼 보이기는 하지만 실제로는 유익하지 않다는 뜻이다. 플라톤이 비판하는 '의견'(doxa), '보인다'(dokein)와 같은 부정적인 어감이 있다.

[79] οἶμαι δὴ πάντας ἂν ὁμολογῆσαι τοὺς νόμους πλείστων καὶ μεγίστων ἀγαθῶν αἰτίους εἶναι τῷ βίῳ τῷ τῶν ἀνθρώπων· ἀλλ᾽ ἡ μὲν τούτων χρῆσις τοῦτ᾽ ὠφελεῖν μόνον πέφυκεν, τὰ κατὰ τὴν πόλιν καὶ τὰ συμβόλαια τὰ γιγνόμενα πρὸς ἡμᾶς αὐτούς· εἰ δὲ τοῖς λόγοις πείθοισθε τοῖς ἐμοῖς, ὅλην τὴν Ἑλλάδα καλῶς ἂν διοικοῖτε καὶ δικαίως καὶ τῇ πόλει συμφερόντως.

[80] χρὴ δὲ τοὺς νοῦν ἔχοντας περὶ ἀμφότερα μὲν ταῦτα σπουδάζειν, αὐτοῖν δὲ τούτοιν τὸ μεῖζον καὶ τὸ πλείονος ἄξιον προτιμᾶν, ἔπειτα κἀκεῖνο γιγνώσκειν, ὅτι νόμους μὲν θεῖναι μυρίοι καὶ τῶν ἄλλων Ἑλλήνων καὶ τῶν βαρβάρων ἱκανοὶ γεγόνασιν, εἰπεῖν δὲ περὶ τῶν συμφερόντων ἀξίως τῆς πόλεως καὶ τῆς Ἑλλάδος οὐκ ἂν πολλοὶ δυνηθεῖεν.

[79] 저는 법이 인간의 삶을 위해 가장 많은, 그리고 가장 중요한 좋은 것들을 있게 한 존재 이유라는 점에 모든 사람들이 동의하리라 생각합니다. 그러나 본성상 법의 이용은 오로지 도시와 관련된 사안들, 그리고 우리가 서로 맺는 계약들과 관련해서만 이익을 가져다줍니다. 만약 여러분이 제 말에 설득된다면, 여러분은 헬라스 전체를 아름답고 정의롭게 꾸려나갈 수 있으며, 도시에도 유익을 줄 수 있을 것입니다.

[80] 그런데 양식이 있는 사람들은 이 양쪽 모두에 관해[86] 심각하게 고려해야 하지만, 이 양쪽 중에 더 중대하고 더 많은 가치가 있는 일을 더 중요한 것으로 여겨야 합니다. 더 나아가 다른 헬라스인과 이방인들 가운데 충분히 법을 세울 수 있는 사람들의 수는 수만 명이나 되지만, 이 도시와 헬라스의 값에 맞는 유익함에 관해서 말할 수 있는 사람들은 그리 많지 않다는 것을 알아야 합니다.

86 아테네와 헬라스 전체.

[81] ὧν ἕνεκα τοὺς ἔργον ποιουμένους τοὺς τοιούτους λόγους εὑρίσκειν τοσούτῳ χρὴ περὶ πλείονος ποιεῖσθαι τῶν τοὺς νόμους τιθέντων καὶ γραφόντων, ὅσῳ πέρ εἰσι σπανιώτεροι καὶ χαλεπώτεροι καὶ ψυχῆς φρονιμωτέρας δεόμενοι τυγχάνουσιν, ἄλλως τε δὴ καὶ νῦν.

[82] ὅτε μὲν γὰρ ἤρχετο τὸ γένος τὸ τῶν ἀνθρώπων γίγνεσθαι καὶ συνοικίζεσθαι κατὰ πόλεις, εἰκὸς παραπλησίαν εἶναι τὴν ζήτησιν αὐτῶν· ἐπειδὴ δ' ἐνταῦθα προεληλύθαμεν ὥστε καὶ τοὺς λόγους τοὺς εἰρημένους καὶ τοὺς νόμους τοὺς κειμένους ἀναριθμήτους εἶναι, καὶ τῶν μὲν νόμων ἐπαινεῖσθαι τοὺς ἀρχαιοτάτους, τῶν δὲ λόγων τοὺς καινοτάτους, οὐκέτι τῆς αὐτῆς διανοίας ἔργον ἐστὶν,

[81] 이런 까닭에 이런 연설들을 찾아내는 것을 자기 일로 여기는 사람은 법을 세우고 쓰는 사람보다 더 중요하게 여겨져야 합니다. 그런 일을 할 줄 아는 사람이 훨씬 더 드물고, 더 어려운 일을 해야 하며, 더 현명한 영혼을 요구하기 때문에 그만큼 더 중요하게 여겨야 합니다. 특히 바로 지금도 그래야 합니다.

[82] 왜냐하면 인간이라는 종이 생겨나서 도시를 이루며 함께 모여 살기 시작했을 때에는 그들이 추구하는 바가 서로 비슷했을 개연성이 높기 때문입니다. 그런데 우리는 이미 많은 발전을 이룬 상태이며, 이미 발표된 연설들과 입안된 법들이 셀 수 없이 많은 수준에 이르렀고,[87] 법들 가운데에는 가장 오래된 것들이 칭찬을 받는 반면,[88] 연설들 가운데에는 가장 참신한 것들이 칭찬을 받는 상황이므로, 더 이상은 이 문제를 똑같은 생각의 틀로 볼 수는 없는 것입니다.

[83] ἀλλὰ τοῖς μὲν τοὺς νόμους τιθέναι προαιρουμένοις προὔργου γέγονεν τὸ πλῆθος τῶν κειμένων, οὐδὲν γὰρ αὐτοὺς δεῖ ζητεῖν ἑτέρους, ἀλλὰ τοὺς παρὰ τοῖς ἄλλοις εὐδοκιμοῦντας πειραθῆναι συναγαγεῖν, ὃ ῥᾳδίως ὅστις ἂν οὖν βουληθεὶς ποιήσειεν, τοῖς δὲ περὶ τοὺς λόγους πραγματευομένοις διὰ τὸ προκατειλῆφθαι τὰ πλεῖστα τοὐναντίον συμβέβηκεν· λέγοντες μὲν γὰρ ταὐτὰ τοῖς πρότερον εἰρημένοις ἀναισχυντεῖν καὶ ληρεῖν δόξουσιν, καινὰ δὲ ζητοῦντες ἐπιπόνως εὑρήσουσιν. διόπερ ἔφασκον ἀμφοτέροις μὲν ἐπαινεῖσθαι προσήκειν, πολὺ δὲ μᾶλλον τοῖς τὸ χαλεπώτερον ἐξεργάζεσθαι δυναμένοις.

[84] ἀλλὰ μὴν καὶ τῶν ἐπὶ τὴν σωφροσύνην καὶ τὴν δικαιοσύνην προσποιουμένων προτρέπειν ἡμεῖς ἂν ἀληθέστεροι καὶ χρησιμώτεροι φανεῖμεν ὄντες. οἱ μὲν γὰρ παρακαλοῦσιν ἐπὶ τὴν ἀρετὴν καὶ τὴν φρόνησιν τὴν ὑπὸ τῶν ἄλλων μὲν ἀγνοουμένην, ὑπ' αὐτῶν δὲ τούτων ἀντιλεγομένην, ἐγὼ δ' ἐπὶ τὴν ὑπὸ πάντων ὁμολογουμένην·

[83] 일단 법을 세우기 위해 뽑힌 사람들에게는 이미 입안된 많은 법들이 선택을 기다리며 놓여 있습니다. 그들은 다른 법들을 새로 찾을 필요가 없는데, 다른 나라 사람들 사이에서 좋은 평판을 가진 법들만 모으면 되기 때문입니다. 그것은 누구든 원하기만 하면 쉽게 해낼 수 있는 일입니다. 반면 연설에 종사하는 사람들에게는 아주 많은 것들이 선취되었기 때문에 상황은 정반대입니다. 이전에 이미 발표된 것과 똑같은 내용을 말하면 추한 줄도 모르고 바보짓을 하는 것처럼 보이는 반면, 참신한 내용을 찾으려고 하면 수많은 노력을 해야 겨우 발견할 수 있기 때문입니다. 그래서 사람들은 양쪽 모두 칭찬을 받을 만하지만, 더 어렵고 까다로운 일을 해낼 수 있는 사람들이[87] 훨씬 더 많은 칭찬을 받아야 한다고 말하는 것입니다.

[84] 그런데 절제와 정의 쪽으로 권유한다고 주장하는 사람들보다 저희가[88] 더 진실에 가깝고 더 쓸모 있는 사람이라는 사실이 밝혀지게 될 것입니다. 왜냐하면 저 사람들이 권면하는 덕과 현명함은 다른 사람들도 잘 알지 못하는 것이며, 또한 자기네들끼리도 서로 반론하며 논쟁하는 것인 반면, 저는 모든 사람들에 의해서 합의된 덕과 현명함을 권면하기 때문입니다.

87 다시 말해서 '입법가들보다는 연설가들이'.

88 원문대로 옮기면 '저희가'(hēmeis)가 되지만 '제가'라는 뜻으로 읽혀야 한다. 그리스어에서 종종 '우리'라는 복수형은 '나'를 의미하는 겸양어법으로 사용된다. 이것이 아니라면 '저희'란 이소크라테스와 그의 제자 또는 그와 뜻을 같이하는 사람들의 집단을 포괄하는 의미로 해석해야 한다.

[85] κἀκείνοις μὲν ἀπόχρη τοσοῦτον, ἣν ἐπαγαγέσθαι τινὰς τῇ δόξῃ τῶν ὀνομάτων δυνηθῶσιν εἰς τὴν αὑτῶν ὁμιλίαν, ἐγὼ δὲ τῶν μὲν ἰδιωτῶν οὐδένα πώποτε φανήσομαι παρακαλέσας ἐπ᾽ ἐμαυτὸν, τὴν δὲ πόλιν ὅλην πειρῶμαι πείθειν τοιούτοις πράγμασιν ἐπιχειρεῖν, ἐξ ὧν αὐτοί τ᾽ εὐδαιμονήσουσιν καὶ τοὺς ἄλλους Ἕλληνας τῶν παρόντων κακῶν ἀπαλλάξουσιν.

[86] καίτοι τὸν πάντας τοὺς πολίτας προτρέπειν προθυμούμενον πρὸς τὸ βέλτιον καὶ δικαιότερον προστῆναι τῶν Ἑλλήνων, πῶς εἰκὸς τοῦτον τοὺς συνόντας διαφθείρειν; τίς δὲ τοιούτους λόγους εὑρίσκειν δυνάμενος πονηροὺς ἂν καὶ περὶ πονηρῶν πραγμάτων ζητεῖν ἐπιχειρήσειεν, ἄλλως τε καὶ διαπεπραγμένος ἀπ᾽ αὐτῶν ἅπερ ἐγω;

[85] 또한 저 사람들은 자기 이름에 대한 평판을 이용하여 누군가를 자기네 집단 안으로 끌어올 수 있는 선에서 만족하지만, 저는 일반시민 가운데 그 어떤 사람에게도 저에게 오라고 권한 적이 단 한 번도 없었음이 명백해질 것입니다. 대신 저는 시민들이 행복해지고 다른 헬라스인들이 현재 직면하고 있는 재난으로부터 벗어날 수 있게 해주는 일들만 추진하라고 이 도시 전체를 대상으로 열심히 설득하고 있습니다.[89)]

[86] 그런데 우리 시민 모두를 더 훌륭하고 정의로운 모습으로 헬라스인들 앞에 서게 하려는 열정을 가진 사람이 자신의 문하생들을 타락시킨다는 것이 어떻게 개연성이 있다고 하겠습니까? 그리고 그런 연설을 발견할 수 있는 사람이 어떻게 사악한 일에 관한 사악한 연설을 찾는 일에 착수할 수 있겠습니까? 특히 제가 얻은 것들을[89] 그것을 통해[90] 얻은 사람이 그럴 수 있겠습니까?

89 좋은 평판과 명성.
90 이소크라테스가 했던 것과 유사한 연설들.

[87] τούτων γὰρ γραφέντων καὶ διαδοθέντων καὶ δόξαν ἔσχον παρὰ πολλοῖς καὶ μαθητὰς πολλοὺς ἔλαβον, ὧν οὐδεὶς ἂν παρέμεινεν, εἰ μὴ τοιοῦτον ὄντα με κατέλαβον οἷόν περ προσεδόκησαν· νῦν δὲ τοσούτων γεγενημένων, καὶ τῶν μὲν ἔτη τρία, τῶν δὲ τέτταρα συνδιαιτηθέντων, οὐδεὶς οὐδὲν φανήσεται τῶν παρ᾽ ἐμοὶ μεμψάμενος,

[88] ἀλλ᾽ ἐπὶ τελευτῆς, ὅτ᾽ ἤδη μέλλοιεν ἀποπλεῖν ὡς τοὺς γονέας καὶ τοὺς φίλους τοὺς αὑτῶν, οὕτως ἠγάπων τὴν διατριβὴν ὥστε μετὰ πόθου καὶ δακρύων ποιεῖσθαι τὴν ἀπαλλαγήν. καίτοι πότερα χρὴ πιστεύειν ὑμᾶς τοῖς σαφῶς ἐπισταμένοις καὶ τοὺς λόγους καὶ τὸν τρόπον τὸν ἐμόν, ἢ τῷ μηδὲν μὲν εἰδότι τῶν ἐμῶν, προῃρημένῳ δὲ συκοφαντεῖν;

[87] 제가 한 연설이 글로 쓰여져 널리 유포되자, 저는 많은 곳에서 평판을 갖게 되었고 많은 학생들을 얻었습니다. 그러나 그들 중에 누구라도, 만약 제가 그들이 기대하던 그런 사람이 아니라고 생각했다면 제 곁에 머물지 않았을 것입니다. 그러나 지금 그토록 많은 학생들이 있었고 삼사 년을 함께 지냈지만,[90] 저와 함께 지냈던 일에 대해 한 마디 불평이라도 하겠다는 사람은 나타나지 않을 것입니다.

[88] 반대로 공부가 끝나서 자신의 부모와 친구들을 향하여 떠나야 할 때가 되면, 그들은 저와 함께 했던 소일거리를 너무도 소중하게 여기는 나머지 회환과 눈물로 작별을 고할 지경입니다. 자, 그러니 여러분은 도대체 누구를 더 믿어야만 하겠습니까? 저의 말과 방식을 명확하게 알고 있는 사람입니까? 아니면 저에 관해서는 아무것도 모르면서 소송꾼 노릇을 하겠다고 마음먹은 사람들입니까?

[89] ὃς εἰς τοσοῦτον πονηρίας καὶ τόλμης ἐλήλυθεν ὥστε γραψάμενος ὡς λόγους διδάσκω δι᾽ ὧν πλεονεκτήσουσιν παρὰ τὸ δίκαιον, ἀπόδειξιν μὲν οὐδεμίαν τούτων ἤνεγκεν, λέγων δὲ διατετέλεκεν ὡς δεινόν ἐστιν διαφθείρεσθαι τοὺς τηλικούτους, ὥσπερ ἀντιλέγοντός τινος περὶ τούτων, ἢ τοῦτο δέον αὐτὸν ἀποφαίνειν ὃ πάντες ὁμολογοῦσιν, ἀλλ᾽ οὐκ ἐκεῖνο μόνον διδάσκειν ὡς ἐγὼ τυγχάνω ταῦτα διαπραττόμενος.

[90] καὶ εἰ μέν τις τοῦτον ἀπαγαγὼν ἀνδραποδιστὴν καὶ κλέπτην καὶ λωποδύτην μηδὲν μὲν αὐτὸν ἀποφαίνοι τούτων εἰργασμένον, διεξίοι δ᾽ ὡς δεινὸν ἕκαστόν ἐστιν τῶν κακουργημάτων, ληρεῖν ἂν φαίη καὶ μαίνεσθαι τὸν κατήγορον, αὐτὸς δὲ τοιούτοις λόγοις κεχρημένος οἴεται λανθάνειν ὑμᾶς.

[89] 제가 정의를 거스르면서까지 남을 이길 수 있는 연설들을 가르치고 있다는 이유로 고발장을 쓸 만큼이나 지나친 사악과 만용을 부리는 사람이 있습니다. 그는 젊은이들을 타락시키는 일은 무서운 일이라고 시종일관 말은 합니다만, 정작 제가 가르친다는 것들에 관해서는 아무것도 증명하지 못했습니다. 그는 마치 누군가가 그런 일들에 관해 반론하고 있는 것처럼, 또는 모든 사람들이 동의하는 것을 자신이 드러내야만 하는 것처럼 말을 하지만, 정작 제가 그런 일들을 저질렀다는 사실을 굳이 알려줄 필요가 없는 것처럼 말합니다.

[90] 그리고 만약 누군가가 저 사람을 인신매매와 도적질과 강도질의 죄목으로 법정으로 끌고 간 후, 그 범죄행위들 가운데 그가 어떤 것을 저질렀는지는 전혀 보여주지 못하면서 그런 악행[91] 하나하나가 무서운 짓이라고만 주장한다면, 그는 고발인이 말도 안 되는 소리를 지껄인다며 미쳤다고 할 겁니다. 그런데 정작 저 사람은 자기 자신이 그런 식의 연설을 하면서도 여러분에게 들키지 않았다고 생각하고 있습니다.

[91] ἐγὼ δ' ἡγοῦμαι τοῦτό γε καὶ τοὺς ἀμαθεστάτους γιγνώσκειν, ὅτι δεῖ πιστὰς εἶναι καὶ μέγα δυναμένας τῶν κατηγοριῶν, οὐχ αἷς ἔξεστι χρήσασθαι καὶ περὶ τῶν μηδὲν ἠδικηκότων, ἀλλ' ἃς οὐχ οἷόν τ' εἰπεῖν ἀλλ' ἢ κατὰ τῶν ἡμαρτηκότων ὧν οὗτος ὀλιγωρήσας οὐδὲν προσήκοντας τῇ γραφῇ λόγους εἴρηκεν.

[92] ἔδει γὰρ αὐτὸν καὶ τοὺς λόγους δεικνύναι τοὺς ἐμοὺς οἷς διαφθείρω τοὺς συνόντας, καὶ τοὺς μαθητὰς φράζειν τοὺς χείρους διὰ τὴν συνουσίαν τὴν ἐμὴν γεγενημένους· νῦν δὲ τούτων μὲν οὐδέτερον πεποίηκεν, παραλιπὼν δὲ τὴν δικαιοτάτην τῶν κατηγοριῶν ἐξαπατᾶν ὑμᾶς ἐπεχείρησεν. ἐγὼ δ' ἐξ αὐτῶν τούτων ἐξ ὧνπερ προσήκει καὶ δίκαιόν ἐστιν, ποιήσομαι τὴν ἀπολογίαν.

[91] 그런데 저는 아무리 못 배운 사람이라도 이 사실만은 알고 있을 것이라고 생각합니다. 즉 여러 고발들 중 아주 믿을 만하며 매우 강력한 힘을 가진 것이라 하더라도 부정을 하나도 저지르지 않은 사람에 대해서는 사용할 수 없으며, 잘못을 저지른 사람들 이외에 다른 사람들에 관해서는 발언할 수 없다는 사실을 말입니다. 이 사실을 저 사람은 가볍게 여기고 고발장에 어울리지 않는 연설을 했습니다.

[92] 왜냐하면 저 사람은 제가 어떤 연설로 저의 문하생들을 타락시키는지를 증명해야 하며, 제 문하에서 지냈기 때문에 더 나빠진 학생들이 누구인지를 말해야 하는데, 지금 저 사람은 이것들 중 어떤 것도 한 것이 없으며, 고발들 중에 가장 정당한 것은 치워버리고 여러분을 헤매게 하는 일에만 착수했기 때문입니다. 그러나 저는 적절하고 정당한 근거들, 바로 이것들로부터 저의 변론을 할 것입니다.

[93] καὶ τοὺς μὲν λόγους ὀλίγῳ πρότερον ἀνέγνωμεν ὑμῖν, τοὺς δὲ κεχρημένους ἐκ μειρακίων μοι μέχρι γήρως δηλώσω, καὶ μάρτυρας ὑμῶν αὐτῶν παρέξομαι περὶ ὧν ἂν λέγω, τοὺς κατὰ τὴν ἡλικίαν τὴν ἐμὴν γεγενημένους. ἤρξαντο μὲν οὖν ἐν πρώτοις Εὔνομός μοι καὶ Λυσιθείδης καὶ Κάλλιππος πλησιάζειν, μετὰ δὲ τούτους Ὀνήτωρ, Ἀντικλῆς, Φιλωνίδης, Φιλόμηλος, Χαρμαντίδης.

[94] τούτους ἅπαντας ἡ πόλις χρυσοῖς στεφάνοις ἐστεφάνωσεν, οὐχ ὡς τῶν ἀλλοτρίων ἐφιεμένους, ἀλλ᾽ ὡς ἄνδρας ἀγαθοὺς ὄντας καὶ πολλὰ τῶν ἰδίων εἰς τὴν πόλιν ἀνηλωκότας. πρὸς οὓς ὅπως βούλεσθε θέτε με διακεῖσθαι· πρὸς γὰρ τὸ παρὸν πανταχῶς ἕξει μοι καλῶς.

[93] 그리고 방금 전에 저는 여러분에게 제 연설을 낭독했는데, 이제 젊은 시절부터 노인이 된 지금까지 저와 친분을 쌓은 사람들을 밝히겠습니다. 또한 여러분 가운데에서 제가 말하는 것에 관해 증인이 되어줄, 저와 비슷한 연배의 사람들도 소개하겠습니다. 첫 번째 사람들로는 에우노모스와 뤼시테이데스, 칼립포스가 있습니다. 이들은 처음부터 저와 가까이 지냈습니다. 그들에 이어 오네토르, 안티클레스, 필로니데스, 필로멜로스, 카르만티데스가 있습니다.[92)]

[94] 이들 모두에게 도시는 금관을 씌워주었습니다.[93)] 그들이 다른 사람들의 것을 탐했기 때문입니까? 아닙니다. 훌륭한 사람이었고 자기 재산의 많은 부분을 도시를 위해 써왔기 때문입니다. 그들과 제가 어떤 관계인지 마음대로 가정하십시오. 현재 쟁점에 관한 한 모든 점에서 저는 아름다운 상태일 겁니다.

[95] ἤν τε γὰρ ὑπολάβητε σύμβουλον εἶναί με καὶ διδάσκαλον τούτων, δικαίως ἂν ἔχοιτέ μοι πλείω χάριν ἢ τοῖς δι᾽ ἀρετὴν ἐν πρυτανείῳ σιτουμένοις· τούτων μὲν γὰρ ἕκαστος αὑτὸν μόνον παρέσχε καλὸν κἀγαθόν, ἐγὼ δὲ τοσούτους τὸ πλῆθος ὅσους ὀλίγῳ πρότερον διῆλθον ὑμῖν.

[96] εἴ τε τῶν μὲν πεπραγμένων ἐκείνοις μηδὲν συναίτιος ἐγενόμην, ὡς ἑταίροις δὲ καὶ φίλοις αὐτοῖς ἐχρώμην, ἱκανὴν ὑπὲρ ὧν φεύγω τὴν γραφὴν ἡγοῦμαι ταύτην εἶναι τὴν ἀπολογίαν· εἰ γὰρ τοῖς μὲν δι᾽ ἀρετὴν δωρεὰς εἰληφόσιν ἤρεσκον, τῷ δὲ συκοφάντῃ μὴ τὴν αὐτὴν ἔχω γνώμην, πῶς ἂν εἰκότως γνωσθείην τοὺς συνόντας διαφθείρειν;

[95] 만약 여러분이 저를 그들의 조언자며 교사라고 생각한다면, 덕이 있기 때문에 프뤼타네이온에서 식사대접을 받는 사람들에게[94] 느끼는 것보다 더 많은 고마움을 제게 느낄 것이며, 그것은 당연한 일입니다. 그들은 아름답고 좋은 사람으로 각자 자신만을 내주었지만, 저는 조금 전에 여러분에게 열거했던 수만큼 많은 사람들을 내주었기 때문입니다.

[96] 설령 그들이 행한 일들에 제가 기여한 것이 없고, 단지 그들을 동료와 친구로서만 사귀었다고 해도, 그것만으로도 저는 지금 고발을 당해 피고가 된 일들에 대해서는 충분한 변론이라고 생각합니다. 만약 제가 덕이 있기 때문에 선물을 받은 사람들에 대해서는 기뻐하는 반면 소송꾼들과는 견해를 같이하지 않는다면, 제가 저의 문하생들을 타락시킨다는 평가가 어떻게 개연성이 있겠습니까?

[97] ἢ πάντων γ᾽ ἂν εἴην δυστυχέστατος, εἰ τῶν ἄλλων ἀνθρώπων ἔκ τε τῶν ἐπιτηδευμάτων καὶ τῶν συνουσιῶν τῶν μὲν χείρω, τῶν δὲ βελτίω δόξαν λαμβανόντων ἐγὼ μόνος μὴ τύχοιμι τῆς δοκιμασίας ταύτης, ἀλλὰ τοιούτοις μὲν ἀνδράσιν συμβεβιωκώς, ἀνέγκλητον δ᾽ ἐμαυτὸν μέχρι ταυτησὶ τῆς ἡλικίας παρεσχηκώς, ὅμοιος εἶναι δόξαιμι τοῖς ἔκ τε τῶν ἐπιτηδευμάτων καὶ τῶν ἄλλων συνουσιῶν διαβεβλημένοις. ἡδέως δ᾽ ἂν εἰδείην τί ποτ᾽ ἂν ἔπαθον, εἴ τίς μοι τοιοῦτος ἦν συγγεγενημένος οἷός πέρ ἐστιν ὁ κατήγορος, ὃς μισῶν ἅπαντας τοὺς τοιούτους καὶ μισούμενος εἰς τουτονὶ καθέστηκα τὸν κίνδυνον.

[98] καὶ μὴν οὐδ᾽ ἐκεῖνος ὁ λόγος δικαίως ἄν με βλάψειεν, ὃν ἴσως ἄν τινες τολμήσειαν εἰπεῖν τῶν παντάπασι πρός με δυσκόλως διακειμένων, ὡς τούτοις μὲν οἷς εἴρηκα τοσοῦτον μόνον ἐχρώμην ὅσον ὀφθῆναι διαλεγόμενος, ἕτεροι δέ τινές μοι πολλοὶ καὶ πολυπράγμονες μαθηταὶ γεγόνασιν, οὓς ἀποκρύπτομαι πρὸς ὑμᾶς. ἔχω γὰρ λόγον ὃς ἐξελέγξει καὶ διαλύσει πάσας τὰς τοιάσδε βλασφημίας.

[98] 4 ὅσον Γ : οὐδ᾽ ὅσον Ε : μὴ δὲ ὅσον Θ 6-7 ἔχω ... βλασφημίας $Δ^2$ΕΘ : om. $ΓΔ^1$: secl. Bekker, Blass, retinet Havet

[97] 다른 사람들은 '그들이 어떤 작업을 해왔는가', '그 문하생들이 어떤가'에 근거해서 더 나쁘다거나 더 좋다는 평판을 얻는 데 반해서, 오직 저만이 그와 같은 평가95)를 받지 못한다면, 그리고 앞서 말씀드린 그런 훌륭한 사람들과 함께 살아왔고, 이 나이까지 비난받을 일이 없는 사람으로 저 자신을 지켜온 제가,[91] 어떤 작업을 해왔고 문하생들이 어떠냐는 것 때문에 모함의 대상이 되었던 사람들과 똑같은 사람이라는 평판이 난다면, 정말로 저는 모든 사람들 중에 가장 운이 나쁜 사람이 될 것입니다. 만약 고발인 같은 그런 종류의 사람이라면 누구라도 미워하는 제가, 그런 종류의 사람들로부터 미움을 받아 지금 바로 이 소송에 연루된 제가 그런 사람과 함께 지냈다면, 어떤 일을 겪었을지 알 수 있다면 좋겠습니다.

[98] 정말로 저들의 연설은 저를 정당하게 비방한 것일 수 없습니다. 그것은 아마 모든 점에서 저에 대해 반감을 가진 사람들 중에서 일부만이 감히 할 수 있는 무모한 연설입니다. 제가 조금 전에 말했던 사람들과는 오직 눈에 띄는 곳에서 대화를 나누던 한에서만 사귀는 한편, 다른 많은 수의 학생들은 공사다망하기 때문에 제가 일부러 그들을 여러분의 눈에 띄지 않게 숨긴다는 내용의 연설입니다. 그러나 저는 그런 모든 비방들을 반박하고 논파해낼 연설이 있습니다.

91 지금까지 피고로서 법정에 섰던 적이 없다는 뜻.

[99] ἀξιῶ γάρ, εἰ μέν τινες τῶν ἐμοὶ συγγεγενημένων ἄνδρες ἀγαθοὶ γεγόνασιν περὶ τὴν πόλιν καὶ τοὺς φίλους καὶ τὸν ἴδιον οἶκον, ἐκείνους ὑμᾶς ἐπαινεῖν, ἐμοὶ δὲ μηδεμίαν ὑπὲρ τούτων χάριν ἔχειν, εἰ δὲ πονηροὶ καὶ τοιοῦτοι τὰς φύσεις οἷοι φαίνειν καὶ γράφεσθαι καὶ τῶν ἀλλοτρίων ἐπιθυμεῖν, παρ' ἐμοῦ δίκην λαμβάνειν.

[100] καίτοι τίς ἂν πρόκλησις γένοιτο ταύτης ἀνεπιφθονωτέρα καὶ δικαιοτέρα τῆς τῶν μὲν καλῶν κἀγαθῶν οὐκ ἀμφισβητούσης, εἰ δέ τινες πονηροὶ γεγόνασιν, ὑπὲρ τούτων δίκην ὑποσχεῖν ἐθελούσης; καὶ ταῦτ' οὐ λόγος μάτην εἰρημένος ἐστίν, ἀλλὰ παραχωρῶ καὶ τῷ κατηγόρῳ καὶ τῷ βουλομένῳ τῶν ἄλλων, εἴ τις ἔχει τινὰ φράσαι τοιοῦτον, οὐχ ὡς οὐχ ἡδέως ἄν τινών μου καταψευσομένων, ἀλλ' ὡς εὐθὺς φανερῶν ἐσομένων ὑμῖν καὶ τῆς ζημίας ἐκείνοις, ἀλλ' οὐκ ἐμοὶ γενησομένης.

[100] 2 δικαιοτέρα $Γ^2$ cett. : ταπεινοτέρα $Γ^1$ 7 ὡς οὐχ Θ Bekker : ὡς ΓΔΕ

[99] 저는 여러분에게 요구합니다. 만약 저와 함께 지내던 사람들 중에 누구라도 도시와 친구들과 자신의 집과 관련해서 좋은 사람이라면 그들을 칭찬해주시고, 저에게는 그것 때문에 고마워하지는 마십시오. 그러나 만약 그들이 사악하고 폭로를 일삼고 고발장을 쓰며 다른 사람들의 재산을 탐내는 본성을 가진 그런 사람들이라면, 저에게 책임을 물어 처벌해주십시오.

[100] 하지만 아름답고 좋은 사람들을 법정공방에 휩쓸리지 않게 하고, 사악한 짓을 한 사람들이 생기면 그들에게 처벌을 가하라는 제안이 있다면, 그보다 더 나무랄 데가 없고 더 정의로운[92] 공식 제안[96)]이 어디 있겠습니까? 이것은 빈말로 하는 말이 아닙니다. 반대로 어떤 사람이 이런 식의 할 말이 있다면, 저는 저의 고발인에게, 그리고 다른 사람들 중에서 고발하고 싶은 사람이 있다면 그 사람에게 자리를 내주겠습니다.[97)] 그것은 저를 깎아내리려고 거짓말을 하면서 즐거워할 사람이 있을 수 없기 때문이 아니라,[93] 오히려 그런 사람이 당장 여러분 앞에 모습을 드러내도 손해는 제가 아니라 그 사람이 입게 될 것이기 때문입니다.

---

92 주요 필사본 Γ에는 원래 '더 겸손한'(ταπεινοτέρα)이라고 적혀 있으나, 다른 글씨체로 '더 정의로운'(δικαιοτέρα)이라는 말이 덧붙여 있다.

93 주요 필사본(ΓΔΕ)에는 "즐거워할 사람이 '있을 수 있기 때문'(ὡς)이 아니라"라고 되어 있으나, 다른 필사본(Θ)에는 '있을 수 없기 때문'(ὡς οὐχ)이라고 되어 있다.

[101] περὶ μὲν οὖν ὧν φεύγω τὴν γραφὴν καὶ τοῦ μὴ διαφθείρειν τοὺς συνόντας, οὐκ οἶδ' ὅπως ἂν σαφέστερον ἐπιδεῖξαι δυνηθείην. ἐμνήσθη δὲ καὶ τῆς πρὸς Τιμόθεόν μοι φιλίας γεγενημένης καὶ διαβάλλειν ἡμᾶς ἀμφοτέρους ἐπεχείρησεν, καὶ οὐκ ᾐσχύνθη περὶ ἀνδρὸς τετελευτηκότος καὶ πολλῶν ἀγαθῶν αἰτίου τῇ πόλει βλασφήμους καὶ λίαν ἀσελγεῖς λόγους εἰπών.

[102] ἐγὼ δ' ᾤμην μέν, εἰ καὶ φανερῶς ἐξηλεγχόμην ἀδικῶν, διὰ τὴν πρὸς ἐκεῖνον φιλίαν σῴζεσθαί μοι προσήκειν· ἐπειδὴ δὲ Λυσίμαχος καὶ τοῖς τοιούτοις ἐπιχειρεῖ με βλάπτειν ἐξ ὧν δικαίως ἂν ὠφελοίμην, ἀναγκαίως ἔχει διαλεχθῆναι περὶ αὐτῶν. διὰ τοῦτο δ' οὐχ ἅμα περὶ τούτου καὶ τῶν ἄλλων ἐπιτηδείων ἐποιησάμην τὴν μνείαν, ὅτι πολὺ τὰ πράγματα διέφερεν αὐτῶν.

[102] 3 φιλίαν Γ[1] : ὁμιλίαν Γ[2]ΔΕΘ

[101] 지금 저는 고발장에 제시되어 제가 벗어나려고 하는 혐의들과 문하생들을 타락시키지 않았다는 것에 관하여 더 명확하게 부각할 수 있는 방법을 알지 못합니다. 그런데 저 사람[94]은 티모테오스[98)]에 대한 저의 친분도 언급하였고, 저희 두 사람에 대한 모함에 착수하였으며, 이미 세상을 떠난 사람과 이 도시에 많은 좋은 일을 책임 있게 실천한 사람에 대해 비방을 늘어놓으며 극도로 파렴치한 말을 하면서도 도무지 부끄러워할 줄 몰랐습니다.[99)]

[102] 그러나 제가 잘못했다는 것이 명백하게 밝혀진다 해도 그와의 친분 때문에[100)] 저는 구제받을 자격이 있다고 생각합니다. 뤼시마코스는 제가 저에게 유리하도록 정당하게 이용할 수 있는 사실들까지도 저에게 상처를 입히는 데에 이용하려고 하기 때문에, 저는 어쩔 수 없이 그 사실들에 관해 자초지종을 말해야겠습니다. 제가 다른 동료들[95]에 관해 회고할[96] 때에 그에 관해 함께 회고하지 않았던 것은 그의 행적들이 다른 사람의 경우와 많이 달랐기 때문입니다.

---

94 뤼시마코스.

95 같은 작업을 해나가는 지인, 제자, 문하생을 포함한다.

96 또는 '회상한 것을 언급하다, 말로 표현하다.'

[103] περὶ μὲν γὰρ ἐκείνων οὐδὲν φλαῦρον εἰπεῖν ὁ κατήγορος ἐτόλμησεν, περὶ δὲ τὴν Τιμοθέου κατηγορίαν μᾶλλον ἐσπούδασεν ἢ περὶ ὧν ἀπήνεγκε τὴν γραφήν· ἔπειθ' οἱ μὲν ὀλίγων ἐπεστάτησαν, τῶν δ' ἑκάστῳ προσταχθέντων οὕτως ἐπεμελήθησαν ὥστε τυχεῖν τῆς τιμῆς τῆς ὀλίγῳ πρότερον ὑπ' ἐμοῦ λεχθείσης, ὁ δὲ πολλῶν καὶ μεγάλων πραγμάτων καὶ πολὺν χρόνον κατέστη κύριος. ὥστ' οὐκ ἂν ἥρμοσεν ἅμα περὶ τούτου καὶ τῶν ἄλλων χρήσασθαι τοῖς λόγοις, ἀλλ' ἀναγκαίως εἶχεν οὕτω διελέσθαι καὶ διατάξασθαι περὶ αὐτῶν.

[104] χρὴ δὲ τὸν ὑπὲρ ἐκείνου λόγον οὐκ ἀλλότριον εἶναι νομίζειν τοῖς ἐνεστῶσιν πράγμασιν οὐδ' ἐμὲ λέγειν ἔξω τῆς γραφῆς· τοῖς μὲν γὰρ ἰδιώταις ὑπὲρ ὧν ἕκαστος ἔπραξεν προσήκει διαλεχθεῖσιν καταβαίνειν ἢ δοκεῖν περιεργάζεσθαι, τοῖς δ' ὑπολαμβανομένοις συμβούλοις εἶναι καὶ διδασκάλοις ὁμοίως ὑπὲρ τῶν συγγεγενημένων ὥσπερ ὑπὲρ αὑτῶν ἀναγκαῖον ποιεῖσθαι τὴν ἀπολογίαν, ἄλλως τ' ἢν καὶ τύχῃ τις διὰ τὴν αἰτίαν ταύτην κρινόμενος· ὅπερ ἐμοὶ συμβέβηκεν.

[103] 고발인은 다른 지인들에 관해서는 감히 험담을 하려고 하지 않았던 반면, 그가 고발장을 제출했던 사람들보다는 티모테오스에 대한 고발에 훨씬 더 열심이었습니다. 게다가 다른 지인들은 일을 적게 맡았지만, 물론 그들 한 사람 한 사람이 모두 다 자신에게 맡겨진 일들에 대해 열의를 다했고, 그래서 제가 조금 전에 말했던 명예를 얻었습니다만, 그[97]는 중대한 수많은 일들의 책임자로[98] 오랜 시간 있었습니다. 따라서 그와 다른 지인들에 관해서 함께 말하는 것은 적합한 일일 수 없고, 그들에 관해서는 제가 했던 대로 반드시 서로 나누고 따로 떼어놓아야만 합니다.

[104] 그를 위해 제가 하는 말이 현재 문제가 되는 사안과 관련이 없는 별개의 것이며 제가 고발장에서 벗어난 것을 말한다고 생각해서는 안 됩니다. 일반시민들의 경우에는 자신이 했던 일들에 관해서만 설명하면 되니까 적절한 선에서 연단에서 내려오거나 넘치게 했다는 인상을 주면 되겠지만, 조언자나 교사의 일을 맡은 사람들에게는 자기 자신을 위해서처럼 함께 지내는 사람들을 위해서도 똑같이 변론을 해야만 합니다. 특히 지금 제가 처한 상황처럼, 이런 이유로 판결을 받는 경우에 그렇습니다.

---

97 티모테오스.

98 '책임자'는 '퀴리오스'(kurios)를 옮긴 것. 한 집안의 가장이며 주인이라는 뜻이며, 노예와 반대되는 말이다. 선생과 스승 사이에서도 사용되며, 신약성서에서는 로마의 황제와 예수로 상징되는 메시아나 창조주를 가리킨다.

[105] ἑτέρῳ μὲν οὖν ἀπέχρησεν ἂν τοῦτ᾽ εἰπεῖν ὡς οὐ δίκαιός ἐστιν μετέχειν εἴ τι Τιμόθεος πράττων μὴ κατώρθωσεν· οὐδὲ γὰρ τῶν δωρεῶν οὐδὲ τῶν τιμῶν οὐδεὶς αὐτῷ μετέδωκεν τῶν ἐκείνῳ ψηφισθεισῶν, ἀλλ᾽ οὐδ᾽ ἐπαινέσαι τῶν ῥητόρων οὐδεὶς ἠξίωσεν ὡς σύμβουλον γεγενημένον· εἶναι δὲ δίκαιον ἢ καὶ τῶν ἀγαθῶν κοινωνεῖν ἢ μηδὲ τῶν ἀτυχιῶν ἀπολαύειν.

[106] ἐγὼ δὲ ταῦτα μὲν αἰσχυνθείην ἂν εἰπεῖν, τὴν αὐτὴν δὲ ποιοῦμαι πρόκλησιν ἥνπερ καὶ περὶ τῶν ἄλλων· ἀξιῶ γάρ, εἰ μὲν κακὸς ἀνὴρ γέγονεν Τιμόθεος καὶ πολλὰ περὶ ὑμᾶς ἐξήμαρτεν, μετέχειν καὶ δίκην διδόναι καὶ πάσχειν ὅμοια τοῖς ἀδικοῦσιν· ἢν δ᾽ ἐπιδειχθῇ καὶ πολίτης ὢν ἀγαθὸς καὶ στρατηγὸς τοιοῦτος οἷος οὐδεὶς ἄλλος ὧν ἡμεῖς ἴσμεν, ἐκεῖνον μὲν οἶμαι δεῖν ὑμᾶς ἐπαινεῖν καὶ χάριν ἔχειν αὐτῷ, περὶ δὲ ταυτησὶ τῆς γραφῆς ἐκ τῶν ἐμοὶ πεπραγμένων, ὅ τι ἂν ὑμῖν δίκαιον εἶναι δοκῇ, τοῦτο γιγνώσκειν.

[105] 어떤 사람은 티모테오스가 어떤 일을 하다가 성공하지 못했을 때, 자신이 그 책임을 그와 함께 지는 것은 정당하지 않다고 말하면 충분할 수도 있습니다. 실제로 티모테오스가 투표를 통해서 받았던 선물과 명예를 그 사람에게 나눠준 사람은 아무도 없었으며, 연설가 중에서 자신이 그의 조언자가 되어주었다고 해서 칭찬을 받아야 한다고 주장했던 사람도 없었습니다. 좋은 일은 함께 나누겠지만 불운한 일에는 가담하지 않는 것이 정당한 일이니까요.

[106] 하지만 저는 그렇게 말하는 것을 부끄럽게 여길 것입니다. 대신 저는 다른 사람들에 관해서 했던 것과 똑같은 제안을 하겠습니다. 만약 티모테오스가 나쁜 사람임이 드러나고 여러분에게 많은 실책을 저질렀다면, 저는 그와 함께할 것이며 처벌도 같이 받고 부정을 저지른 사람들이 당해야 하는 일을 똑같이 겪게 해달라고 요구하겠습니다. 그러나 만약 그가 훌륭한 시민이며 우리가 알고 있는 그 어떤 사람과도 다른 그런 장군임이 부각된다면, 저는 여러분께서 그를 칭찬하고 그에게 감사해야 하며, 제가 행한 일들에 대한 이 고발장에 관해 여러분이 정당하다고 생각하는 의견에 따라 판단해야 한다고 생각합니다.

[107] ἀθροώτατον μὲν οὖν τοῦτ' εἰπεῖν ἔχω περὶ Τιμοθέου καὶ μάλιστα καθ' ἁπάντων, ὅτι τοσαύτας ᾕρηκεν πόλεις κατὰ κράτος ὅσας οὐδεὶς πώποτε τῶν ἐστρατηγηκότων οὔτε τῶν ἐκ ταύτης τῆς πόλεως οὔτε τῶν ἐκ τῆς ἄλλης Ἑλλάδος, καὶ τούτων ἐνίας ὧν ληφθεισῶν ἅπας ὁ τόπος ὁ περιέχων οἰκεῖος ἠναγκάσθη τῇ πόλει γενέσθαι· τηλικαύτην ἑκάστη δύναμιν εἶχεν.

[108] τίς γὰρ οὐκ οἶδεν Κόρκυραν μὲν ἐν ἐπικαιροτάτῳ καὶ κάλλιστα κειμένην τῶν περὶ Πελοπόννησον, Σάμον δὲ τῶν ἐν Ἰωνίᾳ, Σηστὸν δὲ καὶ Κριθώτην τῶν ἐν Ἑλλησπόντῳ, Ποτείδαιαν δὲ καὶ Τορώνην τῶν ἐπὶ Θρᾴκης; ἃς ἐκεῖνος ἁπάσας κτησάμενος παρέδωκεν ὑμῖν, οὐ δαπάναις μεγάλαις, οὐδὲ τοὺς ὑπάρχοντας συμμάχους λυμηνάμενος, οὐδὲ πολλὰς ὑμᾶς εἰσφορὰς ἀναγκάσας εἰσενεγκεῖν,

[107] 그래서 저는 티모테오스에 관해서 모든 점들을 최대한 고려하여 가능한 한 가장 간단하게 줄여서 이렇게 말할 수 있습니다. 즉 그는 이 도시에서건 또는 헬라스의 다른 도시에서건 군사지휘권을 잡은 사람들 가운데 그 누구도 할 수 없었던 많은 도시들을 힘으로 굴복시켰으며, 그렇게 굴복한 도시들 가운데 일부는 인접한 모든 지역이 이 도시[99]에 귀속하도록 강요하였습니다. 각 도시가 그만큼 대단한 힘을 가지고 있었던 것입니다.[100]

[108] 펠로폰네소스 인근 도시 중에 코르퀴라가, 이오니아에 있는 도시 중에는 사모스가, 헬레스폰토스에 있는 도시 중에는 세스토스와 크리토테스가, 트라케에서는 포테이다이아와 토로네가 전략적으로 가장 맞춤 맞은 곳에 가장 아름답게 있다는 것을 모르는 사람이 누가 있겠습니까? 그는 이 모든 도시들을 획득한 후에 여러분에게 건네주었습니다. 많은 비용을 들이지도 않았고, 현재의 동맹국들을 피폐하게 만들지도 않았으며, 또 여러분에게 많은 세금을 가져오라고 강요하지도 않았습니다.[101]

---

99 아테네.

100 그가 정복한 도시들이 시시한 도시가 아니라, 주변 도시들을 아테네에 복속시킬 수 있을 만큼 큰 영향력을 행사할 수 있던 대단한 도시였다는 뜻.

101 이소크라테스의 주장과는 달리, 크세노폰은 티모테오스가 아테네에게 계속 비용을 요구했다고 한다.(『헬레니카』 V.4. 61) 전체적으로 아테네는 시민들에게 제2차 아테네 동맹을 유지하기 위해 세금을 부과했다.

[109] ἀλλ᾽ εἰς μὲν τὸν περίπλουν τὸν περὶ Πελοπόννησον τρία καὶ δέκα μόνον τάλαντα δούσης αὐτῷ τῆς πόλεως καὶ τριήρεις πεντήκοντα Κόρκυραν εἷλεν, πόλιν ὀγδοήκοντα τριήρεις κεκτημένην, καὶ περὶ τὸν αὐτὸν χρόνον Λακεδαιμονίους ἐνίκησεν ναυμαχῶν, καὶ ταύτην ἠνάγκασεν αὐτοὺς συνθέσθαι τὴν εἰρήνην, ἣ τοσαύτην μεταβολὴν ἑκατέρᾳ τῶν πόλεων ἐποίησεν,

[110] ὥσθ᾽ ἡμᾶς μὲν ἀπ᾽ ἐκείνης τῆς ἡμέρας θύειν αὐτῇ καθ᾽ ἕκαστον ἐνιαυτὸν ὡς οὐδεμιᾶς ἄλλης οὕτω τῇ πόλει συνενεγκούσης, Λακεδαιμονίων δὲ μετ᾽ ἐκεῖνον τὸν χρόνον μηδ᾽ ὑφ᾽ ἑνὸς ἑωρᾶσθαι μήτε ναυτικὸν ἐντὸς Μαλέας περιπλέον μήτε πεζὸν στρατόπεδον διὰ τοῦ Ἰσθμοῦ πορευόμενον, ὅπερ αὐτοῖς τῆς περὶ Λεῦκτρα συμφορᾶς εὕροι τις ἂν αἴτιον γεγενημένον.

[110] 5 διὰ τοῦ Ἰσθμοῦ codd. : δι᾽ Ἰσθμοῦ Benseler

[109] 이 도시는 펠로폰네소스 연안으로 항해하려는 그에게 단지 13탈란톤과 50척의 삼단노선만을 주었지만, 그는 코르퀴라를 점령하였습니다.101) 그 도시는 80척이나 되는 삼단노선을 가지고 있었습니다. 그리고 거의 같은 시간에 그는 라케다이몬인들과 해전을 벌여서 승리를 거두었고, 그들을 압박하여 지금의 평화조약을 맺지 않을 수 없도록 하였습니다. 그 평화조약은 두 도시[102] 각각에 아주 많은 변화를 일으켰습니다.

[110] 그래서 우리는 그날부터 매년 평화의 제사를 지냅니다. 다른 어떤 평화조약도 이 도시에 그만큼의 이익을 주지 못했습니다. 그 시간 이후로는 라케다이몬인들의 배가 단 한 척이라도 말레아로 항해해 들어오는 것도, 그들의 보병이 이스트모스를 통과하는 것도 본 사람이 없습니다. 바로 이것이 레욱트라에서 그들이 불행을 겪게[103] 된 원인이라는 것을 누구나 발견할 수 있을 것입니다.102)

102 아테네와 스파르타.
103 전쟁에서 참패했기 때문에 겪는 불행을 가리킨다.

[111] μετὰ δὲ ταύτας τὰς πράξεις ἐπὶ Σάμον στρατεύσας, ἣν Περικλῆς ὁ μεγίστην ἐπὶ σοφίᾳ καὶ δικαιοσύνῃ καὶ σωφροσύνῃ δόξαν εἰληφὼς ἀπὸ διακοσίων [νεῶν] καὶ χιλίων ταλάντων κατεπολέμησε, ταύτην οὔτε πλέον οὔτ' ἔλαττον παρ' ὑμῶν λαβὼν οὔτε παρὰ τῶν συμμάχων ἐκλέξας, ἐν δέκα μησὶν ἐξεπολιόρκησεν ὀκτακισχιλίοις πελτασταῖς καὶ τριήρεσι τριάκοντα, καὶ τούτοις ἅπασιν ἐκ τῆς πολεμίας τὸν μισθὸν ἀπέδωκεν.

[112] καίτοι τοιοῦτον ἔργον ἄν τις ἄλλος φανῇ πεποιηκώς, ὁμολογῶ ληρεῖν, ὅτι διαφερόντως ἐπαινεῖν ἐπιχειρῶ τὸν οὐδὲν περιττότερον τῶν ἄλλων διαπεπραγμένον. ἐντεῦθεν τοίνυν ἀναπλεύσας Σηστὸν καὶ Κριθώτην ἔλαβεν, καὶ τὸν ἄλλον χρόνον ἀμελουμένης Χερρονήσου προσέχειν ὑμᾶς αὐτῇ τὸν νοῦν ἐποίησεν.

[111] 3 *νεῶν* ΓΔΕ, om. Θ, del. Orelli

[111] 이런 업적을 이룬 후에 그는 사모스로 군대를 이끌었습니다. 그 도시는 지혜와 정의와 절제로 가장 큰 평판을 얻었던 페리클레스가 200하고도 1,000탈란톤을 가지고 전쟁을 치러서 정복했던 곳입니다.[104] 바로 그 도시를 티모테오스는 더 많게도 더 적게도 그 무엇도 여러분에게서 취하지 않았고, 동맹국으로부터 징집도 하지 않은 채로 열 달 만에 8,000명의 경보병과 30척의 삼단노선만을 이끌고 굴복시켰습니다.[105] 그는 이 모든 것들을 전쟁에서 얻은 전리품으로 충당했던 것입니다.

[112] 그런데 만약 다른 누군가가 그런 일을 해낸 적이 있음이 밝혀진다면, 제가 얼빠진 소리를 했다는 것을, 즉 다른 사람보다 특별히 더 뛰어난 일을 하지도 않은 사람을 너무 유별나게 칭찬하려고 했음을 인정하겠습니다. 그는 또 그곳으로부터 배를 출항시켜 세스토스와 크리토테스를 점령했고, 예전에는 신경도 쓰지 않던 케로네소스에 여러분이 관심을 갖도록 만들었습니다.

---

104 투퀴디데스의 『펠로폰네소스 전쟁사』 I. 116-117을 보라. 아테네인들은 사모스 원정에 모두 60척을 동원했으며, 페리클레스와 아홉 장군은 그 가운데 44척을 이끌고 사모스 함선 70척과 싸워 승리를 거두었다. 따라서 Γ, Δ, E 사본에 적힌 대로 200'척의 함선"(νεῶν)이라고 읽는 것은 적절하지 않아 보인다. Θ 사본이나 Orelli처럼 '척의 함선'을 지워서 읽는 것이 맞다.

105 기원전 366년. 아테네인들은 이 승리를 기리기 위해 티모테오스의 동상을 세웠고, 이는 소아시아의 태수들과 그리스 도시들이 페르시아에 저항하도록 격려가 되었다.

[113] τὸ δὲ τελευταῖον Ποτείδαιαν εἰς ἣν ἡ πόλις τετρακόσια καὶ δισχίλια τάλαντα τὸ πρότερον ἀνήλωσεν, ταύτην εἷλεν ἀπὸ τῶν χρημάτων ὧν αὐτὸς ἐπόρισεν καὶ τῶν συντάξεων τῶν ἀπὸ Θρᾴκης· καὶ προσέτι Χαλκιδέας ἅπαντας κατεπολέμησεν. εἰ δὲ δεῖ μὴ καθ᾽ ἕκαστον, ἀλλὰ διὰ βραχέων εἰπεῖν, τεττάρων καὶ εἴκοσι πόλεων κυρίους ὑμᾶς ἐποίησεν, ἐλάττω δαπανήσας ὧν οἱ πατέρες ἡμῶν εἰς τὴν Μηλίων πολιορκίαν ἀνήλωσαν.

[114] ἠβουλόμην δ᾽ ἄν, ὥσπερ ἐξαριθμῆσαι τὰς πράξεις ῥᾴδιον γέγονεν, οὕτως οἷόν τ᾽ εἶναι συντόμως δηλῶσαι τοὺς καιροὺς ἐν οἷς ἕκαστα τούτων ἐπράχθη, καὶ τὰ τῆς πόλεως ὡς εἶχεν, καὶ τὴν τῶν πολεμίων δύναμιν. πολὺ γὰρ ἂν ὑμῖν αἵ τ᾽ εὐεργεσίαι μείζους κἀκεῖνος πλείονος ἄξιος ἔδοξεν εἶναι. νῦν δὲ ταῦτα μὲν ἐάσω διὰ τὸ πλῆθος.

[113] 마지막으로 그는 포테이다이아를 점령했는데, 예전에 우리 도시는 그곳에 2,400탈란톤을 쏟아부었지만 헛수고였던 적이 있습니다. 하지만 그는 스스로 마련한 재물과 트라케로부터 받은 조공으로 그 도시를 점령했습니다.[103)] 게다가 그는 전쟁을 일으켜 모든 칼키아스인들을 굴복시켰습니다. 만약 낱낱이 말하지 않고 짧게 말해야 한다면, 그는 여러분을 24개 도시의 주인으로 만들어주었는데, 그 비용은 우리 선조들이 멜로스인들을 정복하는 데에[106] 들였던 것보다 더 적게 썼던 것입니다.

[114] 그의 행적들을 나열하는 것이 쉬워졌으니, 이제 저는 그가 행한 일들 각각이 이루어진 시기가 얼마나 시의적절했는지, 그때 우리 도시는 어떤 상황이었고, 적들의 병력은 얼마나 컸는지 짤막하게 밝히고 싶습니다. 그러면 여러분에게 그의 공적은 훨씬 더 크게 보일 것이며, 그 사람은 훨씬 더 가치가 크게 보일 것입니다. 하지만 지금은 일이 너무 많아지니 일단 그것에 대해선 그냥 놔두겠습니다.

106 투퀴디데스의 『펠로폰네소스 전쟁사』 V. 84-116을 보라.

[115] ἡγοῦμαι δ' ὑμᾶς ἡδέως ἂν ἀκοῦσαι διὰ τί ποτε τῶν μὲν εὐδοκιμούντων ἀνδρῶν παρ' ὑμῖν καὶ πολεμικῶν εἶναι δοκούντων οὐδὲ κώμην ἔνιοι λαβεῖν ἠδυνήθησαν, Τιμόθεος δ' οὔτε τὴν τοῦ σώματος φύσιν ἔχων ἐρρωμένην οὔτ' ἐν τοῖς στρατοπέδοις τοῖς πλανωμένοις κατατετριμμένος, ἀλλὰ μεθ' ὑμῶν πολιτευόμενος τηλικαῦτα διεπράξατο τὸ μέγεθος. ἔστιν δ' ὁ λόγος ὁ περὶ τούτων φιλαπεχθήμων μὲν, ῥηθῆναι δ' οὐκ ἀσύμφορος.

[116] ἐκεῖνος γὰρ τούτῳ τῶν ἄλλων διήνεγκεν, ὅτι περὶ τῶν Ἑλληνικῶν καὶ συμμαχικῶν πραγμάτων καὶ τῆς ἐπιμελείας τῆς τούτων οὐ τὴν αὐτὴν ὑμῖν γνώμην εἶχεν. ὑμεῖς μὲν γὰρ χειροτονεῖτε στρατηγοὺς τοὺς εὐρωστοτάτους τοῖς σώμασιν καὶ πολλάκις ἐν τοῖς ξενικοῖς στρατεύμασιν γεγενημένους, ὡς διὰ τούτων διαπραξόμενοί τι τῶν δεόντων· ὁ δὲ τοῖς μὲν τοιούτοις λοχαγοῖς ἐχρῆτο καὶ ταξιάρχοις, ὧν ἔνιοι διὰ τὴν μετ' ἐκείνου στρατείαν ἄξιοι λόγου καὶ χρήσιμοι τῇ πόλει γεγόνασιν·

[115] 1 ἡγοῦμαι Γ[1] : αἰτοῦμαι Γ[2]ΕΘ 1 ἡδέως codd. : ἀδεῶς ΓΔ[1]

[115] 저는 여러분이 기꺼이[107] 들어주리라 생각합니다.[108] 도대체 어떤 이유로 여러분 사이에서 좋은 평판을 누리고 전쟁에 뛰어나다고 평판이 자자한 용사들 가운데 어떤 사람들은 마을 하나도 정복할 수 없었던 반면에, 티모테오스는 강인한 신체를 타고난 것도 아니고 이곳저곳을 떠도는 군사들 틈에서 이골이 난 것도 아니며, 단지 여러분 사이에서 시민으로서의 의무만을 했을 뿐인데도 그토록 위대한 일을 해냈는지를 말입니다. 이런 일에 관한 말은 비위를 거스를 수도 있겠지만, 일단 발언하고 나면 무익하진 않습니다.

[116] 실제로 그가 다른 사람들에 비해 돋보였던 것은 이런 것입니다. 즉 헬라스와 동맹국들의 일들에 관해, 그리고 그런 일들의 돌보기에 관해 그는 여러분과 같은 견해를 견지하지 않았습니다. 여러분은 몸이 가장 강력하고 외국 원정에 자주 나갔던 경험자들을 장군[109]으로 선출하곤 합니다. 이런 사람들이 여러분에게 필요한 일들 가운데 뭔가를 잘 해낼 것이라고 생각하기 때문입니다. 하지만 그는 이런 사람들을 야전사령관과 돌격대장으로 이용하는데, 그들 중에 어떤 이는 그와 함께 원정을 한 덕분에 인구에 회자가 되고 도시에 도움이 되었습니다.

---

107 '두려움 없이', '확신을 가지고'(ἀδεῶς)라고 적혀 있는 사본도 있다.
108 '요청합니다'(αἰτοῦμαι)라고 적혀 있는 사본도 있다.
109 또는 최고사령관.

[117] αὐτὸς δὲ περὶ ταῦτα δεινὸς ἦν περὶ ἅπερ χρὴ φρόνιμον εἶναι τὸν στρατηγὸν τὸν ἀγαθόν. ἔστιν δὲ ταῦτα τίνα δύναμιν ἔχοντα; δεῖ γὰρ οὐχ ἁπλῶς εἰπεῖν, ἀλλὰ σαφῶς φράσαι περὶ αὐτῶν. πρῶτον μὲν δύνασθαι γνῶναι πρὸς τίνας πολεμητέον καὶ τίνας συμμάχους ποιητέον· ἀρχὴ γὰρ αὕτη στρατηγίας ἐστίν, ἧς ἢν διαμάρτῃ τις, ἀνάγκη τὸν πόλεμον ἀσύμφορον καὶ χαλεπὸν καὶ περίεργον εἶναι.

[118] περὶ τοίνυν τὴν τοιαύτην προαίρεσιν οὐ μόνον οὐδεὶς τοιοῦτος γέγονεν, ἀλλ᾽ οὐδὲ παραπλήσιος. ῥᾴδιον δ᾽ ἐξ αὐτῶν τῶν ἔργων γνῶναι· πλείστους γὰρ πολέμους ἄνευ τῆς πόλεως ἀνελόμενος ἅπαντας τούτους κατώρθωσεν καὶ δικαίως ἅπασι τοῖς Ἕλλησιν ἔδοξεν αὐτοὺς ποιήσασθαι. καίτοι τοῦ καλῶς βουλεύσασθαι τίς ἂν ἀπόδειξιν ἔχοι σαφεστέραν καὶ μείζω ταύτης παρασχέσθαι;

[117] 그리고 그 자신은 훌륭한 장군이라면 현명해야 할 것들에 관해서 뛰어난 위력을 보여주었습니다.[104)] 이런 일들은 도대체 어떤 힘이 있는 것입니까? 단순하게 말하면 안 되고 상세하게 설명해야 하기 때문에 묻는 것입니다. 먼저, 누구와 전쟁을 해야 하며 누구를 연합군으로 삼아야 하는지를 알 수 있어야 합니다. 이것이 장군 노릇의 출발점입니다. 여기에서 실수를 범하면, 전쟁은 필연적으로 불행하고 어렵게 되며 잉여적인 소모전이 될 것입니다.

[118] 분명히 이런 선택 능력에 관해서 그와 같은 사람은 아무도 없었으며 그와 견줄 만한 사람도 없었습니다. 그가 이루어낸 공적 자체만 봐도 그 사실을 쉽게 알 수 있습니다. 그는 대부분의 전쟁을 도시의 지원 없이 치르면서 모든 전쟁에서 성공을 거두었고, 모든 일들을 정당하게 해냈다는 인상을 모든 헬라스인들에게 심어주었습니다. 그런데 계획을 아름답게 세우는 능력에 대해 이런 사실보다도 더 명확하고 더 큰 증명을 누가 할 수 있겠습니까?

[119] δεύτερον τί προσήκει τὸν στρατηγὸν τὸν ἀγαθόν; στρατόπεδον συναγαγεῖν ἁρμόττον τῷ πολέμῳ τῷ παρόντι, καὶ τοῦτο συντάξαι καὶ χρήσασθαι συμφερόντως. ὡς μὲν τοίνυν ἠπίστατο χρῆσθαι καλῶς, αἱ πράξεις αὐταὶ δεδηλώκασιν· ὡς δὲ καὶ πρὸς τὸ παρασκευάσασθαι μεγαλοπρεπῶς καὶ τῆς πόλεως ἀξίως ἁπάντων διήνεγκεν, οὐδὲ τῶν ἐχθρῶν οὐδεὶς ἂν ἄλλως εἰπεῖν τολμήσειεν.

[120] ἔτι τοίνυν πρὸς τούτοις ἀπορίας ἐνεγκεῖν στρατοπέδου καὶ πενίας, καὶ πάλιν εὐπορίας εὑρεῖν, τίς οὐκ ἂν τῶν συνεστρατευμένων πρὸς ἀμφότερα ταῦτα διαφέρειν ἐκεῖνον προκρίνειεν; συνίσασι γὰρ αὐτῷ κατὰ μὲν ἀρχὰς τῶν πολέμων διὰ τὸ μηδὲν παρὰ τῆς πόλεως λαμβάνειν εἰς τὰς ἐσχάτας ἐνδείας καθιστάμενον, ἐκ δὲ τούτων εἰς τοῦτο τὰ πράγματα περιιστάναι δυνάμενον ὥστε καὶ τῷ πολέμῳ περιγίγνεσθαι καὶ τοῖς στρατιώταις ἐντελεῖς ἀποδιδόναι τοὺς μισθούς.

[120] 7 τῷ πολέμῳ : τῶν πολεμίων Benseler

[119] 훌륭한 장군[110]에게 요구되는 두 번째 것은 무엇입니까? 당면한 전쟁에 어울리게 군대를 모으고 그것을 전체적으로 잘 조직하여 배치하고 유리하게 이용할 수 있어야 합니다. 티모테오스가 군대를 아름답게 운용할 줄 알았다는 사실은 그의 행적들이 분명하게 보여주었습니다. 또한 그는 군대를 이 도시의 값에 맞게 대규모로 마련하는 데에서도 모든 사람들 가운데 돋보였습니다. 적들 가운데에서도 그 누구도 다른 말을 할 수는 없을 겁니다.

[120] 그뿐만이 아닙니다. 그와 함께 야영을 했던 사람들 가운데 야영지의 열악함과 물자의 궁핍함을 견뎌내는 일과 다시 돌파구를 찾아내는 일, 바로 이 두 가지 일에 있어서 티모테오스가 돋보인다는 평가를 내리지 않을 수 있는 사람이 누가 있겠습니까? 사실 그들은 티모테오스가 전쟁이 시작되는 시점부터 이 도시로부터 아무것도 취한 것이 없었기 때문에 극단적인 결핍 상태에 놓여 있었지만, 그가 그 상태에서 빠져나와 사태를 역전시킬 수 있었던 것을 잘 알고 있습니다. 결국 그는 전쟁에서도[111] 승리를 거두고 자기 군사들에게 급료도 완벽하게 지불했던 것입니다.

---

110 따라서 '현명한(phronimos) 장군'.

111 '전쟁에서도'(τῷ πολέμῳ)는 주요 필사본대로 읽은 것이다. 벤슬러(Benseler)는 '적들에게도'(τῶν πολεμίων)로 고쳐 읽었고, 놀린(Norlin)도 이를 따른다. '승리를 거둔다'(περιγίγνεσθαι)가 속격(genetive)를 취하는 용례가 많기 때문에 그렇게 추정한 것 같으나, 여격(dative) 역시 함께 사용되므로 주요 필사본대로 읽는 것이 좋다.

[121] οὕτω τοίνυν τούτων μεγάλων ὄντων καὶ σφόδρα κατεπειγόντων, ἐπὶ τοῖς ἐχομένοις δικαίως ἄν τις αὐτὸν ἔτι μᾶλλον ἐπαινέσειεν. ὁρῶν γὰρ ὑμᾶς τούτους μόνους ἄνδρας νομίζοντας τοὺς ἀπειλοῦντας καὶ τοὺς ἐκφοβοῦντας τὰς ἄλλας πόλεις καὶ τοὺς ἀεί τι νεωτερίζοντας ἐν τοῖς συμμάχοις, οὐκ ἐπηκολούθησεν ταῖς ὑμετέραις γνώμαις, οὐδ' ἠβουλήθη βλάπτων τὴν πόλιν εὐδοκιμεῖν, ἀλλὰ τοῦτ' ἐφιλοσόφει καὶ τοῦτ' ἔπραττεν ὅπως μηδεμία τῶν πόλεων αὐτὸν φοβήσεται τῶν Ἑλληνίδων, ἀλλὰ πᾶσαι θαρρήσουσι πλὴν τῶν ἀδικουσῶν.

[122] ἠπίστατο γὰρ τούς τε δεδιότας ὅτι μισοῦσι δι' οὓς ἂν τοῦτο πεπονθότες τυγχάνωσιν, τήν τε πόλιν διὰ μὲν τὴν φιλίαν τὴν τῶν ἄλλων εὐδαιμονεστάτην καὶ μεγίστην γενομένην, διὰ δὲ τὸ μῖσος μικρὸν ἀπολιποῦσαν τοῦ μὴ ταῖς ἐσχάταις συμφοραῖς περιπεσεῖν. ὧν ἐνθυμούμενος τῇ μὲν δυνάμει τῇ τῆς πόλεως τοὺς πολεμίους κατεστρέφετο, τῷ δ' ἤθει τῷ ἑαυτοῦ τὴν εὔνοιαν τὴν τῶν ἄλλων προσήγετο, νομίζων τοῦτο στρατήγημα μεῖζον εἶναι καὶ κάλλιον ἢ πολλὰς πόλεις ἑλεῖν καὶ πολλάκις νικῆσαι μαχόμενος.

[121] 지금 소개한 일들도 중대하고 아주 긴요하지만, 곧 소개할 사실들을 들으면 누구라도 그를 정당하게 더욱더 칭찬할 수 있을 것입니다. 그는 여러분이 다른 도시를 위협하고 두려움에 떨게 만들며 동맹군들 사이에서 언제나 어떤 혁명을 일으키려는 사람들만 용사로서 높이 평가하는 것을 보았지만, 여러분의 견해를 무작정 따르지는 않았으며, 도시를 해롭게 하면서까지 좋은 평판을 얻으려고 하지도 않았습니다. 오히려 그는 이 문제를 철학하며[112] 실천했습니다. 그것은 헬라스의 도시들 중에 부정을 저지른 도시를 제외하고 그 어떤 도시도 그를 두려워하지 않고 그에 대해 안심할 수 있도록 하기 위해서였습니다.

[122] 왜냐하면 그는 두려움에 빠진 사람들이 그 감정을 느끼게 한 사람들을 미워한다는 것과, 다른 도시들과의 친분 때문에 이 도시가 가장 행복하고 가장 강력해졌다는 것과, 다른 도시들이 품은 미움 때문에 이 도시가 극단적인 불행에 빠질 뻔했다는 것을 잘 알고 있었기 때문입니다. 그는 이런 사실들을 궁리하면서, 한편으론 이 도시의 힘을 이용해 적들을 제압하고, 한편으론 자신의 품성을 이용하여 다른 사람들의 호의를 이끌어냈습니다.[105)] 이것이야말로 전투를 통해 많은 도시들을 점령하고 숱한 승리를 이끌어내는 것보다 더 아름답고 더 중요한 장군의 역량이라고 생각했던 것입니다.

---

112 '철학적으로 고민하며.' 이 대목에서 티모테오스는 '철학 하는' 장군으로 부각된다.

[123] οὕτω δ' ἐσπούδαζεν περὶ τὸ μηδεμίαν τῶν πόλεων μηδὲ μικρὰν ὑποψίαν περὶ αὑτοῦ λαβεῖν ὡς ἐπιβουλεύοντος, ὥσθ' ὁπότε μέλλοι τινὰ παραπλεῖν τῶν μὴ τὰς συντάξεις διδουσῶν, πέμψας προηγόρευε τοῖς ἄρχουσιν, ἵνα μὴ πρὸ τῶν λιμένων ἐξαίφνης ὀφθεὶς εἰς θόρυβον καὶ ταραχὴν αὐτοὺς καταστήσειεν.

[124] εἰ δὲ τύχοι καθορμισθεὶς πρὸς τὴν χώραν, οὐκ ἂν ἐφῆκε τοῖς στρατιώταις ἁρπάζειν καὶ κλέπτειν καὶ πορθεῖν τὰς οἰκίας, ἀλλὰ τοσαύτην εἶχεν ἐπιμέλειαν ὑπὲρ τοῦ μηδὲν γίγνεσθαι τοιοῦτον ὅσην περ οἱ δεσπόται τῶν κτημάτων· οὐ γὰρ τούτῳ προσεῖχε τὸν νοῦν, ὅπως ἐκ τῶν τοιούτων αὐτὸς εὐδοκιμήσει παρὰ τοῖς στρατιώταις, ἀλλ' ὅπως ἡ πόλις παρὰ τοῖς Ἕλλησιν.

[123] 2 αὑτου Benseler : αὐτοῦ codd.

[123] 그는 어떤 도시도 그가 음모를 꾸미는 것은 아닌가 하는 의혹을 자신에 대해[113] 조금도 갖지 않도록 아주 진지하게 행동했습니다. 그가 조공을 바치지 않은 도시에 배를 갖다 댈 때면 위정자들에게 미리 사람을 보내 도착을 알려줄 정도였습니다. 그가 항구에 갑자기 모습을 드러냈을 때 그들이 소동을 일으키며 혼란에 빠지는 일이 없도록 하기 위해서였습니다.

[124] 어떤 한 지역에 배를 정박하게 되면 그는 군사들이 민가를 약탈하고 훔치며 강탈하는 일이 일어나도록 놔두지 않았으며, 그런 일이 일어나지 않도록 하기 위해서 마치 주인들이 자기 재산을 지키려고 할 때처럼 아주 세심하게 돌보았습니다.[106)] 그가 그런 일에 신경을 쓴 이유는 그런 행위를 통해 군사들 사이에서 자신이 좋은 평판을 얻기 위해서가 아니라, 헬라스인들 사이에서 이 도시[114]가 좋은 평판을 갖도록 하기 위해서였습니다.

---

113 주요 필사본에는 '그에 대해'(περί αὐτοῦ)라고 되어 있으나, 벤슬러는 '자신에 대해'(περί αὑτου)라고 고쳐 읽었다.

114 아테네.

[125] πρὸς δὲ τούτοις τὰς δοριαλώτους τῶν πόλεων οὕτω πράως διῴκει καὶ νομίμως, ὡς οὐδεὶς ἄλλος τὰς συμμαχίδας, ἡγούμενος, εἰ τοιοῦτος ὢν φαίνοιτο περὶ τοὺς πολεμήσαντας, τὴν μεγίστην πίστιν ἔσεσθαι δεδωκὼς ὡς οὐδέποτ' ἂν περί γε τοὺς ἄλλους ἐξαμαρτεῖν τολμήσειεν.

[126] τοιγάρτοι διὰ τὴν δόξαν τὴν ἐκ τούτων γιγνομένην πολλαὶ τῶν πόλεων τῶν πρὸς ὑμᾶς δυσκόλως ἐχουσῶν ἀναπεπταμέναις αὐτὸν ἐδέχοντο ταῖς πύλαις· ἐν αἷς ἐκεῖνος οὐδεμίαν ταραχὴν ἐποίησεν, ἀλλ' ὥσπερ οἰκουμένας αὐτὰς εἰσιὼν κατέλαβεν, οὕτως ἐξιὼν κατέλειπεν.

[125] 게다가 그는 창으로 정복한 도시들을 친절하게 합법적으로 다룹니다.[115] 다른 어떤 사람도 동맹도시들에 대해 그렇게 했던 적이 없는 방식입니다. 그는 전쟁을 한 적들에게조차 그런 정중한 사람임을 보여준다면, 다른 사람들에게도 함부로 잘못을 저지르지 않을 사람임을 입증하는 가장 큰 증거를 보여주는 것이라고 생각했던 것입니다.

[126] 그래서 이런 일들로부터 생겨난 평판 때문에 여러분에게 불편한 감정을 가지고 있는 도시 중에서도 많은 도시들이 문을 활짝 열어 그를 맞아주었던 것입니다. 그 안에서 그는 어떤 혼란도 일으키지 않았으며, 안으로 들어갔을 때 그가 보았던 그 도시 사람들이 살고 있던 모습 그대로를 나올 때도 그대로 남겨두고 떠났습니다.

115 아테네인들의 미덕. 앞의 [20]과 뒤의 [255]를 보라.

[127] κεφάλαιον δὲ πάντων τούτων· εἰθισμένων γὰρ τὸν ἄλλον χρόνον πολλῶν γίγνεσθαι καὶ δεινῶν ἐν τοῖς Ἕλλησιν, ἐπὶ τῆς ἐκείνου στρατηγίας οὐδεὶς ἂν οὔτ᾽ ἀναστάσεις εὕροι γεγενημένας οὔτε πολιτειῶν μεταβολὰς οὔτε σφαγὰς καὶ φυγὰς οὔτ᾽ ἄλλ᾽ οὐδὲν τῶν κακῶν τῶν ἀνηκέστων, ἀλλ᾽ οὕτως αἱ τοιαῦται συμφοραὶ κατ᾽ ἐκεῖνον τὸν χρόνον ἐλώφησαν ὥστε μόνος ὧν ἡμεῖς μνημονεύομεν ἀνέγκλητον τὴν πόλιν τοῖς Ἕλλησιν παρέσχεν.

[128] καίτοι χρὴ στρατηγὸν ἀγαθὸν καὶ ἄριστον νομίζειν, οὐκ εἴ τις μιᾷ τύχῃ τηλικοῦτόν τι κατώρθωσεν ὥσπερ Λύσανδρος, ὃ μηδενὶ τῶν ἄλλων διαπράξασθαι συμβέβηκεν, ἀλλ᾽ ὅστις ἐπὶ πολλῶν καὶ παντοδαπῶν καὶ δυσκόλων πραγμάτων ὀρθῶς ἀεὶ πράττων καὶ νοῦν ἐχόντως διατετέλεκεν, ὅπερ Τιμοθέῳ συμβέβηκεν.

[127] 이 모든 사실들을 요약하면 이렇습니다. 예전에는 많은 무시무시한 일들이 헬라스인들 사이에서 일어나곤 했지만, 그가 장군의 역량을 발휘했을 때에는 반란이 일어난다거나 정변이 일어난다거나 살육이 자행되고 추방이 시행되는 것을, 그 밖에도 치유할 수 없는 나쁜 일들이 일어난 것을 본 사람은 아무도 없습니다. 오히려 그가 활동하던 시간 동안은 그런 불행한 일들이 잠잠해져서, 헬라스인들이 이 도시[116]를 비난할 수 없게끔 만들어준 장군으로 우리가 기억하는 유일한 사람이 바로 그라고 할 정도입니다.

[128] 그리고 여러분은 훌륭하고 가장 뛰어난 장군을 생각할 때, 마치 다른 누구도 해내지 못한 일을 해냈던 뤼산드로스처럼107) 한번 운이 좋아 그렇게 대단한 일을 성공적으로 해냈던 사람을 생각하면 안 됩니다. 모든 종류의 까다로운 일들을 많이 맡더라도 언제나 올바르게 실행하고 양식을 가지고 완수하는 사람을 생각해야 합니다. 티모테오스가 바로 그런 경우입니다.

116 아테네.

[129] οἶμαι δ' ὑμῶν τοὺς πολλοὺς θαυμάζειν τὰ λεγόμενα καὶ νομίζειν τὸν ἔπαινον τὸν ἐκείνου κατηγορίαν εἶναι τῆς πόλεως, εἰ τοσαύτας μὲν πόλεις ἑλόντα, μηδεμίαν δ' ἀπολέσαντα περὶ προδοσίας ἔκρινεν, καὶ πάλιν εἰ διδόντος εὐθύνας αὐτοῦ καὶ τὰς μὲν πράξεις Ἰφικράτους ἀναδεχομένου, τὸν δ' ὑπὲρ τῶν χρημάτων λόγον Μενεσθέως, τούτους μὲν ἀπέλυσεν, Τιμόθεον δὲ τοσούτοις ἐζημίωσε χρήμασιν ὅσοις οὐδένα πώποτε τῶν προγεγενημένων.

[130] ἔχει δ' οὕτως· βούλομαι γὰρ καὶ τὸν ὑπὲρ τῆς πόλεως λόγον εἰπεῖν. εἰ μὲν ὑμεῖς πρὸς αὐτὸ τὸ δίκαιον ἀποβλέποντες σκέψεσθε περὶ τούτων, οὐκ ἔστιν ὅπως οὐ δεινὰ καὶ σχέτλια πᾶσιν εἶναι δόξει τὰ πεπραγμένα περὶ Τιμόθεον· ἢν δ' ἀναλογίσησθε τὴν ἄγνοιαν ὅσην ἔχομεν πάντες ἄνθρωποι, καὶ τοὺς φθόνους τοὺς ἐγγιγνομένους ἡμῖν, ἔτι δὲ τὰς ταραχὰς καὶ τὴν τύρβην ἐν ᾗ ζῶμεν, οὐδὲν τούτων ἀλόγως οὐδ' ἔξω τῆς ἀνθρωπίνης φύσεως εὑρεθήσεται γεγενημένον, ἀλλὰ καὶ Τιμόθεος μέρος τι συμβεβλημένος τοῦ μὴ κατὰ τρόπον γνωσθῆναι περὶ αὐτῶν.

[129] 그래서 저는 여러분 가운데 많은 분들이 제가 말하는 것에 대해 놀라며, 제가 그를 칭찬하는 것이 결국 이 도시를 고발하는 것이라고 생각할 것입니다. 이 도시가 그렇게 많은 도시들을 점령하고 단 하나의 도시도 잃지 않은[117] 그를 반역죄로 재판을 받게 했다면, 그리고 또다시 이 도시가 그가 자신의 행적을 해명하고 이피크라테스가 그 일에 대해 책임을 지며 메네스테우스가 그 비용에 관해 말할 때, 다른 두 사람은 풀어주었지만 티모테오스에게는 예전의 그 누구도 받아본 적이 없는 엄청난 액수의 벌금형을 가했다면 말입니다.[108)]

[130] 그런데 사실이 그렇습니다. 그래도 저는 이 도시를 위한 연설을 하고 싶습니다. 여러분이 정의 그 자체에 눈을 고정시키고 그것들에 관해 살펴본다면, 여러분 모두에게는 티모테오스에 관해 저질러졌던 일들이 무섭고 잔인한 것으로 보이지 않을 수 없을 것입니다. 그런데 만약 여러분이 우리 모든 인간들이 갖는 무지와 우리 안에서 솟구쳐 오르는 질시와 동요를, 그리고 우리가 어떤 혼란 속에 살고 있는지를 헤아려본다면, 이런 일들 가운데 어떤 것도 말도 안 되게 인간적인 본성에서 벗어나서 일어나지는 않는다는 사실을, 하지만 티모테오스도 역시 그런 일들에 관해 적절한 방식으로 인정받지 못했던 것에는 일정 부분 책임이 있다는 사실을 발견할 것입니다.

117 투(Y. L. Too)는 '단 하나의 도시도 파괴하지 않은'이라고 번역했다.

[131] ἐκεῖνος γὰρ οὔτε μισόδημος ὢν οὔτε μισάνθρωπος οὔθ' ὑπερήφανος οὔτ' ἄλλ' οὐδὲν ἔχων τῶν τοιούτων κακῶν, διὰ τὴν μεγαλοφροσύνην τὴν τῇ στρατηγίᾳ μὲν συμφέρουσαν, πρὸς δὲ τὰς χρείας τῶν ἀεὶ προσπιπτόντων οὐχ ἁρμόττουσαν, ἅπασιν ἔδοξεν ἔνοχος εἶναι τοῖς προειρημένοις· οὕτω γὰρ ἀφυὴς ἦν πρὸς τὴν τῶν ἀνθρώπων θεραπείαν ὥσπερ δεινὸς περὶ τὴν τῶν πραγμάτων ἐπιμέλειαν.

[132] καίτοι πολλάκις καὶ παρ' ἐμοῦ τοιούτους λόγους ἤκουσεν, ὡς χρὴ τοὺς πολιτευομένους καὶ βουλομένους ἀρέσκειν προαιρεῖσθαι μὲν τῶν τε πράξεων τὰς ὠφελιμωτάτας καὶ βελτίστας καὶ τῶν λόγων τοὺς ἀληθεστάτους καὶ δικαιοτάτους, οὐ μὴν ἀλλὰ κἀκεῖνο παρατηρεῖν καὶ σκοπεῖν, ὅπως ἐπιχαρίτως καὶ φιλανθρώπως ἅπαντα φανήσονται καὶ λέγοντες καὶ πράττοντες· ὡς οἱ τούτων ὀλιγωροῦντες ἐπαχθέστεροι καὶ βαρύτεροι δοκοῦσιν εἶναι τοῖς συμπολιτευομένοις.

[131] 사실 그는 민중 혐오자도, 인간 혐오자도, 오만한 사람도 아니며, 그런 나쁜 속성들 중 그 어떤 것도 갖지 않았습니다. 하지만 포부가 큰 것이[118] 문제였습니다. 그것은 장군의 역량에는 유리하지만 항상 일어나는 일상적인 일들의 실용적 측면에는 어울리지 않기 때문에, 모든 사람들은 그가 앞서 언급되었던 잘못들에 깊게 연루되어 있다는 의견을 갖게 되었던 것입니다. 실제로 그는 사태를 돌보는 데에 위력을 발휘하는 것만큼이나 사람들에 대한 세심한 배려에서는 타고난 재능이 없었습니다.

[132] 그래서 실제로 그는 저에게서 자주 이런 식의 말을 들었던 것입니다. 즉 시민으로 살면서 사람들의 호감을 얻고 싶은 사람은 행위에서는 가장 이롭고 가장 훌륭한 행위들을, 말에서는 가장 진실 되고 가장 정의로운 말들을 신중하게 선택해야 하지만, 그것 외에도 특별히 모든 것에서 우아하며 인간애 넘치게 말하고 행동하는 모습이 고스란히 드러날 수 있는 방법이 무엇인지에 대해서도 각별히 주의를 기울이고 잘 살펴볼 수 있어야 한다고 말입니다.[109)] 동료 시민들은 이런 일을 가볍게 여기는 사람들에 대해서는 더 공격적이며 더 모진 사람이라는 의견을 갖기 때문입니다.

---

118 또는 '자존감이 높았던 것'(megalophrosunē).

[133] ὁρᾷς δὲ τὴν φύσιν τὴν τῶν πολλῶν ὡς διάκειται πρὸς τὰς ἡδονάς, καὶ διότι μᾶλλον φιλοῦσιν τοὺς πρὸς χάριν ὁμιλοῦντας ἢ τοὺς εὖ ποιοῦντας, καὶ τοὺς μετὰ φαιδρότητος καὶ φιλανθρωπίας φενακίζοντας ἢ τοὺς μετ᾽ ὄγκου καὶ σεμνότητος ὠφελοῦντας. ὧν οὐδέν σοι μεμέληκεν, ἀλλ᾽ ἣν ἐπιεικῶς τῶν ἔξω πραγμάτων ἐπιμεληθῇς, οἴει σοι καὶ τοὺς ἐνθάδε πολιτευομένους καλῶς ἕξειν.

[134] τὸ δ᾽ οὐχ οὕτως, ἀλλὰ τοὐναντίον φιλεῖ συμβαίνειν. ἢν γὰρ τούτοις ἀρέσκῃς, ἅπαν ὅ τι ἂν πράξῃς οὐ πρὸς τὴν ἀλήθειαν κρινοῦσιν, ἀλλὰ πρὸς τὸ σοὶ συμφέρον ὑπολήψονται, καὶ τὰ μὲν ἁμαρτανόμενα παρόψονται, τὸ δὲ κατορθωθὲν οὐρανόμηκες ποιήσουσιν· ἡ γὰρ εὔνοια πάντας οὕτω διατίθησιν.

[133] "당신은[119] 많은 사람[120]의 본성이 쾌락을 향하고 있음을, 그런 까닭에 실제로 잘 해주는 사람보다는 호감을 얻으려고 애쓰는 사람들을 더 좋아하고, 품격 있고 중후한 태도로 유익을 주는 사람보다는 밝은 얼굴과 인간애로 포장된 사람을 더 좋아한다는 사실을 봅니다. 그런데 당신은 그런 것들 가운데 어떤 것에도 관심을 두지 않습니다. 게다가 당신은 당신이 공명관대하게 도시 바깥의 일들을 돌본다면, 이곳 도시 안의 사람들도 당신과 아름다운 관계를 유지하리라고 생각합니다.

[134] 그러나 현실은 그렇지 않고 정반대의 일이 일어나곤 합니다. 만약 당신이 그들을 만족시킨다면, 그들은 당신이 무슨 일을 하든지 진실에 비추어 판단하지 않고 당신에게 유리하게 해석할 것입니다. 실수를 저질러도 눈감아주고, 성공을 거두면 하늘을 찌를 듯이 높일 것입니다. 호의는 모든 사람들을 그렇게 만드는 법이니까요.

119 여기부터는 이소크라테스가 티모테오스에게 말하는 직접화법으로 바뀐다.
120 또는 '대중들의'.

[135] ἣν σὺ τῇ μὲν πόλει παρὰ τῶν ἄλλων ἐκ παντὸς τρόπου κτήσασθαι ζητεῖς, ἡγούμενος μέγιστον εἶναι τῶν ἀγαθῶν, αὐτὸς δὲ σαυτῷ παρὰ τῆς πόλεως οὐκ οἴει δεῖν τὴν αὐτὴν ταύτην παρασκευάζειν, ἀλλὰ πλείστων ἀγαθῶν αἴτιος γεγενημένος χεῖρον διάκεισαι τῶν οὐδὲν ἄξιον λόγου διαπεπραγμένων.

[136] εἰκότως· οἱ μὲν γὰρ τοὺς ῥήτορας καὶ τοὺς ἐν τοῖς ἰδίοις συλλόγοις λογοποιεῖν δυναμένους καὶ πάντα προσποιουμένους εἰδέναι θεραπεύουσιν, σὺ δ' οὐ μόνον ἀμελεῖς, ἀλλὰ καὶ πολεμεῖς τοῖς μέγιστον ἀεὶ δυναμένοις αὐτῶν. καίτοι πόσους οἴει διὰ τὰς τούτων ψευδολογίας τοὺς μὲν συμφοραῖς περιπεπτωκέναι, τοὺς δ' ἀτίμους εἶναι, πόσους δὲ τῶν προγεγενημένων ἀνωνύμους εἶναι, πολὺ σπουδαιοτέρους καὶ πλείονος ἀξίους γεγενημένους τῶν ᾀδομένων καὶ τραγῳδουμένων;

[136] 6 ἀτίμους Γ²ΔΕΘ : ἐντίμους Γ¹ 6-7 πόσους ... εἶναι om. Γ, ins Γ mg.

[135] 당신은 다른 도시들이 이 도시[121]에 호의를 갖게 할 온갖 방법을 다 찾고 있으며 좋은 것들 중에 호의가 가장 중요하다고 생각하면서도, 정작 당신 자신은 이 도시가 당신에게 그런 동일한 호의를 갖도록 해야 한다고 생각하진 않습니다. 오히려 당신은 이 도시에 그 누구보다도 좋은 것들을 많이 베푼 은인이면서도 말할 가치가 없는 일만 저지른 사람들보다도 못한 대접을 받고 있습니다.

[136] 개연성이 높지요. 사람들은 연설가들과 사사로운 논의 장소에서 말을 지어낼 줄 알고[110)] 모든 것을 아는 척하는 사람들에게는 신경을 쓰지만, 당신은 그런 것에는 신경을 쓰지 않을 뿐만 아니라, 그런 일에 항상 가장 큰 능력을 보여주는 사람들과 적대적인 관계를 가지니까요. 당신은 저들의 거짓말 때문에 얼마나 많은 사람들이 불행의 나락으로 떨어졌거나 명예를 잃었으며,[122] 이전 세대의 얼마나 많은 사람들이 이름도 없이 사라졌다고[123] 생각합니까? 음송가인들이 노래하고 비극작가들이 무대에 올린 사람들보다 그들이 훨씬 더 고귀하고[111)] 더 많은 가치를 가진 사람들인데도 말입니다.

---

121 아테네.

122 구체적으로는 유죄 판결을 받아 시민으로서의 권리를 박탈당했다는 뜻. 주요 필사본인 Γ에는 원래 '명예를 얻었으며'(ἐντίμους)라고 적혀 있었으나 다른 글씨체로 '명예를 잃었으며'(ἀτίμους)라는 말이 덧붙었고, 다른 필사본은 이에 따라 필사된 것으로 보인다. 이 단어에 관해서는 본문 [175]와 해당 미주 122)를 보라.

123 '이전 세대의 …… 사라졌다고'(πόσους …… εἶναι)는 9-10세기에 작성된 가장 중요한 필사본인 Γ에는 없지만, 그 필사본 가장자리에는 적혀 있다. 반면 각각 14, 15, 13세기에 작성된 필사본 Δ, Ε, Θ에는 이 부분이 본문에 들어와 있다.

[137] ἀλλ᾽ οἱ μὲν, οἶμαι, ποιητῶν ἔτυχον καὶ λογοποιῶν, οἱ δ᾽ οὐκ ἔσχον τοὺς ὑμνήσοντας. ἢν οὖν ἐμοὶ πείθῃ καὶ νοῦν ἔχῃς, οὐ καταφρονήσεις τῶν ἀνδρῶν τούτων οἷς τὸ πλῆθος εἴθισται πιστεύειν οὐ μόνον περὶ ἑνὸς ἑκάστου τῶν πολιτῶν, ἀλλὰ καὶ περὶ ὅλων τῶν πραγμάτων, ἀλλ᾽ ἐπιμέλειάν τινα ποιήσει καὶ θεραπείαν αὐτῶν, ἵν᾽ εὐδοκιμήσῃς δι᾽ ἀμφότερα, καὶ διὰ τὰς σαυτοῦ πράξεις καὶ διὰ τοὺς τούτων λόγους.

[138] ταῦτα δ᾽ ἀκούων ὀρθῶς μὲν ἔφασκέν με λέγειν, οὐ μὴν οἷός τ᾽ ἦν τὴν φύσιν μεταβαλεῖν, ἀλλ᾽ ἦν καλὸς μὲν κἀγαθὸς ἀνὴρ καὶ τῆς πόλεως καὶ τῆς Ἑλλάδος ἄξιος, οὐ μὴν σύμμετρός γε τοῖς τοιούτοις τῶν ἀνθρώπων, ὅσοι τοῖς ὑπὲρ αὑτοὺς πεφυκόσιν ἀχθόμενοι τυγχάνουσιν. τοιγαροῦν οἱ μὲν ῥήτορες ἔργον εἶχον αἰτίας περὶ αὐτοῦ πολλὰς καὶ ψευδεῖς πλάττειν, τὸ δὲ πλῆθος ἀποδέχεσθαι τὰς ὑπὸ τούτων λεγομένας.

[137] 그러나 제가 생각하기에, 한쪽은 시인들[124]과 '말 짓는 사람들'[125]을 만났지만, 다른 한쪽은 찬가를 불러줄 사람이 없었습니다. 따라서 당신이 나에게 설득되어 정신을 차린다면, 당신은 이 사람들을 무시하지 않을 것입니다. 대중은 각 시민에 관해서뿐만 아니라 사태 전체에 관해서도 이 사람들을 신뢰하는 습성이 있기 때문입니다. 그래서 당신은 어느 정도 그들을 돌보고 신경을 쓸 것인데, 그것은 당신이 두 가지 때문에, 즉 당신 자신의 행위와 그들의 말 때문에 좋은 평판을 얻기 위해서입니다."

[138] 티모테오스가 이 말을 듣는다면 내가 올바른 말을 해주었다고 말할 것입니다. 하지만 본성을 바꿀 수는 없을 것입니다. 그래도 그는 아름답고 좋은 사람이며, 이 도시와 헬라스가 내세울 만한 사람입니다. 하지만 그는 사람들 중에 자신보다 더 뛰어난 본성을 가진 사람들을 견디지 못하는 그런 사람들에게 자신을 맞추려고 하지 않았을 것입니다. 그래서 연설가들은 그에 관해서 수많은 송사를 일으키고 거짓말을 조작해내는 데에 여념이 없었고, 대중은 그들이 떠드는 말에 넋이 빠져 있었습니다.

---

124 또는 작가(poiētēs)들.
125 '연설문 작성가'를 가리킨다.

[139] περὶ ὧν ἡδέως ἂν ἀπελογησάμην, εἰ καιρὸν εἶχον· οἶμαι γὰρ ἂν ὑμᾶς ἀκούσαντας μισῆσαι τούς τε προαγαγόντας τὴν πόλιν ἐπὶ τὴν ὀργὴν τὴν πρὸς ἐκεῖνον καὶ τοὺς φλαῦρόν τι περὶ αὐτοῦ λέγειν τολμῶντας. νῦν δὲ ταῦτα μὲν ἐάσω, περὶ ἐμαυτοῦ δὲ καὶ τῶν ἐνεστώτων πραγμάτων πάλιν ποιήσομαι τοὺς λόγους.

[140] ἀπορῶ δ' ὅ τι χρήσωμαι τοῖς ὑπολοίποις καὶ τίνος πρώτου μνησθῶ καὶ ποίου δευτέρου· τὸ γὰρ ἐφεξῆς με λέγειν διαπέφευγεν. ἴσως μὲν οὖν ἀναγκαῖόν ἐστιν, ὡς ἂν ἕκαστον τύχῃ προσπεσὸν, οὕτως εἰπεῖν περὶ αὐτῶν· ἃ δ' οὖν μοι νῦν ἐπελήλυθεν καὶ περὶ ὧν ἐγὼ μὲν ἐνόμιζον εἶναι δηλωτέον, ἄλλος δέ τίς μοι συνεβούλευεν μὴ λέγειν, οὐκ ἀποκρύψομαι πρὸς ὑμᾶς.

[139] 제게 시의적절한 기회가 주어진다면 저는 그 일들에 관해 기꺼이 변론할 것입니다. 저는 여러분이 일단 제 말을 듣는다면, 이 도시가 그에 대해 노여움을 갖도록 선동하고 그 사람에 대해 감히 험담을 하려는 사람들을 미워하게 되리라고 생각하기 때문입니다. 하지만 지금은 그 문제를 일단 그냥 놔두겠습니다. 그리고 제 자신과 지금 당면한 문제들에 관한 말을 다시 하겠습니다.

[140] 그런데 저는 잘 모르겠습니다. 남은 부분을 어떻게 활용하고, 어떤 것을 먼저 언급하며 어떤 것을 두 번째로 해야 할까요? 저는 차례대로 말하는 것에 실패한 상태거든요. 그래서 어쩔 수 없이 그것들에 관해 각각을 닥치는 대로 말해야 할 것 같습니다. 지금 제게 다가오는 것들과 제가 예전부터 분명하게 드러내야겠다고 생각하던 것들에 관해, 다른 어떤 사람은 제게 그런 것은 말하지 말라고 조언했지만, 여러분에게 숨김없이 밝히겠습니다.

[141] ἐπειδὴ γὰρ ἀπήνεγκε τὴν γραφὴν, ἐσκόπουν περὶ αὐτῶν τούτων ὥσπερ ἂν ὑμῶν ἕκαστος, καὶ τόν τε βίον τὸν ἐμαυτοῦ καὶ τὰς πράξεις ἐξήταζον καὶ πλεῖστον χρόνον περὶ τὰς τοιαύτας διέτριβον, ἐφ' αἷς ᾤμην ἐπαινεῖσθαι με προσήκειν. ἀκροώμενος δέ τις τῶν ἐπιτηδείων ἐτόλμησεν εἰπεῖν πρός με λόγον πάντων σχετλιώτατον, ὡς ἄξια μὲν εἴη τὰ λεγόμενα φιλοτιμίας, οὐ μὴν ἀλλ' αὐτός γε δεδιέναι ταῦτα μάλιστα μὴ πολλοὺς λυπήσῃ τῶν ἀκουόντων.

[142] οὕτω γάρ, ἔφη, τινὲς ὑπὸ τοῦ φθόνου καὶ τῶν ἀποριῶν ἐξηγρίωνται καὶ δυσμενῶς ἔχουσιν ὥστ' οὐ ταῖς πονηρίαις, ἀλλὰ ταῖς εὐπραγίαις πολεμοῦσιν, καὶ μισοῦσιν οὐ μόνον τῶν ἀνθρώπων τοὺς ἐπιεικεστάτους, ἀλλὰ καὶ τῶν ἐπιτηδευμάτων τὰ βέλτιστα, καὶ πρὸς τοῖς ἄλλοις κακοῖς τοῖς μὲν ἀδικοῦσιν συναγωνίζονται καὶ συγγνώμην ἔχουσιν, οἷς δ' ἂν φθονήσωσιν ἀπολλύουσιν ἤνπερ δυνηθῶσιν.

[141] 사실 제가 고발을 당했을 때, 저는 여러분 가운데 누구라도 그랬을 것처럼 그 일들에 관해 살펴보았고, 제 자신의 삶과 제가 했던 행위들을 돌아보았습니다. 특히 제가 생각할 때 칭찬받아 마땅한 행위들에 관해 가장 많은 시간 동안 생각하며 소일했습니다. 그런데 듣고 있던 동료들 중 하나가 저에게 이루 말할 수 없이 참혹한 말을 과감하게 해주었습니다.[126] 그는 제가 말한 것들이 공명심을 자극할 만한 것들이지만, 그것들이 또한 청중 가운데 많은 사람들을 불편하게 만들지나 않을까 두렵다고 했던 것입니다.

[142] 그는 이렇게 말했습니다. "어떤 사람들은 질투심과 자신의 부족함 때문에 난폭해지고 적개심을 갖지.[112)] 그래서 사악함이 아니라 좋은 행위들에 대해서 싸움도 일으키고, 가장 공명관대한 사람들만 미워하는 게 아니라 가장 훌륭한 작업들도 미워해. 그리고 또 다른 나쁜 짓들뿐만 아니라 부정한 짓을 저지르는 사람들과 동맹을 맺기도 하고 그들에게 공감하기도 하지. 그리고 만약 그들이 할 수 있는 조건만 되면, 질투심을 유발할 법한 사람들을 망하게 만들어.

126 이것은 '솔직하게 모든 것을 다 말하는 행위'(parrēsia)이다.

[143] ταῦτα δὲ δρῶσιν οὐκ ἀγνοοῦντες περὶ ὧν τὴν ψῆφον οἴσουσιν, ἀλλ' ἀδικήσειν μὲν ἐλπίζοντες, ὀφθήσεσθαι δ' οὐ προσδοκῶντες, σῴζοντες οὖν τοὺς ὁμοίους σφίσιν αὐτοῖς βοηθεῖν νομίζουσιν. τούτου δ' ἕνεκά σοι ταῦτα διῆλθον, ἵνα προειδὼς ἄμεινον προσφέρῃ καὶ τοῖς λόγοις ἀσφαλεστέροις χρῇ πρὸς αὐτούς· ἐπεὶ νῦν γε τίνα χρὴ προσδοκᾶν γνώμην ἕξειν τοὺς τοιούτους ὅταν τόν τε βίον τὸν σαυτοῦ καὶ τὰς πράξεις διεξίῃς μηδὲ κατὰ μικρὸν ὁμοίας οὔσας ταῖς τούτων, ἀλλ' οἵας περ πρὸς ἐμὲ λέγειν ἐπιχειρεῖς;

[144] ἀποφαίνεις γὰρ τούς τε λόγους οὓς γέγραφας, οὐ μέμψεως, ἀλλὰ χάριτος τῆς μεγίστης ἀξίους ὄντας, τῶν τε πεπλησιακότων σοι τοὺς μὲν οὐδὲν ἠδικηκότας οὐδ' ἡμαρτηκότας, τοὺς δὲ δι' ἀρετὴν ὑπὸ τῆς πόλεως ἐστεφανωμένους, τά τε καθ' ἡμέραν οὕτω κοσμίως καὶ τεταγμένως βεβιωκότα σαυτὸν ὡς οὐκ οἶδ' εἴ τις ἄλλος τῶν πολιτῶν, ἔτι δὲ μήτε δεδικασμένον μηδενὶ μήτε πεφευγότα πλὴν περὶ ἀντιδόσεως μήθ' ἑτέροις συνηγωνισμένον μήτε μεμαρτυρηκότα μήτ' ἄλλο πεποιηκότα μηδὲν ἐν οἷς ἅπαντες [οἱ] πολιτευόμενοι τυγχάνουσιν.

[144] 10 οἱ secl. Benseler

[143] 그런데 그들은 어떤 일에 관하여 투표를 하게 되는지 몰라서 이런 짓을 하는 게 아니지. 그들은 부정한 짓을 원하면서 들키지 않기를 기대하는 거야. 그들은 자기들과 비슷한 사람들을 구해줌으로써 자기 자신을 돕는다고 생각하지. 그런데 내가 자네에게 이런 설명을 하는 것은 이런 이유 때문이야. 자네가 미리 알고서 상황을 더 좋게 끌고 가고 저들에 대해 좀 더 안전한 말을 할 수 있도록 하려는 거지. 바로 지금, 자네는 저런 류의 사람들이 어떤 견해를 가지리라고 기대해야 할까? 자네가 나에게 말하려고 하는, 저들의 것과는 전혀 비슷하지 않은 그런 자네 자신의 삶과 행위들을 길게 기술한다면 말일세.

[144] 사실 자네는 자네가 글로 쓴 연설들이 지탄을 받을 것이 아니라 가장 큰 감사를 받을 만한 것이라고 공표하고 있지. 그리고 자네의 제자들 중에 부정을 저지르거나 실책을 범한 사람은 없고, 오히려 덕 때문에 이 도시로부터 금관을 받았으며, 자네는 하루하루 단정하게 법대로 살아왔다고 말하지. 시민들 중에 다른 어떤 사람이 자네 같은 이가 있을지 난 모르겠어. 게다가 자네는 그 누구를 고소한 적도 없고 피소된 적도 없지. 교환소송만이 유일한 예외야. 자네는 다른 사람을 변호하는 자리에 서지도 않았고, 증인으로 나선 적도 없으며, 모든 시민들이 시민으로서 살아가는 데 필요한 어떤 것도 나서서 한 적이 없었지.

[145] πρὸς δὲ τούτοις οὕτως ἰδίοις οὖσιν καὶ περιττοῖς κἀκεῖνο λέγεις, ὡς τῶν μὲν ἀρχῶν καὶ τῶν ὠφελειῶν τῶν ἐντεῦθεν γιγνομένων καὶ τῶν ἄλλων ἁπάντων τῶν κοινῶν ἐξέστηκας, εἰς δὲ τοὺς διακοσίους καὶ χιλίους τοὺς εἰσφέροντας καὶ λειτουργοῦντας οὐ μόνον αὑτὸν παρέχεις, ἀλλὰ καὶ τὸν υἱόν, καὶ τρὶς μὲν ἤδη τετριηραρχήκατε, τὰς δ' ἄλλας λειτουργίας πολυτελέστερον λελειτουργήκατε καὶ κάλλιον ὧν οἱ νόμοι προστάττουσιν.

[146] ταῦτ' ἀκούοντας τοὺς τἀναντία πᾶσι τοῖς προειρημένοις ἐπιτετηδευκότας οὐκ οἴει βαρέως οἴσειν καὶ νομιεῖν ἐλέγχεσθαι τὸν βίον τὸν αὑτῶν οὐ σπουδαῖον ὄντα; καὶ γὰρ εἰ μὲν μετὰ πόνου καὶ ταλαιπωρίας ᾐσθάνοντό σε ποριζόμενον εἴς τε τὰς λειτουργίας καὶ περὶ τὴν ἄλλην διοίκησιν, οὐκ ἂν ὁμοίως ἔμελεν αὐτοῖς· νῦν δὲ τά τε παρὰ τῶν ξένων σοι γιγνόμενα πολὺ πλείω νομίζουσιν εἶναι τῶν διδομένων,

[145] 이런 개인적이고 특별한 일들 이외에도 자네는 이것도 말하지. 자네는 고위직에 오른 적이 없고, 거기에서 나오는 고액의 수익을 받은 적도 없으며, 다른 모든 공적인 특권에서도 거리를 두고 있었다고 말이야. 대신 자네는 전쟁 비용을 위한 세금을 내고 공적 임무를 무상으로 수행하는[127] 1,200명의 명단에 자네 자신뿐만 아니라 아들[128]까지도 이름을 올려놓았으며, 세 번이나 이미 삼단노선 건조 비용을 부담했고, 다른 공적 임무들에 대해서도 법이 요구하는 것보다도 더 많은 비용을 부담하면서 더 아름답게 했다고 말일세.

[146] 앞서 말한 모든 것에 반대되는 작업을 해오던 사람들이 그 말을 들으면 자네에게 모질게 굴 것이고, 자신들의 삶이 고귀하지 못하다는 반박을 받고 있다고 판단하게 될 것이라고 자네는 생각하지 않는가? 만약 그들이 자네가 공적 임무를 수행하는 데 필요한 것과 다른 개인적 자산을 수고와 노고를 통해 얻었다는 것을 보았다고 해도, 그들은 그것에 대해서 그와 같은 방식으로 생각하지는 않을 것일세. 지금 그들은 자네가 타지의 학생들로부터 얻은 것들이[129] 실제로 받은 것보다 훨씬 더 많다고 생각하고 있으며,

127 여기에는 '대 디오니소스 제전'과 같은 도시 전체의 축제에서 비극과 희극 경연대회가 열릴 때 합창단의 연습 비용을 제공하는 일도 포함된다.

128 이소크라테스는 엘리스 출신의 히피아스의 딸 플라타네와 결혼하였고, 그녀의 아들이었던 아파레우스를 자식으로 받아들였다. 이소크라테스 자신의 아들은 없었던 것으로 전해진다.

129 이에 관해서는 [224]-[226]에서 밝힌다.

[147] αὐτόν τε σὲ ῥᾳθυμότερον ἡγοῦνται ζῆν οὐ μόνον τῶν ἄλλων, ἀλλὰ καὶ τῶν περὶ τὴν φιλοσοφίαν καὶ τὴν αὐτήν σοι πραγματείαν ὄντων. ὁρῶσι γὰρ ἐκείνων μὲν τοὺς πλείστους πλὴν τῶν τὸν σὸν βίον καὶ τὸν τρόπον ἠγαπηκότων ἔν τε ταῖς πανηγύρεσιν καὶ τοῖς ἰδίοις συλλόγοις ἐπιδείξεις ποιουμένους, διαγωνιζομένους πρὸς ἀλλήλους, καθ' ὑπερβολὴν ὑπισχνουμένους, ἐρίζοντας, λοιδορουμένους, οὐδὲν ἀπολείποντας κακῶν,

[148] ἀλλὰ σφίσι μὲν αὐτοῖς πράγματα παρέχοντας, τοῖς δ' ἀκροωμένοις ἐξουσίαν παραδιδόντας τοῖς μὲν καταγελάσαι τῶν λεγομένων, ἐνίοις δ' ἐπαινέσαι, τοῖς δὲ πλείστοις μισῆσαι, τοῖς δ' ὅπως ἕκαστοι βούλονται διατεθῆναι πρὸς αὐτούς· σὲ δ' οὐδενὸς μετέχοντα τούτων, ἀλλ' ἀνομοίως ζῶντα καὶ τοῖς σοφισταῖς καὶ τοῖς ἰδιώταις καὶ τοῖς πολλὰ κεκτημένοις καὶ τοῖς ἀπόρως διακειμένοις.

[147] 자네가 다른 시민들과 비교해서뿐만 아니라, 철학에 종사하고 자네와 같은 직종에 종사하고 있는 다른 사람들과 비교해서도 훨씬 더 편안하게 살고 있다고 생각하고 있지. 왜냐하면 그들은 그 사람들 중에 자네의 삶과 방식을 기꺼이 받아들였던 사람들을 제외한 나머지 대부분의 사람들이 시민대축전이나 사사로운 논의장소에 나와서 말솜씨를 부각하고 자기들끼리 서로 맞서 경쟁하며, 과도하게 공약을 내세우면서 쟁론을 벌이고, 트집을 잡고 싸우며, 나쁜 짓은 하나도 남김이 없이 다 해보지만,[130]

[148] 결국 자기 자신에게는 일거리만 만들고, 청중에게는 자신이 말한 것들을 마음껏 비웃을 수 있게 해준다는 것을 보게 되기 때문이지. 물론 종종 칭찬할 수도 있지만 대부분은 혐오할 것이고, 각자 원하는 대로 그들에 대한 태도를 취한다는 것도 보고 있지만 그들은 또 자네가 그런 일들 중에 어떤 것도 하지 않으면서 소피스트들과도, 일반시민들과도, 많은 재물을 가진 사람들과도, 궁핍하게 사는 사람들과도 완전히 다른 삶을 산다는 것도 보고 있기 때문이야.

---

130 예컨대 공공장소에 금지된 사항까지도 발설하는 짓 등을 가리킨다. 이상 열거된 내용은 나쁜 소피스트들의 행태를 지칭하는 대표적인 표현들이다.

[149] ἐφ᾽ οἷς οἱ μὲν λογίζεσθαι δυνάμενοι καὶ νοῦν ἔχοντες ἴσως ἂν σε ζηλώσειαν, οἱ δὲ καταδεέστερον πράττοντες καὶ λυπεῖσθαι μᾶλλον εἰωθότες ἐπὶ ταῖς τῶν ἄλλων ἐπιεικείαις ἢ ταῖς αὑτῶν ἀτυχίαις οὐκ ἔστιν ὅπως οὐ δυσκολανοῦσιν καὶ χαλεπῶς οἴσουσιν. ὡς οὖν οὕτως αὐτῶν διατεθησομένων σκόπει τί σοι λεκτέον τούτων καὶ τί παραλειπτέον ἐστίν.

[150] ἐγὼ δὲ κἀκείνου τότε ταῦτα λέγοντος καὶ νῦν ἡγοῦμαι πάντων ἀνθρώπων ἀτοπωτάτους εἶναι καὶ σχετλιωτάτους, οἵτινες βαρέως ἂν ἀκούοιεν εἰ λειτουργοῦντα μὲν ἐμαυτὸν τῇ πόλει παρέχω καὶ ποιοῦντα τὸ προσταττόμενον, μηδὲν δὲ δέομαι μήτε κληροῦσθαι τῶν ἀρχῶν μήτε λαμβάνειν ἃ τοῖς ἄλλοις ἡ πόλις δίδωσιν, μήτ᾽ αὖ φεύγειν δίκας μήτε διώκειν.

[149] 4 δυσκολανοῦσιν $Γ^1Δ^1Θ$: δυσχερανοῦσι Γ mg. $ΕΔ^2Θ$ mg.

[149] 이런 것들에 근거해서 논리적인 능력이 있고 양식을 가진 사람들은 아마 자네를 부러워하겠지만,[131] 자네보다 못한 처지에 있으면서 습성상 자신의 불운보다는 다른 사람들의 공명관대함에 대해 고통을 더 크게 느끼는 사람들은 분하게 여기면서 까칠하게 대하지[132] 않을 수 없지. 따라서 그들이 그런 성향을 지니고 있는 것을 잘 알 테니, 자네가 하려는 말 가운데 어떤 것을 해야 하고 어떤 것을 하지 않고 놔둬야 하는지를 잘 살펴보게."

[150] 저는 그 친구가 그렇게 말했을 때는 물론이고 지금도 모든 사람들 가운데 가장 이상하고[133] 가장 잔혹한 사람은, 제가 도시를 위해 무상으로 공적 임무를 수행하고 법이 규정한 것을 다하면서도 고위 공직에 뽑힐 것을 요구하지 않고, 도시가 다른 사람들에게 주는 것들을 저도 가져야 한다고 요구하지 않으며, 변호도 고소도 요구하지도 않는다는 말을 들었을 때 불쾌감을 느끼는 사람이라고 생각합니다.

---

131 질투의 부러움이 아니라 상대의 진가를 알아보고 칭찬하며 동경한다는 뜻.

132 '까칠하게 대하다'(δυσκολανοῦσιν) 대신 '힘겹게 견뎌내다'(δυσχερανοῦσι)라고 적혀 있는 필사본도 있고, 일부 필사본에는 덧붙여서 혹은 여백에 그렇게 적혀 있기도 하다.

133 미주 3)을 보라.

[151] ταῦτα γὰρ συνεταξάμην οὐ διὰ πλοῦτον οὐδὲ δι' ὑπερηφανίαν οὐδὲ καταφρονῶν τῶν μὴ τὸν αὐτὸν τρόπον ἐμοὶ ζώντων, ἀλλὰ τὴν μὲν ἡσυχίαν καὶ τὴν ἀπραγμοσύνην ἀγαπῶν, μάλιστα δ' ὁρῶν τοὺς τοιούτους καὶ παρ' ὑμῖν καὶ παρὰ τοῖς ἄλλοις εὐδοκιμοῦντας, ἔπειτα τὸν βίον ἡδίω νομίσας εἶναι τοῦτον ἢ τὸν τῶν πολλὰ πραττόντων, ἔτι δὲ ταῖς διατριβαῖς ταῖς ἐμαῖς πρεπωδέστερον αἷς ἐξ ἀρχῆς κατεστησάμην.

[152] τούτων μὲν ἕνεκα τοῦτον τὸν τρόπον ζῆν προειλόμην· τῶν δὲ λημμάτων τῶν παρὰ τῆς πόλεως ἀπεσχόμην, δεινὸν ἡγησάμενος εἰ δυνάμενος ἐκ τῶν ἰδίων τρέφειν ἐμαυτὸν ἐμποδών τῳ γενήσομαι τῶν ἐντεῦθεν ζῆν ἠναγκασμένων [λαβεῖν τὸ διδόμενον ὑπὸ τῆς πόλεως], καὶ διὰ τὴν ἐμὴν παρουσίαν ἐνδεής τις γενήσεται τῶν ἀναγκαίων. ὑπὲρ ὧν ἐπαίνου τυγχάνειν ἄξιος ἦν μᾶλλον ἢ διαβολῆς.

[152] 4-5 λαβεῖν ... πόλεως del. Hirschig

[151] 저는 이것을 제 삶의 규칙으로 정해놓았는데, 그것은 부유함 때문도 오만함 때문도 아니며, 저와 같은 방식으로 살지 않는 사람들을 낮춰 보기 때문도 아닙니다. 그것은 제가 평온함과 한가로움[113)]을 좋아하기 때문이며, 무엇보다도 그런 삶을 사는 사람들이 여러분에게서나 타지 사람들에게서나 좋은 평판이 있다는 사실을 보고 있기 때문입니다. 더 나아가 저는 바로 그런 삶이 많은 일로 바쁜 사람들의 삶보다 더 즐겁고, 제가 애초에 발을 들여놓은 소일거리들에 더 적절하다고 생각했기 때문입니다.

[152] 이런 이유로 저는 그런 방식의 삶을 선택했던 것입니다. 그런데 제가 도시에서 제공되는 지원금을 거절했는데, 그것은 제가 개인 재산만으로도 충분히 먹고 살 수 있는데도, 그것으로 [도시가 제공하는 것을 취해서][134] 살아갈 수밖에 없는 이들 가운데 누군가에게[114)] 방해가 된다면, 그리고 제가 끼어듦으로써 누군가가 생계에 꼭 필요한 것이 부족하게 된다면, 그것은 무서운 일이라고 생각했기 때문입니다. 이런 이유로 저는 모함을 당하기보다는 칭찬을 받아야 마땅했던 것입니다.

134 히르쉬크(Hirschig)는 이 부분을 생략했는데, 아마도 이 부분이 '그것으로'를 설명하는 여백 주석이었던 것이 필사되는 과정에서 본문 속으로 잘못 삽입되어 전승되었다고 생각한 것 같다. 그렇게 읽는 것이 적절해 보인다.

[153] νῦν δ' εἰς πολλὴν ἀπορίαν καθέστηκα τί δρῶν ἀρέσαι δυνηθείην ἂν τοῖς τοιούτοις. εἰ γὰρ ἅπαντα τὸν χρόνον ἔργον ποιούμενος ὅπως μηδένα μήτ' ἀδικήσω μήτ' ἐνοχλήσω μήτε λυπήσω, δι' αὐτὰ ταῦτα λυπῶ τινὰς, τί ποιῶν ἂν χαριζοίμην; ἢ τί λοιπόν ἐστιν πλὴν ἐμὲ μὲν ἀτυχῆ, τοὺς δὲ τοιούτους ἀμαθεῖς δοκεῖν εἶναι καὶ δυσκόλους τοῖς συμπολιτευομένοις;

[154] πρὸς μὲν οὖν τοὺς μηδὲν τῶν αὐτῶν τοῖς ἄλλοις γιγνώσκοντας, ἀλλὰ χαλεπωτέρους ὄντας τοῖς μὴ κακῶς πράττουσιν ἢ τοῖς ἀδικοῦσιν μωρόν ἐστιν ἀπολογίαν ζητεῖν· ὅσῳ γὰρ ἄν τις ἐπιεικέστερον αὑτὸν ἐπιδείξῃ, δῆλον ὅτι τοσούτῳ χεῖρον ἀγωνιεῖται παρ' αὐτοῖς· πρὸς δὲ τοὺς ἄλλους, περὶ ὧν Λυσίμαχος διέβαλεν, ὡς παμπληθῆ κεκτήμεθα τὴν οὐσίαν, ἀναγκαῖόν ἐστιν εἰπεῖν, ἵνα μὴ πιστευθεὶς ὁ λόγος εἰς μείζους καὶ πλείους ἡμᾶς ἐμβάλῃ λειτουργίας ὧν ὑπενεγκεῖν ἂν δυνηθεῖμεν.

[153] 그런데 지금 저는 저런 사람들을 만족시키려면 무엇을 할 수 있을지 몰라 큰 혼란에 빠졌습니다. 제가 아무에게도 부정한 짓을 안 하고 걱정을 끼치지 않으며 고통을 주지 않는 것을 평생의 시간 동안 과업으로 삼았는데도, 그런 똑같은 일로 인해 제가 누군가를 고통스럽게 했다면, 제가 무엇을 해서 그들을 기쁘게 할 수 있겠습니까? 제가 불행한 존재로 보이고, 저런 사람들은 무식하고 동료 시민들에게 불쾌한 존재로 보이는 것 말고는 무엇이 남겠습니까?

[154] 따라서 다른 사람들과 같은 판단을 내리지 않으며, 부정한 사람들보다는 나쁜 짓은 하지 않는 사람들에 대해 더 모질게 구는 사람들을 상대로 변론을 찾겠다는 것은 바보 같은 짓입니다. 어떤 사람이 자신을 더 공명관대한 사람으로 부각하면 할수록 저들 사이에서는 그만큼 더 불리한 법정싸움을 할 것이 분명하기 때문입니다. 하지만 다른 사람들에게 뤼시마코스가 저를 모함하며 말했던 것들, 즉 제가 아주 많은 재산을 모았다는 말에 대해서는 말을 꼭 해야겠습니다. 그의 말이 신뢰를 얻어서 제가 감당할 수 있는 것보다 더 큰 공적 임무를 지게 되는 일이 없도록 하기 위해서입니다.

[155] ὅλως μὲν οὖν οὐδεὶς εὑρεθήσεται τῶν καλουμένων σοφιστῶν πολλὰ χρήματα συλλεξάμενος, ἀλλ' οἱ μὲν ἐν ὀλίγοις, οἱ δ' ἐν πάνυ μετρίοις τὸν βίον διαγαγόντες· ὁ δὲ πλεῖστα κτησάμενος ὧν ἡμεῖς μνημονεύομεν, Γοργίας ὁ Λεοντῖνος, οὗτος διατρίψας μὲν περὶ Θετταλίαν, ὅτ' εὐδαιμονέστατοι τῶν Ἑλλήνων ἦσαν, πλεῖστον δὲ χρόνον καὶ βιοὺς καὶ περὶ τὸν χρηματισμὸν τοῦτον γενόμενος,

[156] πόλιν δ' οὐδεμίαν καταπαγίως οἰκήσας οὐδὲ περὶ τὰ κοινὰ δαπανηθεὶς οὐδ' εἰσφορὰν εἰσενεγκεῖν ἀναγκασθείς, ἔτι δὲ πρὸς τούτοις οὔτε γυναῖκα γήμας οὔτε παῖδας ποιησάμενος, ἀλλ' ἀτελὴς γενόμενος καὶ ταύτης τῆς λειτουργίας τῆς ἐνδελεχεστάτης καὶ πολυτελεστάτης, τοσοῦτον προλαβὼν πρὸς τὸ πλείω κτήσασθαι τῶν ἄλλων, χιλίους μόνους στατῆρας κατέλιπεν.

[155] 일반적으로 소피스트라고 불리는 사람들115) 중에서 많은 재산을 모았던 사람이 있었다는 사례를 찾을 수 없으며, 일부는 아주 가난하게, 또 일부는 중간 정도의 수준으로 삶을 영위해나갔음이 드러날 것입니다. 우리가 기억하는 사람들 가운데 가장 많은 돈을 모은 사람은 레온티니 출신의 고르기아스[135]인데, 그는 테살리아가 헬라스의 도시들 가운데 가장 행복했을 때, 그곳에서 소일했으며[136] 가장 오랜 시간을 살았고[137] 돈을 버는 일에도 매진했던 사람입니다.

[156] 그는 특정한 도시에 정착해 살지 않았으며, 어떤 공적인 일을 위해서도 돈을 쓴 적이 없고, 세금을 내도록 강요받은 적도 없습니다. 그뿐만이 아닙니다. 그는 여자를 아내로 취한 적도 없고 자식을 낳지도 않았습니다. 그 무엇보다도 그는 오래 지속되고 가장 많은 비용이 드는 그 공적 임무로부터도 자유로웠던 것입니다. 그렇게 다른 누구보다도 더 많은 재산을 모으는 데에 유리한 위치에 있던 그도 죽을 때는 단지 1,000스타테르[138]만을 남겼습니다.

---

135 시칠리아(지금의 시실리)섬의 레온티니 출신의 소피스트. 기원전 485-380년에 살았던 것으로 추정되지만, 사망연도는 확실하지 않다. 이소크라테스의 스승이었다고 한다.

136 아테네가 고르기아스의 주 활동무대가 아니었다는 점에 주목해야 한다. 이에 관해서는 Robinson(2007)을 보라.

137 키케로는 고르기아스가 107세까지 살았다고 전한다.(『노년에 관하여』 5장)

138 금화의 단위. 약 1.05파운드(= 1826.24원) 정도의 가치를 지니는 것으로 추정된다. 1,000스타테르는 약 1,826,240원(2013년 8월 18일 기준)이다.

[157] καίτοι χρὴ περὶ τῆς οὐσίας τῆς ἀλλήλων μὴ τοῖς αἰτιωμένοις εἰκῇ πιστεύειν, μηδὲ τὰς ἐργασίας ἴσας νομίζειν τάς τε τῶν σοφιστῶν καὶ τὰς τῶν ὑποκριτῶν, ἀλλὰ τοὺς ἐν ταῖς αὐταῖς τέχναις ὄντας πρὸς ἀλλήλους κρίνειν καὶ τοὺς ὁμοίαν ἐν ἑκάστῃ <τὴν> δύναμιν λαβόντας παραπλησίαν καὶ τὴν οὐσίαν ἔχειν νομίζειν.

[158] ἢν οὖν ἐξισώσητέ με τῷ πλεῖστον ἐργασαμένῳ καὶ θῆτε πρὸς ἐκεῖνον, οὔθ᾽ ὑμεῖς παντάπασιν ἀσκέπτως εἰκάζειν δόξετε περὶ τῶν τοιούτων, οὔθ᾽ ἡμεῖς εὑρεθεῖμεν ἂν οὔτε τὰ περὶ τὴν πόλιν οὔτε τὰ περὶ ἡμᾶς αὐτοὺς κακῶς διῳκηκότες, ἀλλ᾽ ἀπ᾽ ἐλαττόνων ζῶντες ὧν εἰς τὰς λειτουργίας ἀνηλώκαμεν. καίτοι τοὺς εὐτελεστέρους ἐν τοῖς ἰδίοις ἢ τοῖς κοινοῖς ὄντας δίκαιόν ἐστιν ἐπαινεῖν.

[157] 그러니까 다른 사람들의 수입을 서로 비교할 경우 제멋대로 트집을 잡는 사람들을 믿어서는 안 됩니다. 그리고 소피스트와 배우의 벌이가 같다고 생각해서도 안 됩니다. 그 대신에 똑같은 기술에 종사하는 사람들끼리 서로 비교해서 판단해야 하며, 각각의 기술에서도 서로 엇비슷한 능력을 가진 사람들을 비교하여 서로 비슷한 재산을 가진 것으로 생각해야 합니다.

[158] 따라서 여러분이 저를 가장 많은 수입을 올린 사람[139]과 같은 급으로 놓고 그와 비교한다면, 여러분은 그런 문제들에 관해 전혀 부주의하게 상상한 것이라고 보이지는 않을 것입니다. 또한 제가 공적 임무를 위해 쓴 돈보다 더 적은 돈으로 살아왔다 해도[140] 도시에 관한 일에서나 저 자신에 관한 일에서나 관리를 잘못한 것으로 밝혀지는 일은 없을 것입니다. 사실 공적인 일보다 사적인 일에서 더 많이 절약하는 사람들을 칭찬하는 것은 정당한 일입니다.

139 고르기아스를 가리킨다.
140 개인적인 목적보다는 공동체의 이익을 위해서 더 많은 돈을 썼다는 뜻이다.

[159] ἐνθυμοῦμαι δὲ μεταξὺ λέγων ὅσον τὰ τῆς πόλεως μεταπέπτωκεν, καὶ τὰς διανοίας ὡς οὐδὲν ὁμοίας περὶ τῶν πραγμάτων οἱ νῦν τοῖς πρότερον πολιτευομένοις ἔχουσιν. ὅτε μὲν γὰρ ἐγὼ παῖς ἦν, οὕτως ἐνομίζετο τὸ πλουτεῖν ἀσφαλὲς εἶναι καὶ σεμνὸν ὥστ᾽ ὀλίγου δεῖν πάντες προσεποιοῦντο πλείω κεκτῆσθαι τὴν οὐσίαν ἧς ἔχοντες ἐτύγχανον, βουλόμενοι μετασχεῖν τῆς δόξης ταύτης·

[160] νῦν δ᾽ ὑπὲρ τοῦ μὴ πλουτεῖν ὥσπερ τῶν μεγίστων ἀδικημάτων ἀπολογίαν δεῖ παρασκευάζεσθαι καὶ σκοπεῖν, εἰ μέλλει τις σωθήσεσθαι. πολὺ γὰρ δεινότερον καθέστηκεν τὸ δοκεῖν εὐπορεῖν ἢ τὸ φανερῶς ἀδικεῖν· οἱ μὲν γὰρ ἢ συγγνώμης ἔτυχον ἢ μικροῖς ἐζημιώθησαν, οἱ δ᾽ ἄρδην ἀπόλλυνται, καὶ πλείους ἂν εὕροιμεν τοὺς ἐκ τῶν ὄντων ἐκπεπτωκότας ἢ τοὺς δίκην ὑπὲρ τῶν ἁμαρτημάτων δεδωκότας.

[159] 말하는 동안 틈틈이 저는 이 도시에서 얼마나 많은 변화들이[116] 일어났는지 궁리해보았습니다. 요즘 사람들은 예전에 이 도시에 살던 사람들과 비교해서 여러 가지 사태들에 관해 같은 생각을 갖고 있지는 않습니다. 예컨대 제가 어린아이였을 때는 사람들이 부자가 되는 것을 안정되고 품위 있는 일이라고 생각했으며, 그래서 거의 모든 사람들이 실제로 가진 재산보다 더 많은 재산을 가진 척했습니다. 그런 사람이라는 평판을 얻고 싶었던 것입니다.

[160] 그런데 지금은 부자가 아님을 밝히기 위해서는, 마치 엄청난 부정 사건에 대비하는 것처럼 살펴보면서 변론을 준비해야 합니다. 안전하게 자신을 구하고자 한다면 말입니다. 명백한 부정을 저지른 것보다 부자로 보이는 것이 훨씬 더 무서운 일이 되었기 때문입니다. 실제로 부정을 저지른 사람들은 용서를 받거나 작은 벌만 받지만, 부자들은 철저히 망합니다. 저지른 과실의 대가로 처벌받는 사람들보다 자신이 가진 것들 때문에 몰락한 사람들이 더 많다는 것을 발견할 수 있다는 말입니다.

[161] καὶ τί δεῖ λέγειν περὶ τῶν κοινῶν; αὐτὸς γὰρ οὐ μικρὸν διήμαρτον διὰ ταύτην τὴν μεταβολὴν τῶν ἐμαυτοῦ πραγμάτων. ὅτε γὰρ ἐπαμύνειν ἠρχόμην τοῖς ἰδίοις ἀπολομένων ἐν τῷ πολέμῳ τῷ πρὸς Λακεδαιμονίους ἁπάντων τῶν ὑπαρχόντων ἡμῖν, ἀφ᾽ ὧν ὁ πατὴρ ἅμα τῇ τε πόλει χρήσιμον αὑτὸν παρεῖχεν ἡμᾶς θ᾽ οὕτως ἐπιμελῶς ἐπαίδευσεν ὥστ᾽ ἐπιφανέστερον εἶναί με τότε καὶ γνωριμώτερον ἐν τοῖς ἡλικιώταις καὶ συμπαιδευομένοις ἢ νῦν ἐν τοῖς συμπολιτευομένοις.

[162] ὅτε δ᾽ οὖν, ὥσπερ εἶπον, ἠρχόμην πλησιάζειν τισὶν, ᾤμην, εἰ δυνηθείην πλείω κτήσασθαι καὶ περιποιήσασθαι τῶν ἐπὶ τὸν αὐτὸν βίον ὁρμησάντων, ἀμφότερα δόξειν, καὶ περὶ τὴν φιλοσοφίαν διαφέρειν καὶ κοσμιώτερον βεβιωκέναι τῶν ἄλλων· ἐμοὶ δὲ τοὐναντίον ἀποβέβηκεν.

[161] 그런데 왜 공적인 일에 관해 말해야 할까요?[117)] 그건 제 자신이 그 변화 때문에 제 자신의 일들에서 작지 않은 실패를 맛보았기 때문입니다. 제가 사적인 재산을 단속하기 시작했을 때는 라케다이몬인들과의 전쟁[141]이 한창 진행되는 통에 제게 상속될 것들을 모두 잃고 난 후였습니다.[118)] 선친께서는 그것들 중 일부를 당신 자신이 도시를 위해 쓸모 있는 일을 하는 데 쓰셨고, 동시에 저의 교육을 돌보는 데도 많이 쓰셨습니다.[142] 그 덕에 저는 그때 제 또래들은 물론 함께 교육받던 아이들 중에서 두각을 나타내고 유명해졌는데, 제가 지금 동료 시민들 사이에서 그런 것보다 훨씬 더했습니다.[143]

[162] 그런데 이미 말한 것처럼, 저는 제가 제자들을 두기 시작했을 때, 같은 삶에 뛰어든 사람들보다 더 많은 돈을 벌고 더 뛰어나게 될 수 있다면, 두 가지 평판, 즉 철학에서 두각을 나타낸다는 것과 다른 사람들보다 더 단정한[144] 삶을 살았다는 평판을 얻게 되리라 생각했습니다. 하지만 결과는 정반대였습니다.

141 펠로폰네소스 전쟁.

142 훌륭한 시민을 육성하기 위해 자식을 교육시키는 것은 사적인 행위를 넘어 아테네에 공적인 기여를 하는 것으로 여겨지곤 했다. '저를'로 번역한 부분은 원문대로라면 '우리를'(hēmas)이라고 해야 한다.

143 '함께 교육받던 아이들 중에서'(sumpaideuomenois)와 '동료 시민들 사이에서'(sumpoliteuomenois)라는 표현은 그리스어 원문으로는 비슷한 구조와 발음을 가졌기 때문에 매우 음악적인 효과를 낸다.

144 '질서정연한' 또는 '균형 잡힌'.

[163] εἰ μὲν γὰρ μήτ' ἄξιος μηδενὸς ἐγενόμην μήτε περιεποιησάμην μηδὲν, οὐδεὶς ἄν μοι πράγματα παρεῖχεν, ἀλλὰ φανερῶς ἀδικῶν ἀσφαλῶς ἂν ἔζων ἕνεκά γε τῶν συκοφαντῶν· νῦν δ' ἀντὶ τῆς δόξης ἧς προσεδόκων ἀγῶνες περί με καὶ κίνδυνοι καὶ φθόνοι καὶ διαβολαὶ γεγόνασιν.

[164] οὕτω γὰρ ἡ πόλις ἐν τῷ παρόντι χαίρει τοὺς μὲν ἐπιεικεῖς πιέζουσα καὶ ταπεινοὺς ποιοῦσα, τοῖς δὲ πονηροῖς ἐξουσίαν διδοῦσα καὶ λέγειν καὶ ποιεῖν ὅ τι ἂν βουληθῶσιν, ὥστε Λυσίμαχος μὲν ὁ προῃρημένος ζῆν ἐκ τοῦ συκοφαντεῖν καὶ κακῶς ἀεί τινα ποιεῖν τῶν πολιτῶν κατηγορήσων ἡμῶν ἀναβέβηκεν, ἐγὼ δ' ὃς οὐδὲ περὶ ἕνα πώποτ' ἐξήμαρτον, ἀλλὰ τῶν μὲν ἐνθένδε λημμάτων ἀπεσχόμην, παρὰ ξένων δὲ καὶ νομιζόντων εὖ πάσχειν ἐπορισάμην τὰς ὠφελείας, ὡς δεινὰ ποιῶν εἰς τηλικουτονὶ καθέστηκα κίνδυνον.

[163] 만약 제가 어떤 일에도 가치가 없고 아무것도 모아두지 않았다면, 아무도 저에게 문제를[145] 일으키지는 않을 겁니다. 아니, 명백한 부정을 저지르고도 안전하게 살 수 있을 것입니다. 적어도 소송꾼들 때문에 속을 썩진 않겠지요. 그러나 지금 저는 제가 기대했던 평판 대신 법정싸움과 소송과 질투와 모함에 둘러싸여 있습니다.

[164] 현재의 이 도시는 공명관대한[146] 사람들을 탄압하고 초라하게 만들면서 즐거워하는 한편, 사악한 사람들에게는 원하는 무엇이든 말하고 행동할 수 있도록 허락해주고 있기 때문입니다. 그래서 소송꾼으로 살아가면서 언제든 시민들 중에 하나를 골라 못되게 굴기로 결심한 뤼시마코스가 지금 저를 고발하려고 연단에 올랐습니다. 반면 저는 그 누구에게도 결코 잘못을 저지르지 않았고, 그런 일로 이익을 얻는 따위의 일과는 거리를 두고 지냈으며, 돈이 필요하면 제가 잘 해주리라 생각하고 찾아온 외국인들을 가르쳐 돈을 벌었는데, 지금 저는 무서운 일을 저질렀다는 이유로 이런 엄청난 소송에 걸려 있습니다.

---

145 '소송을'(pragmata).

146 따라서 '존경받을 만한'(respectable). Too, Y. L.(2008)의 번역을 보라. 구체적으로는 이소크라테스 자신과 앞에 언급된 그의 제자 티모테오스를 가리킨다.

[165] καίτοι προσῆκε τοὺς εὖ φρονοῦντας εὔχεσθαι τοῖς θεοῖς ὡς πλείστοις τῶν πολιτῶν παραγενέσθαι τὴν δύναμιν ταύτην, δι' ἣν ἔμελλον παρ' ἑτέρων λαμβάνοντες χρησίμους αὑτοὺς ὥσπερ ἐγὼ τῇ πόλει παρέξειν. πολλῆς δ' ἀλογίας περί με γεγενημένης πάντων ἂν συμβαίη δεινότατον, εἰ οἱ μὲν δεδωκότες μοι χρήματα τοσαύτην ἔχοιεν χάριν ὥστ' ἔτι καὶ νῦν με θεραπεύειν, ὑμεῖς δ' εἰς οὓς ἀνήλωκα τἀμαυτοῦ, δίκην ἐπιθυμήσαιτε παρ' ἐμοῦ λαβεῖν.

[166] ἔτι δὲ δεινότερον, εἰ Πίνδαρον μὲν τὸν ποιητὴν οἱ πρὸ ἡμῶν γεγονότες ὑπὲρ ἑνὸς μόνον ῥήματος, ὅτι τὴν πόλιν ἔρεισμα τῆς Ἑλλάδος ὠνόμασεν, οὕτως ἐτίμησαν ὥστε καὶ πρόξενον ποιήσασθαι καὶ δωρεὰν μυρίας αὐτῷ δοῦναι δραχμάς, ἐμοὶ δὲ πολὺ πλείω καὶ κάλλιον ἐγκεκωμιακότι καὶ τὴν πόλιν καὶ τοὺς προγόνους μηδ' ἀσφαλῶς ἐγγένοιτο ἐπιβιῶναι τὸν ἐπίλοιπον χρόνον.

[166] 7 ἐπιβιῶναι ΓΔΕ : καταβιῶναι Θ

[165] 그러나 현명한 사람들은 최대한 많은 시민들이 그 능력을 갖게 해달라고 기도해야 온당합니다. 그 능력을 통해 그들은 다른 도시로부터 재물을 벌어들일 것이며, 제가 그랬듯 자신들을 이 도시에 쓸모 있는 사람으로 기꺼이 바칠 것입니다. 저를 둘러싸고 말도 안 되는[119)] 많은 일들이 자행되었지만, 그 모든 것들 중에 가장 무서운 일은 이것일 겁니다. 즉 저에게 재물을 주었던 사람들이 지금도 고마워하며 여전히 저에게 신경을 써주는데도, 제가 저의 재산을 여러분을 위해 썼는데도, 여러분이 저의 처벌을 갈망한다면 말입니다.

[166] 하지만 우리의 선조들이 시인 핀다로스[147]를, 그가 지은 단 한 구절의 시구(詩句) 때문에, 즉 이 도시가 '헬라스의 기둥'이라고 명명했다는 사실 때문에[148] 그를 '명예대사'로 위촉했으며,[149] 만 드라크마의 돈을 그에게 선물로 줄 정도로 그의 명예를 드높였던 반면, 이 도시와 조상들에게 그보다도 훨씬 더 많이, 더 아름답게 칭송했던 저에게는[150] 남은 시간을 평온하게 사는 것조차 허락하지 않는다면, 그것은 훨씬 더 무서운 일이 될 것입니다.

---

147 핀다로스(기원전 522-443년)는 테베 출신의 시인으로, 고대 그리스를 대표하는 아홉 명의 서정시인(알크만, 사포, 알카이오스, 아나크레온, 스테시코로스, 이비코스, 시모니데스, 바킬리데스, 핀다로스) 가운데 최고로 꼽힌다.(퀸틸리아누스 10.1.61, 위-롱기누스 33.5)

148 아테네를 찬양한 핀다로스의 시구는 조각글(76(46))로 남아 있다. "오 등불처럼 찬란하고 보랏빛 화관으로 눈부시며 시인들이 노래하는 / 헬라스의 기둥, 이름이 드높은 아테네여, 신비로운 도시여."

149 '명예대사'(proxenos)는 아테네 민회에서 투표로 결정하여 외국인에게 주는 일종의 명예직으로, 비공식적이지만 명예대사로 위촉된 사람은 자신의 고향 도시에서 아테네를 대표할 수 있었고, 아테네에서도 많은 특권을 누릴 수 있었다.

150 대표적으로 『시민대축전에 부쳐』와 『아레오파고스 연설』이 꼽힌다.

[167] περὶ μὲν οὖν τούτων καὶ τῶν ἄλλων τῶν κατηγορηθέντων ἱκανὴν εἶναι νομίζω τὴν εἰρημένην ἀπολογίαν. οὐκ ὀκνήσω δὲ πρὸς ὑμᾶς, οὔθ᾽ ὡς ἔχω νῦν πρὸς τὸν ἐνεστῶτα κίνδυνον, κατειπεῖν τὴν ἀλήθειαν, οὔθ᾽ ὡς τὸ πρῶτον διετέθην πρὸς αὐτόν. ἐγὼ γὰρ ὑπὲρ μὲν τῶν ἰδίων πολλὰς ἐλπίδας εἶχον καλῶς ἀγωνιεῖσθαι·

[168] καὶ γὰρ τοῖς βεβιωμένοις καὶ τοῖς πεπραγμένοις ἐπίστευον, καὶ πολλοὺς λόγους καὶ δικαίους ᾤμην ἔχειν ὑπὲρ αὐτῶν· ὁρῶν δ᾽ οὐ μόνον δυσκόλως διακειμένους περὶ τὴν τῶν λόγων παιδείαν τοὺς εἰθισμένους ἅπασι χαλεπαίνειν, ἀλλὰ καὶ τῶν ἄλλων πολιτῶν πολλοὺς τραχέως πρὸς αὐτὴν διακειμένους, ἐφοβούμην μὴ τὰ μὲν ἴδιά μου παραμεληθῇ, τῆς δὲ κοινῆς [καὶ τῆς] περὶ τοὺς σοφιστὰς διαβολῆς ἀπολαύσω τι φλαῦρον.

[168] 7 καὶ τῆς del. Benseler.

[167] 이제 저는 이것들과 다른 고발 내용들에 관해 지금까지 말한 것들이 충분한 변론이 된다고 생각합니다. 하지만 여러분에게 지금 당면한 소송에 대해 제가 어떻게 느끼는지, 그리고 처음에는 그것들에 대해 어떤 마음이었는지, 그 진실을 모두 망설임 없이 털어놓을 것입니다. 사실 저는 개인적인 일을 위해 아름답게 법정싸움을 해나갈 희망을 많이 품고 있었습니다.

[168] 왜냐하면 저는 제가 살아온 인생과 제가 했던 행위들에 대해 믿음을 가지고 있었으며, 그것들을 변호할 정당한 말들을 많이 가지고 있다고 생각했기 때문입니다. 그런데 저는 모든 사람들을 힘들게 하는 습관이 몸에 밴 사람들이 말의 교육[151]에 대해 불편하게 여길 뿐만 아니라, 다른 많은 시민들조차도 그 교육에 대해 곱지 않은 태도를 취하고 있음을 보면서, 저의 개인적인 일들이 무시당하지는 않을까, 소피스트들에 관한 공적인 편견으로부터 어떤 모함을 듣게 되지는 않을까 두려웠습니다.

151 '수사학 교육'(rhetorical education; cultivation of rhetoric, Too, Y. L.(2008))으로 이해해도 되지만, 이소크라테스는 이것이 곧 '철학'(philosophia)이라고 했다.

[169] ἐπειδὴ δὲ χρόνων ἐγγιγνομένων εἰσέπεσον εἰς τὸ λογίζεσθαι καὶ σκοπεῖν τί χρήσομαι τοῖς παροῦσιν, ἐπαυσάμην τοῦ δέους καὶ τῆς ταραχῆς ταύτης, οὐκ ἀλόγως ἀλλ᾽ ἐκ τῶν εἰκότων ὑπολογισάμενος καὶ παραμυθησάμενος ἐμαυτόν·

[170] τούς τε γὰρ ἐπιεικεῖς ὑμῶν, πρὸς οὕσπερ ἐγὼ ποιήσομαι τοὺς λόγους, ἠπιστάμην οὐκ ἐμμένοντας ταῖς δόξαις ταῖς ἀδίκως ἐγγεγενημέναις, ἀλλ᾽ ἐπακολουθοῦντας ταῖς ἀληθείαις καὶ μεταπειθομένους ὑπὸ τῶν λεγόντων τὰ δίκαια, τήν τε φιλοσοφίαν ἐκ πολλῶν ἐνόμιζον ἐπιδείξειν ἀδίκως διαβεβλημένην, καὶ πολὺ ἂν δικαιοτέρως ἀγαπωμένην αὐτὴν ἢ μισουμένην. ἔχω δὲ καὶ νῦν ἔτι ταύτην τὴν γνώμην.

[170] 3 ἀληθείαις Γ[2]ΔΕΘ : ἀδικίαις Γ[1] 7 μισουμένην Γ[1] : διαβαλλομένην Γ mg. : διαβαλλομένην καὶ μισουμένην cett.

[169] 하지만 시간이 흐르자 현재 상황에서 제게 필요한 것이 무엇인지 논리적으로 따져보고 살펴보는 일에 몰두하였을 때, 저는 그 무서움과 그런 혼란을 멈추었습니다.[152] 그것은 말도 안 되는 것이 아니었으며, 개연성에 충실하게 논리적으로 근본을 따져보고 제 자신을 달랬던 것입니다.

[170] 왜냐하면 제가 하려는 말을 듣게 된 여러분 중에서 공명관대한 사람들은 정당하지 못한 방식으로 생겨난 의견들에 머무르지 않고, 진실을[153] 충실하게 따라가면서 정의로운 것들을 말하는 사람들에게 설득되어 변할 것임을 저는 잘 알고 있었으며,[120)] 또한 철학이 부당하게 모함을 받았다는 것과, 그것이 미움을 받기보다는[154] 사랑을 받아야 훨씬 더 정당하다는 것을 많은 근거들로부터 부각하였다고[155] 생각했기 때문입니다. 지금도 저는 그 견해를 견지합니다.

---

152 감정은 이성적이고 논리적인 추론으로 진정될 수 있다는 사실을 이소크라테스는 몸소 보여주고 있다.

153 주요 필사본인 Γ에는 원래 '불의를'(ἀδικίαις)이라고 되어 있었으나, 다른 필체로 '진실을'(ἀληθείαις)이라고 덧붙여졌고, 다른 주요 필사본들도 이에 일치한다.

154 주요 필사본인 Γ에는 원래 '미움을 받다'(μισουμένην)라는 말만 있었으나, 그 여백에 '비난을 받다'(διαβαλλομένην)는 말이 추가되었는데, 다른 필사본들에는 이 두 말을 본문에 넣어 '비난을 받고 미움을 받다'(διαβαλλομένην καὶ μισουμένην)라고 적고 있다.

155 전시성 또는 과시성 부각연설(시범연설 또는 예식연설)의 방식으로 보여주었다(epideixein)는 뜻이다.

[171] οὐκ ἄξιον δὲ θαυμάζειν, εἴ τι τῶν καλῶν ἐπιτηδευμάτων ἠγνόηται καὶ διαλέληθεν, οὐδ' εἰ διεψευσμένοι τινὲς αὐτοῦ τυγχάνουσιν· καὶ γὰρ περὶ ἡμῶν αὐτῶν καὶ περὶ ἄλλων πραγμάτων ἀναριθμήτων οὕτως ἔχοντες ἂν εὑρεθεῖμεν. ἡ γὰρ πόλις ἡμῶν πολλῶν ἀγαθῶν αἰτία καὶ νῦν οὖσα καὶ πρότερον γεγενημένη καὶ τοῖς πολίταις καὶ τοῖς ἄλλοις Ἕλλησι καὶ πολλῶν ἡδονῶν γέμουσα τοῦτ' ἔχει δυσκολώτατον·

[172] διὰ γὰρ τὸ μέγεθος καὶ τὸ πλῆθος τῶν ἐνοικούντων οὐκ εὐσύνοπτός ἐστιν οὐδ' ἀκριβής, ἀλλ' ὥσπερ χειμάρρους, ὅπως ἂν ἕκαστον ὑπολαβοῦσα τύχῃ καὶ τῶν ἀνθρώπων καὶ τῶν πραγμάτων, οὕτω κατήνεγκεν, καὶ δόξαν ἐνίοις τὴν ἐναντίαν τῆς προσηκούσης περιέθηκεν· ὅπερ καὶ τῇ παιδείᾳ ταύτῃ συμβέβηκεν.

[171] 아름다운 작업들 중에[156] 어떤 것이 무시당하고 철저히 잊힌다 해도, 그것에 관해 사람들이 거짓말에 휘둘린다 해도 놀랄 만한 일은 아닙니다. 우리 자신은 물론 다른 셀 수 없이 많은 일들에 관하여 우리 자신이 바로 그런 상황에 처해 있음을 발견할 수 있기 때문입니다. 실제로 우리의 도시는 지금은 물론 그 이전에도, 우리 시민들에게는 물론 다른 헬라스인들에게도 많은 좋은 것들이 되었으며 수많은 즐거움으로 가득 차 있지만, 이런 극도로 침통한 일을 겪고 있기 때문입니다.

[172] 실제로 그 크기와 그 안에 사는 사람들의 수가 너무 많아서 그것을 한눈에 잘 볼 수도 없고 정확하지도 않습니다. 그러나 폭풍우에 불어난 강물처럼, 사람들이든 사물들이든 간에 그 하나하나를 사로잡으면 그렇게 다 휩쓸어 가버립니다. 어떤 경우에는 그에 걸맞은 평판과는 정반대되는 평판을 부여하기도 하지요. 바로 이런 일이 이 교육에 대해서도 일어났던 것입니다.

156 가장 대표적인 것은 '말의 교육'과 '철학'이다.

[173] ὧν ἐνθυμουμένους χρὴ μηδενὸς πράγματος ἄνευ λόγου καταγιγνώσκειν, μηδ' ὁμοίως διακεῖσθαι δικάζοντας ὥσπερ ἐν ἰδίαις διατριβαῖς, ἀλλὰ διακριβοῦσθαι περὶ ἑκάστου καὶ τὴν ἀλήθειαν ζητεῖν, μεμνημένους τῶν ὅρκων καὶ τῶν νόμων καθ' οὓς συνεληλύθατε δικάσοντες. ἔστιν δ' οὐ περὶ μικρῶν οὔθ' ὁ λόγος οὔθ' ἡ κρίσις ἐν ᾗ καθέσταμεν, ἀλλὰ περὶ τῶν μεγίστων· οὐ γὰρ περὶ ἐμοῦ μέλλετε μόνον τὴν ψῆφον διοίσειν, ἀλλὰ καὶ περὶ ἐπιτηδεύματος, ᾧ πολλοὶ τῶν νεωτέρων προσέχουσι τὸν νοῦν.

[174] οἶμαι δ' ὑμᾶς οὐκ ἀγνοεῖν ὅτι τὰ πράγματα τῆς πόλεως τοῖς ἐπιγιγνομένοις καὶ τοῖς τηλικούτοις οιπρεσβύτεροι παραδιδόασιν. τοιαύτης οὖν ἀεὶ τῆς περιόδου γιγνομένης ἀναγκαῖόν ἐστιν, ὅπως ἂν οἱ νεώτεροι παιδευθῶσιν, οὕτω τὴν πόλιν πράττουσαν διατελεῖν· ὥστ' οὐ ποιητέον τοὺς συκοφάντας κυρίους τηλικούτου πράγματος, οὐδὲ τοὺς μὲν μὴ διδόντας τούτοις ἀργύριον τιμωρητέον, παρ' ὧν δ' ἂν λάβωσιν ἐατέον ποιεῖν ὅ τι ἂν βουληθῶσιν,

[173] 여러분은 이런 일들을 궁리하면서 그 어떤 사안에 관해서도 아무런 말도 없이[157] 판단을 내려서는 안 되며, 재판관이 된다면 개인적인 소일거리들을 처리할 때와 같은 마음가짐을 가져서도 안 됩니다. 여러분이 재판관 역할을 하기 위해 모였을 때 했던 맹세와 법을 기억하면서 각각의 사안을 꼼꼼하게 살펴보고 진실을 찾아야만 합니다. 그런데 저희가 하고 있는 말과 지금 내리려는 판결은 작은 일이 아니며, 가장 중대한 사안에 관한 것입니다. 지금 여러분은 저 개인에 관해서만이 아니라, 많은 젊은이들이 관심을 두는 작업에 관해서도[158] 투표를 행사하려는 것이기 때문입니다.

[174] 저는 여러분이 몰라서는 안 된다고 생각합니다. 더 나이든 세대의 사람들이 자신들의 뒤를 잇는 세대의 그만큼 젊은 나이의 사람들에게 이 도시의 일들을 건네주었다는 사실을 말입니다.[121)] 그러므로 이런 주기적인 전승이 언제나 계속되고 있기 때문에, 젊은이들이 어떻게 교육되는가에 따라서 이 도시의 미래가 결정된다는 것은 필연적입니다. 따라서 소송꾼들이 그토록 중대한 일을 주도하게 만들어서는 안 됩니다. 그들에게 돈을 지불하지 않는다고 해서 처벌해서도 안 되고, 그들에게서 돈을 뜯기는 사람들이 원하는 것을 할 수 있도록 허용해야만 합니다.

157 '서로 주고받는 논의도 없이, 연설이나 논리적인 설명도 없이'.
158 '젊은이들의 교육에 관하여'.

[175] ἀλλ᾽ εἰ μὲν ἡ φιλοσοφία τοιαύτην ἔχει δύναμιν ὥστε διαφθείρειν τοὺς νεωτέρους, οὐ τοῦτον χρὴ μόνον κολάζειν ὃν ἂν γράψηταί τις τούτων, ἀλλὰ πάντας ἐκποδὼν ποιεῖσθαι τοὺς περὶ τὴν διατριβὴν ταύτην ὄντας· εἰ δὲ τοὐναντίον πέφυκεν ὥστ᾽ ὠφελεῖν καὶ βελτίους ποιεῖν τοὺς πλησιάζοντας καὶ πλείονος ἀξίους, τοὺς μὲν διαβεβλημένους πρὸς αὐτὴν παυστέον, τοὺς δὲ συκοφάντας ἀτιμητέον, τοῖς δὲ νεωτέροις συμβουλευτέον ἐν ταύτῃ διατρίβειν μᾶλλον ἢ τοῖς ἄλλοις ἐπιτηδεύμασιν.

[176] πρὸ πολλῶν δ᾽ ἂν ἐποιησάμην, εἴπερ ἦν εἱμαρμένον μοι φεύγειν τὴν γραφὴν ταύτην, ἀκμάζοντί μοι προσπεσεῖν τὸν κίνδυνον· οὐ γὰρ ἂν ἠθύμουν, ἀλλὰ μᾶλλον οἷός τ᾽ ἂν ἐγενόμην καὶ τὸν κατήγορον ἀμύνασθαι καὶ τῇ φιλοσοφίᾳ βοηθῆσαι· νῦν δὲ φοβοῦμαι μὴ διὰ ταύτην ὑπὲρ ἄλλων πραγμάτων ἐπιεικῶς εἰρηκὼς περὶ αὐτῆς ταύτης χεῖρον τύχω διαλεχθεὶς ἢ περὶ ὧν ἧττόν μοι σπουδάσαι προσῆκεν.

[175] 그러나 철학이 젊은이들을 망가뜨릴 수 있는 힘이 있다면, 그 소송꾼들 중에서 어떤 사람이 고발장을 쓸 법한 사람을 처벌할 뿐만 아니라, 바로 그런 소일거리에 몸담고 있는 사람들을 모두 추방해야 합니다. 그런데 만약 철학이 그 반대의 본성을 가지고 있어서 가까이 다가오는 사람들을 이롭게 하며 더 훌륭하게 만들어주고 더 많은 것들을 누릴 수 있는 자격을 갖추도록 만들어준다면, 철학을 모함하는 자들을 멈추게 하고 소송꾼들에게 정치적 권리를 박탈해야 하며[122)] 젊은이들에게는 다른 작업들보다는 철학에 더 많이 소일하라고 조언해야 합니다.

[176] 그런 고발에서 벗어나는 것이 저의 운명이라면, 저는 힘이 좋을 때에[159] 이 소송에 맞서 싸우는 것을 중요하게 생각했을 것입니다. 그랬다면 저는 실망하지 않았을 것이며, 고발인을 막아내고 철학을 옹호할 수도 있었을 것입니다. 하지만 지금 저는 두렵습니다. 철학 덕택에 저는 다른 사안들에 관해서는 공명관대하게 말을 했지만, 정작 바로 그 철학에 관해서는 제가 신경을 덜 써도 되는 일에 관해서보다 더 형편없이 말하게 되는 것은 아닌가 하고 말입니다.

159 지금은 기력이 많이 떨어진 노인임을 한탄하는 느낌으로, 청중의 동정을 유도하는 수사학적인 기법이다.

[177] καίτοι δεξαίμην ἂν, εἰρήσεται γὰρ τἀληθὲς, εἰ καὶ μωρὸς ὁ λόγος ἐστίν, ἤδη τελευτῆσαι τὸν βίον, ἀξίως εἰπὼν τῆς ὑποθέσεως καὶ πείσας ὑμᾶς τοιαύτην εἶναι νομίζειν τὴν τῶν λόγων μελέτην οἵα πέρ ἐστιν, μᾶλλον ἢ ζῆν πολυπλασίω χρόνον, ἐφορῶν οὕτως αὐτὴν ὥσπερ νῦν παρ' ὑμῖν φερομένην.

[178] τῆς μὲν οὖν ἐπιθυμίας οἶδ' ὅτι πολὺ καταδεέστερον ἐροῦμεν· ὅμως δ' ὅπως ἂν δύνωμαι πειράσομαι διελθεῖν τήν τε φύσιν αὐτῆς καὶ τὴν δύναμιν ἣν ἔχει, καὶ ποίᾳ τῶν ἄλλων τεχνῶν ὁμοιοειδής ἐστιν καὶ τί τοὺς συνόντας ὠφελεῖ, καὶ ποίας τινὰς ἡμεῖς ποιούμεθα τὰς ὑποσχέσεις· οἶμαι γὰρ ὑμᾶς μαθόντας τὴν ἀλήθειαν ἄμεινον καὶ βουλεύσεσθαι καὶ διαγνώσεσθαι περὶ αὐτῆς.

[177] 5 ὑμῖν ΓΔ : ἡμῖν ΕΘ

[177] 그렇지만 저는, 설령 말이 좀 서툴러도 진실을 말씀드리려고 하는데, 그래야 이제 제 삶을 끝내는 것을 받아들일 수 있을 것 같습니다. 이 주제에 값하는 것을 말하고 여러분을 설득해서 이런 식으로 말의 연습[160]을 실제 모습 그대로 생각할 수 있도록 한다면 말입니다. 그것이 지금 여러분들 사이에서[161] 말의 연습이 이루어지고 있는 꼴을 계속 보면서 더 오랜 시간 삶을 연장하는 것보다 나으니까요.

[178] 저는 제가 원하는 것보다 훨씬 부족하게 말하리라는 것을 잘 알고 있습니다. 그렇지만 제가 할 수 있는 대로 그것의 본성과 그것이 가지고 있는 힘을, 그리고 다른 기술들 가운데 어떤 것과 비슷한 모습을 가지고 있는지, 그리고 문하생들에게 어떤 이점을 주는지, 저희가 하는 약속은 무엇인지를 소상하게 설명해보겠습니다.[162] 왜냐하면 저는 여러분이 진실을 알고 난 다음에는 그것에 관해 좀 더 잘 논의하고 판단하리라 생각하기 때문입니다.

---

160 연설과 말의 방식과 능력을 숙련하기 위해 노력과 수고를 기울이는 일. 이것은 '말의 교육'과 직결되며 '철학'과도 통한다.

161 '우리들 사이에서'라고 적혀 있는 사본도 있다.

162 말의 연습, 말의 교육, 철학에 대한 예찬에 관한 부각연설이 시작된다.

[179] ἀξιῶ δ' ὑμᾶς, ἢν ἄρα φαίνωμαι λόγους διεξιὼν πολὺ τῶν εἰθισμένων λέγεσθαι παρ' ὑμῖν ἐξηλλαγμένους, μὴ δυσχεραίνειν, ἀλλ' ἔχειν συγγνώμην, ἐνθυμουμένους ὅτι τοὺς περὶ πραγμάτων ἀνομοίων τοῖς ἄλλοις ἀγωνιζομένους ἀναγκαῖόν ἐστιν καὶ τοῖς λόγοις τοιούτοις χρῆσθαι περὶ αὐτῶν. ὑπομείναντες οὖν τὸν τρόπον τῶν λεγομένων καὶ τὴν παρρησίαν καὶ τὸν χρόνον ἐάσαντες ἀναλῶσαί με τὸν δεδομένον ταῖς ἀπολογίαις, ὅπως ἂν ὑμῶν ἑκάστῳ δοκῇ δίκαιον εἶναι καὶ νόμιμον, οὕτω φέρετε τὴν ψῆφον.

[180] βούλομαι δὲ περὶ τῆς τῶν λόγων παιδείας ὥσπερ οἱ γενεαλογοῦντες πρῶτον διελθεῖν πρὸς ὑμᾶς. ὁμολογεῖται μὲν γὰρ τὴν φύσιν ἡμῶν ἔκ τε τοῦ σώματος συγκεῖσθαι καὶ τῆς ψυχῆς· αὐτοῖν δὲ τούτοιν οὐδεὶς ἔστιν ὅστις οὐκ ἂν φήσειεν ἡγεμονικωτέραν πεφυκέναι τὴν ψυχὴν καὶ πλείονος ἀξίαν· τῆς μὲν γὰρ ἔργον εἶναι βουλεύσασθαι καὶ περὶ τῶν ἰδίων καὶ περὶ τῶν κοινῶν, τοῦ δὲ σώματος ὑπηρετῆσαι τοῖς ὑπὸ τῆς ψυχῆς γνωσθεῖσιν.

[179] 7 χρόνον $Γ^2$ΔΕΘ : τρόπον $Γ^1$

[179] 하지만 저는 여러분에게 요청합니다. 만약 제가 여러분에게 익숙한 방식에서 많이 벗어나는 변형된 형식의 연설을 하는 것이 분명하게 드러나게 되더라도 노여워하지 마시고 양해해주시기 바랍니다. 여러분은 다른 사안들과는 같지 않은 것들에 관하여 법정싸움을 벌이는 사람들이 필연적으로 그 사안들에 관하여 그런 식의 연설들을 이용하리라는 것을 궁리해 보시기 바랍니다. 그래서 제가 말하는 방식과 '허심탄회함'[123)]을 잘 참아주고 변론에 필요한 시간을[163] 충분히 쓸 수 있도록 허락해주면서, 여러분 각자에게 정당하며 합법적이라고 생각되는 대로 그렇게 투표를 행사하길 바랍니다.

[180] 저는 먼저 말의 교육에 관하여 마치 계보작성가들이 하는 것처럼 여러분에게 상세히 설명해드리고 싶습니다.[164] 우리의 본성이 몸과 영혼으로 구성되어 있다는 것은 누구나 동의하는 내용이며, 이 두 부분 가운데에서 영혼이 본성적으로 더 지배적이며 더 많은 가치를 지닌다고 말하지 않으려는 사람은 하나도 없습니다. 왜냐하면 영혼의 일은 사적인 일이든 공적인 일이든 그에 관해 논의하는 것인 반면, 몸의 일은 영혼에 의해 결정된 사항들이 실현될 수 있도록 지원하는 것이기 때문입니다.

---

163 주요 필사본인 Γ에는 원래 '방법을'(τρόπον)이라고 적혀 있었으나, 다른 글씨체로 '시간을'(χρόνον)이라고 덧붙여졌으며, 다른 사본들도 이에 따른다.

164 계보 또는 한 가문이나 민족의 족보를 말하는 것은 찬사의 구성요소였다. 연설가가 칭송하고자 하는 대상의 족보를, 무생물의 경우에는 그것의 기원과 발전의 전모를 열거하면서 시작하는 것은 일종의 관행이었다.

[181] οὕτω δὲ τούτων ἐχόντων, ὁρῶντές τινες τῶν πολὺ πρὸ ἡμῶν γεγονότων περὶ μὲν τῶν ἄλλων πολλὰς τέχνας συνεστηκυίας, περὶ δὲ τὸ σῶμα καὶ τὴν ψυχὴν οὐδὲν τοιοῦτον συντεταγμένον, εὑρόντες διττὰς ἐπιμελείας κατέλιπον ἡμῖν, περὶ μὲν τὰ σώματα τὴν παιδοτριβικὴν, ἧς ἡ γυμναστικὴ μέρος ἐστὶν, περὶ δὲ τὰς ψυχὰς τὴν φιλοσοφίαν, περὶ ἧς ἐγὼ μέλλω ποιεῖσθαι τοὺς λόγους,

[182] ἀντιστρόφους καὶ σύζυγας καὶ σφίσιν αὐταῖς ὁμολογουμένας, δι᾽ ὧν οἱ προεστῶτες αὐτῶν τάς τε ψυχὰς φρονιμωτέρας καὶ τὰ σώματα χρησιμώτερα παρασκευάζουσιν, οὐ πολὺ διαστησάμενοι τὰς παιδείας ἀπ᾽ ἀλλήλων, ἀλλὰ παραπλησίαις χρώμενοι καὶ ταῖς διδασκαλίαις καὶ ταῖς γυμνασίαις καὶ ταῖς ἄλλαις ἐπιμελείαις.

[181] 이 두 요소가 이런 관계에 있기 때문에, 우리보다 훨씬 앞서 살았던 사람들 가운데 어떤 이들은 다른 일들에 관해서는 많은 기술들이[124] 성립해 있었지만 몸과 영혼에 관해서는 그런 식의 기술이라는 것이 하나도 구성되지 않았다는 것을 보고서, 두 가지 '돌보기'을 찾아내어 우리에게 물려주었습니다. 몸과 관련해서는 '체육'인데, 그중 한 부분이 '체련'입니다.[125] 영혼에 관련해서는 '철학'인데,[126] 저는 이것에 관해 말해보려고 합니다.

[182] 이 둘은 서로 짝을 이루며 함께 묶일 수 있고 그들 자신끼리 서로 호응하는 기술들인데, 이것들에 으뜸인 사람들은 이것들을 통해서 영혼을 훨씬 더 현명하게 해주고, 몸은 더욱더 쓸모 있도록 해줍니다. 그들은 이 두 가지 교육을 서로 떼어놓는 일은 하지 않으며, 그 대신 서로 이웃하는 것으로 여기면서 그것들의 가르침과 훈련과 그 밖의 다른 '돌보기'를 이용합니다.

[183] ἐπειδὰν γὰρ λάβωσι μαθητάς, οἱ μὲν παιδοτρίβαι τὰ σχήματα τὰ πρὸς τὴν ἀγωνίαν εὑρημένα τοὺς φοιτῶντας διδάσκουσιν, οἱ δὲ περὶ τὴν φιλοσοφίαν ὄντες τὰς ἰδέας ἁπάσας, αἷς ὁ λόγος τυγχάνει χρώμενος, διεξέρχονται τοῖς μαθηταῖς.

[184] ἐμπείρους δὲ τούτων ποιήσαντες καὶ διακριβώσαντες ἐν τούτοις πάλιν γυμνάζουσιν αὐτοὺς καὶ πονεῖν ἐθίζουσι καὶ συνείρειν καθ᾽ ἓν ἕκαστον ὧν ἔμαθον ἀναγκάζουσιν, ἵνα ταῦτα βεβαιότερον κατάσχωσιν καὶ τῶν καιρῶν ἐγγυτέρω ταῖς δόξαις γένωνται. τῷ μὲν γὰρ εἰδέναι περιλαβεῖν αὐτοὺς οὐχ οἷόν τ᾽ ἐστιν· ἐπὶ γὰρ ἁπάντων τῶν πραγμάτων διαφεύγουσιν τὰς ἐπιστήμας· οἱ δὲ μάλιστα προσέχοντες τὸν νοῦν καὶ δυνάμενοι θεωρεῖν τὸ συμβαῖνον ὡς ἐπὶ τὸ πολὺ πλειστάκις αὐτῶν τυγχάνουσιν.

[183] 실제로 교사들이 학생들을 받아들일 때, 한편에서 체육교사들은 찾아온 학생들에게 실제 경연대회를 대비해 고안해낸 품세들을 가르쳐주며, 다른 한편에서 철학에 관심을 가지고 있는 교사들은 학생들에게 연설에서 이용하게 되는 모든 형태들을 상세하게 설명해줍니다.

[184] 그리고 학생들이 그것들을 경험하고 그것들에 정통하게 만든 다음, 다시 훈련을 시켜 열심히 노력하는 습관을 들이게 하며, 배운 것들 각각을 전체로 묶어내도록 강하게 밀어붙입니다. 그것은 학생들이 배운 것들을 보다 확고하게 붙들고 자기 의견을 가지고 시의적절하게 상황에 다가설 수 있도록 하기 위해서입니다. 아는 것[165]만 가지고는 그렇게 할 수 없기 때문입니다. 실제로 모든 사안들에서 상황은 지식을 피해 달아나는 반면, 정신을 가장 잘 집중하고 많은 경우에 일어날 일들이 무엇인지 바라볼 수 있는 사람들이 상황에 시의적절하게 대처하는 경우가 가장 많기 때문입니다.[127)]

165 '아는 것'(eidenai)은 곧이어 나올 '지식'(epistēmē)과 같은 뜻을 가지며, 개별적이고 특수한 대상들을 아우르는 보편성과 필연성을 갖는 인식을 가리킨다. 플라톤의 구분에서와 마찬가지로 이소크라테스는 개별성과 상황, 맥락, 개연성이 강조되는 의견(doxa)과 대립되는 개념으로 '아는 것'과 '지식'의 개념을 사용하고 있다.

[185] τοῦτον δὲ τὸν τρόπον ἐπιμελούμενοι καὶ παιδεύοντες μέχρι μὲν τοῦ γενέσθαι βελτίους αὐτοὺς αὑτῶν τοὺς μαθητάς, καὶ σχεῖν ἄμεινον τοὺς μὲν τὰς διανοίας, τοὺς δὲ τὰς τῶν σωμάτων ἕξεις, ἀμφότεροι δύνανται προαγαγεῖν· ἐκείνην δὲ τὴν ἐπιστήμην οὐδέτεροι τυγχάνουσιν ἔχοντες, δι᾽ ἧς ἂν οἱ μὲν ἀθλητὰς οὓς βουληθεῖεν, οἱ δὲ ῥήτορας ἱκανοὺς ποιήσαιεν, ἀλλὰ μέρος μὲν ἄν τι συμβάλοιντο, τὸ δ᾽ ὅλον αἱ δυνάμεις αὗται παραγίγνονται τοῖς καὶ τῇ φύσει καὶ ταῖς ἐπιμελείαις διενεγκοῦσιν.

[186] ὁ μὲν οὖν τύπος τῆς φιλοσοφίας τοιοῦτός τίς ἐστιν. ἡγοῦμαι δ᾽ ὑμᾶς μᾶλλον ἂν ἔτι καταμαθεῖν τὴν δύναμιν αὐτῆς, εἰ διέλθοιμι τὰς ὑποσχέσεις ἃς ποιούμεθα πρὸς τοὺς πλησιάζειν ἡμῖν βουλομένους.

[185] 9 ἐπιμελείαις Γ[1]Δ[1]Ε : ἐπιστήμαις Γ mg. Δ mg. Θ

[185] 이 두 부분에서 이런 방식으로 양쪽의 교사들은 자신의 학생들 스스로가 더 좋은 상태에 이를 때까지 학생들을 돌보며 교육하는데, 한쪽에서는 그들의 생각을, 다른 쪽에서는 그들의 몸을 더 좋은 상태가 될 수 있도록 하는 것입니다. 그런데 그 두 분야의 교사들 가운데 그 누구도 한쪽에서는 자기들이 원하는 운동선수를, 다른 쪽에서는 충분한 능력을 가진 연설가를 만들어낼 수 있는 지식을 가지고 있지는 못합니다. 대신 교사들은 부분적으로 특정 측면에서만 기여할 수 있을 뿐이며, 일반적으로 능력 자체는 본성에서도 '돌보기'에서도[166] 두드러진 학생들에게만 나타납니다.[167]

[186] 그런데 철학의 주형틀[128)]이란 바로 이런 어떤 것입니다. 하지만 저는 저의 제자가 되기를 원하는 사람들에게 제가 하는 약속들을 상세하게 설명하면, 여러분은 철학의 힘에 대해 훨씬 더 많은 것을 알게 되리라 생각합니다.

166 두 개의 주요 필사본(Γ, Δ)의 여백과 하나의 필사본(Θ)의 본문에는 '지식들에서도'(ἐπιστήμαις)라고 적혀 있다.

167 『소피스트 반박』 14-15와 비교. 미주 135)를 보라.

[187] λέγομεν γὰρ ὡς δεῖ τοὺς μέλλοντας διοίσειν ἢ περὶ τοὺς λόγους ἢ περὶ τὰς πράξεις ἢ περὶ τὰς ἄλλας ἐργασίας πρῶτον μὲν πρὸς τοῦτο πεφυκέναι καλῶς, πρὸς ὅπερ ἂν προῃρημένοι τυγχάνωσιν, ἔπειτα παιδευθῆναι καὶ λαβεῖν τὴν ἐπιστήμην, ἥτις ἂν ᾖ περὶ ἑκάστου, τρίτον ἐντριβεῖς γενέσθαι καὶ γυμνασθῆναι περὶ τὴν χρείαν καὶ τὴν ἐμπειρίαν αὐτῶν· ἐκ τούτων γὰρ ἐν ἁπάσαις ταῖς ἐργασίαις τελείους γίγνεσθαι καὶ πολὺ διαφέροντας τῶν ἄλλων.

[188] εἶναι δὲ τούτων προσῆκον ἑκατέροις, τοῖς τε διδάσκουσιν καὶ τοῖς μανθάνουσιν, ἴδιον μὲν τοῖς μὲν εἰσενέγκασθαι τὴν φύσιν οἵαν δεῖ, τοῖς δὲ δύνασθαι παιδεῦσαι τοὺς τοιούτους, κοινὸν δ᾽ ἀμφοτέρων τὸ περὶ τὴν ἐμπειρίαν γυμνάσιον· δεῖν γὰρ τοὺς μὲν ἐπιμελῶς ἐπιστατῆσαι τοῖς παιδευομένοις, τοὺς δ᾽ ἐγκρατῶς ἐμμεῖναι τοῖς προσταττομένοις.

[187] 저는 이렇게 말합니다. 말에 관해 또는 행위에 관해 또는 다른 일들에 관해 두각을 나타내고자 하는 사람들은 무엇보다도 먼저 자신들이 선택한 바로 그것에 대해 아름다운 재능을 타고나야 하고, 두 번째로 교육을 받고 각각에 관련된 것이면 무엇이든 지식을 습득해야 하며, 세 번째로 그것들에 대한 실제 적용과 경험에 관련해 열심히 훈련해서 능숙하게 되어야 합니다. 왜냐하면 모든 실행에서 완숙한 경지에 이르며 다른 사람들보다 훨씬 돋보일 수 있는 것은 바로 이것들로부터[168] 가능하기 때문입니다.

[188] 이런 과정에서 교사나 학생들에게 각각 적절한 것으로 고유하게 요구되는 바가 있습니다. 학생들에게는 입문할 때 필요한 본성이 있어야 하며, 교사들에게는 그런 학생들을 교육시킬 수 있는 능력이 있어야 합니다. 한편 양쪽에 공통으로 요구되는 것도 있습니다. 경험과 관련된 훈련입니다. 실제로 교사들은 교육받는 이들을 돌볼 줄 알아야 하며, 학생들은 제시된 가르침 안에 확고하게 들어가 있어야 합니다.

---

168 이소크라테스가 교육에서 강조한 것은 다음 세 가지로 정리된다. 본성(또는 타고난 재능)(phusis : ingenium), 지식(epistēmē : doctrina), 훈련(gumnasthēnai = meletē : exercitatio)이 그것이다. 이 가운데 지식이 꼽히는 것에 유의해야 한다. 이소크라테스는 교육의 목적을 '의견을 잘 구성하는 능력'에서 찾고 있지만, 그런 능력을 키우기 위해 지식을 완전히 무시하는 것은 아니며, 보조적인 수단이나 기초로서는 인정한 것이다. 반면 플라톤은 지식을 철학의 궁극적 목적으로 삼는데, 이 점에서 둘의 차이가 두드러진다.

[189] ταῦτα μὲν οὖν ἐστιν ἃ κατὰ πασῶν λέγομεν τῶν τεχνῶν· εἰ δὲ δή τις ἀφέμενος τῶν ἄλλων ἔροιτό με, τί τούτων μεγίστην ἔχει δύναμιν πρὸς τὴν τῶν λόγων παιδείαν, ἀποκριναίμην ἂν ὅτι τὸ τῆς φύσεως ἀνυπέρβλητόν ἐστιν καὶ πολὺ πάντων διαφέρει· τὸν γὰρ ἔχοντα τὴν μὲν ψυχὴν εὑρεῖν καὶ μαθεῖν καὶ πονῆσαι καὶ μνημονεῦσαι δυναμένην, τὴν δὲ φωνὴν καὶ τὴν τοῦ στόματος σαφήνειαν τοιαύτην ὥστε μὴ μόνοις τοῖς λεγομένοις, ἀλλὰ καὶ ταῖς τούτων εὐαρμοστίαις συμπείθειν τοὺς ἀκούοντας,

[190] ἔτι δὲ τὴν τόλμαν, μὴ τὴν ἀναισχυντίας σημεῖον γιγνομένην, ἀλλὰ τὴν μετὰ σωφροσύνης οὕτω παρασκευάζουσαν τὴν ψυχὴν ὥστε μηδὲν ἧττον θαρρεῖν ἐν δὴ πᾶσιν τοῖς πολίταις τοὺς λόγους ποιούμενον ἢ πρὸς αὑτὸν διανοούμενον, τίς οὐκ οἶδεν ὅτι τυχὼν ὁ τοιοῦτος παιδείας, μὴ τῆς ἀπηκριβωμένης, ἀλλὰ τῆς ἐπιπολαίου καὶ πᾶσι κοινῆς, τοιοῦτος ἂν εἴη ῥήτωρ οἷος οὐκ οἶδ' εἴ τις τῶν Ἑλλήνων γέγονεν;

[189] 이 내용들은 일단 모든 기술에 관해 우리가 말하는 것들입니다. 그런데 만약 누군가가 다른 기술은 일단 제쳐두고 그것들 중에 '말의 교육'에 관련해서 가장 큰 힘을 가진 것이 무엇이냐고 묻는다면, 저는 본성[169]이 뛰어난 것이 모든 것들 중에 가장 돋보이는 것이라고 대답할 것입니다. 왜냐하면 그의 영혼이 한편으로는 발견하며 배우고 노력하며 기억할 능력이 있으며, 다른 한편에서는 말에 담겨 나올 연설의 내용에 의해서뿐만 아니라 그 연설의 내용을 담아내는 조화로운 화성에 의해서도 청중을 완전히 설득시킬 수 있는 정도의 목소리와 발성의 선명함을 가지고 있다면,

[190] 게다가 과감성을 가지되, 그것이 몰염치함의 상징이 아니라 절제가 동반된 과감성이며, 그 영혼을 다잡아주어 혼자서 생각할 때 못지않게 모든 시민들 앞에서 연설할 때에도 당당할 수 있도록 다잡을 수 있는 과감성을 가지고 있다면,[129)] 그런 영혼을 가진 사람은 세밀한 체계를 갖춘 교육은 받지 못하고 모든 사람에게 공통되는 피상적인 수준의 교육만 받았다고 해도, 헬라스인들 중에 그런 연설가가 또 있을까 싶을 정도의 그런 연설가가 될 수 있다는 사실을 그 누가 모르겠습니까?

169 구체적으로는 '타고난 재능'을 가리킨다.

[191] καὶ μὲν δὴ κἀκείνους ἴσμεν τοὺς καταδεεστέραν μὲν τούτων τὴν φύσιν ἔχοντας, ταῖς δ' ἐμπειρίαις καὶ ταῖς ἐπιμελείαις προέχοντας, ὅτι γίγνονται κρείττους οὐ μόνον αὑτῶν, ἀλλὰ καὶ τῶν εὖ μὲν πεφυκότων, λίαν δ' αὑτῶν κατημεληκότων· ὥσθ' ἑκάτερόν τε τούτων δεινὸν ἂν καὶ λέγειν καὶ πράττειν ποιήσειεν, ἀμφότερά τε γενόμενα περὶ τὸν αὐτὸν ἀνυπέρβλητον ἂν τοῖς ἄλλοις ἀποτελέσειεν.

[192] περὶ μὲν οὖν τῆς φύσεως καὶ τῆς ἐμπειρίας ταῦτα γιγνώσκω· περὶ δὲ τῆς παιδείας οὐκ ἔχω τοιοῦτον λόγον εἰπεῖν· οὔτε γὰρ ὁμοίαν οὔτε παραπλησίαν ἔχει τούτοις τὴν δύναμιν. εἰ γάρ τις διακούσειεν ἅπαντα τὰ περὶ τοὺς λόγους καὶ διακριβωθείη μᾶλλον τῶν ἄλλων, λόγων μὲν ποιητὴς τυχὸν ἂν χαριέστερος γένοιτο τῶν πολλῶν, εἰς ὄχλον δὲ καταστάς, τούτου μόνον ἀποστερηθείς, τοῦ τολμᾶν, οὐδ' ἂν φθέγξασθαι δυνηθείη.

[191] 그리고 그들보다는 본성은 좀 못하지만 경험과 돌보기에서 두드러진 사람들이 자기 자신의 이전 모습보다는 물론 좋은 본성을 타고나긴 했으나 제 자신에 대해 아주 소홀히 한 사람들보다도 더 뛰어나게 된다는 사실도 저희는 알고 있습니다. 따라서 이 조건들 각각이 말에 있어서나 행위에 있어서 무서운 능력을 가진 사람으로 만들어 줄 수 있을 것이며, 두 조건이 동일한 한 사람에게 있다면 그는 다른 사람들에 비해 월등히 뛰어난 사람으로 완성될 것입니다.

[192] 이렇게 저는 일단 본성과 경험에 관해 이런 사실들을 알고 있습니다. 하지만 교육에 관해서는 그런 말을 할 수 없습니다. 실제로 교육은 그것들[170]과 똑같은 힘도 버금가는 힘도 가지고 있지 않기 때문입니다. 만약 누군가가 연설과 관련된 사항들을 모두 듣고 나서 다른 사람들보다 훨씬 더 정교해진다면, 그는 다른 많은 사람들보다도 사람을 즐겁게 해주는 '연설을 짓는 이'[171]가 되겠지만, 대중 앞에 섰을 때 과감성 그것 하나만 없어도 입도 뻥끗할 수 없기 때문입니다.

170 '본성'과 '경험', 그리고 [191]에서 언급된 '돌보기'와 [190]에서 언급된 '과감성'도 포함된다.

171 '연설문을 짓는 이'(logōn poiētēs)에 관해서는 미주 110)을 보라.

[193] καὶ μηδεὶς οἰέσθω με πρὸς μὲν ὑμᾶς συστέλλειν τὴν ὑπόσχεσιν, ἐπειδὰν δὲ διαλέγωμαι πρὸς τοὺς συνεῖναί μοι βουλομένους, ἅπασαν ὑπ᾽ ἐμαυτῷ ποιεῖσθαι τὴν δύναμιν· φεύγων γὰρ τὰς τοιαύτας αἰτίας, ὅτ᾽ ἠρχόμην περὶ ταύτην εἶναι τὴν πραγματείαν, λόγον διέδωκα γράψας, ἐν ᾧ φανήσομαι τοῖς τε μείζους ποιουμένοις τὰς ὑποσχέσεις ἐπιτιμῶν καὶ τὴν ἐμαυτοῦ γνώμην ἀποφαινόμενος.

[194] ἃ μὲν οὖν κατηγορῶ τῶν ἄλλων παραλείψω· καὶ γάρ ἐστι πλείω τοῦ καιροῦ τοῦ παρόντος· ἃ δ᾽ αὐτὸς ἀποφαίνομαι πειράσομαι διελθεῖν ὑμῖν. ἄρχομαι δ᾽ ἐνθένδε ποθέν.

ἐκ τοῦ Κατὰ τῶν σοφιστῶν[172]

172 가장 중요한 필사본인 Urbainas 111(Γ)에는 『소피스트 반박』 [14]의 시작 부분과 [18]의 끝부분이 인용되어 있다.

[193] 그러니 제가 저의 문하생이 되기를[173] 원하는 사람들에게 그 모든 능력을 만들어줄 수 있다고 누누이 말하면서도 여러분 앞에서는 제 약속을 축소하고 있다고 생각하는 사람이 하나도 없기를 바랍니다. 왜냐하면 제가 바로 이 직업에 관계하기 시작했을 때, 이와 같은 비난을 피하려고 연설문을 하나 써서 발표를 하였는데, 그 연설문에서 분명히 저는 약속을 과장되게 하는 사람들을[174] 힐난하려고 하였으며, 제 자신의 견해를 표명하고자 했기 때문입니다.

[194] 이제 제가 다른 사람들을 비판한 것은 제쳐두겠습니다. 지금이 아주 시의적절한 기회이지만 주어진 시간에 비해 말해야 할 내용이 훨씬 더 많기 때문입니다. 대신 제가 표명하는 내용을 여러분께 상세히 설명하겠습니다. 한 대목에서 시작하겠습니다.

『소피스트 반박』 가운데 14-18을 읽는다.[130)]

173 또는 '저와 함께 지내(며 배우)기를'.

174 소피스트, 수사학 교사, 논쟁가, 점성가, 기하학자들 등. [195], [201], [261]을 보라. 그 밖에도 청중에게 약속한 것을 이행하지 못한 공무원, 사절, 장군 등도 여기에 포함될 수 있다.

[195] ταῦτα κομψοτέρως μὲν πέφρασται τῶν ἔμπροσθεν εἰρημένων, βούλεται δὲ ταὐτὰ δηλοῦν ἐκείνοις. ὃ χρὴ μέγιστον ὑμῖν γενέσθαι τεκμήριον τῆς ἐμῆς ἐπιεικείας· οὐ γάρ, ὅτε μὲν ἦν νεώτερος, ἀλαζονευόμενος φαίνομαι καὶ μεγάλας τὰς ὑποσχέσεις ποιούμενος, ἐπειδὴ δ' ἀπολέλαυκα τοῦ πράγματος καὶ πρεσβύτερος γέγονα, τηνικαῦτα ταπεινὴν ποιῶν τὴν φιλοσοφίαν, ἀλλὰ τοῖς αὐτοῖς λόγοις χρώμενος ἀκμάζων καὶ παυόμενος αὐτῆς καὶ θαρρῶν καὶ κινδυνεύων καὶ πρὸς τοὺς βουλομένους πλησιάζειν καὶ πρὸς τοὺς μέλλοντας περί μου τὴν ψῆφον οἴσειν, ὥστ' οὐκ οἶδ' ὅπως ἄν τις ἀληθέστερος ἢ δικαιότερος περὶ αὐτὴν ἐπιδειχθείη γεγενημένος.

[196] ταῦτα μὲν οὖν ἐκείνοις προσκείσθω τοῖς πρότερον περὶ ἡμῶν εἰρημένοις. οὐκ ἀγνοῶ δ' ὅτι τοὺς δυσκόλως διακειμένους οὐδέν πω τῶν εἰρημένων ἱκανόν ἐστιν ἀπαλλάξαι τῆς διανοίας ταύτης, ἀλλὰ πολλῶν ἔτι δέονται λόγων καὶ παντοδαπῶν εἰ μέλλουσιν ἑτέραν μεταλήψεσθαι δόξαν ἀνθ' ἧς νῦν τυγχάνουσιν ἔχοντες.

[195] 지금 읽은 것은 이전에 언급한 것들을 더 세련되게 제시한 것이지만, 예전 것과 똑같은 내용을 밝히려고 한 것입니다. 이것은 여러분에게 저의 공명관대함을 입증하는 가장 중요한 확증자료[175]임에 분명합니다. 사실 저는 지금보다 더 젊었을 때에도 분명히 허풍을 떨지 않았고, 엄청난 약속을 하지 않았으며, 제가 제 일에서 성공을 거두고 나이를 먹은 바로 이 순간조차도 저는 분명히 저의 철학을 수수한 것으로 만듭니다. 대신 저는 분명히 절정의 순간에서나 그것을 그만두려고 하는 이 순간에도, 자신감 넘쳐 있을 때나 소송에 걸린 지금 이 순간에도, 제자가 되기를 원하는 사람들에게나 저에 대해 투표를 하려고 하는 사람들에게도 똑같은 말을 사용합니다. 그래서 저는 그것에[176] 관해 어떤 사람이 어떻게 자기가 더 참되고 더 정의로운 사람이라고 부각할 수 있을지 잘 모르겠습니다.

[196] 따라서 일단 지금 읽은 내용은 저희들에 관해 이전에 언급되었던 바로 그것들에만 덧붙여야 합니다. 언급되었던 내용들 가운데 그 어떤 것도 적대적인 태도를 가진 사람들을 그 생각에서 벗어나게 만들기에는 충분하지 않으며, 만약 그들이 지금 가지고 있는 의견 대신 다른 의견을 갖도록 바꾸려면, 모든 종류의 수많은 말이 여전히 필요하다는 것을 저는 모르지 않습니다.

---

175 반박의 여지가 없는 확실한 증거(tekmerion). 이론이나 의혹의 여지가 조금이라도 있는 개연적인 다른 증거자료들과 구별된다. 아리스토텔레스의 『수사학』 1357 b4-10을 보라.

176 말의 교육, 곧 철학.

[197] δεῖ δὴ μηδ᾽ ἡμᾶς προαπειπεῖν διδάσκοντας καὶ λέγοντας, ἐξ ὧν δυοῖν θάτερον, ἢ μεταστήσομεν τὰς γνώμας αὐτῶν ἢ τὰς βλασφημίας καὶ κατηγορίας, αἷς χρῶνται καθ᾽ ἡμῶν, ἐξελέγξομεν ψευδεῖς οὔσας. εἰσὶν δὲ διτταί. λέγουσιν γὰρ οἱ μὲν ὡς ἔστιν ἡ περὶ τοὺς σοφιστὰς διατριβὴ φλυαρία καὶ φενακισμός· οὐδεμία γὰρ εὕρηται παιδεία τοιαύτη, δι᾽ ἧς γένοιτό τις ἂν ἢ περὶ τοὺς λόγους δεινότερος ἢ περὶ τὰς πράξεις φρονιμώτερος, ἀλλ᾽ οἱ προέχοντες ἐν τούτοις τῇ φύσει τῶν ἄλλων διαφέρουσιν·

[198] οἱ δὲ δεινοτέρους μὲν ὁμολογοῦσιν εἶναι τοὺς περὶ τὴν μελέτην ταύτην ὄντας, οὐ μὴν ἀλλὰ διαφθείρεσθαι καὶ γίγνεσθαι χείρους· ἐπειδὰν γὰρ λάβωσιν δύναμιν, τοῖς ἀλλοτρίοις ἐπιβουλεύειν. ὡς οὖν οὐδὲν ὑγιὲς οὐδ᾽ ἀληθὲς οὐδέτεροι τούτων λέγουσιν, πολλὰς ἐλπίδας ἔχω πᾶσι φανερὸν ποιήσειν.

[197] 2 θάτερον ΓΔ : θάτερον ποιήσομεν ΕΘ

[197] 그러니 우리는 가르쳐주고 말하기를 결코 포기해서는 안 됩니다. 그렇게 함으로써 우리는 두 가지 중에 하나를,[177] 즉 그들의 견해를 바꾸어 놓든가, 아니면 그들이 우리를 공격하기 위해 이용하는 비방과 고발이 거짓된 것이라고 논박할 것입니다. 그것은 두 가지입니다. 어떤 이들은 소피스트들에 관련된 소일거리가 험담이나 사기라고 말합니다. 실제로는 어떤 사람이 말에서 더 위력적이게 되고[178] 행위에서 더 현명한 사람이 되게끔 해주는 교육은 전혀 찾아볼 수가 없으며, 단지 그 점에서 뛰어난 본성을 가진 사람이[179] 다른 사람들보다 더 돋보이는 것뿐이라는 것입니다.

[198] 한편 어떤 이들은 이런 연습을 한 사람이 더 위력적임은 인정하지만, 타락하고 더 나쁜 사람이 될 것이라고 한목소리를 냅니다.[131)] 이들이 그런 능력을 가지면 다른 사람들의 재산을 노리고 음모를 꾸민다는 것이지요. 저는 이런 말을 하는 사람들 중에 그 누구도 건전하지도 진실하지도 않은 말을 하고 있음을 모든 사람들에게 명백하게 만들 것이라는 희망을 많이 가지고 있습니다.

---

177 '하나를 할 것입니다'라며 동사가 적혀 있는 필사본도 있다.
178 선악의 문제를 떠나 설득력의 관점에서.
179 특별한 교육이나 훈련, 연습 없이도.

[199] πρῶτον δ' ἐνθυμήθητε περὶ τῶν φλυαρίαν φασκόντων εἶναι τὴν παιδείαν, ὡς αὐτοὶ λίαν καταφανῶς ληροῦσιν. διασύρουσι μὲν γὰρ αὐτὴν ὡς οὐδὲν ὠφελεῖν δυναμένην, ἀλλ' ἀπάτην καὶ φενακισμὸν οὖσαν, ἀξιοῦσι δὲ τοὺς συνόντας ἡμῖν εὐθὺς μὲν προσελθόντας διαφέρειν αὐτοὺς αὐτῶν,

[200] ὀλίγας δ' ἡμέρας συνδιατρίψαντας σοφωτέρους ἐν τοῖς λόγοις καὶ κρείττους φαίνεσθαι τῶν καὶ ταῖς ἡλικίαις καὶ ταῖς ἐμπειρίαις προεχόντων, ἐνιαυτὸν δὲ μόνον παραμείναντας ῥήτορας ἅπαντας ἀγαθοὺς εἶναι καὶ τελείους καὶ μηδὲν φαυλοτέρους τοὺς ἀμελεῖς τῶν πονεῖν ἐθελόντων μηδὲ τοὺς ἀφυεῖς τῶν τὰς ψυχὰς ἀνδρικὰς ἐχόντων.

[199] 먼저 '그 교육은 헛소리에 불과하다'고 떠드는 사람들에 관하여, 그들 스스로가 얼마나 명백하게 엉뚱한 논리를 펴는지 한번 궁리해보시기 바랍니다.[180] 그들은 그 교육이 아무런 이득도 줄 수 없으며 오히려 속임수이며 사기라고 헐뜯으면서도, 저의 문하생들에게는 저에게 오자마자 그 이전의 자신과는 달라져야 한다고 요구합니다.

[200] 그리고 며칠밖에 함께 소일하지 않았는데도 연설에서 연배가 더 높고 경험이 더 많은 사람들보다 더 지혜롭고 뛰어난 모습으로 두각을 나타내야 하며, 제 곁에 머문 지 일 년밖에 안 됐는데도 전부 훌륭하고 완벽한 연설가여야 한다고 요구합니다.[181] 또한 노력을 안 해도 수고를 아끼지 않는 사람들에 비해 더 떨어지면 안 되고, 타고난 재능이 없어도 용감한 영혼을 타고난 사람보다 더 못해서는 안 된다고 요구합니다.[182]

---

180 '곰곰이 따져보다'(enthumein)의 의미에 관해서는 미주 14)와 64)를 보라.

181 이소크라테스의 교육은 보통 3-4년 정도 지나야 효과를 본다. [87]을 보라.

182 철학(또는 수사학)도 전쟁이나 운동경기에서 요구되는 용기가 필요하다는 지적 자체에 대해서 이소크라테스는 동의한다.

[201] καὶ ταῦτα προστάττουσιν, οὔθ᾽ ἡμῶν ἀκηκοότες τοιαύτας ποιουμένων τὰς ὑποσχέσεις οὔτ᾽ ἐν ταῖς ἄλλαις τέχναις καὶ παιδείαις οὐδὲν ἑωρακότες τούτων συμβαῖνον, ἀλλὰ μόλις μὲν ἡμῖν τὰς ἐπιστήμας παραγιγνομένας, οὐχ ὁμοίως δ᾽ ἀλλήλοις ὅ τι ἂν μάθωμεν ἐξεργαζομένους, ἀλλὰ δύο μὲν ἢ τρεῖς ἐξ ἁπάντων τῶν διδασκαλείων ἀγωνιστὰς γιγνομένους, τοὺς δ᾽ ἄλλους ἐξ αὐτῶν ἰδιώτας ἀπαλλαττομένους.

[202] καίτοι πῶς οὐκ ἄφρονας εἶναι χρὴ νομίζειν τοὺς τὰς δυνάμεις ἐν ταῖς ὁμολογουμέναις τῶν τεχνῶν οὐκ ἐνούσας, ταύτας ἀπαιτεῖν τολμῶντας παρὰ ταύτης ἣν οὐκ εἶναί φασιν, καὶ πλείους τὰς ὠφελείας ἀξιοῦντας γίγνεσθαι παρὰ τῆς ἀπιστουμένης ὑφ᾽ αὐτῶν ἢ παρὰ τῶν ἀκριβῶς εὑρῆσθαι δοκουσῶν;

[201] 이런 것들을 그들이 주문합니다. 제가 그런 식의 약속을 한 것을 들어본 적도 없을 텐데, 다른 기술이나 교육에서는 그들이 요구한 것들 가운데 어떤 것도 일어나지 않았음을 보았을 텐데, 그 지식이란 것들도 우리에게는 어렵사리 생겨나며 우리가 뭔가를 배운다 해도 그것을 우리 모두가 똑같이 실행하는 것은 아니라는 사실도 보았을 텐데, 어느 학교에서나 겨우 두세 명 정도만이 논쟁가[183]가 되며 다른 이들은 학교를 나간 후에는 대개 평범한 시민이 된다는 것을 보았을 텐데도 말입니다.

[202] 그러니 어떻게 여러 기술 중에 사람들로부터 공인된 기술 속에는 들어 있지 않는 능력을 그들 스스로가 존재하지 않는다고 말하는 그 기술로부터 감히 요구하는 사람을 현명하지 못한 사람이라고 생각하지 않을 수 있겠습니까? 그들은 정교하게 구상된 것처럼 보이는 기술로부터 생기는 것보다 더 많은 이익을 그들 자신이 불신하고 있는 기술로부터 생겨야 한다고 요구하는 것입니다.

183 또는 법정싸움에 뛰어난 연설가.

[203] χρὴ δὲ τοὺς νοῦν ἔχοντας οὐκ ἀνωμάλως ποιεῖσθαι τὰς κρίσεις περὶ τῶν ὁμοίων πραγμάτων, οὐδ᾽ ἀποδοκιμάζειν τὴν παιδείαν τὴν ταὐτὰ ταῖς πλείσταις τῶν τεχνῶν ἀπεργαζομένην. τίς γὰρ οὐκ οἶδεν ὑμῶν πολλοὺς τῶν ὑπὸ τοῖς σοφισταῖς γενομένων οὐ φενακισθέντας οὐδ᾽ οὕτω διατεθέντας ὡς οὗτοι λέγουσιν,

[204] ἀλλὰ τοὺς μὲν αὐτῶν ἱκανοὺς ἀγωνιστὰς ἀποτελεσθέντας, τοὺς δὲ παιδεύειν ἑτέρους δυνηθέντας, ὅσοι δ᾽ αὐτῶν ἰδιωτεύειν ἐβουλήθησαν, ἔν τε ταῖς ὁμιλίαις χαριεστέρους ὄντας ἢ πρότερον ἦσαν, τῶν τε λόγων κριτὰς καὶ συμβούλους ἀκριβεστέρους τῶν πλείστων γεγενημένους; ὥστε πῶς χρὴ τῆς τοιαύτης διατριβῆς καταφρονεῖν τῆς τοὺς κεχρημένους αὐτῇ τοιούτους παρασκευάζειν δυναμένης;

[203] 그런데 양식이 있는 사람이라면 동일한 사안들에 관해서 다른 식으로 판결을 내려서는 안 되며,[132] 대부분의 기술들과 똑같은 일을 해내는 교육을 거부해서도 안 됩니다. 여러분 중에 누가 소피스트 밑에서 지내는 많은 사람들이 그들에게 사기당했을 뿐만 아니라, 그들이 말하는 상태에 있지 않다는 것을 모르겠습니까?

[204] 그리고 그들 중에 충분히 많은 수의 사람들이 논쟁가로 성장하였으며, 그 일부는 다른 사람을 교육할 수 있게 되었고, 또 다른 한편 그들 중에서 평범한 삶을 원했던 사람은 누구나 사회에 나가 이전에 그랬던 것보다 더 우아하고, 또 대부분의 사람들보다 말에 대해 더 정확한 판정관과 조언자가[133] 되었음을 모르겠습니까? 그래서 열심히 한다면 그런 사람으로 만들어줄 수 있는 그런 소일거리를 어떻게 무시할 수 있겠습니까?[134]

[205] ἀλλὰ μὴν καὶ τόδε πάντες ἂν ὁμολογήσειαν, ὅτι τούτους τεχνικωτάτους εἶναι νομίζομεν ἐπὶ πασῶν τῶν τεχνῶν καὶ χειρουργιῶν, οἵτινες ἂν τοὺς μαθητὰς ὡς οἷόν θ' ὁμοιοτάτους ἐργάτας ἀλλήλοις ἀποδείξωσιν. τῇ τοίνυν φιλοσοφίᾳ φανήσεται καὶ τοῦτο συμβεβηκός.

[206] ὅσοι γὰρ ἡγεμόνος ἔτυχον ἀληθινοῦ καὶ νοῦν ἔχοντος, εὑρεθεῖεν ἂν ἐν τοῖς λόγοις οὕτως ὁμοίαν τὴν δύναμιν ἔχοντες ὥστε πᾶσιν εἶναι φανερὸν ὅτι τῆς αὐτῆς παιδείας μετεσχήκασιν. καίτοι μηδενὸς ἔθους αὐτοῖς ἐγγενομένου κοινοῦ μηδὲ διατριβῆς τεχνικῆς ὑπαρξάσης οὐκ ἔστιν ὅπως ἂν εἰς τὴν ὁμοιότητα ταύτην κατέστησαν.

[206] 5 κοινοῦ Γ : ἱκανοῦ $Δ^2$ΕΘ

[205] 그러나 모든 사람들은 다음과 같은 사실에 동의할 수 있을 것입니다. 즉 우리는 모든 기술과 수공예의 경우 자기 학생들 한 사람 한 사람이 가능한 한 서로 가장 비슷한 장인이 되게 해주는 사람이라면 최고의 기술을 가진 사람이라고 생각한다는 사실 말입니다. 철학[184]에서도 명백히 그런 일이 일어날 것입니다.[135)]

[206] 진실하고 양식이 있는 지도자를 만났던 사람들이라면, 그들이 말에서 서로 비슷한 능력을 갖는다는 사실을 모든 사람들이 발견할 수 있을 것이며, 그래서 그들이 똑같은 교육을 함께 받았다는 사실도 모든 사람들에게 명백해질 것입니다. 그들이 자기 안에 공통된[185] 습성을 받아들이지 않고 기술적인 소일거리도 수행하지 않았다면, 그런 비슷함을 가질 수 있는 다른 방법은 없습니다.[136)]

---

184 구체적으로는 '말의 교육'을 가리키며, 문맥에 따라서는 말의 기술, 연설가의 솜씨를 가르치는 '수사학'과 동일시될 수도 있다. 미주 19)과 67)을 보라.

185 '충분한'(ἱκανοῦ)이라고 적혀 있는 필사본도 있다.

[207] ἔτι τοίνυν ὑμῶν αὐτῶν οὐδεὶς ἔστιν ὅστις οὐκ ἂν εἰπεῖν ἔχοι πολλοὺς τῶν συμπαιδευθέντων, οἳ παῖδες μὲν ὄντες ἀμαθέστατοι τῶν ἡλικιωτῶν ἔδοξαν εἶναι, πρεσβύτεροι δὲ γενόμενοι πλέον διήνεγκαν πρὸς τὸ φρονεῖν καὶ λέγειν τῶν αὐτῶν τούτων ὧν παῖδες ὄντες ἀπελείφθησαν. ὅθεν μάλιστ᾽ ἄν τις γνοίη τὴν ἐπιμέλειαν, ὅσην ἔχει δύναμιν· δῆλον γὰρ ὅτι τότε μὲν ἅπαντες τοιαύταις ἐχρῶντο ταῖς διανοίαις οἵας περ ἐξ ἀρχῆς ἔφυσαν ἔχοντες, ἄνδρες δὲ γενόμενοι τούτων διήνεγκαν καὶ μετήλλαξαν τὴν φρόνησιν τῷ τοὺς μὲν ἐκκεχυμένως ζῆν καὶ ῥᾳθύμως, τοὺς δὲ τοῖς τε πράγμασιν καὶ σφίσιν αὐτοῖς προσέχειν τὸν νοῦν.

[208] ὅπου δὲ καὶ διὰ τὰς αὑτῶν ἐπιμελείας γίγνονταί τινες βελτίους, πῶς οὐκ ἂν οὗτοι λαβόντες ἐπιστάτην καὶ πρεσβύτερον καὶ πολλῶν πραγμάτων ἔμπειρον, καὶ τὰ μὲν παρειληφότα, τὰ δ᾽ αὐτὸν εὑρηκότα, πολὺ ἂν ἔτι πλέον καὶ σφῶν αὐτῶν καὶ τῶν ἄλλων διήνεγκαν;

[207] 솔직히 여러분 중에서도 어렸을 때 함께 교육을 받던 친구들 가운데 또래 중 가장 무식해 보였지만 나이가 든 뒤에는 현명하게 생각하고 말하는 데에서도 두각을 나타낸 친구가 많다고 말할 수 없는 사람은 없을 것입니다. 게다가 그 친구는 어렸을 때 자기보다 앞서 나갔던 친구와 비교해 차이가 났던 것보다 훨씬 더 큰 차이로 앞서 나갑니다. 이로부터 누구든 '돌보기'[186]가 얼마나 큰 힘을 갖는지 가장 잘 알 수 있을 것입니다. 소싯적에는 모든 사람들이 처음에 자신이 타고난 생각들을 이용해서 살아가지만 성인이 되면 그들은 다른 이들보다 뛰어나고 자신의 현명함에 변화를 주었는데, 다른 이들이 무절제하고 안일한 태도로 살아가는 반면, 그들은 해야 할 일과 자기 자신에 대해 정신을 집중시켰기 때문입니다. 이는 분명합니다.

[208] 그런데 어떤 사람이 자기 자신 돌보기를 통해 더 나아지는 곳이 있다면, 어떻게 그곳에서 지식이 풍부하고[187] 연륜이 깊으며 많은 일에 경험을 가진 선생님을 모시고서, 그로부터 전승받은 것은 물론이고 스스로 발견한 것들을 가지고서 이전의 자기 자신과 다른 사람들보다 훨씬 더 뛰어나게 되지 않을 수가 있겠습니까?

186 '영혼을 돌보기'. 이소크라테스가 지향하는 '철학'과 '말의 교육'과 같은 말.

187 플라톤 식의 이론적이고 보편적인 지식이 아니라, 연륜과 풍부한 경험을 통해 얻어진 실용적이고 실천적이며 정치적인 식견을 가리킨다.

[209] οὐ μόνον δ᾿ ἐκ τούτων, ἀλλὰ καὶ τῶν λοιπῶν εἰκότως ἂν ἅπαντες τὴν ἄγνοιαν θαυμάσειαν τῶν τολμώντων οὕτως εἰκῇ καταφρονεῖν τῆς φιλοσοφίας, πρῶτον μὲν εἰ πάσας τὰς πράξεις καὶ τὰς τέχνας εἰδότες ταῖς μελέταις καὶ ταῖς φιλοπονίαις ἁλισκομένας πρὸς τὴν τῆς φρονήσεως ἄσκησιν ταῦτα μηδεμίαν ἡγοῦνται δύναμιν ἔχειν,

[210] ἔπειτ᾿ εἰ τῶν μὲν σωμάτων μηδὲν οὕτως ἂν φήσειαν εἶναι φαῦλον, ὅ τι γυμνασθὲν καὶ πονῆσαν οὐκ ἂν εἴη βέλτιον, τὰς δὲ ψυχὰς τὰς ἄμεινον πεφυκυίας τῶν σωμάτων μηδὲν ἂν νομίζουσιν γενέσθαι σπουδαιοτέρας παιδευθείσας καὶ τυχούσας τῆς προσηκούσης ἐπιμελείας,

[209] 5 ἁλισκομένας codd. : αὐξανομένας Θ

[209] 이런 것들뿐만 아니라 나머지 다른 사실들에서도 철학을 제멋대로 그렇게 함부로 무시하려는 사람들의 무지에 대해서 모든 사람들이 놀랄 개연성은 아주 높습니다.[188] 무엇보다도 먼저, 만약 그들이 연습과 근면함[189]에 의해서 모든 행위와 기술들이 성취되었다는 것을[190] 알면서도 그것들이[191] 현명함을 수련하는 일에 대해서는 아무런 힘을 갖지 못한다고 생각한다면 말입니다.

[210] 그다음으로 만약 그들이 몸의 여러 부분 가운데 훈련을 하고 노력을 기울였음에도 불구하고 더 좋아지지 않을 만큼 비천한 부분은 아무것도 없다고 말할 수 있으면서도, 몸보다 더 좋은 본성을 타고난 영혼이 교육을 제대로 받고 또 적절한 돌보기를 누림에도 불구하고 더 고귀해질 수 없다고 생각한다면 말입니다.

---

188 "사람들이 놀랄 개연성은 아주 높습니다."라는 표현은 [209]에만 나오지만 [210]에서 [212]까지 모두 걸린다. 내용 이해를 돕기 위해 각 문단마다 번역문에서는 반복했다.

189 '노력하는 것을 좋아함'(philoponia)이라는 뜻에서의 근면함.

190 '확장되었다는 것을'이라고 적혀 있는 필사본도 있다.

191 '연습과 근면함이'.

[211] ἔτι δ' εἰ περὶ τοὺς ἵππους καὶ τοὺς κύνας καὶ τὰ πλεῖστα τῶν ζῴων ὁρῶντες τέχνας ἔχοντάς τινας, αἷς τὰ μὲν ἀνδρειότερα, τὰ δὲ πραότερα, τὰ δὲ φρονιμώτερα ποιοῦσιν, περὶ τὴν τῶν ἀνθρώπων φύσιν μηδεμίαν οἴονται τοιαύτην εὑρῆσθαι παιδείαν, ἥτις ἂν αὐτοὺς ἐπί τι τούτων ὧνπερ καὶ τὰ θηρία δυνηθείη προαγαγεῖν,

[212] ἀλλὰ τοσαύτην ἁπάντων ἡμῶν ἀτυχίαν κατεγνώκασιν ὥσθ' ὁμολογήσειαν μὲν ἂν ταῖς ἡμετέραις διανοίαις ἕκαστον τῶν ὄντων βέλτιον γίγνεσθαι καὶ χρησιμώτερον, αὐτοὺς δ' ἡμᾶς τοὺς ἔχοντας τὴν φρόνησιν ταύτην, ᾗ πάντα πλείονος ἄξια ποιοῦμεν, τολμῶσιν λέγειν ὡς οὐδὲν ἂν ἀλλήλους πρὸς ἐπιείκειαν εὐεργετήσαιμεν.

[211] 게다가 만약 그들이 말과 개와 대부분의 동물들과 관련해서 어떤 기술이 있고 누군가가 그 기술을 통해 어떤 동물은 더 용감하게, 어떤 동물은 더 온순하게, 어떤 동물은 더 현명하게 보이게 만드는 것을 보고서도, 짐승들에 대해서도 개선시킬 수 있는 부분 중 어떤 부분에서 인간에 대해 효력을 갖는 그런 식의 교육이 인간의 본성과 관련해서는[192] 전혀 발견할 수 없다고 생각한다면 말입니다.

[212] 그리고 그들은 우리 모두가 불운하다고 단정 지으면서, 결국 존재하는 것들 각각이 우리의 생각에 의해 더 좋아지고 더 쓸모있게 된다는 것에는 동의하면서도, 우리 자신은 모든 것들의 가치를 더 증가시킬 수 있는 현명함이 있지만 서로에 대해서는 결코 공명관대함에 맞게 잘 해줄 수는 없을 것이라고 감히 말한다면 말입니다.

192 특히 인간을 동물로부터 구별해주는 영혼과 그것의 이성적이고 언어적인 '로고스'의 본성과 관련된 기술과 교육.

[213] ὃ δὲ πάντων δεινότατον, ὅτι καθ᾽ ἕκαστον τὸν ἐνιαυτὸν θεωροῦντες ἐν τοῖς θαύμασιν τοὺς μὲν λέοντας πραότερον διακειμένους πρὸς τοὺς θεραπεύοντας ἢ τῶν ἀνθρώπων ἔνιοι πρὸς τοὺς εὖ ποιοῦντας, τὰς δ᾽ ἄρκτους καλινδουμένας καὶ παλαιούσας καὶ μιμουμένας τὰς ἡμετέρας ἐπιστήμας,

[214] οὐδ᾽ ἐκ τούτων δύνανται γνῶναι τὴν παιδείαν καὶ τὴν ἐπιμέλειαν, ὅσην ἔχει δύναμιν, οὐδ᾽ ὅτι ταῦτα πολὺ ἂν θᾶττον τὴν ἡμετέραν φύσιν ἢ τὴν ἐκείνων ὠφελήσειεν· ὥστ᾽ ἀπορῶ πότερον ἄν τις δικαιότερον θαυμάσειεν τὰς πραότητας τὰς τοῖς χαλεπωτάτοις τῶν θηρίων ἐγγιγνομένας ἢ τὰς ἀγριότητας τὰς ἐν ταῖς ψυχαῖς τῶν τοιούτων ἀνθρώπων ἐνούσας.

[213] 모든 것들 중에 가장 무서운 것은, 그들이 매년 열리는 놀라운 볼거리를 통해 사자들이 사육사에게 아주 온순한 태도를 보이는데, 사람들 중에 어떤 이들이 자기에게 잘 대해주는 사람에게 그런 것보다도 더 온순한 태도를 보인다는 사실을 보고, 또 곰들이 빙글빙글 돌면서 격투기를 하고 우리의 지식을 흉내 내는 것을 관람하고서도,

[214] 이런 것들로부터 그들은 교육과 돌보기가 어떤 힘을 갖게 되는지를 알지 못하며, 이런 것들이 그 짐승의 본성보다도 우리의 본성을 훨씬 더 빠르게 도와줄 수 있다는 사실을 이해하지 못한다는 사실입니다. 그래서 결국 저는 혼란에 빠지고 말았습니다.[193] 짐승의 극도로 거친 성질 안에서 생겨난 '온순함'과 그런 사람들의 영혼 안에 깃들어 있는 '무지막지함' 중에서 어떤 것에 놀라는 것이 더 정당한 것인지를 말입니다.

193 또는 '잘 모르게 되었습니다.'

[215] ἔχοι δ' ἄν τις πλείω περὶ τούτων εἰπεῖν· ἀλλὰ γὰρ ἢν πολλὰ λίαν λέγω περὶ τῶν παρὰ τοῖς πλείστοις ὁμολογουμένων, δέδοικα μὴ περὶ τῶν ἀμφισβητουμένων ἀπορεῖν δόξω. παυσάμενος οὖν τούτων ἐπ' ἐκείνους τρέψομαι τοὺς οὐ καταφρονοῦντας μὲν τῆς φιλοσοφίας, πολὺ δὲ πικρότερον κατηγοροῦντας αὐτῆς, καὶ μεταφέροντας τὰς πονηρίας τὰς τῶν φασκόντων μὲν εἶναι σοφιστῶν, ἄλλο δέ τι πραττόντων ἐπὶ τοὺς οὐδὲν τῶν αὐτῶν ἐκείνοις ἐπιτηδεύοντας.

[216] ἐγὼ δ' οὐχ ὑπὲρ ἁπάντων τῶν προσποιουμένων δύνασθαι παιδεύειν ποιοῦμαι τοὺς λόγους, ἀλλ' ὑπὲρ τῶν δικαίως τὴν δόξαν ταύτην ἐχόντων. οἶμαι δὲ σαφῶς ἐπιδείξειν τοὺς κατηγοροῦντας ἡμῶν πολὺ τῆς ἀληθείας διημαρτηκότας, ἤνπερ ἐθελήσητε διὰ τέλους ἀκοῦσαι τῶν λεγομένων.

[215] 누구라도 이 문제에 관해서 더 많은 말을 할 수 있을 겁니다. 그러나 제가 대부분의 사람들이 동의할 수 있는 것들에 관해 너무 많은 말을 한다면, 정작 공방이 되는 문제들에 관해서는 별 이야깃거리가 없는 것처럼 보일까봐 겁이 납니다. 따라서 이 문제에 관해서는 멈추고 다른 사람들로 넘어가겠습니다. 그들은 철학을 무시하지는 않지만 더욱 신랄하게 비판합니다. 그리고 그들은 소피스트라고 자처하지만 전혀 다른 행위를 하는 사람들의 사악함을 그들이 하는 작업과 같은 것은 전혀 하지 않는 사람들에게로 전가시킵니다.[137)]

[216] 저는 지금 교육을 할 수 있다고 주장하는 사람들 전부를[194] 위해서가 아니라, 그런 평판을 정당하게 갖는 사람들[195]을 위해 말을 하고 있습니다. 만약 여러분이 제가 말하는 내용을 끝까지 들어주시길 원하신다면, 저는 저희를 비판하는 사람들이 진실에서 많이 벗어난 잘못을 저질렀음을 분명하게 부각할 것이라고[196] 생각합니다.

---

194 모든 소피스트들.

195 사기성이 짙은 사악한 소피스트를 뺀 건전한 소피스트들. 미주 137)을 보라.

196 과시성, 전시성 부각연설(epideixis)임을 시사한다.

[217] πρῶτον μὲν οὖν ὁρίσασθαι δεῖ τίνων ὀρεγόμενοι καὶ τίνος τυχεῖν βουλόμενοι τολμῶσίν τινες ἀδικεῖν· ἢν γὰρ ταῦτα καλῶς περιλάβωμεν, ἄμεινον γνώσεσθε τὰς αἰτίας τὰς καθ' ἡμῶν λεγομένας, εἴτ' ἀληθεῖς εἰσιν εἴτε ψευδεῖς. ἐγὼ μὲν οὖν ἡδονῆς ἢ κέρδους ἢ τιμῆς ἕνεκά φημι πάντας πάντα πράττειν· ἔξω γὰρ τούτων οὐδεμίαν ἐπιθυμίαν ὁρῶ τοῖς ἀνθρώποις ἐγγιγνομένην.

[218] εἰ δὴ ταῦθ' οὕτως ἔχει, λοιπόν ἐστι σκέψασθαι τί τούτων ἂν ἡμῖν γίγνοιτο διαφθείρουσι τοὺς νεωτέρους. πότερον ἂν ἡσθεῖμεν ὁρῶντες ἢ καὶ πυνθανόμενοι πονηροὺς αὐτοὺς ὄντας καὶ δοκοῦντας τοῖς συμπολιτευομένοις; καὶ τίς οὕτως ἐστὶν ἀναίσθητος, ὅστις οὐκ ἂν ἀλγήσειεν τοιαύτης διαβολῆς περὶ αὐτὸν γιγνομένης;

[217] 따라서 먼저 어떤 사람이 부정을 감행하려고 할 때 무엇을 지향하는지, 무엇을 얻길 원하는지를 일단 규정해야 합니다. 이것들을 아름답게 규정한다면 여러분은 저희를 상대로 한 송사의 내용들이 진실인지 거짓인지를 더 잘 알게 될 것이기 때문입니다. 그래서 저는 일단 모든 사람들의 모든 행동이 쾌락이나 이익, 또는 명예 때문이라고 말하겠습니다.[197] 왜냐하면 저는 이것들을 제외하면 그 어떤 욕망도 사람들 안에 생겨나는 것을 보지 못하기 때문입니다.

[218] 사정이 이렇다면 남는 일은 저희가 젊은이들을 망침으로써 이것들 중에 무엇이 저희에게 생기는지 살펴보는 것입니다. 젊은이들이 사악하고 동료 시민들에게 그런 평판을 받는다는 것을 보거나 또 알게 되었을 때 저희가 과연 즐거울 수 있겠습니까? 그리고 어떤 사람이 자신에 관해 그와 같은 모함을 받았을 때 고통스럽지 않을 만큼 그렇게 무감각하다는 말입니까?

197 플라톤은 『국가』에서 이와 비슷한 행동의 목적을 정체(政體)와 관련시켜 서술한 바 있다. 쾌락은 민주정에서 가장 부각되는 반면(557d, 559b-d), 과두정에서는 돈과 재물 등 부(富)가(551a), 명예지배정체(timokratia)에서는 단연 명예가 사람들의 행동을 가장 강하게 추동한다(548c)는 식이다.

[219] ἀλλὰ μὴν οὐδ᾽ ἂν θαυμασθεῖμεν οὐδὲ τιμῆς μεγάλης τύχοιμεν τοιούτους τοὺς συνόντας ἀποπέμποντες, ἀλλὰ πολὺ ἂν μᾶλλον καταφρονηθεῖμεν καὶ μισηθεῖμεν τῶν ταῖς ἄλλαις πονηρίαις ἐνόχων ὄντων. καὶ μὴν οὐδ᾽ εἰ ταῦτα παρίδοιμεν, χρήματα πλεῖστ᾽ ἂν λάβοιμεν οὕτω τῆς παιδείας προεστῶτες.

[220] οἶμαι γὰρ δήπου τοῦτό γε πάντας γιγνώσκειν, ὅτι σοφιστῇ μισθὸς κάλλιστός ἐστιν καὶ μέγιστος, ἢν τῶν μαθητῶν τινες καλοὶ κἀγαθοὶ καὶ φρόνιμοι γένωνται καὶ παρὰ τοῖς πολίταις εὐδοκιμοῦντες· οἱ μὲν γὰρ τοιοῦτοι πολλοὺς μετασχεῖν τῆς παιδείας εἰς ἐπιθυμίαν καθιστᾶσιν, οἱ δὲ πονηροὶ καὶ τοὺς πρότερον συνεῖναι διανοουμένους ἀποτρέπουσιν. ὥστε τίς ἂν ἐν τούτοις τὸ κρεῖττον ἀγνοήσειεν, οὕτω μεγάλην τὴν διαφορὰν τῶν πραγμάτων ἐχόντων;

[219] 하지만 저희가 문하생들을 그런 모습으로 내보낸다면 사람들로부터 경탄을 받을 수도 없고 큰 명예를 얻을 수도 없을 것입니다. 반대로 저희는 다른 종류의 사악함 때문에 형벌을 받는 사람들보다 훨씬 더 많이 무시 당하고 미움 받게 될 것입니다. 설령 저희가 그런 것들을 외면한다 해도 그런 식으로 교육을 이끌어간다면 아주 많은 돈을 벌 수 있겠습니까?

[220] 저는 적어도 이것만은 모든 사람들이 안다고 생각합니다. 즉 소피스트에게 가장 아름답고 가장 큰 보수가 되는 것은, 자기 학생들 중에서 아름답고 좋고[198] 현명하며 시민들 사이에서 좋은 평판을 갖는 사람이 나오는 것입니다. 그런 제자들만이 많은 사람들에게 그의 교육에 참여하고 싶다는 욕망을 갖게 하는 반면, 제자들이 사악해진다면 이전에 문하생이 되려고 생각했던 사람들조차 그를 떠나게 할 것입니다. 따라서 사실이 이토록 큰 차이를 보여주는데, 도대체 누가 이것들 중에 더 좋은 것이 무엇인지를 모를 수 있겠습니까?

198 '아름답고 좋은 사람들'(kaloi kagathoi)은 고대 그리스 사회에서 존중받는 사람을 가리키는 전형적인 표현으로 영어의 'gentleman'에 가깝다. 이소크라테스는 이 표현에 자신의 교육이 지향하는 '현명함'과 '평판이 좋음'을 덧붙인다.

[221] ἴσως οὖν ἄν τις πρὸς ταῦτα τολμήσειεν εἰπεῖν ὡς πολλοὶ τῶν ἀνθρώπων διὰ τὰς ἀκρασίας οὐκ ἐμμένουσι τοῖς λογισμοῖς, ἀλλ᾽ ἀμελήσαντες τοῦ συμφέροντος ἐπὶ τὰς ἡδονὰς ὁρμῶσιν. ἐγὼ δ᾽ ὁμολογῶ καὶ τῶν ἄλλων πολλοὺς καὶ τῶν προσποιουμένων εἶναι σοφιστῶν ἔχειν τινὰς τὴν φύσιν ταύτην.

[222] ἀλλ᾽ ὅμως οὐδὲ τῶν τοιούτων οὐδείς ἐστιν οὕτως ἀκρατὴς, ὅστις ἂν δέξαιτο καὶ τοὺς μαθητὰς εἶναι τοιούτους· τῶν μὲν γὰρ ἡδονῶν τῶν διὰ τὴν ἀκρασίαν ἐκείνοις συμβαινουσῶν οὐκ ἂν δύναιτο μετασχεῖν, τῆς δὲ δόξης τῆς διὰ τὴν πονηρίαν γιγνομένης αὐτὸς ἂν τὸ πλεῖστον μέρος ἀπολαύσειεν. ἔπειτα τίνας ἂν καὶ διαφθείραιεν καὶ τοὺς πῶς διακειμένους λάβοιεν ἂν μαθητάς; ἄξιον γὰρ καὶ ταῦτα διελθεῖν.

[222] 3 ἀκρασίαν Mai : ἀκρόασίν codd.

[221] 아마도 어떤 사람은 이런 것들에 대해서 감히 이렇게 말할 수도 있을 것입니다. 즉 사람들 중 다수가 자제력이 없기 때문에 논리적인 생각을 유지하지 못하고, 정말 이로운 것에는 관심을 쏟지 못한 채 쾌락을 향해 달려간다는 것입니다. 저는 다른 사람들 중 다수와 소피스트인 척하는 몇몇 사람들이 그런 본성을 가지고 있다는 것에는 동의합니다.

[222] 그렇지만 그런 사람들 중에서도 자기 학생들이 그런 사람이 되는 것을 용인할 만큼 그렇게 자제력이 없는 사람은 없습니다. 왜냐하면 자제력이 없기 때문에[199] 학생들에게 생길 쾌락은 그가 함께할 수 있는 것은 아니지만, 그들의 사악함 때문에 생길 평판의 대부분은 그가 받게 될 것이기 때문입니다. 이어서 묻겠습니다. 그들은 어떤 사람들을 타락시키려는 것일까요? 그리고 어떤 상태에 있는 사람들을 학생으로 취하려는 걸까요? 사실 이런 문제도 논의해볼 가치가 있습니다.

199 주요 필사본에는 (학생들이 그들의 말을 가르침으로써) '귀담아 듣기 때문에'(διὰ τὴν ἀκρόασίν)라고 적혀 있다.

[223] πότερον τοὺς ἤδη κακοήθεις ὄντας καὶ πονηρούς; καὶ τίς ἄν, ἃ παρὰ τῆς αὑτοῦ φύσεως ἐπίσταται, ταῦτα παρ᾽ ἑτέρου μανθάνειν ἐπιχειρήσειεν; ἀλλὰ τοὺς ἐπιεικεῖς καὶ χρηστῶν ἐπιτηδευμάτων ἐπιθυμοῦντας; ἀλλ᾽ οὐδ᾽ ἂν εἷς τῶν τοιούτων τοῖς κακόν τι λέγουσιν ἢ πράττουσι διαλεχθῆναι τολμήσειεν.

[224] ἡδέως δ᾽ ἂν κἀκεῖνο πυθοίμην παρὰ τῶν χαλεπῶς ἐχόντων πρὸς ἡμᾶς, τίνα ποτὲ γνώμην ἔχουσι περὶ τῶν ἐκ Σικελίας καὶ τοῦ Πόντου καὶ τῶν ἄλλων τόπων δεῦρο πλεόντων [ὡς ἡμᾶς] ἵνα παιδευθῶσιν. πότερον αὐτοὺς οἴονται σπανίζοντας ἐκεῖ πονηρῶν ἀνθρώπων ἐνθάδε ποιεῖσθαι τὴν πορείαν; ἀλλὰ πανταχοῦ πολλὴν ἀφθονίαν εὕροι τις ἂν τῶν συμπονηρεύεσθαι καὶ συνεξαμαρτάνειν βουλομένων.

[223] 그들은 그전부터 이미 악한 성품을 가진 사악한 사람들이겠습니까? 그런데 누가 자신의 본성으로부터 이미 알고 있는 것들을 다른 사람으로부터 배우려고 하겠습니까? 아니면 공명관대하고 쓸모 있는 작업들을 열망하는 사람들이겠습니까? 하지만 이런 사람들 중에는 나쁜 것을 말하거나 행하는 사람들과 대화를 해보겠다고 무모하게 덤벼드는 사람은 하나도 없을 것입니다.

[224] 저는 시켈리아[200]와 폰토스,[201] 그리고 다른 지역으로부터 이곳으로[202] 교육을 받으러 배를 타고 온 사람들에 관하여 저에게 까칠한 사람들이 어떤 견해를 가지고 있는지 그들로부터 직접 알아낼 수 있길 기꺼이 원합니다. 그들은 저들이 자기네 땅에서 사악한 사람들을 찾을 수 없었기에 이곳으로 온 것이라고 생각하는 걸까요? 하지만 누구든 맘만 먹으면 세상 어느 곳에서든 사악한 짓을 함께 하며 잘못을 함께 저지를 사람을 부족함 없이 발견할 수 있을 것입니다.[138)]

200 지금의 시실리 또는 시칠리아. 시켈리아는 그리스어 표기이다.
201 흑해의 남쪽 연안 지역.
202 아테네에 있는 이소크라테스의 학교로.

[225] ἀλλ᾽ ἵνα κακοπράγμονες καὶ συκοφάνται γένωνται, πολλὰ χρήματα τελέσαντες; ἀλλὰ πρῶτον μὲν οἱ ταύτην ἔχοντες τὴν γνώμην πολὺ ἂν ἥδιον τὰ τῶν ἄλλων λάβοιεν ἢ δοῖεν ἑτέροις ὁτιοῦν τῶν σφετέρων αὐτῶν· ἔτι δὲ τίνες ἂν ὑπὲρ πονηρίας ἀργύριον ἀναλώσειαν, ἐξὸν αὐτοῖς μηδὲν δαπανηθεῖσιν εἶναι τοιούτοις ὁπόταν βουληθῶσιν; οὐ γὰρ μαθεῖν, ἀλλ᾽ ἐπιχειρῆσαι μόνον δεῖ τοῖς τοιούτοις τῶν ἔργων.

[226] ἀλλὰ δῆλον ὅτι καὶ πλέουσι καὶ χρήματα διδόασιν καὶ πάντα ποιοῦσιν νομίζοντες αὐτοί τε βελτίους γενήσεσθαι καὶ τοὺς ἐνθάδε παιδεύοντας πολὺ φρονιμωτέρους εἶναι τῶν παρὰ σφίσιν αὐτοῖς· ἐφ᾽ οἷς ἄξιον ἦν ἅπαντας τοὺς πολίτας φιλοτιμεῖσθαι καὶ περὶ πολλοῦ ποιεῖσθαι τοὺς αἰτίους τῇ πόλει τῆς δόξης ταύτης γενομένους.

[225] 그런데 그들이 못된 짓을 일삼는 사람이나 소송꾼이 되기 위해서 그렇게 많은 돈을 냈을까요? 그런 견해를 가진 사람이라면 자신의 것을 다른 사람들에게 주기보다는 오히려 다른 사람의 것을 취하는 것에서 더 큰 기쁨을 느낄 것입니다. 게다가 사악해지는 것은 그런 비용을 치르지 않고도 마음만 먹는다면 쉽게 할 수 있는 일인데, 도대체 누가 사악함을 위해서 돈을 쓰겠습니까? 사실 그런 것은 배울 필요가 없고, 오직 착수하기만 하면 저절로 되는 일입니다.

[226] 그러나 그들이 배를 타고 이곳으로 오고 돈을 지불하며 모든 일을 다 해내는 것은, 그들 스스로가 더 좋은 사람이 될 수 있으며 이곳의 교육자들이 그들 지역에 있는 교육자들보다 훨씬 더 현명하다고 생각하기 때문이라는 것은 명백합니다.[203] 이런 일들로 인해 시민들 모두가 명예심을 가질 만하며, 또한 이 도시에 이와 같은 평판을 안겨다준 사람들을 높이 평가할 만합니다.[139)]

203 학생들의 교육 동기도 물질적인 탐욕이나 세속적인 출세가 아니라 '더 좋은 사람'이 되려는 것임은 이소크라테스 교육의 또 다른 차별성을 보여준다.

[227] ἀλλὰ γὰρ οὕτω τινὲς ἀγνωμόνως ἔχουσιν ὥστ' εἰδότες καὶ τοὺς ξένους τοὺς ἀφικνουμένους καὶ τοὺς προεστῶτας τῆς παιδείας οὐδὲν κακὸν ἐπιτηδεύοντας, ἀλλ' ἀπραγμονεστάτους μὲν ὄντας τῶν ἐν τῇ πόλει καὶ πλείστην ἡσυχίαν ἄγοντας, προσέχοντας δὲ τὸν νοῦν σφίσιν αὐτοῖς καὶ τὰς συνουσίας μετ' ἀλλήλων ποιουμένους,

[228] ἔτι δὲ τὰ καθ' ἡμέραν εὐτελέστατα καὶ κοσμιώτατα ζῶντας, καὶ τῶν λόγων ἐπιθυμοῦντας, οὐ τῶν ἐπὶ τοῖς ἰδίοις συμβολαίοις λεγομένων οὐδὲ τῶν λυπούντων τινάς, ἀλλὰ τῶν παρὰ πᾶσιν ἀνθρώποις εὐδοκιμούντων, ὅμως τολμῶσι βλασφημεῖν περὶ αὐτῶν καὶ λέγειν ὡς ταύτην ποιοῦνται τὴν μελέτην ἵν' ἐν τοῖς ἀγῶσιν παρὰ τὸ δίκαιον πλεονεκτῶσιν.

[227] 그러나 어떤 사람들은 너무나도 무지하기 때문에, 이런 말도 합니다. 즉 이곳에 와 있는 외국인들[204]과 교육을 주도해 나가는 사람들이 나쁜 작업은 전혀 하지 않으며, 이 도시에서 살고 있는 사람들 중 그 누구보다도 공적인 업무에서 자유로운 상태로 가장 많은 여유를 누리는 사람들이며, 오직 자기 자신에 대해서만 정신을 집중시키고 자기들끼리만 교류하고,

[228] 하루하루의 삶에서 그 누구보다도 소박하고 가지런하게 살아가고 있으며, 사사로운 계약 관련 연설이나 다른 사람들을 고통스럽게 하는 연설에는 어떤 욕망도 갖지 않고, 반대로 모든 사람들로부터 좋은 평판을 얻는 연설[205]에만 열정을 가지고 있다는 사실을 잘 알고 있으면서도, 감히 그들에 관해 가당치 않는 비방을 하면서 그들이 법정싸움에서 정당한 절차를 어겨가면서까지 이익을 얻으려고 그런 애를 쓰는 것이라고 말하는 것입니다.

---

204 이소크라테스에게 배우기 위해 아테네로 온 외국인 학생들.

205 공동체의 이익을 도모하는 정치적인 연설(logos politikos). [45]-[46]을 보라.

[229] καίτοι τίνες ἂν ἀδικίαν καὶ κακίαν ἀσκοῦντες σωφρονέστερον τῶν ἄλλων ζῆν ἐθελήσειαν; τίνας δὲ πώποθ' ἑωράκασιν οἱ ταῦτα λέγοντες ἀναβαλλομένους καὶ θησαυριζομένους τὰς πονηρίας, ἀλλ' οὐκ εὐθὺς τῇ φύσει τῇ παρούσῃ χρωμένους;

[230] χωρὶς δὲ τούτων, εἴπερ ἡ περὶ τοὺς λόγους δεινότης ποιεῖ τοῖς ἀλλοτρίοις ἐπιβουλεύειν, προσῆκεν ἅπαντας τοὺς δυναμένους εἰπεῖν πολυπράγμονας καὶ συκοφάντας εἶναι· ταὐτὸ γὰρ αἴτιον ἐν ἅπασιν ταὐτὸν πέφυκεν ἐνεργάζεσθαι.

[229] 4 θησαυριζομένους ΓΘ : ταμιεύοντας ΔΕ

[229] 그런데 도대체 어떤 사람이 부정과 부덕을 저지르면서도[206] 다른 사람보다 더 절제력이 강한 삶을 살기를 바랄 수 있겠습니까? 그런 말을 하는 사람들이 사악함을 지연시키고 그것을 창고에 비축한 채로[207] 자신 안에 깃들어 있는 본성을 즉각적으로 발휘하지 않은 사람을 단 한 번이라도 본 적이 있을까요?

[230] 이런 사실 이외에도, 만약 연설의 위력이 다른 사람의 소유물을 노리는 계략을 짜는 일을 촉발시킨다면, 연설을 할 줄 아는 사람들은 모두 모략가나 소송꾼이 되어야 마땅할 것입니다. 모든 일에서 하나의 원인은 똑같은 결과를 내는 본성이 있기 때문입니다.

---

206 그리스어 발음 '아디키안 카이 카키안 아스쿤테스'(adikian kai kakian askountes)에서 'ㅋ(k)' 발음이 연속되는 수사학적 효과에 주목하라.

207 '사악함'을 하나의 물품이나 재화로 비유하고 있는 것이 흥미롭다. '창고에 비축한 채로'(θησαυριζομένους)라는 비유는 '억누르다'라는 뜻이 된다. 재무관이 되어 국고를 관리하듯 사악함을 잘 보관한다(ταμιεύοντας)는 뜻의 비유를 사용한 사본도 있다.

[231] νῦν δ' εὑρήσετε καὶ τῶν ἐν τῷ παρόντι πολιτευομένων καὶ τῶν νεωστὶ τετελευτηκότων τοὺς πλείστην ἐπιμέλειαν τῶν λόγων ποιουμένους βελτίστους ὄντας τῶν ἐπὶ τὸ βῆμα παριόντων, ἔτι δὲ τῶν παλαιῶν τοὺς ἀρίστους ῥήτορας καὶ μεγίστην δόξαν λαβόντας πλείστων ἀγαθῶν αἰτίους τῇ πόλει γεγενημένους, ἀρξαμένους ἀπὸ Σόλωνος.

[232] ἐκεῖνός τε γὰρ προστάτης τοῦ δήμου καταστὰς οὕτως ἐνομοθέτησεν καὶ τὰ πράγματα διέταξεν καὶ τὴν πόλιν κατεσκεύασεν ὥστ' ἔτι καὶ νῦν ἀγαπᾶσθαι τὴν διοίκησιν τὴν ὑπ' ἐκείνου συνταχθεῖσαν· μετὰ δὲ ταῦτα Κλεισθένης ἐκπεσὼν ἐκ τῆς πόλεως ὑπὸ τῶν τυράννων, λόγῳ πείσας τοὺς 'Αμφικτύονας δανεῖσαι τῶν τοῦ θεοῦ χρημάτων αὐτῷ, τόν τε δῆμον κατήγαγεν καὶ τοὺς τυράννους ἐξέβαλεν καὶ τὴν δημοκρατίαν ἐκείνην κατέστησεν τὴν αἰτίαν τοῖς Ἕλλησιν τῶν μεγίστων ἀγαθῶν γενομένην·

[232] 4 ἀγαπᾶσθαι $Γ^1$: ἄγασθαι $Γ^2Δ^2$Ε mg. Θ

[231] 이제 여러분은 현재 도시의 공적 업무를 수행하는 사람과 또 최근에 세상을 떠난 사람들 중에 '말 돌보기'[208]에 가장 많은 노력을 한 사람이 연단에 올라 여러분 앞에 선 사람들 중에 최고의 기량을 뽐내었으며, 옛 사람들 중에서 가장 뛰어나며 가장 큰 평판을 얻은 연설가[209]로서 그들로 인해 이 도시에 수많은 좋은 일들이 생겨났다는 사실을 발견할 것입니다. 그 첫 번째 사람이 솔론입니다.

[232] 그는 민중의 지도자로서 앞장서서 법률을 잘 만들었고 공적인 일들을 정돈했으며 도시를 체계적으로 정비했는데, 그 결과 지금도 사람들이 그가 정비해놓은 행정체제를 아끼고 사랑할[210] 정도입니다.[211] 그다음에 클레이스테네스가 있습니다. 그는 도시에서 참주들에 의해 추방된 후에 암픽튀온 위원회를 연설로써 설득하여 아폴론 신의 재물을 자신에게 빌려줄 수 있도록 했습니다. 그리고 민중을 이끌고 참주들을 몰아내고, 헬라스가 누리는 가장 중요한 좋은 것들의 원인이 된 바로 이 민주정을 세웠습니다.[212]

---

208 '말 돌보기'는 '말의 교육'이며, 말이 영혼과 생각의 그림인 한, 말을 돌보는 것은 '영혼을 돌보는 일'이며, 곧 '철학'이다.

209 예컨대 솔론, 클레이스테네스, 테미스토클레스, 페리클레스.

210 '아끼고 사랑할'(ἀγαπᾶσθαι) 대신 '적용할' 또는 '운영할'(ἄγασθαι)이라고 읽는 사본들도 있다.

211 솔론(기원전 638-558년으로 추정)은 아테네의 아르콘을 지냈던(기원전 594/3년) 정치지도자다. 헤로도토스는 그의 지혜와 여행을 통해 보여준 '철학'으로 인해 이방의 땅에까지 평판이 자자했음을 전해준다.(『역사』 I.30.2)

212 클레이스테네스는 트로이아 전쟁에 참전했던 노장 네스토르의 증손자 알크마이온 가문의 자손으로 알려져 있다. 그의 가문이 기원전 548년에 불타서 파괴되었던 아폴론 신전의 재건을 도왔던 이력으로 인해 암픽튀온 위원회의 호의를 얻을 수 있었다.

[233] ἐπὶ δὲ τούτῳ Θεμιστοκλῆς ἡγεμὼν ἐν τῷ πολέμῳ τῷ Περσικῷ γενόμενος, συμβουλεύσας τοῖς προγόνοις ἡμῶν ἐκλιπεῖν τὴν πόλιν, ὃ τίς ἂν οἷός τ' ἐγένετο πεῖσαι μὴ πολὺ τῷ λόγῳ διενεγκών; εἰς τοῦτ' αὐτῶν τὰ πράγματα προήγαγεν, ὥστ' ὀλίγας ἡμέρας ἀνάστατοι γενόμενοι πολὺν χρόνον δεσπόται τῶν Ἑλλήνων κατέστησαν·

[234] τὸ δὲ τελευταῖον Περικλῆς καὶ δημαγωγὸς ὢν ἀγαθὸς καὶ ῥήτωρ ἄριστος οὕτως ἐκόσμησε τὴν πόλιν καὶ τοῖς ἱεροῖς καὶ τοῖς ἀναθήμασιν καὶ τοῖς ἄλλοις ἅπασιν ὥστ' ἔτι καὶ νῦν τοὺς εἰσαφικνουμένους εἰς αὐτὴν νομίζειν μὴ μόνον ἄρχειν ἀξίαν εἶναι τῶν Ἑλλήνων, ἀλλὰ καὶ τῶν ἄλλων ἁπάντων, καὶ πρὸς τούτοις εἰς τὴν ἀκρόπολιν οὐκ ἐλάττω μυρίων ταλάντων ἀνήνεγκεν.

[233] 그 사람 다음으로 테미스토클레스가 페르시아 전쟁에서 지휘관이 되었는데, 그는 우리 조상들에게 도시를 버리고 떠나야 한다고 조언했지요. 다른 사람보다 말에서 월등히 뛰어나지 않다면 누가 그런 설득을 시도할 수 있겠습니까? 그는 그들이 직면한 사태들을 잘 처리했고, 그 결과 그들은 며칠 동안 집 없이 잘 견뎌냈으며, 그 후로 오랫동안 헬라스인들의 주인으로 우뚝 섰던 것입니다.

[234] 마지막으로 페리클레스를 꼽을 수 있습니다. 그는 훌륭한 민중지도자이며 동시에 가장 뛰어난 연설가로서[213] 신전과 봉헌물과 그 밖의 다른 모든 것들로 이 도시를 장식하였습니다.[214] 그 결과 이곳으로 오는 사람들은 이 도시가 헬라스인들뿐만 아니라 다른 모든 도시의 사람들을 이끌어나갈 만한 자격이 있다고 생각하게 될 정도였습니다. 게다가 그는 아크로폴리스 안에 만 탈란톤에 상응하는 돈을 비축해 두었습니다.

213 "당시 아테네의 제일인자로 말과 행동에서 가장 능력이 뛰어난 사람."(투퀴디데스 『펠로폰네소스 전쟁사』 I.139.4) 이소크라테스에게는 정치적인 능력과 수사학적인 능력이 별개의 것이 아니며 함께 간다는 생각이 깔려 있다.

214 단순한 장식 이상으로 도시에 조화로운 질서(kosmos)를 부여하고 풍요롭게 하는 것을 뜻한다.

[235] καὶ τούτων τῶν ἀνδρῶν τῶν τηλικαῦτα διαπραξαμένων οὐδεὶς λόγων ἠμέλησεν, ἀλλὰ τοσούτῳ μᾶλλον τῶν ἄλλων προσέσχον αὐτοῖς τὸν νοῦν, ὥστε Σόλων μὲν τῶν ἑπτὰ σοφιστῶν ἐκλήθη καὶ ταύτην ἔσχε τὴν ἐπωνυμίαν τὴν νῦν ἀτιμαζομένην καὶ κρινομένην παρ' ὑμῖν, Περικλῆς δὲ δυοῖν ἐγένετο μαθητὴς, 'Αναξαγόρου τε τοῦ Κλαζομενίου καὶ Δάμωνος τοῦ κατ' ἐκεῖνον τὸν χρόνον φρονιμωτάτου δόξαντος εἶναι τῶν πολιτῶν.

[236] ὥστ' ἐκ τίνων ἂν τις ὑμῖν σαφέστερον ἐπιδείξειεν, ὡς οὐχ αἱ δυνάμεις αἱ τῶν λόγων κακοπράγμονας τοὺς ἀνθρώπους ποιοῦσιν; ἀλλ' οἱ τοιαύτην τὴν φύσιν ἔχοντες οἷαν περ ὁ κατήγορος, πονηροῖς, οἶμαι, καὶ τοῖς λόγοις καὶ τοῖς πράγμασιν χρώμενοι διατελοῦσιν.

[235] 7 πολιτῶν Γ[1]Δ[1]Ε : σοφιστῶν Γ[2]Δ[2]Ε mg. Θ

[235] 그리고 그만큼 큰일을 해낸 저 사람들 중에 말에 대해 무관심한 사람은 없었으며, 오히려 무엇보다도 말에 대해 더 많이 마음을 썼습니다. 그래서 솔론은 일곱 소피스트 중 한 사람으로 불렸고, 지금은 여러분에게 불명예스러운 판결을 받는 바로 그 별칭을 갖게 되었습니다.[140)] 페리클레스는 두 소피스트의 학생이었는데, 클라조메나이의 아낙사고라스와 다몬이 그들입니다. 이 중 다몬은 자신이 활동하던 시기에는 시민들 중에[215] 가장 현명한 사람이라는 평판이 나 있었습니다.[141)]

[236] 그러므로 그 무엇으로부터 그 누가 말의 힘이 사람들로 하여금 나쁜 짓을 하게 만들지 않는다는 사실을 이보다 더 명확하게 여러분에게 부각해줄[216] 수 있겠습니까? 그러나 제가 생각하기에, 지금 저의 고발인이 지닌 것과 같은 본성을 가진 사람들은 말이든 행동이든 계속해서 사악하게 사용할 것입니다.

---

215 Γ, Δ, Ε 사본에는 '시민들 중에'(πολιτῶν)라고 되어 있지만, Γ, Δ 사본에는 다른 글씨체로, 그리고 Ε 사본에는 여백에 '소피스트들 중에'(σοφιστῶν)라고 되어 있으며, Θ 사본에는 이 단어가 아예 본문에 들어가 있다.

216 이 표현(epideixeien)은 전시성 예식연설이나 부각연설의 장르를 시사한다.

[237] ἔχω δὲ δεῖξαι καὶ τόπους, ἐν οἷς ἔξεστιν ἰδεῖν τοῖς βουλομένοις τοὺς πολυπράγμονας καὶ τοὺς ταῖς αἰτίαις ἐνόχους ὄντας, ἃς οὗτοι τοῖς σοφισταῖς ἐπιφέρουσιν. ἐν γὰρ ταῖς σανίσιν ταῖς ὑπὸ τῶν ἀρχόντων ἐκτιθεμέναις ἀναγκαῖόν ἐστιν, ἐν μὲν ταῖς τῶν θεσμοθετῶν ἀμφοτέρους ἐνεῖναι, τούς τε τὴν πόλιν ἀδικοῦντας καὶ τοὺς συκοφαντοῦντας, ἐν δὲ ταῖς τῶν ἕνδεκα τούς τε κακουργοῦντας καὶ τοὺς τούτοις ἐφεστῶτας, ἐν δὲ ταῖς τῶν τετταράκοντα τούς τ' ἐν τοῖς ἰδίοις πράγμασιν ἀδικοῦντας καὶ τοὺς μὴ δικαίως ἐγκαλοῦντας·

[238] ἐν αἷς τοῦτον μὲν καὶ τοὺς τούτου φίλους εὕροιτ' ἂν ἐν πολλαῖς ἐγγεγραμμένους, ἐμὲ δὲ καὶ τοὺς περὶ τὴν αὐτὴν ἐμοὶ διατριβὴν ὄντας οὐδ' ἐν μιᾷ τούτων ἐνόντας, ἀλλ' οὕτω τὰ περὶ ἡμᾶς αὐτοὺς διοικοῦντας ὥστε μηδὲν δεῖσθαι τῶν ἀγώνων τῶν παρ' ὑμῖν.

[237] 그런데 저는 여러분이 원하면 모략가들과, 그들이 소피스트들을 상대로 걸곤 하는 송사에 실제로 걸려야 할 사람들을 볼 수 있는 장소[217]가 어딘지도 보여드릴 수 있습니다. 집정관들이 공개적으로 세워놓은 게시판에는 그런 사람의 명단이 고지되며,[218] 사법관[142)]들이 세워놓은 게시판에는 두 부류의 명단, 즉 도시에 부정한 짓을 저지른 사람과 소송꾼들이 고지되어 있고, 11인 위원회가 세워놓은 게시판에는 형사상 악행을 저지른 범죄자와 그들을 선동한 자들이 있으며,[219] 40인 위원회가 세워놓은 게시판에는 사적인 일에서 부정을 저지른 사람과 정당하지 않게 소송을 건 사람들이 고지되어야 하기 때문입니다.[220]

[238] 이 명단에서 여러분은 저 사람[221]과 그 친구들의 이름을 여러 사건의 고지에서 자주 볼 수 있지만, 저의 이름과 저와 같은 소일거리를 갖는 사람들의 이름은 그런 고지들 중 단 한 군데에도 없음을 발견할 수 있을 것입니다. 반대로 저희는 저희 자신의 일들을 잘 관리해왔기 때문에 여러분 앞에서 법정싸움을 할 필요가 없었음도 발견할 수 있을 것입니다.

---

217 구체적인 장소이기도 하지만 '수사학적 토포스(topos)'라는 함축도 갖는다.

218 사건이 재판에 회부되면 관련 사항을 예비적으로 듣는 날짜를 정하고 아고라의 하얀색 게시판에 간략한 내용을 적어 소송이 열리게 됨을 고지하였다.

219 11인 위원회는 선고를 받은 죄인들에 대한 형벌 집행과 감옥 관리를 담당하는 한편, 강도, 절도, 소매치기, 유괴 등의 사건을 다루었다.

220 40인 위원회는 10개의 부족에서 제비뽑기로 4명씩 뽑아 민사소송 사건을 다루는 재판부로 구성되었다.

221 이소크라테스를 고발한 뤼시마코스.

[239] καίτοι τοὺς μήτ' ἐν ταῖς πραγματείαις ταύταις ὄντας μήτ' ἀκολάστως ζῶντας μήτε περὶ ἄλλην πρᾶξιν μηδεμίαν αἰσχρὰν γεγενημένους πῶς οὐκ ἐπαινεῖσθαι προσήκει μᾶλλον ἢ κρίνεσθαι; δῆλον γὰρ ὅτι τοιαῦτα τοὺς συνόντας παιδεύομεν οἷά περ αὐτοὶ τυγχάνομεν ἐπιτηδεύοντες.

[240] ἔτι τοίνυν γνώσεσθε σαφέστερον ἐκ τῶν ῥηθήσεσθαι μελλόντων, ὡς πόρρω τοῦ διαφθείρειν τοὺς νεωτέρους ἐσμέν. εἰ γάρ τι τοιοῦτον ἐποιοῦμεν, οὐκ ἂν Λυσίμαχος ἦν ὁ λυπούμενος ὑπὲρ αὐτῶν οὐδ' ἄλλος οὐδεὶς τῶν τοιούτων, ἀλλὰ τοὺς πατέρας ἂν ἑωρᾶτε τῶν συνόντων ἡμῖν καὶ τοὺς οἰκείους ἀγανακτοῦντας καὶ γραφομένους καὶ δίκην ζητοῦντας παρ' ἡμῶν λαμβάνειν.

[239] 그런데 그런 사건에 휘말리지도 않고 고삐 풀린 듯이 살지도 않으며 다른 수치스러운 행위와도 아무런 관련이 없는 사람들을 칭찬하지는 못할망정, 판결을 받는 자리에 서게 하는 것이 과연 적절한 일이겠습니까? 저희가 몸소 해나가는 바로 그 작업을 문하생들에게 교육하고 있다는 것이 명백한데 말입니다.

[240] 게다가 이제 여러분은 앞으로 제가 말씀드릴 내용으로부터 제가 젊은이들을 타락시키는 일[222]과는 거리가 멀다는 사실을 깨닫게 될 겁니다. 만약 제가 그런 일을 조금이라도 했다면, 그 젊은이들을 위해 그런 고통스러운 수고를 할 사람은 뤼시마코스가 아니고, 그런 사람들 중에 어떤 누구도 아닐 것입니다. 오히려 여러분은 제 문하생들의 부모와 그 친척들이 격한 노여움에 사로잡혀 고발장을 쓰고 저에게 법적으로 처벌할 길을 찾는 모습을 보았을 겁니다.

222 소피스트에게 가해졌던 가장 일반적인 비난이지만, 소크라테스도 이런 비난에 시달리다가 고발당하고 재판을 받아 사형당했고, 지금 이소크라테스도 똑같은 의혹의 대상이 되고 있다.

[241] νῦν δ' ἐκεῖνοι μὲν συνιστᾶσιν τοὺς παῖδας τοὺς αὑτῶν καὶ χρήματα διδόασιν, καὶ χαίρουσιν ὁπόταν ὁρῶσιν αὐτοὺς μεθ' ἡμῶν ἡμερεύοντας, οἱ δὲ συκοφάνται διαβάλλουσι καὶ πράγματα παρέχουσιν ἡμῖν, ὧν τίνες ἂν ἥδιον ἴδοιεν πολλοὺς τῶν πολιτῶν διαφθειρομένους καὶ πονηροὺς γιγνομένους; ἴσασι γὰρ σφᾶς αὐτοὺς ἐν μὲν τοῖς τοιούτοις δυναστεύοντας, ὑπὸ δὲ τῶν καλῶν κἀγαθῶν καὶ νοῦν ἐχόντων ἀπολλυμένους ὁπόταν ληφθῶσιν.

[242] ὥσθ' οὗτοι μὲν σωφρονοῦσιν ἀναιρεῖν ζητοῦντες ἁπάσας τὰς τοιαύτας διατριβάς, ἐν αἷς ἡγοῦνται βελτίους γενομένους χαλεπωτέρους ἔσεσθαι ταῖς αὑτῶν πονηρίαις καὶ συκοφαντίαις, ὑμᾶς δὲ προσήκει τἀναντία τούτοις πράττειν καὶ ταῦτα νομίζειν εἶναι κάλλιστα τῶν ἐπιτηδευμάτων, οἷς ἂν τούτους ὁρᾶτε μάλιστα πολεμοῦντας.

[241] 그런데 지금 그들은 자기 아이들을 저에게 데려오고 또 돈까지 지불하며, 그 아이들이 저희와 함께 하루 종일 지내는 것을 보며 기뻐합니다.[223] 반면 소송꾼들은 모함을 일삼으며 저희에게 문제를[224] 일으킵니다. 이런 상황에서 시민들 중 많은 수가 타락하고 사악해지는 것을 보았을 때, 소송꾼들보다 더 즐거워할 사람이 누가 있겠습니까? 그들은 그런 시민들과 함께 지낼 때는 권력을 누리는 반면, 아름답고 좋은 사람들과 양식을 가진 사람들[225]의 손에 잡혀 있을 때에는 망하고 만다는 사실을 잘 알고 있으니 말입니다.

[242] 따라서 그들은 사람들을 더욱더 훌륭하게 만들고, 그들 자신의 사악함과 소송질에 대해서는 거부감을 갖게 해주는 종류의 소일거리라고 생각하는 모든 것들을 제거할 방법을 찾는 데에는 지혜롭습니다.[226] 하지만 여러분은 그런 일과는 정반대 일을 하는 것이 좋습니다. 그리고 여러분이 보는 것같이 소송꾼들이 가장 적대시하는 일들이 사실은 가장 아름다운 작업이라고 생각하는 것이 좋습니다.

---

223 또는 '고마워합니다'(khairousin).

224 예컨대 공개적으로 비난을 하거나 소송을 제기하는 정치적인 문제들.

225 예컨대 솔론, 테미스토클레스, 페리클레스와 같은 사람들. [231]-[235]를 보라.

226 덕(aretē)과 관련된 '지혜롭다'(sōphronein)라는 동사가 소송꾼들의 부덕(kakia)을 지시하기 위해 역설적으로 사용되고 있다.

[243] ἄτοπον δέ τι τυγχάνω πεπονθώς· εἰρήσεται γάρ, εἰ καί τινες λίαν εὐμετάβολον εἶναί με φήσουσιν. ὀλίγῳ μὲν γὰρ πρότερον ἔλεγον ὡς πολλοὶ τῶν καλῶν κἀγαθῶν ἀνδρῶν διεψευσμένοι τῆς φιλοσοφίας τραχύτερον πρὸς αὐτὴν ἔχουσιν· νῦν δ᾽ οὕτως ἐναργεῖς ὑπείληφα τοὺς λόγους εἶναι τοὺς εἰρημένους καὶ πᾶσι φανεροὺς ὥστ᾽ οὐδεὶς ἀγνοεῖν μοι δοκεῖ τὴν δύναμιν αὐτῆς οὐδὲ καταγιγνώσκειν ἡμῶν ὡς διαφθείρομεν τοὺς μαθητάς, οὐδὲ πεπονθέναι τοιοῦτον οὐδὲν οἷον αὐτοὺς ὀλίγῳ πρότερον ᾐτιώμην·

[244] ἀλλ᾽ εἰ δεῖ τἀληθὲς εἰπεῖν καὶ τὸ νῦν ἐν τῇ διανοίᾳ μοι παρεστηκός, ἡγοῦμαι πάντας τοὺς φιλοτίμως μοι διακειμένους, ἐπιθυμητικῶς ἔχοντας τοῦ φρονεῖν εὖ καὶ λέγειν, αὐτοὺς μὲν ἀμελεῖν τούτων, τοὺς μὲν διὰ ῥᾳθυμίαν, τοὺς δὲ καταμεμφομένους τὴν φύσιν τὴν αὑτῶν, τοὺς δὲ δι᾽ ἄλλας τινὰς προφάσεις, παμπληθεῖς δ᾽ εἰσίν,

[244] 3 φιλοτίμως μοι ΓΔΕ : φιλοτίμως Θ

[243] 그런데 저는 이상한 일을 겪었습니다. 제가 태도를 아주 잘 바꾸는 사람이라는 말을 누가 하더라도, 저는 그것을 말하겠습니다. 조금 전에 저는 아름답고 좋은 사람들 중에 많은 수가 철학에 관해 거짓된 길로 인도되었던 탓에 그것에 대해 냉혹한 태도를 취하는 것이라고 말한 바 있습니다. 그런데 지금 저는 제가 했던 말이 모든 사람에게 생생하고 분명하다고 가정했으며, 그래서 제가 보기에 그 어떤 사람도 그것의 힘[227]에 대해 무지하지 않고, 제가 저의 학생들을 타락시켰다고 저를 비난하지도 않으며, 조금 전에 제가 그들에 대해 비난했었던 그런 어떤 일도 겪지는 않았을 것입니다.

[244] 그러나 진실과 지금 제 생각 속에 있는 것을 말해야 한다면, 제 생각은 이렇습니다. 일단 저에게[228] 공명심에서 부러움을 느끼는 모든 사람들이 현명한 판단과 말을 잘 할 수 있기를 열망하면서도 정작 그것들에 대해서는 무관심한데, 어떤 사람은 안일함 때문에, 어떤 사람은 자신의 본성을 폄하하기 때문에, 어떤 사람은 다른 변명거리, 그 수는 아주 많습니다만, 그것 때문이라는 것입니다.

227 '철학의 힘'. 이것은 곧 '교육의 힘'이며, 나아가 교육과 철학의 핵심인 '말의 힘'과 '설득의 힘'을 가리킨다.

228 '저에게'(μοι)가 생략된 사본도 있다.

[245] πρὸς δὲ τοὺς πολλὴν ἐπιμέλειαν ποιουμένους καὶ τυχεῖν βουλομένους, ὧν εἰς ἐπιθυμίαν αὐτοὶ καθεστᾶσιν, δυσκόλως ἔχειν καὶ ζηλοτυπεῖν καὶ τὰς ψυχὰς τεταραγμένως διακεῖσθαι καὶ πεπονθέναι παραπλήσια τοῖς ἐρῶσιν· τίνα γὰρ ἂν τις αὐτοῖς ἐπενεγκεῖν αἰτίαν ἔχοι πρεπωδεστέραν ταύτης;

[246] οἵτινες μακαρίζουσι μὲν καὶ ζηλοῦσι τοὺς καλῶς χρῆσθαι τῷ λόγῳ δυναμένους, ἐπιτιμῶσιν δὲ τῶν νεωτέρων τοῖς τυχεῖν ταύτης τῆς τιμῆς βουλομένοις. καὶ τοῖς μὲν θεοῖς οὐδεὶς ἔστιν ὅστις οὐκ ἂν εὔξαιτο μάλιστα μὲν αὐτὸς δύνασθαι λέγειν, εἰ δὲ μή, τοὺς παῖδας καὶ τοὺς οἰκείους τοὺς αὐτοῦ.

[245] 그들은 또한 돌보기[229]에 많은 정성을 쏟으며 자신이 욕망하는 것들을 이루고자 하는 사람들에 대해 불편한 심기를 표현하고 질투하며 자신의 영혼이 흔들리고 있음에 혼란을 느끼면서, 마치 연인들에게서나 일어나는 일들을 겪는다고 생각합니다. 누가 지금 제가 말한 것보다 그들에 관하여 더 적절한 어떤 이유를 댈 수 있겠습니까?

[246] 그들은 말을 아름답게 이용할 수 있는 사람들이 복을 받았다고 여기며 그들을 부러워하면서도, 그와 같은 명예를 얻기를 원하는 젊은이들을 비난합니다. 그리고 그 무엇보다도 먼저 자기 자신이 말을 잘 할 수 있기를, 만약 그것이 안 된다면 자기 자식들이나 친척들이라도 그렇게 되도록 해달라고 신들에게 기도하지 않는 사람이 없습니다.

229 '영혼의 돌보기'를 뜻한다.

[247] τοὺς δὲ πόνῳ καὶ φιλοσοφίᾳ τοῦτο κατεργάσασθαι πειρωμένους, ὃ παρὰ τῶν θεῶν αὐτοὶ βούλονται λαβεῖν, οὐδέν φασιν τῶν δεόντων πράττειν, ἀλλ᾽ ἐνίοτε μὲν ὡς ἐξηπατημένων καὶ πεφενακισμένων προσποιοῦνται καταγελᾶν αὐτῶν, ὁπόταν δὲ τύχωσι, μεταβαλόντες ὡς περὶ πλεονεκτεῖν δυναμένων τοὺς λόγους ποιοῦνται.

[248] καὶ συμβούλοις μὲν, ὅταν κίνδυνός τις καταλάβῃ τὴν πόλιν, τοῖς ἄριστα περὶ τῶν πραγμάτων λέγουσιν, τούτοις χρῶνται, καὶ πράττουσιν ὅ τι ἂν οἱ τοιοῦτοι παραινέσωσιν· περὶ δὲ τοὺς ἔργον ποιουμένους ὅπως χρησίμους αὐτοὺς ἐν τοῖς καιροῖς τοῖς τοιούτοις τῇ πόλει παρασχήσουσιν, βλασφημεῖν οἴονται χρῆναι. καὶ Θηβαίοις μὲν καὶ τοῖς ἄλλοις ἐχθροῖς τὴν ἀμαθίαν ὀνειδίζουσιν, τοὺς δ᾽ ἐκ παντὸς τρόπου ζητοῦντας τὴν νόσον ταύτην διαφυγεῖν λοιδοροῦντες διατελοῦσιν.

[247] 그런데 그들은 수고와 철학을 통해 자신들이 신들로부터 얻기를 원하는 바로 그 능력을 성취하려고 애쓰는 사람들이 그에 필요한 것들은[230] 하나도 하지 않는다고 말하고, 어떤 때는 그들이 속아 넘어갔고 사기를 당한 바보 같은 사람들이라고 놀리는 태도를 보이지만, 정작 그들이 성공하면 태도를 바꿔서[231] 그들이 이익을 챙기는 데에는 도가 텄다는 식으로 말을 만들어냅니다.

[248] 그리고 그들은 어떤 위기가 도시에 닥쳤을 때에는 사태에 관해 가장 훌륭한 것들을 말해주는 사람들을 조언자로 삼아 이용합니다. 그리고 바로 그 사람들이 제안하는 일들을 그대로 실천합니다. 그러면서도 그들은 그와 같이 시의적절한 시점에[232] 도시에 쓸모 있는 사람이 되기 위해 일을 하는 사람들에 대해서는 비방해야 한다고 생각합니다. 그리고 테베인들과 다른 적들에 대해서 그들이 무식하다고 질책하는 한편, 모든 방법을 동원해서라도 그런 병폐[233]에서 벗어날 길을 찾는 사람들에 대해 끊임없이 매도합니다.[234]

230 철학적 능력, 즉 말 잘하고 현명하게 판단하고 시의적절한 의견을 구성하는 능력을 갖추기 위해 필요한 것들. [186]-[195]를 보라.

231 비판자들의 일관되지 못한 태도를 보여준다. 정작 비판자들은 이소크라테스에 대해서 일관되지 못하다는 식으로 비판한다. [243]을 보라.

232 도시가 직면한 '위기'(kindunos)에 맞춰 노려야 할 '꼭 필요한 시점'(kairos).

233 '무식함'을 하나의 병에 비유한다.

234 이소크라테스는 '철학'과 '말의 교육'을 비난하는 사람들의 일관되지 못한 태도를 일관되게 비판한다.

[249] ὃ δ᾽ οὐ μόνον ταραχῆς σημεῖόν ἐστιν, ἀλλὰ καὶ τῆς περὶ τοὺς θεοὺς ὀλιγωρίας· τὴν μὲν γὰρ Πειθὼ μίαν τῶν θεῶν νομίζουσιν εἶναι καὶ τὴν πόλιν ὁρῶσιν καθ᾽ ἕκαστον τὸν ἐνιαυτὸν θυσίαν αὐτῇ ποιουμένην, τοὺς δὲ τῆς δυνάμεως ἧς ἡ θεὸς ἔχει μετασχεῖν βουλομένους ὡς κακοῦ πράγματος ἐπιθυμοῦντας διαφθείρεσθαί φασιν.

[250] ὃ δὲ πάντων δεινότατον, ὅτι προκρίναιεν μὲν ἂν τὴν ψυχὴν σπουδαιοτέραν εἶναι τοῦ σώματος, οὕτω δὲ γιγνώσκοντες ἀποδέχονται μᾶλλον τοὺς γυμναζομένους τῶν φιλοσοφούντων. καίτοι πῶς οὐκ ἄλογον τοὺς τοῦ φαυλοτέρου ποιουμένους τὴν ἐπιμέλειαν ἐπαινεῖν μᾶλλον ἢ τοὺς τοῦ σπουδαιοτέρου, καὶ ταῦτα πάντων εἰδότων διὰ μὲν εὐεξίαν σώματος οὐδὲν πώποτε τὴν πόλιν τῶν ἐλλογίμων ἔργων διαπραξαμένην, διὰ δὲ φρόνησιν ἀνδρὸς εὐδαιμονεστάτην καὶ μεγίστην τῶν Ἑλληνίδων πόλεων γενομένην;

[250] 8 ἀνδρὸς ΓΔ[1] : ἑνὸς ἀνδρὸς cett.

[249] 그런데 그것은 그들이 겪는 혼란의 징표일 뿐만 아니라, 또한 신들에 대한 멸시의 징표이기도 합니다. 왜냐하면 그들은 설득(Peithō)이 신들 가운데 하나의 여신이라고 생각하며 도시가 매년 그 여신에게 제물을 바치는 것을 보면서도,[143)] 그 여신이 가지고 있는 능력을 나눠 갖기를 원하는 사람들을 마치 못된 것을 열망하는 사람이라고 생각하면서 타락하고 있다고 말하기 때문입니다.

[250] 그런데 모든 것 중에 가장 무서운 것은 그들이 영혼을 몸보다 더 고귀하다고 호의적으로 판단하고 그렇게 알고 있으면서도, 체력단련에 열심인 사람들을 철학[235]에 열중하는 사람들보다 더 중요하게 여긴다는 것입니다. 정말이지, 더 비천한 것을 돌보는 사람을 더 고귀한 것을 돌보는 사람보다 더 많이 칭찬한다는 것이, 그리고 이 도시가 말할 만한 일들을 해낸 것이 결코 몸의 건강함 때문에 아니며, 오히려 사람의 현명함 때문에[236] 헬라스의 도시들 중에 가장 행복하고 중요한 도시가 된 것임을 모든 사람이 알고 있는데 이런 일이 벌어지고 있으니, 이 어찌 말도 안 되는 일이 아니겠습니까?

---

235 철학이란 '영혼을 돌보기'이기 때문에 언급된 것이다.

236 예컨대 솔론, 테미스토클레스, 페리클레스. 이에 관해서는 [232]-[234]를 보라. 일부 사본에는 '한(ἑνὸς) 사람의 현명함 때문에'라고 되어 있다.

[251] πολὺ δ᾽ ἂν τις ἔχοι πλείους τούτων ἐναντιώσεις συναγαγεῖν τῶν ἀκμαζόντων τε μᾶλλον ἢ ἐγὼ καὶ τοῦ καιροῦ τοῦ παρόντος μὴ φροντιζόντων ἐπεὶ καὶ τάδε περὶ τῶν αὐτῶν τούτων ἔνεστιν εἰπεῖν. φέρε γάρ, εἴ τινες πολλὰ χρήματα παρὰ τῶν προγόνων παραλαβόντες τῇ μὲν πόλει μηδὲν εἶεν χρήσιμοι, τοὺς δὲ πολίτας ὑβρίζοιεν καὶ τούς τε παῖδας καὶ τὰς γυναῖκας αἰσχύνοιεν, ἔστιν ὅστις ἂν τοὺς αἰτίους τοῦ πλούτου μέμψασθαι τολμήσειεν, ἀλλ᾽ οὐκ ἂν αὐτοὺς τοὺς ἐξαμαρτάνοντας κολάζειν ἀξιώσειεν;

[252] τί δ᾽ εἴ τινες ὁπλομαχεῖν μαθόντες πρὸς μὲν τοὺς πολεμίους μὴ χρῷντο ταῖς ἐπιστήμαις, ἐπανάστασιν δὲ ποιήσαντες πολλοὺς τῶν πολιτῶν διαφθείραιεν, ἢ καὶ πυκτεύειν καὶ παγκρατιάζειν ὡς οἷόν τ᾽ ἄριστα παιδευθέντες τῶν μὲν ἀγώνων ἀμελοῖεν, τοὺς δ᾽ ἀπαντῶντας τύπτοιεν, τίς οὐκ ἂν τούτων τοὺς μὲν διδασκάλους ἐπαινέσειεν, τοὺς δὲ κακῶς χρωμένους οἷς ἔμαθον ἀποκτείνειεν;

[251] 2 ἢ ἐγὼ ΓΔΕ : ἠγὼ Baiter : ἠγωνισμένων Θ 7 τοὺς αἰτίους τοῦ πλούτου ΓΔ[1] : ὡς αἴτιον τούτων τὸν πλοῦτον cett.

[251] 그런데 저보다[237] 훨씬 더 젊고 지금 이 순간의 시의적절성을 고민할 필요가 없는 사람들 중에 어떤 사람은 이것들보다 훨씬 더 많은 모순점들을 모을 수가 있을텐데, 이 동일한 문제들에 관해서 다음과 같이 말할 수도 있기 때문입니다. 만약 조상들로부터 많은 재산을 물려받은 사람들이 있다고 칩시다. 그들이 그 재산으로 이 도시에서 쓸모 있는 사람이 되려고 하지 않고, 오히려 시민들에게 폭력을 행사하고[238] 자식과 아내를 부끄럽게 만든다고 해봅시다. 이때 잘못을 저지른 사람을 징계하라고 요구하지 않고, 그 부의 원인이 된 사람들을[239] 지탄하는 무모한 사람이 있겠습니까?

[252] 그리고 만약 누군가가 무장하고 싸우는 법을 배우고서 그 지식을 적들에 맞서 싸우는 데는 이용하지 않고 반란을 일으키고 수많은 시민들을 살해한다면, 또는 권투와 종합격투기[144)]를 가장 뛰어난 수준까지 교육받은 후에, 시합에는 무관심하고 지나가는 행인을 때린다면 어떻겠습니까? 그런 경우 그들의 교사들은 일단 칭찬할 수는 있으나,[240] 자신이 배운 것들을 잘못 사용한 제자들에게는 사형을 언도하지 않을 사람이 누가 있겠습니까?

---

237 베이터(Baiter)는 주요 필사본에 적힌 것(ἢ ἐγὼ)이 모음충돌(hiatus)을 일으킨다고 보고, 그것을 피하기 위해 축약형(ἠγὼ)으로 읽을 것을 제안했다. '경쟁을 했던 사람들 중에'(ἠγωνισμέηων)라고 적혀 있는 필사본도 있다.

238 다른 사람의 명예와 권리를 침해하고 훼손하는 폭력적인 행위(hubris)를 가리킨다.

239 '그 부의 원인이 된 사람들을'(τοὺς αἰτίους τοῦ πλούτου)이 아니라 '부를 그들의(=그들의 잘못의) 원인이라고'(ὡς αἴτιον τούτων τὸν πλοῦτον)라고 적혀 있는 사본들도 있다.

240 그들의 폭행에 대해서는 비난해야겠지만, 그들의 뛰어난 격투기 실력을 가르친 스승에 대해선 기술에 관한 한 잘 가르쳤다고 칭찬하게 된다는 뜻이다.

[253] οὐκοῦν χρὴ καὶ περὶ τῶν λόγων τὴν αὐτὴν ἔχειν διάνοιαν ἥνπερ καὶ περὶ τῶν ἄλλων, καὶ μὴ περὶ τῶν ὁμοίων τἀναντία γιγνώσκειν, μηδὲ πρὸς τοιοῦτον πρᾶγμα δυσμενῶς φαίνεσθαι διακειμένους, ὃ πάντων τῶν ἐνόντων ἐν τῇ τῶν ἀνθρώπων φύσει πλείστων ἀγαθῶν αἴτιόν ἐστιν. τοῖς μὲν γὰρ ἄλλοις οἷς ἔχομεν, ἅπερ ἤδη καὶ πρότερον εἶπον, οὐδὲν τῶν ἄλλων ζῴων διαφέρομεν, ἀλλὰ πολλῶν καὶ τῷ τάχει καὶ τῇ ῥώμῃ καὶ ταῖς ἄλλαις εὐπορίαις καταδεέστεροι τυγχάνομεν ὄντες·

[254] ἐγγενομένου δ' ἡμῖν τοῦ πείθειν ἀλλήλους καὶ δηλοῦν πρὸς ἡμᾶς αὐτοὺς περὶ ὧν ἂν βουληθῶμεν, οὐ μόνον τοῦ θηριωδῶς ζῆν ἀπηλλάγημεν, ἀλλὰ καὶ συνελθόντες πόλεις ᾠκίσαμεν καὶ νόμους ἐθέμεθα καὶ τέχνας εὕρομεν, καὶ σχεδὸν ἅπαντα τὰ δι' ἡμῶν μεμηχανημένα λόγος ἡμῖν ἐστιν ὁ συγκατασκευάσας.

[253] 7 ἄλλων ζῴων Θ : ζῴων codd.

[253] 그러므로 다른 것들에 관해서 가질 수 있는 것과 똑같은 생각을 말에 관해서도 가져야 하며, 비슷한 것들에 관해서 서로 반대되는 판단을 내려서는 안 됩니다. 인간의 본성 안에 들어 있는 대부분의 좋은 것들의 원인이 되는 이와 같은 일에 대해 적대감을 갖는 모습을 보일 필요는 없습니다.145) 우리가 가진 다른 것들에 관해서는, 이미 이전에도 말씀드린 바 있듯이, 우리는 다른 동물과[241] 아무런 차이가 없습니다. 오히려 빠르기에서도 힘에서도, 그리고 다른 수월성에서도 우리는 많은 동물보다 훨씬 더 부족한 상태에 있습니다.146)

[254] 그러나 우리에게는 서로를 설득할 수 있고 우리 자신에게 우리가 논의하게 될 일들에 관하여 분명하게 드러낼 수 있기 때문에, 우리는 짐승처럼 살아가는 일에서 벗어날 수 있을 뿐만 아니라 함께 모여서 도시를 이루며 살아왔으며, 법을 세울 수 있었고, 기술을 발견할 수 있었습니다. 우리가 고안한 거의 모든 것들을 우리에게 마련해준 것, 그것이 바로 말입니다.

---

241 '다른'(ἄλλων)이 빠져 있는 필사본도 있다.

[255] οὗτος γὰρ περὶ τῶν δικαίων καὶ τῶν ἀδίκων καὶ τῶν καλῶν καὶ τῶν αἰσχρῶν ἐνομοθέτησεν, ὧν μὴ διαταχθέντων οὐκ ἂν οἷοί τ᾽ ἦμεν οἰκεῖν μετ᾽ ἀλλήλων. τούτῳ καὶ τοὺς κακοὺς ἐξελέγχομεν καὶ τοὺς ἀγαθοὺς ἐγκωμιάζομεν. διὰ τούτου τούς τ᾽ ἀνοήτους παιδεύομεν καὶ τοὺς φρονίμους δοκιμάζομεν· τὸ γὰρ λέγειν ὡς δεῖ τοῦ φρονεῖν εὖ μέγιστον σημεῖον ποιούμεθα, καὶ λόγος ἀληθὴς καὶ νόμιμος καὶ δίκαιος ψυχῆς ἀγαθῆς καὶ πιστῆς εἴδωλόν ἐστιν.

[256] μετὰ τούτου καὶ περὶ τῶν ἀμφισβητησίμων ἀγωνιζόμεθα καὶ περὶ τῶν ἀγνοουμένων σκοπούμεθα· ταῖς γὰρ πίστεσιν, αἷς τοὺς ἄλλους λέγοντες πείθομεν, ταῖς αὐταῖς ταύταις βουλευόμενοι χρώμεθα, καὶ ῥητορικοὺς μὲν καλοῦμεν τοὺς ἐν τῷ πλήθει λέγειν δυναμένους, εὐβούλους δὲ νομίζομεν, οἵτινες ἂν αὐτοὶ πρὸς αὑτοὺς ἄριστα περὶ τῶν πραγμάτων διαλεχθῶσιν.

[255] 바로 그것이 정의로운 것과 부정의한 것, 그리고 아름다운 것과 추한 것에 관해 법을 세워주었습니다. 이것들이 질서정연하게 자리 잡히지 않는다면, 우리는 함께 살아갈 수가 없습니다. 말에 의해 우리는 나쁜 사람들을 거부하고 좋은 사람들을 칭송합니다. 말을 통해 우리는 생각 없이 사는 사람들을 교육하며 현명한 사람들의 평판을 높입니다. 우리가 꼭 필요한 말을 한다는 것이 현명하게 판단을 잘하는 것의 가장 중요한 징표가 되도록 만들며, 참되고 합법적이며 정의로운 말은 참되고 믿을 수 있는 영혼의 모상입니다.[242]

[256] 말을 가지고 우리는 양쪽으로 갈릴 수 있는 것들에 관하여 쟁론하며 알려지지 않는 것들에 관하여 탐구합니다. 우리는 말을 하면서 다른 사람들을 설득할 경우에 의존하는 입증과 동일한 형식의 입증을 이용하여 논의하며 대중 앞에서 말을 할 수 있는 사람을 수사적 인간[243]라고 부르며, 사안들에 관하여 스스로가 스스로를 대상으로 삼아 가장 훌륭하게 대화를 나눌 수 있는 사람을[244] 논의에 능한 사람이라고 생각합니다.

---

242 앞의 [7]에서는 말을 '저의 생각과 제가 살면서 이루어온 다른 모든 것들의 그림'(eikōn)이라고 했는데, 여기에서는 '영혼의 모상'(eidōlon)이라고 한다.

243 '수사적 인간'(rhētorikos)은 '연설가(rhêtôr)의 능력을 가진 사람(-kos)'을 가리킨다.

244 다시 말해서, 혼자서 생각할 수 있는 사람들.

[257] εἰ δὲ δεῖ συλλήβδην περὶ τῆς δυνάμεως ταύτης εἰπεῖν, οὐδὲν τῶν φρονίμως πραττομένων εὑρήσομεν ἀλόγως γιγνόμενον, ἀλλὰ καὶ τῶν ἔργων καὶ τῶν διανοημάτων ἁπάντων ἡγεμόνα λόγον ὄντα, καὶ μάλιστα χρωμένους αὐτῷ τοὺς πλεῖστον νοῦν ἔχοντας. ὧν οὐδὲν ἐνθυμηθεὶς Λυσίμαχος κατηγορεῖν ἐτόλμησε τῶν ἐπιθυμούντων τοιούτου πράγματος, ὃ τοσούτων τὸ πλῆθος καὶ τηλικούτων τὸ μέγεθος ἀγαθῶν αἴτιόν ἐστιν.

[258] καὶ τί δεῖ τούτου θαυμάζειν, ὅπου καὶ τῶν περὶ τὰς ἔριδας σπουδαζόντων ἔνιοί τινες ὁμοίως βλασφημοῦσιν περὶ τῶν λόγων τῶν κοινῶν καὶ τῶν χρησίμων ὥσπερ οἱ φαυλότατοι τῶν ἀνθρώπων, οὐκ ἀγνοοῦντες τὴν δύναμιν αὐτῶν, οὐδ᾽ ὅτι τάχιστ᾽ ἂν οὗτοι τοὺς χρωμένους ὠφελήσειαν, ἀλλ᾽ ἐλπίζοντες, ἢν τούτους διαβάλωσιν, τοὺς αὑτῶν ἐντιμοτέρους ποιήσειν.

[257] 이 능력에 관해 간략하게 말해야 한다면, 우리는 현명하게 실행한 것들 가운데 말도 안 되게 이루어진 것은 하나도 없다는 것을 발견할 것이며, 행위들과 생각한 모든 것들을 이끌어가는 것은 바로 말이고, 양식이 풍부하면 풍부할수록 그만큼 말을 더 많이 사용한다는 사실을 발견할 것입니다. 이 모든 것들 중에 어떤 것도 생각해본 적이 없는 뤼시마코스는 그토록 수가 많고 그토록 중요한 좋은 일들의 원인이 되는 바로 이와 같은 일을 열망하던 사람들을 감히 공격하려고 하였습니다.

[258] 사실 그에게 놀랄 이유가 있을까요? 논쟁을 고귀하게 여기는 사람들[147] 중에서도 일부는 공적으로 유익한 말에 대해 비천한 사람들과 똑같이 비방을 일삼으니 말입니다. 그들은 말의 힘을 모르지 않으며, 말이 말을 이용하는 사람들에게 가장 신속하게 유익을 가져다줄 수 있다는 사실도 모르지 않습니다. 그런데도 그들이 말을 모함한다면, 그것은 그들이 자신에게 좀 더 큰 명예가 돌아오게 만들 수 있으리라는 희망을 품고 있기 때문입니다.

[259] περὶ ὧν δυνηθείην μὲν ἂν ἴσως διαλεχθῆναι πολὺ πικρότερον ἢ 'κεῖνοι περὶ ἡμῶν· οὐδέτερον δ' οἶμαι δεῖν, οὔθ' ὅμοιος γίγνεσθαι τοῖς ὑπὸ τοῦ φθόνου διεφθαρμένοις, οὔτε ψέγειν τοὺς μηδὲν μὲν κακὸν τοὺς συνόντας ἐργαζομένους, ἧττον δ' ἑτέρων εὐεργετεῖν δυναμένους. οὐ μὴν ἀλλὰ μικρά γε μνησθήσομαι περὶ αὐτῶν, μάλιστα μὲν ὅτι κἀκεῖνοι περὶ ἡμῶν, ἔπειθ' ὅπως ἂν ὑμεῖς σαφέστερον εἰδότες τὴν δύναμιν αὐτῶν οὕτω διακέησθε πρὸς ἑκάστους ἡμῶν ὥσπερ δίκαιόν ἐστιν,

[260] πρὸς δὲ τούτοις ἵνα καὶ τοῦτο ποιήσω φανερὸν, ὅτι περὶ τοὺς πολιτικοὺς λόγους ἡμεῖς ὄντες, οὓς ἐκεῖνοί φασιν εἶναι φιλαπεχθήμονας, πολὺ πρᾳότεροι τυγχάνομεν αὐτῶν ὄντες· οἱ μὲν γὰρ ἀεί τι περὶ ἡμῶν φλαῦρον λέγουσιν, ἐγὼ δ' οὐδὲν ἂν εἴποιμι τοιοῦτον, ἀλλὰ ταῖς ἀληθείαις χρήσομαι περὶ αὐτῶν.

[259] 저는 아마도 그들이 저에 관해 했던 것보다 훨씬 더 신랄하게 그들에 관해 말할 수 있습니다. 그러나 저는 질투 때문에 타락한 사람들과 똑같은 사람이 될 필요가 없고, 자기 문하생에게 나쁜 짓은 안 했지만 다른 사람보다 더 많은 혜택을 주지 못하는 선생들을[148)] 비난할 필요도 없다고 생각합니다. 하지만 그들이 저에 관해서 말을 했기 때문에 그들에 관해 사소한 몇 가지만은 말하겠습니다. 그것은 여러분이 그들의 능력에 관해 더 자세히 알게 되면 우리 각각에 대해서도 정당한 입장을 취할 수 있도록 할 수 있기 때문입니다.

[260] 그에 덧붙여 저는 이것을 분명하게 만들려는 것입니다. 즉 저 사람들은 정치연설[245]에 관여하는 우리를 아주 공격적이라고 말하지만, 사실 우리는 저 사람들보다는 훨씬 더 온화하다는 것입니다. 저 사람들은 저희에 관해 항상 험담으로 공격하지만, 저는 그런 식의 말은 하지 않을 것이며, 그 대신 저 사람들에 대해 진실만을 이용할 것입니다.

245 '정치연설'(politikous logous)은 도시(polis)에서 시민(politēs)으로 살아가는 삶의 방식에 관련된 연설을 가리킨다.

[261] ἡγοῦμαι γὰρ καὶ τοὺς ἐν τοῖς ἐριστικοῖς λόγοις δυναστεύοντας καὶ τοὺς περὶ τὴν ἀστρολογίαν καὶ γεωμετρίαν καὶ τὰ τοιαῦτα τῶν μαθημάτων διατρίβοντας οὐ βλάπτειν, ἀλλ᾽ ὠφελεῖν τοὺς συνόντας, ἐλάττω μὲν ὧν ὑπισχνοῦνται, πλείω δ᾽ ὧν τοῖς ἄλλοις δοκοῦσιν.

[262] οἱ μὲν γὰρ πλεῖστοι τῶν ἀνθρώπων ὑπειλήφασιν ἀδολεσχίαν καὶ μικρολογίαν εἶναι τὰ τοιαῦτα τῶν μαθημάτων· οὐδὲν γὰρ αὐτῶν οὔτ᾽ ἐπὶ τῶν ἰδίων οὔτ᾽ ἐπὶ τῶν κοινῶν εἶναι χρήσιμον, ἀλλ᾽ οὐδ᾽ ἐν ταῖς μνείαις οὐδένα χρόνον ἐμμένειν ταῖς τῶν μαθόντων διὰ τὸ μήτε τῷ βίῳ παρακολουθεῖν μήτε ταῖς πράξεσιν ἐπαμύνειν, ἀλλ᾽ ἔξω παντάπασιν εἶναι τῶν ἀναγκαίων.

[261] 저는 논쟁적인 말에 유능한 선생들과 천문학과 기하학 및 그와 같은 종류의 과목들에 시간을 보내는 사람들이 자신의 문하생들을 해롭게 하지는 않으며 오히려 이롭게 한다고는 생각합니다.[149) 물론 그들이 약속하고 있는 것보다는 작지만, 다른 사람들이 생각하고 있는 것보다는 더 많이 유익하긴 합니다.

[262] 사실 대부분의 사람들은 그런 과목들이 객설이며 '쩨쩨하고 시시한 말'에 불과하다고 여기고 있으니까요. 그리고 그들은 그것들 중 어떤 것도 사적인 일에서나 공적인 일에서나 별로 쓸데가 없으며, 삶 속에 연관되는 것도 없고 행동을 하는 데에도 도움이 되지 않으며, 우리가 필요로 하는 것들에서 완전히 벗어나 있기 때문에 배우는 사람들의 기억 안에서 잠시도 머무르지 않는다고까지 여깁니다.

[263] ἐγὼ δ᾽ οὔθ᾽ οὕτως οὔτε πόρρω τούτων ἔγνωκα περὶ αὐτῶν, ἀλλ᾽ οἵ τε νομίζοντες μηδὲν χρησίμην εἶναι τὴν παιδείαν ταύτην πρὸς τὰς πράξεις ὀρθῶς μοι δοκοῦσιν γιγνώσκειν, οἵ τ᾽ ἐπαινοῦντες αὐτὴν ἀληθῆ λέγειν. διὰ τοῦτο δ᾽ οὐχ ὁμολογούμενον αὐτὸν αὑτῷ τὸν λόγον εἴρηκα, διότι καὶ ταῦτα τὰ μαθήματα τὴν φύσιν οὐδὲν ὁμοίαν ἔχει τοῖς ἄλλοις οἷς διδασκόμεθα.

[264] τὰ μὲν γὰρ ἄλλα τότ᾽ ὠφελεῖν ἡμᾶς πέφυκεν ὅταν λάβωμεν αὐτῶν τὴν ἐπιστήμην, ταῦτα δὲ τοὺς μὲν ἀπηκριβωμένους οὐδὲν ἂν εὐεργετήσειεν πλὴν τοὺς ἐντεῦθεν ζῆν προῃρημένους, τοὺς δὲ μανθάνοντας ὀνίνησιν·

[263] 하지만 저는 그 과목들에 관해 그렇다고도 또 그렇지 않다고도 판정을 내리지는 않습니다. 그러나 제 의견은 그와 같은 교육이 행위와 관련해서[246] 아무런 쓸모도 없다고 생각하는 사람들은 올바른 판단을 내린 것 같고, 또 그런 교육을 칭찬하는 사람들도 진실을 말한 것 같습니다. 그렇다고 해서 제가 그 자체로 서로 일치하지 않는 말을 한 것은 아닙니다. 그런 과목들은 우리가 가르치는 다른 과목들과 본성상 공통되는 것이 하나도 없기 때문입니다.

[264] 다른 과목들은 본성적으로 그것들에 대해 지식을 가질 때 우리에게 도움이 되지만, 그런 과목들은 우리가 그것으로 생계를 결심하는 경우가 아니라면 정교하게 갈고 닦아도 혜택을 주지 못하며,[247] 그것들을 배우는 동안에만 유익할 뿐입니다.[150)]

---

246 특히 도시 공동체 안에서 의미를 갖는 정치적인 실천과 행위를 가리킨다.
247 전체 공동체를 위한 혜택을 주지 못한다는 뜻.

[265] περὶ γὰρ τὴν περιττολογίαν καὶ τὴν ἀκρίβειαν τῆς ἀστρολογίας καὶ γεωμετρίας διατρίβοντες καὶ δυσκαταμαθήτοις πράγμασιν ἀναγκαζόμενοι προσέχειν τὸν νοῦν, ἔτι δὲ συνεθιζόμενοι μένειν καὶ πονεῖν ἐπὶ τοῖς λεγομένοις καὶ δεικνυμένοις καὶ μὴ πεπλανημένην ἔχειν τὴν διάνοιαν, ἐν τούτοις γυμνασθέντες καὶ παροξυνθέντες ῥᾷον καὶ θᾶττον τὰ σπουδαιότερα καὶ πλείονος ἄξια τῶν πραγμάτων ἀποδέχεσθαι καὶ μανθάνειν δύνανται.

[266] φιλοσοφίαν μὲν οὖν οὐκ οἶμαι δεῖν προσαγορεύειν τὴν μηδὲν ἐν τῷ παρόντι μήτε πρὸς τὸ λέγειν μήτε πρὸς τὸ πράττειν ὠφελοῦσαν, γυμνασίαν μέντοι τῆς ψυχῆς καὶ παρασκευὴν φιλοσοφίας καλῶ τὴν διατριβὴν τὴν τοιαύτην, ἀνδρικωτέραν μὲν ἧς οἱ παῖδες ἐν τοῖς διδασκαλείοις ποιοῦνται, τὰ δὲ πλεῖστα παραπλησίαν·

[265] 4 μένειν Θ : λέγειν cett.

[265] 왜냐하면 천문학과 기하학의 잉여적인 논의와 정확성에 관련해 소일하면서 배우기 아주 어려운 사안들에 정신을 집중할 것을 강요받으며, 더 나아가 말로 표현된 것들과 증명된 것들에 대해서 계속 머물면서[248] 노력을 게을리하지 않고 쓸데없는 생각으로 헤매지 않는 습관을 갖게 된 다음에, 이런 과목들에서 훈련을[249] 거듭하고 아주 예민해진 상태가 된 사람은, 여러 사안들[250] 가운데 비교적 더 고귀하고 더 많은 가치를 가진 것들을[151)] 더 쉽고 더 빠르게 수용하고 배울 수 있기 때문입니다.

[266] 그렇지만 지금 저는 이 순간에 말하는 것에서나 행위를 하는 것에서[251] 아무런 유익이 되지 못하는 소일거리를 철학이라고 부를 필요는 없다고 생각합니다.[152)] 오히려 그와 같은 소일거리는 영혼의 훈련이며 철학을 위한 준비 작업이라고 부르겠습니다. 그것은 아이들이 학교에서 하는 것보다는 좀 더 어른스러운 소일거리이며, 아주 많은 경우에 그것과 비슷한 소일거리라고 부릅니다.

---

248 많은 사본들에는 '말하면서'(λέγειν)라고 적혀 있다.

249 '훈련한다'(gumnasthentes)는 말은 몸을 단련시킬 때 쓰는 말인데, 여기에서는 일종의 은유(metaphora)로서 정신(영혼)에 대해 쓰고 있다. 그다음에도 '영혼의 훈련'(gumnasia tēs psukhēs)이라는 표현이 나온다.

250 또는 '사안'을 대상이나 주제로 삼는 구체적인 '학문'이나 '과목'을 뜻한다.

251 여기에서 말과 행위는 사적인 것보다는 '공적인 차원에서 도시 공동체(polis)의 사안과 관련된 것'을 가리킨다.

[267] καὶ γὰρ ἐκείνων οἱ περὶ τὴν γραμματικὴν καὶ τὴν μουσικὴν καὶ τὴν ἄλλην παιδείαν διαπονηθέντες πρὸς μὲν τὸ βέλτιον εἰπεῖν ἢ βουλεύσασθαι περὶ τῶν πραγμάτων οὐδεμίαν πω λαμβάνουσιν ἐπίδοσιν, αὐτοὶ δ' αὑτῶν εὐμαθέστεροι γίγνονται πρὸς τὰ μείζω καὶ σπουδαιότερα τῶν μαθημάτων.

[268] διατρῖψαι μὲν οὖν περὶ τὰς παιδείας ταύτας χρόνον τινὰ συμβουλεύσαιμ' ἂν τοῖς νεωτέροις, μὴ μέντοι περιιδεῖν τὴν φύσιν τὴν αὑτῶν κατασκελετευθεῖσαν ἐπὶ τούτοις μηδ' ἐξοκείλασαν εἰς τοὺς λόγους τοὺς τῶν παλαιῶν σοφιστῶν, ὧν ὁ μὲν ἄπειρον τὸ πλῆθος ἔφησεν εἶναι τῶν ὄντων, Ἐμπεδοκλῆς δὲ τέτταρα καὶ νεῖκος καὶ φιλίαν ἐν αὐτοῖς, Ἴων δ' οὐ πλείω τριῶν, Ἀλκμέων δὲ δύο μόνα, Παρμενίδης δὲ καὶ Μέλισσος ἕν, Γοργίας δὲ παντελῶς οὐδέν.

[267] 실제로 아이들 가운데에서 문법과 음악[252]과 다른 교육에서 열심히 노력한 아이들이 말을 더 잘하게 되는 쪽으로나 당면한 사안들에 관해 논의를 하는 쪽으로는 한 발자국도 더 나아가지 못했지만, 그 대신에 그들은 그것들보다 더 중요하고 더 고귀한 과목들을 예전의 자신들이 그랬던 것보다 더 잘 배울 수 있게 되었던 것입니다.

[268] 따라서 저는 젊은이들에게 그와 같은 교육에는 어느 정도의 시간만 소일하고, 자신의 본성이 그런 소일거리에 매달려 바짝 말라비틀어질 때까지 수수방관하지 말며, 옛 소피스트들[253]의 말에 힘없이 말려들지 말라고 조언할 수 있습니다.[254] 그들 중에 어떤 사람은 존재하는 것들이 그 수에서 무한한 것들로 이루어졌다고 말했고,[255] 엠페도클레스는 그 요소가 넷[256]이며 그 안에서 다툼과 사랑이 있다고 말했으며, 이온은 셋 이상은 아니라고 했습니다.[153)] 알크메온은 단 둘이라고 했고,[154)] 파르메니데스와 멜리소스는 하나라고 했으며, 고르기아스는 아무것도 없다고 말했습니다.

---

252 문자 그대로 하면 '무사의 기술'(mousikē)이므로 여기에서는 음악과 시가를 가리키지만, 넓게 보자면 아홉 명의 무사들이 나누어 관장하는 천문학이나 역사 등 일반교양을 포함하는 개념으로 볼 수도 있다. 이것들은 체육보다는 고귀한 과목들이지만, 그보다 더 고귀한 것은 결국 '철학'(=말의 교육)이다.

253 이른바 '소크라테스 이전 철학자들'(presocratic philosophers)과 소피스트들. 여기에는 솔론, 클레이스테네스, 테미스토클레스, 페리클레스와 같은 이들은 포함되지 않는다. [232]-[235]를 보라.

254 본성과 교육의 관계에 주목. 뛰어난 본성을 가진 자가 좋은 교육을 받을 때 훌륭한 결과가 나오지만, 교육이 잘못되면 본성이 탁월한 결과를 내지 못한다.

255 대표적인 사람은 클라조메네 출신의 아낙사고라스. 그에 대한 소크라테스(=플라톤?)의 기대와 실망, 비판은 『소크라테스의 변론』 26d, 『파이돈』 97b-98b를 보라.

256 물, 불, 공기, 흙.

[269] ἡγοῦμαι γὰρ τὰς μὲν τοιαύτας περιττολογίας ὁμοίας εἶναι ταῖς θαυματοποιίαις ταῖς οὐδὲν μὲν ὠφελούσαις, ὑπὸ δὲ τῶν ἀνοήτων περιστάτοις γιγνομέναις, δεῖν δὲ τοὺς προὔργου τι ποιεῖν βουλομένους καὶ τῶν λόγων τοὺς ματαίους καὶ τῶν πράξεων τὰς μηδὲν πρὸς τὸν βίον φερούσας ἀναιρεῖν ἐξ ἁπασῶν τῶν διατριβῶν.

[270] περὶ μὲν οὖν τούτων ἀπόχρη μοι τὸ νῦν εἶναι ταῦτ' εἰρηκέναι καὶ συμβεβουλευκέναι· περὶ δὲ σοφίας καὶ φιλοσοφίας, τοῖς μὲν περὶ ἄλλων τινῶν ἀγωνιζομένοις οὐκ ἂν ἁρμόσειε λέγειν περὶ τῶν ὀνομάτων τούτων, ἔστιν γὰρ ἀλλότρια πάσαις ταῖς πραγματείαις, ἐμοὶ δ' ἐπειδὴ καὶ κρίνομαι περὶ τῶν τοιούτων καὶ τὴν καλουμένην ὑπό τινων φιλοσοφίαν οὐκ εἶναί φημι, προσήκει τὴν δικαίως ἂν νομιζομένην ὁρίσαι καὶ δηλῶσαι πρὸς ὑμᾶς.

[269] 2 περιττολογίας ΓΔ^{1}Ε : τερατολογίας Γ mg. Δ^{2}Ε mg. Θ

[269] 사실 저는 그와 같은 잉여적인 논의[155)]가 아무 이익도 가져오지 못하며, 생각 없는 사람들 사이에서 인기를 끄는 묘기 부리기와 비슷하다고 생각합니다. 또한 뭔가 보람 있는 일을 하고자 하는 사람들은 아무 쓸모도 없는 말과 우리의 삶에 아무것도 가져다주지 않는 행동들을 우리가 종사하는 모든 소일거리에서 떼어내버려야 한다고 생각합니다.

[270] 이런 소일거리들에 관해서는 일단 이렇게 말하고 조언하는 것이 지금으로선 저에게는 충분합니다. 그런데 다른 어떤 문제들에 관해 법정싸움을 하는 사람들에게는 지혜와 철학에 관해,[257] 바로 이 이름들에 관해 말하는 것이 어울릴 수가 없습니다. 그것들이 다른 모든 사안들과 관련이 없기 때문입니다. 반면 저는 그런 일들에 관해 판결을 받아야 하기 때문에, 그리고 어떤 사람들이 철학이라고 부르는 것은 있지 않다고 말하기 때문에,[258] 여러분에게 정당하다고 생각할 수 있는 것을 정의하고 명확히 보여주는 일이 적절합니다.

257 또는 '지혜(sophia)와 지혜사랑(philosophia)에 관하여.'
258 이소크라테스는 그런 철학을 철학이라고 생각하지 않는다는 뜻이다.

[271] ἁπλῶς δέ πως τυγχάνω γιγνώσκων περὶ αὐτῶν. ἐπειδὴ γὰρ οὐκ ἔνεστιν ἐν τῇ φύσει τῇ τῶν ἀνθρώπων ἐπιστήμην λαβεῖν, ἣν ἔχοντες ἂν εἰδεῖμεν ὅ τι πρακτέον ἢ λεκτέον ἐστὶν, ἐκ τῶν λοιπῶν σοφοὺς μὲν νομίζω τοὺς ταῖς δόξαις ἐπιτυγχάνειν ὡς ἐπὶ τὸ πολὺ τοῦ βελτίστου δυναμένους, φιλοσόφους δὲ τοὺς ἐν τούτοις διατρίβοντας, ἐξ ὧν τάχιστα λήψονται τὴν τοιαύτην φρόνησιν.

[272] ἃ δ᾽ ἐστὶ τῶν ἐπιτηδευμάτων ταύτην ἔχοντα τὴν δύναμιν ἔχω μὲν εἰπεῖν, ὀκνῶ δὲ λέγειν· οὕτω γάρ ἐστιν σφόδρα καὶ παράδοξα καὶ πολὺ τῆς τῶν ἄλλων ἀφεστῶτα διανοίας, ὥστε φοβοῦμαι μὴ τὴν ἀρχὴν αὐτῶν ἀκούσαντες θορύβου καὶ βοῆς ἅπαν ἐμπλήσητε τὸ δικαστήριον. ὅμως δὲ καίπερ οὕτω διακείμενος ἐπιχειρήσω διαλεχθῆναι περὶ αὐτῶν· αἰσχύνομαι γὰρ, εἴ τισιν δόξω δεδιὼς ὑπὲρ γήρως καὶ μικροῦ βίου προδιδόναι τὴν ἀλήθειαν.

[272] μικρου ΓΔ : μακροῦ ΕΘ

[271] 저는 그것들에 관해서는 단순하게 판단합니다. 우리가 무엇을 행하고 말해야 하는지 알기 위해 가져야 하는 그런 지식을 얻는 것이 우리 인간의 본성에 가능한 일이 아니기 때문에, 나머지 다른 것들을 근거로 저는 이렇게 생각합니다. 즉 많은 경우에 의견에 의해 더 좋은 것에 이를 수 있는 사람이 지혜로운 사람이며, 그와 같은 현명함을 가장 빠르게 취할 수 있는 원천이 되는 것들을 위해 소일하는 사람들이 철학자라고 생각합니다.

[272] 어떤 작업들이 이런 힘을 가졌는지를 제가 말해야겠지만, 말하기 망설여집니다. 그것은 너무나 상식에 어긋나며[259] 다른 사람들의 생각과는 많이 다르기 때문에, 혹시 여러분이 그것들에 관해 꺼낸 서두를 듣고서 웅성거림과 고함으로 법정 전체를 채우지나 않을까 걱정하기 때문입니다. 그렇지만 상황이 그럼에도 불구하고 저는 그것들에 관한 변증을 시도하겠습니다. 제가 누군가에게 나이가 많이 들었고 남은 삶이 짧다는 이유로[260] 진실을 배반하는 것처럼 보이는 것이 추하다고 느끼기 때문입니다.

---

259 또는 '일반적인 의견에 반하며'(paradoxa).

260 원문 그대로 옮기면 '노령과 짧은 삶을 이유로'(ὑπὲρ γήρως καὶ <u>μικροῦ</u> βίου)인데, 일부 사본에 따르면 '노령과 긴 삶을 이유로'(ὑπὲρ γήρως καὶ <u>μακροῦ</u> βίου)라고 읽힌다.

[273] δέομαι δ᾽ ὑμῶν μὴ προκαταγνῶναί μου τοιαύτην μανίαν, ὡς ἄρ᾽ ἐγὼ κινδυνεύων προειλόμην ἂν λόγους εἰπεῖν ἐναντίους ταῖς ὑμετέραις γνώμαις, εἰ μὴ καὶ τοῖς προειρημένοις ἀκολούθους αὐτοὺς ἐνόμιζον εἶναι καὶ τὰς ἀποδείξεις ἀληθεῖς καὶ σαφεῖς ᾤμην ἔχειν ὑπὲρ αὐτῶν.

[274] ἡγοῦμαι δὲ τοιαύτην μὲν τέχνην, ἥτις τοῖς κακῶς πεφυκόσιν πρὸς ἀρετὴν σωφροσύνην ἐνεργάσαιτ᾽ ἂν καὶ δικαιοσύνην, οὔτε πρότερον οὔτε νῦν οὐδεμίαν εἶναι, τούς τε τὰς ὑποσχέσεις ποιουμένους περὶ αὐτῶν πρότερον ἀπερεῖν καὶ παύσεσθαι ληροῦντας.

[273] 저는 제가 지금 소송에 걸린 상황에서 여러분의 견해와 반대되는 말을, 그 말이 예전에 제가 했던 말에 따라 나온다고 믿지 않으며, 그 말을 지지할 수 있는 진실하고 명확한 증명을 할 수 있다고 생각하지는 않지만, 그래도 그 말을 하겠다는 선택을 할 만큼 제가 그렇게 미쳤다고 단정하지 마시길 여러분에게 요청합니다.

[274] 저는 덕[261]과 관련하여 본성을 잘못 타고난 사람들에게[262] 절제와 정의가 생겨날 수 있도록 해주는 그런 종류의 기술은 예전에도 없었고 지금도 결코 있지 않으며, 그 두 가지 덕에 관해 예전에 약속을 하던 사람들은 그 약속을 포기하겠다는 선언을 하고 허언을 멈추게 될 것이라고 생각합니다.[263]

---

261 절제와 정의 같이 인간으로서 갖추어야 할 탁월성 또는 훌륭함.

262 교육에서 본성의 중요성에 관해서는 [180]을 보라.

263 플라톤의 『프로타고라스』에서 프로타고라스는 덕이 가르쳐질 수 있다고 주장하는 반면, 소크라테스는 그렇지 않다고 의구심을 보인다.

[275] πρὶν εὑρεθῆναί τινα παιδείαν τοιαύτην, οὐ μὴν ἀλλ᾽ αὐτούς γ᾽ αὑτῶν βελτίους ἂν γίγνεσθαι καὶ πλείονος ἀξίους εἰ πρός τε τὸ λέγειν εὖ φιλοτίμως διατεθεῖεν καὶ τοῦ πείθειν δύνασθαι τοὺς ἀκούοντας ἐρασθεῖεν καὶ πρὸς τούτοις τῆς πλεονεξίας ἐπιθυμήσαιεν, μὴ τῆς ὑπὸ τῶν ἀνοήτων νομιζομένης, ἀλλὰ τῆς ὡς ἀληθῶς τὴν δύναμιν ταύτην ἐχούσης.

[276] καὶ ταῦθ᾽ ὡς οὕτω πέφυκεν ταχέως οἶμαι δηλώσειν. πρῶτον μὲν γὰρ ὁ λέγειν ἢ γράφειν προαιρούμενος λόγους ἀξίους ἐπαίνου καὶ τιμῆς οὐκ ἔστιν ὅπως ποιήσεται τὰς ὑποθέσεις ἀδίκους ἢ μικρὰς ἢ περὶ τῶν ἰδίων συμβολαίων, ἀλλὰ μεγάλας καὶ καλὰς καὶ φιλανθρώπους καὶ περὶ τῶν κοινῶν πραγμάτων· μὴ γὰρ τοιαύτας εὑρίσκων οὐδὲν διαπράξεται τῶν δεόντων.

[275] 그런 식의 어떤 교육을 발견하기 전에는 말입니다. 그럼에도 저는 그들이 자기 자신보다 더 훌륭하게 되고 더 가치 있는 사람이 될 거라고[264] 생각합니다. 물론 조건이 있습니다. 그들이 말 잘하는 것을 공명심에서 추구하고, 청중을 설득할 수 있기를 열망해야 하며, 그 밖에도 '더 많이 갖는 것'에 대한, 생각 없는 사람들이 생각하는 그런 것이 아니라[265] 진실로 그런 능력을 갖춘 우월성에 대한 욕심이 있어야 합니다.

[276] 저는 이것들이 본성상 그러하다는 것을 보여주리라고 생각합니다. 먼저 칭찬과 명예를 받을 만한 가치가 있는 연설을 말로 하거나 글로 쓰기로 선택한 사람이라면 부정의하거나 사소한 주제들이나 사사로운 계약들에 관련된 주제들이 아니라, 중대하고 아름다우며 인간애가 넘치는[266] 공적인 사안에 관련된 주제들을 다루려고 할 것입니다.[267] 그런 주제를 발견하지 못한다면 필요한 것들 가운데 아무것도 성취할 수가 없기 때문입니다.

---

264 공동체의 발전과 이익에 더 많이 쓸모 있는 사람이 된다는 뜻.

265 '상식에 어긋나고 일반적인 의견에 반하는'(paradoxa) 의미에서 '더 많이 갖는 것'(pleonexia).

266 또는 '사람들의 복리를 증진하는'(philanthōpous).

267 이 부분에서 '발견'(heuresis, inventio)에 관한 논의가 진행된다.

[277] ἔπειτα τῶν πράξεων τῶν συντεινουσῶν πρὸς τὴν ὑπόθεσιν ἐκλέξεται τὰς πρεπωδεστάτας καὶ μάλιστα συμφερούσας· ὁ δὲ τὰς τοιαύτας συνεθιζόμενος θεωρεῖν καὶ δοκιμάζειν οὐ μόνον περὶ τὸν ἐνεστῶτα λόγον, ἀλλὰ καὶ περὶ τὰς ἄλλας πράξεις τὴν αὐτὴν ἕξει ταύτην δύναμιν, ὥσθ᾽ ἅμα τὸ λέγειν εὖ καὶ τὸ φρονεῖν παραγενήσεται τοῖς φιλοσόφως καὶ φιλοτίμως πρὸς τοὺς λόγους διακειμένοις.

[278] καὶ μὴν οὐδ᾽ ὁ πείθειν βουλόμενος ἀμελήσει τῆς ἀρετῆς, ἀλλὰ τούτῳ μάλιστα προσέξει τὸν νοῦν, ὅπως δόξαν ὡς ἐπιεικεστάτην λήψεται παρὰ τοῖς συμπολιτευομένοις. τίς γὰρ οὐκ οἶδεν καὶ τοὺς λόγους ἀληθεστέρους δοκοῦντας εἶναι τοὺς ὑπὸ τῶν εὖ διακειμένων λεγομένους ἢ τοὺς ὑπὸ τῶν διαβεβλημένων, καὶ τὰς πίστεις μεῖζον δυναμένας τὰς ἐκ τοῦ βίου γεγενημένας ἢ τὰς ὑπὸ τοῦ λόγου πεπορισμένας; ὥσθ᾽ ὅσῳ περ ἂν τις ἐρρωμενεστέρως ἐπιθυμῇ πείθειν τοὺς ἀκούοντας, τοσούτῳ μᾶλλον ἀσκήσει καλὸς κἀγαθὸς εἶναι καὶ παρὰ τοῖς πολίταις εὐδοκιμεῖν.

[277] 그다음으로 그 주제와 관련된 행위들 중 가장 적절하고 그 어떤 것보다도 더 이로운 행위들이 선정될 것입니다. 그런데 그와 같은 행위들을 관찰하고 그것들에 관해 평가를 내리는 일에[156)] 익숙한 사람은 단지 구성된 말에[268] 관해서뿐만 아니라 다른 행위들에 관해서도 그런 똑같은 능력을 가질 것이며, 그렇게 해서 말에 대해 철학적이며 공명심 있는 태도를[269] 취하는 사람들은 동시에 말도 잘하고 현명한 판단을 내릴 능력도[270] 얻게 될 것입니다.

[278] 그리고 정말로 누군가를 설득하길 원하는 사람이라면 덕에 무관심할 리가 없습니다. 오히려 그는 그 무엇보다도 동료 시민들 사이에서 가장 공명관대하다는 평판을 얻으려는 데에 마음을 쓸 것입니다. 좋은 품성을 가진 사람이 하는 말은 모함을 받는 사람의 말보다 더 진실해 보이리라는 사실을 그 누가 모르겠습니까? 또한 삶으로부터 이루어지는 입증이 말로 이루어지는 입증보다 더 큰 힘을 발휘한다는 사실을 그 누가 모르겠습니까? 그러므로 누구든지 청중을 설득하고 싶다는 열망이 강렬하면 할수록 그만큼 더 아름답고 좋은 사람이 되기 위해 노력할 것이며, 시민들 사이에서 좋은 평판을 갖도록 노력할 것입니다.[157)]

---

268 또는 '말을 구성하는 일에'.

269 '철학적이고(philosophōs) 공명심 있는 태도를(philotimōs)'이란 표현은 '지혜를 사랑하고 명예를 사랑하는'으로 번역하는 것이 원문의 수사학적 음악성을 살리는 데 더 좋긴 하다.

270 이소크라테스가 추구하는 철학의 능력은 말과 생각에서 발휘된다.

[279] καὶ μηδεὶς ὑμῶν οἰέσθω τοὺς μὲν ἄλλους ἅπαντας γιγνώσκειν ὅσην ἔχει ῥοπὴν εἰς τὸ πείθειν τὸ τοῖς κρίνουσιν ἀρέσκειν, τοὺς δὲ περὶ τὴν φιλοσοφίαν ὄντας μόνους ἀγνοεῖν τὴν τῆς εὐνοίας δύναμιν· πολὺ γὰρ ἀκριβέστερον τῶν ἄλλων καὶ ταῦτ' ἴσασιν,

[280] καὶ πρὸς τούτοις, ὅτι τὰ μὲν εἰκότα καὶ τὰ τεκμήρια καὶ πᾶν τὸ τῶν πίστεων εἶδος τοῦτο μόνον ὠφελεῖ τὸ μέρος ἐφ' ᾧπερ ἂν αὐτῶν ἕκαστον τύχῃ ῥηθέν, τὸ δὲ δοκεῖν εἶναι καλὸν κἀγαθὸν οὐ μόνον τὸν λόγον πιστότερον ἐποίησεν, ἀλλὰ καὶ τὰς πράξεις τοῦ τὴν τοιαύτην δόξαν ἔχοντος ἐντιμοτέρας κατέστησεν, ὑπὲρ οὗ σπουδαστέον ἐστὶν τοῖς εὖ φρονοῦσιν μᾶλλον ἢ περὶ τῶν ἄλλων ἁπάντων.

[279] 그리고 여러분 가운데 그 누구도 다른 모든 사람들은 판정관들을 즐겁게 해주는 것이 설득에 큰 영향을 끼친다는 사실을 알고 있지만, 철학에 관련된 사람들만은 호의의 힘을 모른다고 생각하지 않도록 하십시오. 그들은 그 사실을 다른 사람들보다 훨씬 더 정확하게 알고 있기 때문입니다.[271]

[280] 게다가 그들은 개연성과 확증자료와 모든 종류의 입증들이 단순히 그것들 각각이 언급되는 부분만을 도와준다는 사실도 알고 있으며, 아름답고 좋은 사람이라는 평판을 갖는 것이[272] 말을 더 믿을 만한 것으로 만들어줄 뿐만 아니라 그런 평판을 갖는 사람의 행위들을 더 존경받을 만한 것으로 확고히 해주기 때문에, 정말로 현명한 사람들은 다른 모든 것들보다 바로 그것을 얻기 위해 진지한 태도로[273] 더욱더 많은 노력을 기울여야 한다는 사실도 잘 알고 있습니다.

271 그러나 이소크라테스의 수제자였던 티모테오스는 바로 이 점을 소홀히해서 곤욕을 치렀다. [130]-[139]를 보라.

272 또는 '아름답고 좋은 사람으로 보이는 것(dokein)이'.

273 또는 '고귀한 태도로(spoudasteon)'.

[281] τὸ τοίνυν περὶ τὴν πλεονεξίαν, ὃ δυσχερέστατον ἦν τῶν ῥηθέντων· εἰ μέν τις ὑπολαμβάνει τοὺς ἀποστεροῦντας ἢ παραλογιζομένους ἢ κακόν τι ποιοῦντας πλεονεκτεῖν, οὐκ ὀρθῶς ἔγνωκεν· οὐδένες γὰρ ἐν ἅπαντι τῷ βίῳ μᾶλλον ἐλαττοῦνται τῶν τοιούτων, οὐδ᾽ ἐν πλείοσιν ἀπορίαις εἰσὶν, οὐδ᾽ ἐπονειδιστότερον ζῶσιν, οὐδ᾽ ὅλως ἀθλιώτεροι τυγχάνουσιν ὄντες·

[282] χρὴ δὲ καὶ νῦν πλέον ἔχειν ἡγεῖσθαι καὶ πλεονεκτήσειν νομίζειν παρὰ μὲν τῶν θεῶν τοὺς εὐσεβεστάτους καὶ τοὺς περὶ τὴν θεραπείαν τὴν ἐκείνων ἐπιμελεστάτους ὄντας, παρὰ δὲ τῶν ἀνθρώπων τοὺς ἄριστα πρὸς τούτους μεθ᾽ ὧν ἂν οἰκῶσιν καὶ πολιτεύωνται διακειμένους, καὶ τοὺς βελτίστους αὐτοὺς εἶναι δοκοῦντας.

[281] 이제 '더 많이 갖는 것'[274]에 관해 다루겠습니다. 그것은 제가 말한 것들 중에 가장 다루기 힘든 문제입니다. 남의 것을 빼앗거나 교묘한 논리로 속이거나 뭔가 나쁜 짓을 하는 사람들이 더 많이 가질 것이라고 가정하는 사람이 있다면, 그는 옳지 못한 판단을 한 것입니다. 그 누구도 그런 사람들보다 삶 전체에서 더 많은 것을 잃고 초라해지지는 않습니다. 그들이야말로 그 누구보다도 더 큰 궁핍에 처하며 더 치욕스럽게 살고 한 마디로 더 비참합니다.

[282] 그러니 여러분은 신들에게 경건하며 성심을 다해 예배하는 자들이 신들로부터 지금도 더 많은 것을 받아 가지고 있다고 여기며 앞으로도 더 많이 소유하게 될 것이라고 생각해야 하며, 인간들로부터 그런 대접을 받아야 할 사람은 함께 집안을 꾸리며 살고 시민생활을 하는 동료들에게 최선을 다하는 사람들, 그리고 가장 훌륭하다는 평판을 얻는 사람들이라고 생각해야 합니다.

---

274 또는 '풍요로움'.

[283] καὶ ταῦτα καὶ ταῖς ἀληθείαις οὕτως ἔχει καὶ συμφέρει τὸν τρόπον τοῦτον λέγεσθαι περὶ αὐτῶν, ἐπεὶ νῦν γ' οὕτως ἀνέστραπται καὶ συγκέχυται πολλὰ τῶν κατὰ τὴν πόλιν ὥστ' οὐδὲ τοῖς ὀνόμασιν ἔνιοί τινες ἔτι χρῶνται κατὰ φύσιν, ἀλλὰ μεταφέρουσιν ἀπὸ τῶν καλλίστων πραγμάτων ἐπὶ τὰ φαυλότατα τῶν ἐπιτηδευμάτων.

[284] τοὺς μέν γε βωμολοχευομένους καὶ σκώπτειν καὶ μιμεῖσθαι δυναμένους εὐφυεῖς καλοῦσιν, προσῆκον τῆς προσηγορίας ταύτης τυγχάνειν τοὺς ἄριστα πρὸς ἀρετὴν πεφυκότας· τοὺς δὲ ταῖς κακοηθείαις καὶ ταῖς κακουργίαις χρωμένους καὶ μικρὰ μὲν λαμβάνοντας, πονηρὰν δὲ δόξαν κτωμένους, πλεονεκτικοὺς νομίζουσιν, ἀλλ' οὐ τοὺς ὁσιωτάτους καὶ δικαιοτάτους, οἵπερ τῶν ἀγαθῶν, ἀλλ' οὐ τῶν κακῶν πλεονεκτοῦσιν·

[283] 4 ὀνόμασιν Γ[1] : ὀνόμασιν ἐν τῇ διαλέκῳ Γ[2]ΔΕΘ

[283] 이것은 진실에 비추어 봐도 정말 그렇습니다. 그리고 이런 방식으로 그것들에 관해 말하는 것은 유익합니다. 왜냐하면 지금 도시에서 일어나는 많은 일들이 뒤죽박죽 서로 뒤엉켜 있으며, 그래서 일부 사람들은 '이름'들을[275] 더 이상 그 본성에 따라 사용하지 않고 가장 아름다운 사물들에서부터 가져다가 가장 비천한 작업들에다 옮겨놓기 때문입니다.[276]

[284] 그들은 광대짓 하는 사람과 남을 비웃고 흉내낼 줄 아는 사람을 '좋은 본성을 타고난 사람'이라고 부르는데, 그런 칭호는 덕[277]과 관련해서 가장 좋은 본성을 타고난 사람에게 붙이는 것이 적절합니다. 또한 그들은 악한 품성과 악한 행적을 이용하는 사람, 작은 것을 취하여 사악한 평판을 획득한 사람이 더 많이 갖고 있다고 생각하는 반면, 가장 신실하고 가장 정의로운 사람, 그래서 좋은 것은 더 많이 가지고 있지만 못된 것은 그렇지 않은 사람이 더 많이 가지고 있다고 생각하지는 않습니다.

---

275 주요 필사본 Γ에는 '이름들을'(ὀνόμασιν)이라고 적혀 있으나, 다른 글씨체로 '일상 대화에서 사용되는 이름들을'(ὀνόμασιν ἐν τῇ διαλέκῳ)이라고 가필되어 있고, 다른 필사본도 이와 일치한다.

276 예컨대, '소피스트'([215]를 보라)와 '철학'([270], [285]를 보라).

277 또는 '훌륭함', '탁월함'.

[285] τοὺς δὲ τῶν μὲν ἀναγκαίων ἀμελοῦντας, τὰς δὲ τῶν παλαιῶν σοφιστῶν τερατολογίας ἀγαπῶντας φιλοσοφεῖν φασιν, † ἀμελήσαντες τοὺς τὰ τοιαῦτα μανθάνοντας καὶ μελετῶντας ἐξ ὧν καὶ τὸν ἴδιον οἶκον καὶ τὰ κοινὰ τὰ τῆς πόλεως καλῶς διοικήσουσιν, ὧνπερ ἕνεκα καὶ πονητέον καὶ φιλοσοφητέον καὶ πάντα πρακτέον ἐστίν. ἀφ᾽ ὧν ὑμεῖς πολὺν ἤδη χρόνον ἀπελαύνετε τοὺς νεωτέρους, ἀποδεχόμενοι τοὺς λόγους τῶν διαβαλλόντων τὴν τοιαύτην παιδείαν.

[286] καὶ γάρ τοι πεποιήκατε τοὺς μὲν ἐπιεικεστάτους αὐτῶν ἐν πότοις καὶ συνουσίαις καὶ ῥᾳθυμίαις καὶ παιδιαῖς τὴν ἡλικίαν διάγειν, ἀμελήσαντας τοῦ σπουδάζειν ὅπως ἔσονται βελτίους, τοὺς δὲ χείρω τὴν φύσιν ἔχοντας ἐν τοιαύταις ἀκολασίαις ἡμερεύειν ἐν αἷς πρότερον οὐδ᾽ ἂν οἰκέτης ἐπιεικὴς οὐδεὶς ἐτόλμησεν·

[285] 3 ἀμελήσαντες ΓΔΕ : ἀμελήσαντες ἐπαινεῖν Θ ; locus sine dubio corruptus est ; Sauppe coni. ἀπελάσαντες, Blass ἀλλ᾽ οὐ

[286] 3 παιδιαῖς ΓΔ[1]Ε : λαγνείαις Γ mg. Δ[2]Ε mg. Θ

[285] 그리고 그들은 꼭 필요한 것들에 무관심한 사람들, 옛 소피스트의 별스러운 논의에 애착을 가진 사람들에게는 '철학을 한다'고 말하면서, 가정의 사적인 일이나 도시의 공적인 일들을 아름답게 꾸려나가는 데에 원천이 되는 것들을 배우고 관심을 쏟는 사람들에 대해선 무관심합니다.[158)] 사람들이 애를 쓰고 철학을 하며 모든 일들을 실천해야 하는 이유가 그것들인데도 말입니다.[159)] 그런데 여러분은 이미 많은 시간 동안 젊은이들을 그 일들에서 떼어놓았고, 이런 식의 교육을 모함하고 다니는 사람들의 말만 받아들였던 것입니다.

[286] 실제로 여러분은 가장 공명관대한 젊은이들이 음주와 유흥과 안일함과 유치함[278] 속에서 젊음을 탕진하도록 만들었으며, 더 좋은 사람이 되려고 고귀한 노력을 하는 데에는 무관심하게 했습니다. 그리고 더 나쁜 본성을 가진 젊은이들은, 예전 같으면 집안의 노예 중에서도 공명관대한 자는 감히 하려고도 하지 않던 방탕한 생활 속에서 하루하루를 보내게 만들었던 것입니다.

---

278 주요 사본에는 '유치함'(παιδιαῖς)이라고 적혀 있지만 그 여백에 가필로 '방탕함'(λαγνείαις)이라고 적혀 있으며, 일부 사본에는 본문에 그렇게 적혀 있다.

[287] οἱ μὲν γὰρ αὐτῶν ἐπὶ τῆς Ἐννεακρούνου ψύχουσιν οἶνον, οἱ δ' ἐν τοῖς καπηλείοις πίνουσιν, ἕτεροι δ' ἐν τοῖς σκιραφείοις κυβεύουσιν, πολλοὶ δ' ἐν τοῖς τῶν αὐλητρίδων διδασκαλείοις διατρίβουσιν. καὶ τοὺς μὲν ἐπὶ ταῦτα προτρέποντας οὐδεὶς πώποτε τῶν κήδεσθαι φασκόντων τῆς ἡλικίας ταύτης εἰς ὑμᾶς εἰσήγαγεν· ἡμῖν δὲ κακὰ παρέχουσιν, οἷς ἄξιον ἦν, εἰ καὶ μηδενὸς ἄλλου, τούτου γε χάριν ἔχειν ὅτι τοὺς συνόντας τῶν τοιούτων ἐπιτηδευμάτων ἀποτρέπομεν.

[288] οὕτω δ' ἐστὶ δυσμενὲς ἅπασι τὸ τῶν συκοφαντῶν γένος ὥστε τοῖς μὲν λυομένοις εἴκοσι καὶ τριάκοντα μνῶν τὰς μελλούσας καὶ τὸν ἄλλον οἶκον συναναιρήσειν οὐχ ὅπως ἂν ἐπιπλήξειαν, ἀλλὰ καὶ συγχαίρουσιν ταῖς ἀσωτίαις αὐτῶν, τοὺς δ' εἰς τὴν αὑτῶν παιδείαν ὁτιοῦν ἀναλίσκοντας διαφθείρεσθαί φασιν. ὧν τίνες ἂν ἀδικώτερον ἔχοιεν τὴν αἰτίαν ταύτην;

[287] 실제로 젊은이들의 일부는 아홉 샘[160)]에서 포도주를 시원하게 만들고, 일부는 선술집에서 술을 퍼마시며, 다른 젊은이들은 도박장에서 주사위를 던지고, 많은 젊은이들은 여성 아울로스 연주자[161)] 학교에서 소일합니다. 젊은 세대를 걱정한다고 말하는 사람들 중에서도 젊은이들을 그런 짓에 끌어들이려는 사람들을 여러분 앞에 세우는 사람은 하나도 없었습니다. 그런데 우리에게는 못되게 굽니다. 하지만 우리는 우리 문하생들에게 그런 짓을 하지 말라고 만류했는데, 다른 것에 대해서는 몰라도 적어도 이것 때문에는 감사를 받을 자격이 있습니다.[279]

[288] 그런데 소송꾼들의 부류는 모든 사람들에게 너무나도 악의적이어서, 만약 누군가가 130므나를 몸값으로 지불해서 집안의 다른 재산도 모두 거덜 낼 것 같은 여인을 데려온다고 해도, 그들을 책망하기는커녕 그들의 사치스러운 방종에 어울려 함께 즐기는 반면,[280] 그게 얼마가 되었든지 자신의 교육을 위해 돈을 지불하는 사람에 대해서는 타락하고 있다고 말을 합니다.[281] 이런 자들보다 더 부당한 송사를 벌일 수 있는 사람이 어디 있겠습니까?

---

279 이소크라테스는 교육을 통해 아테네의 공익에 기여했기 때문에 감사의 대상이 된다는 주장을 반복적으로 하고 있다. 앞의 [60]을 보라.

280 '함께 즐길 수 있게 된 것'(sungkhairousin)에 '감사'(kharis)한다는 뜻이 내포되어 있다. 이소크라테스는 자기가 '감사'(kharis)를 받을 자격이 있다고 한 말([287])과 극명하게 대비된다.

281 소송꾼들은 교육의 내용 자체보다도 교육을 위해 돈을 주고받는다는 사실이 타락의 더 큰 원인으로 생각하고 있는 것처럼 보인다.

[289] οἵτινες ἐν ταύταις μὲν ταῖς ἀκμαῖς ὄντες ὑπερεῖδον τὰς ἡδονάς, ἐν αἷς οἱ πλεῖστοι τῶν τηλικούτων μάλιστ' αὐτῶν ἐπιθυμοῦσιν, ἐξὸν δ' αὐτοῖς ῥᾳθυμεῖν μηδὲν δαπανωμένοις εἵλοντο πονεῖν χρήματα τελέσαντες, ἄρτι δ' ἐκ παίδων ἐξεληλυθότες ἔγνωσαν, ἃ πολλοὶ τῶν πρεσβυτέρων οὐκ ἴσασιν,

[290] ὅτι δεῖ τὸν ὀρθῶς καὶ πρεπόντως προεστῶτα τῆς ἡλικίας καὶ καλὴν ἀρχὴν τοῦ βίου ποιούμενον αὑτοῦ πρότερον ἢ τῶν αὑτοῦ ποιήσασθαι τὴν ἐπιμέλειαν, καὶ μὴ σπεύδειν μηδὲ ζητεῖν ἑτέρων ἄρχειν πρὶν ἂν τῆς αὑτοῦ διανοίας λάβῃ τὸν ἐπιστατήσοντα, μηδ' οὕτω χαίρειν μηδὲ μέγα φρονεῖν ἐπὶ τοῖς ἄλλοις ἀγαθοῖς ὡς ἐπὶ τοῖς ἐν τῇ ψυχῇ διὰ τὴν παιδείαν ἐγγιγνομένοις. καίτοι τοὺς τοιούτῳ λογισμῷ κεχρημένους πῶς οὐκ ἐπαινεῖσθαι χρὴ μᾶλλον ἢ ψέγεσθαι, καὶ νομίζεσθαι βελτίστους εἶναι καὶ σωφρονεστάτους τῶν ἡλικιωτῶν;

[289] 저의 문하생들은 한창때의 나이면서도 그런 나이에 해당하는 대부분의 젊은이들이 가장 많이 갈망하는 쾌락을 무시했습니다. 그들은 돈을 절약하면서[282] 안일하게 살 수 있는데도 불구하고 돈을 지불하고 고생하기를 선택했습니다. 어린 나이에서 벗어나자 그들은 나이가 더 많은 대부분의 어른들이 모르는 사실들을 알게 되었습니다.

[290] 즉 올바르고 적절하게 젊은 시절을 다스려나갈 줄 알고 삶의 시작을 아름답게 하려면 자신이 소유하는 것보다는 먼저 자기 자신을 돌보기에 힘써야 하며, 다른 사람 앞에 서는 지도자가 되려고 서두르거나 그런 길을 찾기보다는 먼저 자신의 생각을 이끌어줄 사람을 만나려고 해야 한다는 것을, 그리고 다른 좋은 것보다도 교육을 통해 영혼 안에 생기는 좋은 것들에 대해 기뻐하며 중요하게 여기는 현명함이 필요하다는 것을 말입니다. 이런 논리를 펴는 사람들이 비난을 받기보다는 오히려 칭찬을 받아야 하는 것 아닙니까? 이런 사람들을 동년배들 중에 가장 훌륭하고 가장 절제력이 뛰어나다고 생각해야 하는 것 아닙니까?

282 교육을 받지 않는다면 교육을 위해 지불할 돈을 아낄 수 있기 때문.

[291] θαυμάζω δ' ὅσοι τοὺς μὲν φύσει δεινοὺς ὄντας εἰπεῖν εὐδαιμονίζουσιν ὡς ἀγαθοῦ καὶ καλοῦ πράγματος αὐτοῖς συμβεβηκότος, τοὺς δὲ τοιούτους γενέσθαι βουλομένους λοιδοροῦσιν ὡς ἀδίκου καὶ κακοῦ παιδεύματος ἐπιθυμοῦντας. καίτοι τί τῶν φύσει καλῶν ὄντων μελέτῃ κατεργασθὲν αἰσχρὸν ἢ κακόν ἐστιν; οὐδὲν γὰρ εὑρήσομεν τοιοῦτον, ἀλλ' ἔν γε τοῖς ἄλλοις ἐπαινοῦμεν τοὺς ταῖς φιλοπονίαις ταῖς αὐτῶν ἀγαθόν τι κτήσασθαι δυνηθέντας, μᾶλλον ἢ τοὺς παρὰ τῶν προγόνων παραλαβόντας, εἰκότως·

[292] συμφέρει γὰρ ἐπί τε τῶν ἄλλων ἁπάντων καὶ μάλιστ' ἐπὶ τῶν λόγων μὴ τὰς εὐτυχίας, ἀλλὰ τὰς ἐπιμελείας εὐδοκιμεῖν. οἱ μὲν γὰρ φύσει καὶ τύχῃ δεινοὶ γενόμενοι λέγειν οὐ πρὸς τὸ βέλτιστον ἀποβλέπουσιν, ἀλλ' ὅπως ἂν τύχωσιν, οὕτω χρῆσθαι τοῖς λόγοις εἰώθασιν· οἱ δὲ φιλοσοφίᾳ καὶ λογισμῷ τὴν δύναμιν ταύτην λαβόντες, οὐδὲν ἀσκέπτως λέγοντες, ἧττον περὶ τὰς πράξεις πλημμελοῦσιν.

[291] 본성상 말을 무섭게 잘하는 사람들은 행복하며 좋고 아름다운 것을 얻는다고 생각하는 사람들이 그런 능력을 갖기 원하는 사람들에 대해 불의하고 나쁜 교육을 열망한다고 비웃는 사람이 있다고 하니, 그들 모두에 대해 놀랄 따름입니다. 본성에 의해 생긴 아름다운 것들 중에서 노력에 의해 얻은 그 무엇이 추하거나 나쁘겠습니까? 우리는 그런 것을 발견할 수가 없을 겁니다. 반대로 우리가, 적어도 다른 분야에서는 제 자신의 수고를 아끼지 않고 좋은 것을 얻을 수 있는 사람이 있다면, 조상으로부터 그런 것을 물려받은 사람들보다 더 많이 칭찬해야 개연성이 높은 겁니다.[283]

[292] 다른 모든 분야에서, 특히 말의 경우에 좋은 평판을 얻는 것은 운이 좋아서가 아니라 돌보기를 통해 가능해야 유익하기 때문입니다. 본성과 행운 때문에 말을 무섭게 잘하는 사람은 가장 좋은 것을 향해 눈길을 돌리지 않고 요행에 따라 닥치는 대로 말을 이용하는 습관이 있습니다. 반면 철학과 논리에 의해 그런 힘을 얻게 된 사람들은 미리 살펴보지 않고 말하는 경우는 없으며, 행위에 관해서도 실수를 범하는 경우가 그만큼 적습니다.

---

283 이 대목에서 이소크라테스는 타고난 재능이나 본성보다 교육과 학생의 노력, 훈련, 연습을 더 높이 평가하는 태도를 보인다. 이어지는 [292]에서도 마찬가지이다.

[293] ὥσθ' ἅπασιν μὲν βούλεσθαι προσήκει πολλοὺς εἶναι τοὺς ἐκ παιδείας δεινοὺς εἰπεῖν γιγνομένους, μάλιστα δ' ὑμῖν· καὶ γὰρ αὐτοὶ προέχετε καὶ διαφέρετε τῶν ἄλλων οὐ ταῖς περὶ τὸν πόλεμον ἐπιμελείαις, οὐδ' ὅτι κάλλιστα πολιτεύεσθε καὶ μάλιστα φυλάττετε τοὺς νόμους οὓς ὑμῖν οἱ πρόγονοι κατέλιπον, ἀλλὰ τούτοις οἷσπερ ἡ φύσις ἡ τῶν ἀνθρώπων τῶν ἄλλων ζῴων καὶ τὸ γένος τὸ τῶν Ἑλλήνων τῶν βαρβάρων,

[294] τῷ καὶ πρὸς τὴν φρόνησιν καὶ πρὸς τοὺς λόγους ἄμεινον πεπαιδεῦσθαι τῶν ἄλλων. ὥστε πάντων ἂν συμβαίη δεινότατον, εἰ τοὺς βουλομένους τοῖς αὐτοῖς τούτοις διενεγκεῖν τῶν ἡλικιωτῶν, οἷσπερ ὑμεῖς ἁπάντων, διαφθείρεσθαι ψηφίσαισθε, καὶ τοὺς τῇ παιδείᾳ ταύτῃ χρωμένους, ἧς ὑμεῖς ἡγεμόνες γεγένησθε, συμφορᾷ τινι περιβάλοιτε.

[294] 5 διαφθείρεσθαι $Γ^2ΔΕΘ$: διαφέρεσθαι $Γ^1$

[293] 따라서 모든 사람이 교육으로부터 말을 무섭게 잘하게 되는 사람이 많기를 바라는 것은 적절합니다. 특히 여러분에게 그렇습니다. 여러분 자신이 다른 사람들보다 더 앞서고 돋보이는 것은 전쟁에 공을 들이기 때문이 아니고, 그 어떤 도시보다 더 아름답게 도시를 경영하기 때문도 아니며, 조상들이 여러분에게 남겨준 법을 가장 충실하게 지키기 때문도 아닙니다. 그것은 다른 짐승보다도 인간의 본성을 더 뛰어나게 해주며 헬라스인들을 이방인들보다[284] 더 뛰어나게 해주는 바로 그것,

[294] 즉 현명함과 말을 위해 다른 사람들보다 더 좋은 교육을 받는다는 사실 때문입니다.[162)] 따라서 여러분이 다른 모든 사람들보다 돋보이는 바로 그 동일한 것에서 동년배들보다 더 돋보이길 원하는 사람들이 타락했다는[285] 주장에 투표한다면, 그리고 여러분이 지도적인 역할을 하는 그 교육에 참여하는 사람들을 모종의 불행 속에 던져버린다면, 모든 것들 중에 가장 무서운 일이 일어날 수도 있습니다.

---

284 헬라스어를 쓰지 않는 이방인들(barbaroi)을 가리키지만, 단순히 말이 다르다는 뜻이 아니라 말에 대한 철학과 교육이 부족하다는, 따라서 교양이 부족한 야만 상태에 있다는 뜻도 포함되어 있다.

285 주요 필사본에는 '탁월했다는'(διαφέρεσθαι)이라고 적혀 있었으나, 이와 같이 읽으면 이소크라테스의 의도와 정반대의 뜻이 된다. 다른 글씨체로 '타락했다는'(διαφθείρεσθαι)이라고 가필되었고, 다른 필사본들에도 이와 같이 적혀 있는데, 이렇게 읽어야 뜻이 통한다.

[295] χρὴ γὰρ μηδὲ τοῦτο λανθάνειν ὑμᾶς, ὅτι πάντων τῶν δυναμένων λέγειν ἢ παιδεύειν ἡ πόλις ἡμῶν δοκεῖ γεγενῆσθαι διδάσκαλος, εἰκότως· καὶ γὰρ ἆθλα μέγιστα τιθεῖσαν αὐτὴν ὁρῶσιν τοῖς τὴν δύναμιν ταύτην ἔχουσιν καὶ γυμνάσια πλεῖστα καὶ παντοδαπώτατα παρέχουσαν τοῖς ἀγωνίζεσθαι προῃρημένοις καὶ περὶ τὰ τοιαῦτα γυμνάζεσθαι βουλομένοις,

[296] ἔτι δὲ τὴν ἐμπειρίαν, ἥπερ μάλιστα ποιεῖ δύνασθαι λέγειν, ἐνθένδε πάντας λαμβάνοντας· πρὸς δὲ τούτοις καὶ τὴν τῆς φωνῆς κοινότητα καὶ μετριότητα καὶ τὴν ἄλλην εὐτραπελίαν καὶ φιλολογίαν οὐ μικρὸν ἡγοῦνται συμβαλέσθαι μέρος πρὸς τὴν τῶν λόγων παιδείαν. ὥστ᾽ οὐκ ἀδίκως ὑπολαμβάνουσιν ἅπαντας τοὺς λέγειν ὄντας δεινοὺς τῆς πόλεως εἶναι μαθητάς.

[295] 6 τὰ τοιαῦτα Havet : ταῦτα Θ : τὰς τοιαύτας ΓΔΕ

[295] 실제로 여러분은 우리 도시가 말과 교육을 할 줄 아는 모든 사람들에게 교사가 되었다는 사실에 대해 사람들이 의견을 같이한다는 사실을 잊어서는 안 됩니다.[286] 그것은 개연성이 높은 일입니다. 왜냐하면 사람들은 이 도시가 그런 능력을 가진 사람들에게 가장 큰 상을 내리고 경연에 참가하기를 결정하며, 그런 것들과 관련된 훈련을 하려는 사람들에게는 그 어느 곳보다도 많고 다양한 훈련장을 제공하였으며,[163)]

[296] 게다가 사람들은 바로 이곳에서 모든 사람이 말을 최대한 잘 할 수 있도록 만들어주는 경험을 갖는다는 것을 보기 때문입니다. 이외에도 사람들은 우리말이 갖는 음성상의 표준성[287]과 중용성,[288] 그리고 다른 유연성[289]과 '말에 대한 사랑'[164)]이 말의 교육에 적지 않게 기여한다고 생각합니다. 그래서 말을 무섭게 잘하는 사람들을 모두 다 이 도시의 학생들이라고 가정한다고 해도 부당하지 않을 정도입니다.

---

286 앞의 [226]과 그곳의 해당 미주 139)를 보라.

287 아테네 그리스어는 아티카 지역은 물론 헬라스 세계 전체에 통용되는 범용성과 표준성을 갖고 있었다. 특히 문학·역사·철학 분야에 중요한 대부분의 고전들이 거의 아티카 그리스어, 특히 고전기 아테네의 그리스어로 창작되고 기록되었기 때문에 역사적으로도 '고전 그리스어'의 표준어로 통한다.

288 '아티카 그리스어'의 발음은 지방색이 가장 적었다고 한다. 도리아 방언은 발음이 매우 거칠었고, 이오니아 방언은 발음이 매우 부드러웠는데, 아티카 방언의 발음은 그 중간 정도였다고 한다. 이런 점에서 극단을 피한 중용과 절제의 특징을 가지고 있었기 때문에 교양인의 언어로 통용될 수 있었다.

289 '유연성'(euprapelia)은 유머감각이 풍부한 융통성을 가리킨다.

[297] σκοπεῖτ᾽ οὖν μὴ παντάπασιν ᾖ καταγέλαστον τῆς δόξης ταύτης φλαῦρόν τι καταγιγνώσκειν, ἣν ὑμεῖς ἔχετε παρὰ τοῖς Ἕλλησιν πολὺ μᾶλλον ἢ ἐγὼ παρ᾽ ὑμῖν· οὐδὲν γὰρ ἄλλ᾽ ἢ φανερῶς ὑμῶν αὐτῶν ἔσεσθε κατεψηφισμένοι τὴν τοιαύτην ἀδικίαν,

[298] καὶ πεποιηκότες ὅμοιον ὥσπερ ἂν εἰ Λακεδαιμόνιοι τοὺς τὰ περὶ τὸν πόλεμον ἀσκοῦντας ζημιοῦν ἐπιχειροῖεν ἢ Θετταλοὶ παρὰ τῶν ἱππεύειν μελετώντων δίκην λαμβάνειν ἀξιοῖεν. ὑπὲρ ὧν φυλακτέον ἐστὶν ὅπως μηδὲν τοιοῦτον ἐξαμαρτήσεσθε περὶ ὑμᾶς αὐτούς, μηδὲ πιστοτέρους ποιήσετε τοὺς λόγους τοὺς τῶν κατηγορούντων τῆς πόλεως ἢ τοὺς τῶν ἐπαινούντων.

[297] 3 ἢ ἐγὼ codd. : ἠγὼ Baiter[290]

290 [251]의 각주 237을 보라.

[297] 따라서 제가 여러분 사이에서 갖는 것보다 훨씬 더 많이 여러분이 헬라스인들 사이에서 누리는 그런 평판을 모종의 험담인 양 경시함으로써 가장 큰 비웃음거리가 되지 않도록 주의하십시오. 그것은 명백히 여러분이 여러분 자신을 그런 부정을 저지른 범죄자로 투표하는 것이나 다를 바가 없기 때문입니다.

[298] 그리고 그것은 마치 라케다이몬인들이 전쟁 능력을 수련하는 사람에게 벌을 내리려고 하거나, 테살리아인들이 기마술을 연습하는 일에 처벌을 내려야 한다고 주장하는 것과 똑같은 일을 하는 것입니다. 따라서 여러분 자신에 관해 이런 실수를 조금이라도 저지르지 않고 이 도시를 칭찬하는 사람의 말보다 비판하는 사람의 말을 더 신뢰할 만한 것으로 만들지 않도록 철저히 경계해야 합니다.

[299] οἶμαι δ' ὑμᾶς οὐκ ἀγνοεῖν ὅτι τῶν Ἑλλήνων οἱ μὲν δυσκόλως πρὸς ὑμᾶς ἔχουσιν, οἱ δ' ὡς οἷόν τε μάλιστα φιλοῦσιν καὶ τὰς ἐλπίδας τῆς σωτηρίας ἐν ὑμῖν ἔχουσιν. καί φασιν οἱ μὲν τοιοῦτοι μόνην εἶναι ταύτην πόλιν, τὰς δ' ἄλλας κώμας, καὶ δικαίως ἂν αὐτὴν ἄστυ τῆς Ἑλλάδος προσαγορεύεσθαι καὶ διὰ τὸ μέγεθος καὶ διὰ τὰς εὐπορίας τὰς ἐνθένδε τοῖς ἄλλοις γιγνομένας καὶ μάλιστα διὰ τὸν τρόπον τῶν ἐνοικούντων·

[300] οὐδένας γὰρ εἶναι πραοτέρους οὐδὲ κοινοτέρους, οὐδ' οἷς οἰκειότερον ἄν τις τὸν ἅπαντα βίον συνδιατρίψειεν. οὕτω δὲ μεγάλαις χρῶνται ταῖς ὑπερβολαῖς ὥστ' οὐδὲ τοῦτ' ὀκνοῦσι λέγειν, ὡς ἥδιον ἂν ὑπ' ἀνδρὸς Ἀθηναίου ζημιωθεῖεν ἢ διὰ τῆς ἑτέρων ὠμότητος εὖ πάθοιεν. οἱ δὲ ταῦτα μὲν διασύρουσιν, διεξιόντες δὲ τὰς τῶν συκοφαντῶν πικρότητας καὶ κακοπραγίας ὅλης τῆς πόλεως ὡς ἀμίκτου καὶ χαλεπῆς οὔσης κατηγοροῦσιν.

[299] 3 ὑμῖν codd. : ἡμῖν Γ   5 τῆς Ἑλλάδος ΓΔ[1] : τῆς ὅλης Ἑλλάδο

[299] 그런데 저는 일부 헬라스인이 여러분에게 적대적이지만, 다른 사람들은 여러분을 아주 많이 사랑하며 여러분에게[291] 안전의 희망을 걸고 있다는 사실을 여러분이 모르지 않으리라 생각합니다. 그런 사람들은 이 도시만이 도시이며 다른 곳은 촌락에 불과하고, 이 도시가 '헬라스의 도성'[292]이라고 불리는 것이 정당하다고 말합니다.[165)] 그 이유는 이 도시의 크기 때문이기도 하고, 이 도시가 다른 도시들에 대해 베푸는 자원의 풍부함 때문이기도 하지만,[166)] 그 무엇보다도 이 도시에 살고 있는 사람들의 삶의 방식 때문이라고 합니다.

[300] 그들은 이 도시 사람들보다도 더 온화하고 공공성이 강한 사람들은 없으며, 누군가가 삶 전체를 두고 함께 소일하려고 한다면 한집안 사람처럼 지낼 수 있는 사람으로 그런 사람들은 없다고 말하기 때문입니다. 그들은 과장이 너무 심해서 아테네인에게 벌을 받는 것이 차라리 다른 도시 사람들의 무례함 때문에 좋은 일을 겪는 것보다 더 달콤하다고 주저함 없이 말할 정도입니다.[293] 하지만 그것을 부정하는 사람들도 있는데, 그들은 소송꾼들의 신랄함과 못된 행실을 꼽으면서 도시 전체가 비사교적이며 까다롭다고 비판합니다.

291 '우리에게'(ἡμῖν)라고 적혀 있는 필사본도 있다.
292 '전체 헬라스의 도성'(ἄστυ τῆς ὅλης Ἑλλάδος)이라고 적혀 있는 필사본도 있다.
293 투퀴디데스 II.39.1, 『시민대축전에 부쳐』 41을 보라.

[301] ἔστιν οὖν δικαστῶν νοῦν ἐχόντων τοὺς μὲν τῶν τοιούτων λόγων αἰτίους γιγνομένους ἀποκτείνειν ὡς μεγάλην αἰσχύνην τῇ πόλει περιποιοῦντας, τοὺς δὲ τῶν ἐπαίνων τῶν λεγομένων περὶ αὐτῆς μέρος τι συμβαλλομένους τιμᾶν μᾶλλον ἢ τοὺς ἀθλητὰς τοὺς ἐν τοῖς στεφανίταις ἀγῶσιν νικῶντας·

[302] πολὺ γὰρ καλλίω δόξαν ἐκείνων κτώμενοι τῇ πόλει τυγχάνουσι καὶ μᾶλλον ἁρμόττουσαν. περὶ μὲν γὰρ τὴν τῶν σωμάτων ἀγωνίαν πολλοὺς τοὺς ἀμφισβητοῦντας ἔχομεν, περὶ δὲ τὴν παιδείαν ἅπαντες ἂν ἡμᾶς πρωτεύειν προκρίνειαν. χρὴ δὲ τοὺς <καὶ> μικρὰ λογίζεσθαι δυναμένους τοὺς ἐν τοῖς τοιούτοις τῶν ἔργων διαφέροντας, ἐν οἷς ἡ πόλις εὐδοκιμεῖ, τιμῶντας φαίνεσθαι, καὶ μὴ φθονερῶς ἔχειν, μηδ' ἐναντία τοῖς ἄλλοις Ἕλλησιν γιγνώσκειν περὶ αὐτῶν.

[302] 5-6 τοὺς καὶ μικρὰ Baiter : καὶ τοὺς μικρὰ Θ : τοὺς μικρὰ cett.

[301] 따라서 양식을 갖춘 판정관들이 할 일은 그런 말들이 떠돌아다니도록 원인을 제공한 사람들이 이 도시에 큰 수치를 안겨준 당사자이므로 죽여야 하는 반면, 도시에 관해 칭찬하는 말이 나도록 일정 부분에서 기여한 사람들에게는 월계관이 걸린 경기[294]에서 승리를 거둔 운동선수보다 더 높은 명예를 주는 것입니다.

[302] 그들은 도시가 운동선수보다 훨씬 더 아름답고 훨씬 더 잘 어울리는 평판을 얻을 수 있도록 해주기 때문입니다. 몸으로 하는 운동경기에 관련해서는 우리에게 수많은 경쟁자들이 있습니다만, 교육과 관련해서는 우리가 선두에 서 있다는 사실에 모든 사람들이 수긍하고 있어서 하는 말입니다. 그리고 논리적 능력이 조금이라도[295] 있는 사람들은 이 도시가 좋은 평판을 가질 수 있도록 해주는 활동에서 두각을 나타내는 사람들을 존중하는 모습을 보여주되 질투하지는 말아야 하며, 헬라스의 다른 곳에서 그 사람들에 관해 판단하는 것과 정반대되는 판단을 내려서는 안 됩니다.

294 예컨대 4년마다 열리는 올륌피아 제전이나 퓌티아 제전.

295 바이터(Baiter)처럼 '~이라도'의 뜻이 살도록 카이(καὶ)를 넣어주는 것이 좋다. 그것이 빠지면 '논리적 능력이 조금 있는 사람들'로 읽히기 때문에 전체적으로 말이 어색해진다.

[303] ὧν ὑμῖν οὐδὲν πώποτ᾽ ἐμέλησεν, ἀλλὰ τοσοῦτον διημαρτήκατε τοῦ συμφέροντος ὥσθ᾽ ἥδιον ἔχετε δι᾽ οὓς ἀκούετε κακῶς ἢ δι᾽ οὓς ἐπαινεῖσθε, καὶ δημοτικωτέρους εἶναι νομίζετε τοὺς τοῦ μισεῖσθαι τὴν πόλιν ὑπὸ πολλῶν αἰτίους ὄντας ἢ τοὺς ἅπαντας οἷς πεπλησιάκασιν εὖ διακεῖσθαι πρὸς αὐτὴν πεποιηκότας.

[304] ἢν οὖν σωφρονῆτε, τῆς μὲν ταραχῆς παύσεσθε ταύτης, οὐχ οὕτω δ᾽ ὥσπερ νῦν οἱ μὲν τραχέως, οἱ δ᾽ ὀλιγώρως διακείσεσθε πρὸς τὴν φιλοσοφίαν, ἀλλ᾽ ὑπολαβόντες κάλλιστον εἶναι καὶ σπουδαιότατον τῶν ἐπιτηδευμάτων τὴν τῆς ψυχῆς ἐπιμέλειαν, προτρέψετε τῶν νεωτέρων τοὺς βίον ἱκανὸν κεκτημένους καὶ σχολὴν ἄγειν δυναμένους ἐπὶ τὴν παιδείαν καὶ τὴν ἄσκησιν τὴν τοιαύτην,

[303] 그런데 여러분은 이것들 중에 어떤 것에도 전혀 신경쓰지 않았고, 오히려 실리적인 면에서 큰 실수를 저질렀습니다. 여러분은 여러분에게 칭찬을 듣게 해준 사람들보다는 여러분에게 나쁜 소리를 듣게 해준 사람들에게 더 기뻐했고, 다른 도시들이 이 도시를 미워하게 만든 자들을[296] 이 도시에 인접한 모든 사람들이 이 도시에 좋은 감정을 갖게 해준 사람들[297]보다 민중을 더 위한다고 생각했던 것입니다.

[304] 따라서 만약 여러분이 슬기롭게 생각한다면,[298] 여러분은 일단 지금의 이 혼란[299]을 멈추고 바로 지금처럼 그렇게 철학에 대해 거친 태도를 취하지도 않고 깔보지도 않을 것입니다. 그 대신 여러분은 영혼 돌보기가 작업들 중에 가장 아름답고 가장 고귀한[300] 일이라고 생각하면서, 젊은이들 중에 생활여건이 넉넉하고 여가를 누릴 수 있는 사람들을 그런 교육과 수련에 힘쓰도록 권유할 것입니다.[301]

---

296 아테네 중심의 자국 이기주의를 표방하고 실천한 사람들을 가리킨다. 여기에는 아테네 중심의 아테네 제국주의자들도 포함될 수 있다.

297 그리스를 하나의 공동체로 보고 상호 이익을 추구한 범그리스주의자들을 가리킨다. 아테네의 이익과 주도권을 주장하더라도 그 목적이 아테네만의 이익이 아니라 그리스 전체의 이익을 추구한다면 여기에 포함될 수 있다.

298 또는 '절도 있게 생각한다면'(sōphronēte).

299 이소크라테스는 철학과 말의 교육, 설득의 능력에 대해 모순되는 태도를 취한 비논리적인 사람들의 태도를 '혼란'(trarkhē)이라고 규정한 바 있다. [249]를 보라.

300 또는 '가장 진지한', '가장 심각한'(spoudaiotatos).

301 따라서 이소크라테스가 표방하고 실천했던 철학과 말의 교육, 수사학은 시민을 위한 일반적인 것이라기보다는 부유층, 사회 지도층, 귀족과 엘리트 계층을 위한 것에 가깝다.

[305] καὶ τοὺς μὲν πονεῖν ἐθέλοντας καὶ παρασκευάζειν σφᾶς αὐτοὺς χρησίμους τῇ πόλει περὶ πολλοῦ ποιήσεσθε, τοὺς δὲ καταβεβλημένως ζῶντας καὶ μηδενὸς ἄλλου φροντίζοντας πλὴν ὅπως ἀσελγῶς ἀπολαύσονται τῶν καταλειφθέντων, τούτους δὲ μισήσετε καὶ προδότας νομιεῖτε καὶ τῆς πόλεως καὶ τῆς τῶν προγόνων δόξης· μόλις γὰρ, ἢν οὕτως ὑμᾶς αἴσθωνται πρὸς ἑκατέρους αὐτῶν διακειμένους, ἐθελήσουσιν οἱ νεώτεροι καταφρονήσαντες τῆς ῥαθυμίας προσέχειν σφίσιν αὐτοῖς καὶ τῇ φιλοσοφίᾳ τὸν νοῦν.

[306] ἀναμνήσθητε δὲ τὸ κάλλος καὶ τὸ μέγεθος τῶν ἔργων τῶν τῇ πόλει καὶ τοῖς προγόνοις πεπραγμένων, καὶ διέλθετε πρὸς ὑμᾶς αὐτοὺς καὶ σκέψασθε ποῖός τις ἦν καὶ πῶς γεγονὼς καὶ τίνα τρόπον πεπαιδευμένος ὁ τοὺς τυράννους ἐκβαλὼν καὶ τὸν δῆμον καταγαγὼν καὶ τὴν δημοκρατίαν καταστήσας, ποῖος δέ τις ὁ τοὺς βαρβάρους Μαραθῶνι τῇ μάχῃ νικήσας καὶ τὴν δόξαν τὴν ἐκ ταύτης γενομένην τῇ πόλει κτησάμενος;

[305] 그리고 자기 자신이 도시에 쓸모 있는 사람이 될 수 있도록 노력하고 준비하는 젊은이들을 높이 평가할 것이며, 저급하게 살아가면서 물려받은 유산을 부끄러운 줄 모르고 탕진하려는 것 이외에는 다른 어떤 것도 생각할 줄 모르는 젊은이들이 있다면 그들을 미워할 것이며, 도시뿐만 아니라 조상들의 평판에 대해서도 배신자라고 생각할 것입니다. 제가 왜 이런 말을 하겠습니까? 여러분이 이 두 가지 경우의 각각에 대해 그런 태도를 취한다는 사실을 젊은이들이 느낀다면, 쉽지는 않겠지만 그래도 젊은이들이 안일하고 게으른 태도를 멸시하면서 자신과 철학에 마음을 두길 원하게 될 것이기 때문입니다.

[306] 하지만 여러분은 도시와 우리의 조상들이 행동으로 이룩해놓은 업적의 아름다움과 그 크기를 기억 속에서 되새겨보십시오. 그리고 여러분 자신에게 말해보고 잘 살펴보십시오. 참주들을 몰아내고 민중을 이끌어 민주정을 세운 사람은 어떤 사람이었고,[302] 어떻게 태어나 자랐으며, 어떤 방식으로 교육을 받았습니까? 그리고 마라톤 전투에서 이방인들과 싸워서 승리를 거두고, 그 전투로 인해서 이 도시에 생겨난 평판을 재산으로 삼은 사람은 어떤 사람이었습니까?[303]

302 클레이스테네스(기원전 570-508년?)을 가리킨다.

303 밀티아데스(기원전 550-489년)를 가리킨다. 헤로도토스의 『역사』 6.108 이하를 보라. 그는 마라톤 전투를 승리로 이끌었으나, 나중에(기원전 489년) 시민을 잘못된 길로 인도했다는 이유로 500드라크마의 벌금형을 받기도 했다.

[307] τίς δ' ἦν ὁ μετ' ἐκεῖνον τοὺς Ἕλληνας ἐλευθερώσας καὶ τοὺς προγόνους ἐπὶ τὴν ἡγεμονίαν καὶ τὴν δυναστείαν ἣν ἔσχον προαγαγών, ἔτι δὲ τὴν φύσιν τὴν τοῦ Πειραιῶς κατιδὼν καὶ τὸ τεῖχος ἀκόντων Λακεδαιμονίων τῇ πόλει περιβαλών, τίς δ' ὁ μετὰ τοῦτον ἀργυρίου καὶ χρυσίου τὴν ἀκρόπολιν ἐμπλήσας καὶ τοὺς οἴκους τοὺς ἰδίους μεστοὺς πολλῆς εὐδαιμονίας καὶ πλούτου ποιήσας·

[308] εὑρήσετε γάρ, ἢν ἐξετάζητε τούτων ἕκαστον, οὐ τοὺς συκοφαντικῶς βεβιωκότας οὐδὲ τοὺς ἀμελῶς οὐδὲ τοὺς τοῖς πολλοῖς ὁμοίους ὄντας ταῦτα διαπεπραγμένους, ἀλλὰ τοὺς διαφέροντας καὶ προέχοντας μὴ μόνον ταῖς εὐγενείαις καὶ ταῖς δόξαις, ἀλλὰ καὶ τῷ φρονεῖν καὶ λέγειν, τούτους ἁπάντων τῶν ἀγαθῶν αἰτίους γεγενημένους.

[307] 3 προαγαγὼν Orelli : προσαγαγὼν codd.
[308] 4 προέχοντας ΓΕ : προσέχοντας ΔΘ

[307] 그리고 그다음으로 헬라스인들을 자유시민으로 해방시키고 우리의 조상들을 그들이 성취한 주도권과 강력한 권력을 누리도록 이끌어나갔으며, 게다가 페이라이우스가 가지고 있는 천혜의 조건을 간파하고서, 라케다이몬인들이 껄끄러워함에도 불구하고 이 도시에 성벽을 두른 사람은 누구입니까?[304] 그리고 그다음에 아크로폴리스를 은과 금으로 가득 채우고 개개인의 집안에 수많은 행복과 재물이 차고 넘치도록 만든 사람은 누구입니까?[305]

[308] 실제로 만약 여러분이 이 사람들 하나하나를 샅샅이 조사해본다면, 그런 일들을 해낸 사람들은 소송꾼들처럼 살았거나 무관심하게 살았던 사람들이 아니었고, 대중과 비슷한 사람들도 아니었으며, 가문에서나 평판에서뿐만 아니라 현명함과 말하는 데에서 돋보이고 앞서 나가던 사람들이었으며, 모든 좋은 일들에 원인이 되었던 사람들이라는 사실을 발견하게 될 것입니다.[306]

---

304 테미스토클레스(기원전 524-460년)를 가리킨다. 그는 페르시아군의 2차 침공 당시 살라미스 해전을 승리로 이끌었다.

305 페리클레스(기원전 495-429년)를 가리킨다.

306 이소크라테스는 앞에서도 비슷한 사례를 제시한 바 있다. [232]-[235]를 보라. 차이점이 있다면 그곳에서 밀티아데스는 언급되지 않았다는 것이다.

[309] ὧν εἰκὸς ὑμᾶς ἐνθυμουμένους ὑπὲρ μὲν τοῦ πλήθους τοῦτο σκοπεῖν ὅπως ἔν τε τοῖς ἀγῶσιν τοῖς περὶ τῶν συμβολαίων τῶν δικαίων τεύξονται καὶ τῶν ἄλλων τῶν κοινῶν μεθέξουσιν, τοὺς δ' ὑπερέχοντας καὶ τῇ φύσει καὶ ταῖς μελέταις καὶ τοὺς τοιούτους γενέσθαι προθυμουμένους ἀγαπᾶν καὶ τιμᾶν καὶ θεραπεύειν, ἐπισταμένους ὅτι καὶ τὸ καλῶν καὶ μεγάλων ἡγήσασθαι πραγμάτων καὶ τὸ δύνασθαι τὴν πόλιν ἐκ τῶν κινδύνων σῴζειν καὶ τὴν δημοκρατίαν διαφυλάττειν ἐν τοῖς τοιούτοις ἔνεστιν, ἀλλ' οὐκ ἐν τοῖς συκοφάνταις.

[310] πολλῶν δ' ἐφεστώτων μοι λόγων ἀπορῶ πῶς αὐτοὺς διαθῶμαι· δοκεῖ γάρ μοι καθ' αὑτὸ μὲν ἕκαστον ὧν διανοοῦμαι ῥηθὲν ἐπιεικὲς ἂν φανῆναι, πάντα δὲ νυνὶ λεγόμενα πολὺν ἂν ὄχλον ἐμοί τε καὶ τοῖς ἀκούουσιν παρασχεῖν. ὅπερ καὶ περὶ τῶν ἤδη προειρημένων δέδοικα μὴ τοιοῦτόν τι πάθος αὐτοῖς διὰ τὸ πλῆθος τυγχάνῃ συμβεβηκός.

[309] 여러분이 이런 것들을 궁리하면서 개연성이 높은 일을 한다면 바로 이런 것입니다. 즉 대중을 위해서는 어떻게 해야 그들이 사사로운 계약과 관련된 법정싸움에서 정당한 권리를 얻고 다른 공적인 권리도 누릴 수 있도록 할 수 있는지 살펴보는 것입니다. 그리고 본성과 연습을 통해 뛰어나게 된 사람들과 그런 사람이 되기를 열망하는 사람들을 사랑하고 존중하며 잘 보살펴주는 것입니다.[307] 여러분은 아름답고 중대한 일들을 이끌어나가고 도시를 위기로부터 구해낼 수 있으며 민주정을 지켜낼 수 있는 것이 바로 이런 사람들의 손에 달려 있으며, 소송꾼들의 손에 달려 있는 것이 아님을 알고 있으니 말입니다.

[310] 지금 제게는 많은 말들이 떠오르지만, 그것들을 어떻게 내놓아야 할지 모르겠습니다.[167)] 제가 보기에 제가 생각한 것 각각을 그 자체로 말하면 공명관대하게 드러날 것 같지만, 지금 모든 것을 말하면 저나 여러분에게 큰 짐을 지울 수도 있습니다. 이미 앞에서 언급한 것들에 관해 제가 두려운 것은, 제 말이 이미 너무 길어져서 여러분에게 벌써 무거운 느낌을 안겨주지는 않았을까 하는 것입니다.

---

307 이것이 바로 이소크라테스가 평생 실천했던 일이다. 그는 단순히 자신의 삶을 변호하는 수준을 넘어 모든 사람들이 해야 할 일을 제안하는 데로 나아간다. 이 제안은 사회 엘리트 계층을 위한 변호의 효과도 가지고 있다.

[311] οὕτω γὰρ ἀπλήστως ἅπαντες ἔχομεν περὶ τοὺς λόγους ὥστ᾽ ἐπαινοῦμεν μὲν τὴν εὐκαιρίαν καὶ φαμὲν οὐδὲν εἶναι τοιοῦτον, ἐπειδὰν δ᾽ οἰηθῶμεν ὡς ἔχομέν τι λέγειν, ἀμελήσαντες τοῦ μετριάζειν, κατὰ μικρὸν ἀεὶ προστιθέντες εἰς τὰς ἐσχάτας ἀκαιρίας ἐμβάλλομεν ἡμᾶς αὐτούς· ὅπου γε καὶ λέγων ἐγὼ ταῦτα καὶ γιγνώσκων, ὅμως ἔτι βούλομαι διαλεχθῆναι πρὸς ὑμᾶς.

[312] ἀγανακτῶ γὰρ ὁρῶν τὴν συκοφαντίαν ἄμεινον τῆς φιλοσοφίας φερομένην, καὶ τὴν μὲν κατηγοροῦσαν, τὴν δὲ κρινομένην. ὃ τίς ἂν τῶν παλαιῶν ἀνδρῶν γενήσεσθαι προσεδόκησεν, ἄλλως τε καὶ παρ᾽ ὑμῖν τοῖς ἐπὶ σοφίᾳ μεῖζον τῶν ἄλλων φρονοῦσιν;

[311] 사실 우리는 모두 말에 관해서는 만족할 줄을 모르기 때문에 시의적절하게 잘 맞춘 것을 칭찬하고 그만큼 소중한 것은 아무것도 없다고 말은 하면서도, 뭔가 말할 것이 있다고 생각하면 적당한 선에서 마무리하는 일에는 신경을 쓰지 않고 언제나 조금씩 시의적절함을 잃고 우리 자신을 극단적인 지경 속으로 빠뜨리곤 합니다. 저는 이런 것들을 말로도 하고 잘 알고도 있으면서, 여전히 여러분에게 상세하게 말하고 싶어 합니다.

[312] 저는 소송질이 철학보다 더 유리한 입장에 있다는 것을, 즉 앞엣것이 고발하면 뒤엣것은 그에 대한 판결을 기다리는 것을 보면 화가 납니다.[308] 옛 사람들 중에 누가 이런 일이, 다른 곳에서는 물론 특히 지혜에서 다른 누구보다도 더 중요한 위치에 있다고 생각하는 여러분에게도 일어나리라고 현명하게 예견할 수 있었겠습니까?

308 철학에 평생을 바친 이소크라테스가 현재 소송꾼인 뤼시마코스에게 고발을 당한 사건 자체가 이에 대한 좋은 사례가 된다.

[313] οὔκουν ἐπί γε τῶν προγόνων οὕτως εἶχεν, ἀλλὰ τοὺς μὲν καλουμένους σοφιστὰς ἐθαύμαζον καὶ τοὺς συνόντας αὐτοῖς ἐζήλουν, τοὺς δὲ συκοφάντας πλείστων κακῶν αἰτίους ἐνόμιζον εἶναι. μέγιστον δὲ τεκμήριον· Σόλωνα μὲν γάρ, τὸν πρῶτον τῶν πολιτῶν λαβόντα τὴν ἐπωνυμίαν ταύτην, προστάτην ἠξίωσαν τῆς πόλεως εἶναι, περὶ δὲ τῶν συκοφαντῶν χαλεπωτέρους ἢ περὶ τῶν ἄλλων κακουργιῶν τοὺς νόμους ἔθεσαν.

[314] τοῖς μὲν γὰρ μεγίστοις τῶν ἀδικημάτων ἐν ἑνὶ τῶν δικαστηρίων τὴν κρίσιν ἐποίησαν, κατὰ δὲ τούτων γραφὰς μὲν πρὸς τοὺς θεσμοθέτας, εἰσαγγελίας δ᾽ εἰς τὴν βουλήν, προβολὰς δ᾽ ἐν τῷ δήμῳ, νομίζοντες τοὺς ταύτῃ τῇ τέχνῃ χρωμένους ἁπάσας ὑπερβάλλειν τὰς πονηρίας. τοὺς μὲν γὰρ ἄλλους ἀλλ᾽ οὖν πειρᾶσθαί γε λανθάνειν κακουργοῦντας,

[313] 7 ἄλλων κακουργιῶν Γ mg. cett. : ἄλλων Γ

[313] 적어도 우리 선조들의 시대에는 그렇지 않았습니다. 그들은 소피스트라고 불리는 사람들을 놀라운 눈으로 바라보았고 그들의 문하생들을 부러워하는 한편, 소송꾼들에 대해선 대부분의 폐해를 일으킨 원인 제공자라고 생각했습니다. 가장 큰 확증자료가 있습니다. 선조들은 시민들 중에 최초로 소피스트라는 별칭을 얻은 솔론이 도시의 최고 자리에 설 자격이 있다고 생각했으며, 소송꾼들에 대해서는 다른 악행들에[309] 대해서보다도 훨씬 더 엄격한 법을 세웠다는 것입니다.[310]

[314] 실제로 선조들은 부정한 행위 중 가장 심각한 것에 대해서는 법정에서 단 한 번만 판결을 내리는 데 반해,[311] 소송꾼들에 대해서는 먼저 사법관들에게 고발장을 내고[312] 평의회에 기소한 다음에 민중 앞에 서게 만드는데,[313] 그 소송의 기술을 이용하는 사람들은 모든 사악함을 넘어선다고 생각하기 때문입니다. 다른 범법자들은 자신이 저지른 악행이 드러나지 않도록 애쓰는 데 반해서,

309 주요 필사본에는 '다른'(ἄλλων)이라고만 적혀 있으나 그 여백에는 '악행들에'(κακουργιῶν)라는 말이 적혀 있고, 이를 따라 다른 필사본들은 '다른 악행들에'(ἄλλων κακουργιῶν)라고 전해준다.

310 솔론(기원전 638-558년)의 시대만 해도 소피스트는 존경의 대상으로 소송꾼들과 분명하게 구별되었지만, 이소크라테스의 시대에는 그 구별이 무너졌고 소피스트는 불명예스러운 이름이 되어 버렸다.

311 예를 들어 살인죄에 대해서는 최고 법정이라 할 수 있는 아레오파고스에 회부했는데, 재판의 기회는 단 한 번이었다.

312 좀 더 자세한 내용은 [237]을 보라.

313 또는 대중(dēmos)이 모인 '민회(ekklesia)에 서게 만드는데'.

[315] τούτους δ' ἐν ἅπασιν ἐπιδείκνυσθαι τὴν αὑτῶν ὠμότητα καὶ μισανθρωπίαν καὶ φιλαπεχθημοσύνην. κἀκεῖνοι μὲν οὕτως ἐγίγνωσκον περὶ αὐτῶν· ὑμεῖς δὲ τοσοῦτον ἀπέχετε τοῦ κολάζειν αὐτοὺς ὥστε τούτοις χρῆσθε καὶ κατηγόροις καὶ νομοθέταις περὶ τῶν ἄλλων. καίτοι προσῆκεν αὐτοὺς νῦν μισεῖσθαι μᾶλλον ἢ κατ' ἐκεῖνον τὸν χρόνον.

[316] τότε μὲν γὰρ ἐν τοῖς ἐγκυκλίοις μόνον καὶ τοῖς κατὰ τὴν πόλιν ἔβλαπτον τοὺς συμπολιτευομένους· ἐπειδὴ δ' αὐξηθείσης τῆς πόλεως καὶ λαβούσης τὴν ἀρχὴν οἱ πατέρες ἡμῶν μᾶλλον θαρρήσαντες τοῦ συμφέροντος τοῖς μὲν καλοῖς κἀγαθοῖς τῶν ἀνδρῶν καὶ μεγάλην τὴν πόλιν ποιήσασιν διὰ τὰς δυναστείας ἐφθόνησαν, πονηρῶν δ' ἀνθρώπων καὶ μεστῶν θρασύτητος ἐπεθύμησαν,

[316] 2 ἐγκυκλίοις ΓΔΕ : ἐγκωμίοις ΘΛ vulg.

[315] 저들은 자신의 난폭성과 인간 혐오와 호전성을 모든 사람들 앞에서 부각하려 하기 때문입니다. 우리 조상들은 그들에 대해 그런 식으로 생각했습니다. 그런데 여러분은 그들을 징계하는 일에서는 너무나 거리를 두고, 오히려 그들이 다른 사람들을 위한 고발인이나 입법자나 되는 양 그들을 활용합니다. 그렇지만 지금은 그 시대보다도 훨씬 더 많이 저들을 미워해야 할 때입니다.

[316] 그 이유는 이렇습니다. 그 옛날에 그들은 단지 일상적인 일들에서와[314] 이 도시에 관련된 일들에서만 동료 시민들에게 피해를 주었습니다. 그러나 도시가 점점 더 팽창하고 패권을 잡게 되었을 때 우리 아버지들은 자신에게 어울리는 것 이상으로 더 큰 호기를 부렸고, 사람들 중에 아름답고 좋은 사람들, 이 도시를 위대하게 만든 사람들을 그들이 누리는 권력 때문에 질투하기 시작했으며, 사악하고 호기로 가득 찬 사람들을 열망하기 시작했으며,

314 '촌락(kōmē)에 관련된 일들에서와'(ἐγκωμίοις)라고 읽는 필사본도 있다.

[317] οἰηθέντες ταῖς μὲν τόλμαις καὶ ταῖς φιλαπεχθημοσύναις ἱκανοὺς αὐτοὺς ἔσεσθαι διαφυλάττειν τὴν δημοκρατίαν, διὰ δὲ τὴν φαυλότητα τῶν ἐξ ἀρχῆς αὐτοῖς ὑπαρξάντων οὐ μέγα φρονήσειν οὐδ' ἐπιθυμήσειν ἑτέρας πολιτείας, ἐκ ταύτης τῆς μεταβολῆς τί τῶν δεινῶν οὐ συνέπεσεν τῇ πόλει; τί δὲ τῶν μεγίστων κακῶν οἱ ταύτην ἔχοντες τὴν φύσιν οὐ καὶ λέγοντες καὶ πράττοντες διετέλεσαν;

[318] οὐ τοὺς μὲν ἐνδοξοτάτους τῶν πολιτῶν καὶ μάλιστα δυναμένους ποιῆσαι τι τὴν πόλιν ἀγαθὸν, ὀλιγαρχίαν ὀνειδίζοντες καὶ λακωνισμὸν, οὐ πρότερον ἐπαύσαντο πρὶν ἠνάγκασαν ὁμοίους γενέσθαι ταῖς αἰτίαις ταῖς λεγομέναις περὶ αὐτῶν; τοὺς δὲ συμμάχους λυμαινόμενοι καὶ συκοφαντοῦντες καὶ τοὺς βελτίστους ἐκ τῶν ὄντων ἐκβάλλοντες οὕτω διέθεσαν ὥσθ' ἡμῶν μὲν ἀποστῆναι, τῆς δὲ Λακεδαιμονίων ἐρασθῆναι φιλίας καὶ συμμαχίας;

[317] 6 πόλει codd. : πολιτείᾳ Θ vulg.

[317] 그들이 대담함과 호전성을 발휘해서 민주정을 충분히 지켜줄 수 있고, 그들이 처음부터 가지고 있던 것들 가운데 그 비천함 때문에 그들이 의기양양해지거나 다른 정체(政體)를 열망하지는 않을 것이라고 생각했기 때문이었습니다. 바로 이 변화로부터 이 도시에[315] 무서운 일들 가운데 일어나지 않았던 일이 하나라도 있었습니까? 그런 본성을 가진 사람들이 말을 하거나 행동할 때, 가장 커다란 해악들 가운데 그들이 하지 않았던 짓이 뭐 하나라도 있습니까?

[318] 그들은 시민들 중에서 가장 평판이 좋은 사람들과 이 도시를 위해 훌륭한 일을 가장 많이 해낼 수 있는 사람들을 과두정 때문에, 그리고 친(親)라케다이몬 성향을 가진 사람들이라고 조롱하면서,[168)] 그들에 관해 언급된 기소 사실에 딱 들어맞는 사람이 되게끔 몰아붙일 때까지 그런 짓들을 그치지 않았잖습니까?[316] 그들은 우리 동맹국에 해를 입혔고 소송질을 일삼고 가장 훌륭한 사람들의 재산을 몰수해버렸는데, 그것 때문에 그 훌륭한 사람들이 우리에게서 멀어지고 라케다이몬인들의 우애와 동맹을 사모하기에 이를 정도가 아니었습니까?

---

315 '이 정치체제에'(πολιτείᾳ)라고 적혀 있는 필사본도 있다.

316 이소크라테스는 알키비아데스를 생각했을지도 모른다.(Norlin(1929), p. 362) 알키비아데스는 아테네의 권력 투쟁에서 수세에 몰리자 스파르타로 망명하였고 그들에게 고급 군사기밀을 제공하였다.

[319] ἐξ ὧν εἰς πόλεμον καταστάντες πολλοὺς ἐπείδομεν τῶν πολιτῶν τοὺς μὲν τελευτήσαντας, τοὺς δ' ἐπὶ τοῖς πολεμίοις γενομένους, τοὺς δ' εἰς ἔνδειαν τῶν ἀναγκαίων καταστάντας, ἔτι δὲ τὴν δημοκρατίαν δὶς καταλυθεῖσαν καὶ τὰ τείχη τῆς πατρίδος κατασκαφέντα, τὸ δὲ μέγιστον, ὅλην τὴν πόλιν περὶ ἀνδραποδισμοῦ κινδυνεύσασαν καὶ τὴν ἀκρόπολιν τοὺς πολεμίους οἰκήσαντας.

[320] ἀλλὰ γὰρ αἰσθάνομαι, καίπερ ὑπὸ τῆς ὀργῆς βίᾳ φερόμενος, τὸ μὲν ὕδωρ ἡμᾶς ἐπιλεῖπον, αὐτὸς δ' ἐμπεπτωκὼς εἰς λόγους ἡμερησίους καὶ κατηγορίας. ὑπερβὰς οὖν τὸ πλῆθος τῶν συμφορῶν τῶν διὰ τούτους γεγενημένων, καὶ διωσάμενος τὸν ὄχλον τῶν ἐνόντων εἰπεῖν περὶ τῆς τούτων συκοφαντίας, μικρῶν ἔτι πάνυ μνησθεὶς ἤδη καταλύσω τὸν λόγον.

[319] 2 πολεμίοις codd. : πολέμοις ΓΔ

[319] 바로 이 일들로 인해서 우리는 전쟁[317]의 수렁에 빠졌으며, 시민들 중 많은 수가 일부는 목숨을 잃었고, 일부는 적의 수중에[318] 넘어가 포로가 되었으며, 일부는 삶에 꼭 필요한 것들이 부족해 궁핍에 시달리게 되었던 것을 똑똑히 보았습니다. 게다가 민주정이 두 번이나 전복되고[319] 조국의 성벽이 무너졌던 것도 보았습니다.[320] 그러나 가장 끔찍했던 것은 도시 전체가 노예로 전락하게 될 위험에 빠지고 적들이 아크로폴리스를 점거한 것을 보았던 것입니다.[321]

[320] 비록 제가 혈기를 주체하지 못하고 있긴 하지만, 저희에게 허락된 물시계의 물이 다 말라가고 있는 것을, 그리고 제가 여러 날이 걸려야 하는 연설과 고발에 빠져들고 있다는 것을 절실히 느끼고 있습니다. 그래서 이제 그들 때문에 생긴 수많은 불행들은 그냥 넘어가고, 저들의 소송질에 관해 할 수 있는 수많은 말들을 포기한 채, 아주 작은 몇 마디만 더 하고 제 말을 끝내려고 합니다.

---

317 펠로폰네소스 전쟁(기원전 431-404년).

318 '전쟁터에'(πολέμοις)라고 적혀 있는 필사본도 있다.

319 기원전 411년 400인 위원회가 민회로부터 전권을 넘겨받았고, 전쟁이 끝난 해인 기원전 404년에는 30인 참주정이 이루어졌다.

320 아테네 도성에서 페이라이에우스까지 연결하는 6km의 장벽(makra teikhē)은 기원전 5세기에 세워졌고 기원전 403년 스파르타에 의해 파괴되었으나, 코린토스 전쟁(기원전 395-387년) 기간 동안 페르시아의 지원으로 재건되었다.

321 페르시아가 침략했을 때(기원전 480년) 크세르크세스의 군대는 아크로폴리스를 점령한 적이 있다. 여기에서는 펠로폰네소스 전쟁에서 스파르타가 승리한 후(기원전 404년) 아크로폴리스를 점령한 사건을 가리킨다.

[321] τοὺς μὲν οὖν ἄλλους ὁρῶ τοὺς κινδυνεύοντας, ἐπειδὰν περὶ τὴν τελευτὴν ὦσι τῆς ἀπολογίας, ἱκετεύοντας, δεομένους, τοὺς παῖδας, τοὺς φίλους ἀναβιβαζομένους· ἔγω δ' οὔτε [τὸ] πρέπειν οὐδὲν ἡγοῦμαι τῶν τοιούτων τοῖς τηλικούτοις, πρός τε τῷ ταῦτα γιγνώσκειν αἰσχυνθείην ἂν εἰ δι' ἄλλο τι σῳζοίμην ἢ διὰ τοὺς λόγους τοὺς προειρημένους. οἶδα γὰρ ἐμαυτὸν οὕτως ὁσίως καὶ δικαίως κεχρημένον αὐτοῖς καὶ περὶ τὴν πόλιν καὶ περὶ τοὺς προγόνους καὶ μάλιστα περὶ τοὺς θεούς, ὥστ' εἴ τι μέλει τῶν ἀνθρωπίνων αὐτοῖς πραγμάτων, οὐδὲ τῶν νῦν περὶ ἐμὲ γιγνομένων οὐδὲν αὐτοὺς οἶμαι λανθάνειν.

[322] διόπερ οὐκ ὀρρωδῶ τὸ μέλλον συμβήσεσθαι παρ' ὑμῶν, ἀλλὰ θαρρῶ καὶ πολλὰς ἐλπίδας ἔχω τότε μοι τοῦ βίου τὴν τελευτὴν ἥξειν ὅταν μέλλῃ συνοίσειν ἡμῖν, σημείῳ χρώμενος ὅτι καὶ τὸν παρελθόντα χρόνον οὕτω τυγχάνω βεβιωκὼς μέχρι ταύτης τῆς ἡμέρας ὥσπερ προσήκει τοὺς εὐσεβεῖς καὶ θεοφιλεῖς τῶν ἀνθρώπων.

[321] 3 τὸ ΓΔΘ : om. Λ [322] 4 ἡμῖν ΓΔΘ : ὑμῖν ΕΛ

[321] 저는 소송을 당한 다른 사람들이 변론을 끝낼 무렵이 되면 탄원하고 애원하며 자식과 친구들을 법정 연단으로 끌어올리는 것을 보곤 합니다. 하지만 저는 그와 같은 일이 제 나이의 사람들에게는 그 어떤 것도 적절하지 않다고 생각합니다.[322] 그런 생각 이외에도, 만약 앞서 했던 말 때문이 아니라 어떤 다른 방법 때문에 구제를 받게 된다면 저는 수치스러워[323] 견딜 수가 없을 것입니다. 왜냐하면 저는 제 자신이 말을 아주 순수하고 정당하게 사용했음을 알기 때문입니다. 도시에 대해서도 조상에 대해서도, 특히 신에 대해서도 말입니다. 그래서 만약 인간적인 일들 중에 어떤 것이라도 신들의 관심을 끈다면, 저희와 관련해서 지금 일어난 일들 중에 신들이 못 보고 지나가는 일은 하나도 없을 것이라고 생각합니다.

[322] 이런 까닭에 저는 여러분에 의해서 일어나게 될 일을[324] 두려워하고 있지 않습니다. 오히려 저는 자신감에 충만해 있으며, 저희에게[325] 유익이 될 바로 그때에 인생의 종말이 저에게 찾아올 것이라는 희망을 듬뿍 품고 있습니다. 저는 바로 지금 이날까지 지나간 시간 동안 사람들 사이에서 제가 경건하며 신을 사랑하는 이들에게 적절하게 살아온 것을 징표로 삼기 때문입니다.

---

322 『소크라테스의 변명』 34b-c와 비교하라.

323 또는 '저는 그 추한 꼴을.'

324 이소크라테스의 소송에 관해 판결의 표를 던지는 일.

325 '여러분에게'(ὑμῖν)라고 적혀 있는 필사본도 있다.

[323] ὡς οὖν ἐμοῦ ταύτην ἔχοντος τὴν γνώμην καὶ νομίζοντος, ὅ τι ἂν ὑμῖν δόξῃ, τοῦθ᾿ ἕξειν μοι καλῶς καὶ συμφερόντως, ὅπως ἕκαστος ὑμῶν χαίρει καὶ βούλεται, τοῦτον τὸν τρόπον φερέτω τὴν ψῆφον.

[323] 4 φερέτω ΓΔΘ : περαινέτω Λ vulg.

[323] 저는 이와 같은 견해를 가지고 있으며, 여러분이 어떤 의견을 가지고 계시든지 그것이 저에게는 아름답고 이로운 일이 되리라고 생각하고 있으니, 여러분은 각자가 기분 좋고 원하는 방식에 따라 투표를 하시기 바랍니다.[326]

326 '완수하시기를 바랍니다'(περαινέτω)라고 적혀 있는 필사본도 있다.

✿ 미주

1) 낭독한다고 했으니 이 연설문은 사전에 문서로 작성되었음이 틀림없다. 그리고 그는 이 연설문을 외워서 청중 앞에 말하듯이 내놓는 것이 아니라, 그야말로 읽는 것이다. 이런 연설 현장 자체가 일반 법정연설이나 의회연설, 또는 예식연설과 다르다.

2) 아리스토텔레스에 따르면 연설은 다음 세 가지다. 의회에서 도시의 정책이나 법률을 심의하는 심의연설(sumbouleutikon=의회연설), 법정에서 잘잘못을 따지며 고발하거나 변호하는 재판연설(dikanikon=법정연설), 특정 대상의 장점과 미덕을 부각시키면서 연설가의 말솜씨를 과시하는 부각연설(epideiktikon=예식연설 또는 시범연설)이 그것이다.(『수사학』 1358a36-1359a29) 이소크라테스는 이 대목에서 의회연설을 빼고 두 가지 장르만 이야기하고 있다. 지금 이 연설문은 가상적인 법정연설의 형식을 취하고 있으며, 나중에 제자들 앞에서 선보인 과시성 시범연설의 용도를 가지고 있지만, 이소크라테스는 이 연설이 법정연설이나 과시연설이 아니라고 말한다. 그렇다고 의회연설은 더더욱 아니다. 이런 점에서 보너(Bonner)는 이소크라테스의 이 연설문이 플라톤의 『소크라테스의 변명』과 내용적으로는 많은 점에서 유사하지만, 법정연설(변론)문의 형식을 끝까지 일관되게 유지했던 플라톤의 작품에 비해 글쓰기 솜씨의 측면에서는 열등하다고 평가한 바 있다.(Bonner, R. J.(1920), "The Legal Setting of Isocrates' Antidosis," *Classical Philology*, Vol. 15, No. 2, pp. 193-197) 하지만 플라톤이 소크라테스의 법정변론을 재현하는 데에 초점을 맞췄다면, 이소크라테스는 법정변론의 형식을 느슨하게 취하면서 자신의 교육과

철학을 피력하는 데에 초점을 맞췄기 때문에 보너의 평가가 정당해 보이지는 않는다.

3) '이상하게'는 '아토포스'(atopos)를 옮긴 것인데, '제자리, 또는 어울리는 자리(topos)에서 벗어남(a-)'을 뜻한다. 설득력을 높이려면 연설가는 모든 또는 많은 사람들이 상식이나 통념으로 받아들이는 말감을 사용해야 하는데, 그것을 '토포스'(topos)라고 한다. 말하려는 주제에 맞는 '제자리, 또는 어울리는 자리'라는 뜻이다. '새롭고 전혀 다른' 연설을 한다는 것은 통념이나 상식에서 벗어난 것일 가능성이 높다. 따라서 '토포스'를 벗어난 '아토포스'한 것이 될 우려가 있는 셈이다. 또한 법정이 아닌 '자리'(topos)에서 법정연설 형식의 연설을 한다면, 그것 또한 '자리에서 벗어난'(atopos) '이상한' 것으로 보일 것이다.

4) '소피스트'는 '지혜로운 것을 아는 자'(플라톤, 『프로타고라스』 312c)로서 특히 '집안일이나 나랏일에서 말을 잘하고 실천도 잘하는 방법을 알고 가르치는 자'로 해석될 수 있다.(318e-319a) 그러나 모든 논쟁에서 언제나 승리를 거둘 수 있는 논쟁가나 연설가를 만들어주겠다고 경솔하게 호언장담하던 당대 수사학 교사들을 지칭하기도 한다. 이곳에서 이소크라테스는 자신을 비난하는 소피스트를 그의 초기 연설문 『소피스트 반박』에서와 같은 부정적인 의미로 사용하고 있다.

5) 일반적인 의미에서 '모함하다', '비난하다'는 뜻의 '디아발로'(diaballō) 대신 '신성모독'의 뜻을 가진 종교적 개념인 '블레스페메오'(blēsphēmeō)를 쓴 것은 주목할 만하다. 자신을 '아테나 여신상의 조각가'에 비유한 것이나, [14]에서 자신을 고발한 사람들을 '성물절도범'에 비유한 것은 이와 같은 맥락이다. 이런 단어를 쓰려면 자신의 직업이나 활동이 신의 뜻을 따르는 '신성한 일'이라는 자신감이 있어야 한다.

6) 페이디아(기원전 490-432년경)는 파르테논 신전의 아테나 신상, 올륌포스의 제우스 신상 등을 제작한 조각가다. 페리클레스의 친구였고, 그 때문에 정적들에게 공격을 받기도 했다. 아테나 신상을 만들면서 금을 횡령했다고 고발당했고, 자신과 페리클레스의 모습을 파르테논 신상에 새겨 넣었다는 불경죄로도 고발당했다. 두 번째 소송에서 패하여 투옥되어 그곳에서 병사하

였다.(플루타르코스, 『페리클레스의 생애』 31)

7) 제욱시스와 파라시오스는 고대 그리스를 대표하는 화가다. 플리니우스에 따르면, 두 사람은 그림 시합을 벌인 적이 있다. 제욱시스는 포도를 그렸는데, 새들이 달려들어 부딪혀 죽었다고 한다. 그가 파라시오스에게 그림의 베일을 걷으라고 하였는데, 베일 자체가 그림이었다. 제욱시스는 "나는 새를 속였는데, 파라시오스는 제욱시스를 속였구나!"라고 말했다.(『박물지(*Naturalis Historia*)』 35.36.65-72) 제욱시스는 명암의 비례로 유명하고, 파라시오스는 균형, 대칭의 개념을 그림에 도입한 것으로 전해진다.

8) 여기에서 '기술'(tekhnē)은 제욱시스와 파라시오스 같은 유명한 화가들의 '기예' 또는 '예술'을 가리키는 말로 사용되었다. 플라톤과 아리스토텔레스에게 이 개념은 지식의 한 부분으로 중요한 의미를 갖는다. 무엇인가를 만들어내거나 다루는 탁월한 솜씨로서, 그 기술을 보유한 사람은 자신의 제작과 조작을 가능하게 하는 근본적인 원리, 개별적인 대상에 두루 적용될 수 있는 보편적이거나 일반적인 원리를 알아야 한다. 글을 짓는 솜씨에 관해서도 마찬가지다. 특히 아리스토텔레스는 시인이 시를 짓거나 작가가 이야기를 지어내고 연설가가 연설문을 작성하는 데에도 기술이 필요하다고 생각하여 『시학(*poiētikē*)』과 『수사학(*rhētorikē*)』을 저술하였다. 그러나 이소크라테스는 연설을 하는 데에 기술이 필요하다고 생각하지 않는다. 그는 『소피스트 반박』에서 연설의 기술에 관하여 책을 쓰는 사람들을 비판한 바 있으며, 이는 급변하는 정치적 상황에 일반적으로 적용될 수 있는 연설문 작성의 기술은 무력하다는 입장이었기 때문이다. Papillion, T.(1995), "Isocrates' techne and Rhet orical Pedagogy," *Rhetoric Society Quarterly*, Vol. 25, pp. 149-163을 보라.

9) '쩨쩨하고 시시한 말'(mikrologia)은 개인의 이익을 추구하는 당대 소피스트들의 궤변이나 객설을 경멸하기 위해 이소크라테스가 새롭게 만들어낸 말 같다. 플라톤도 『국가』(486a, 558b)와 『대(大) 히피아스』(304b) 등에서 이 단어를 사용한다. 플라톤은 '짧게 말하기'(brakhulogia. 『고르기아스』 449c, 『파이드로스』 269a), '길게 말하기'(makrologia. 『프로타고라스』 335b, 『고르기아스』 449c), '그럴듯하게 말하기'(eikonologia. 『파이드로스』 269a) 등의 말을 만들어 사용하기도 했다.

10) '다른 일에는 관여하지 않음'(allē apragmosunē)에는 '정치적인 일에 적극적으로 관여하여 권력을 차지하려는 야심'을 비판하는 뜻이 있다. 일반적으로는 공적이든 사적이든 남의 일에 관여하려는 오지랖을 경계하는 말이기도 하다. 이소크라테스는 법정연설문 작성의 기술적 지침서를 쓰는 사람들이 '불필요한 참견과 탐욕을 가르치는 교사'라고 비판했다.(『소피스트 반박』 20) 플라톤은 각자가 자기 성향이나 천성에 맞는 한 가지 일에 종사해야만 정의로운 영혼의 상태를 유지하고 정의로운 국가를 만들어 나갈 수 있으며(『국가』 433a), 불필요한 참견과 간섭은 영혼에 대한 모반이며(444b), 나아가 국가를 혼란에 빠뜨리는 행위가 된다고 했다. 이런 점에서 이소크라테스는 '불필요한 참견'과 정반대되는 '다른 사람 일에 불필요하게 참견하지 않기'를 자신의 올바른 처신으로 내세우고 있다. 한편 부정적으로는 시민으로서의 의무를 소홀히 하는 정치적 무관심과 무능력을 비판하는 말로도 사용된다.

11) '공명관대한 사람임'(epieikōs ekhein)을 강조함으로써 청중의 호의를 유도하려는 노력은 연설의 들머리에서 가장 중요한 요소이다. 그리고 '공명관대함'은 이소크라테스의 교육에서 가장 중요한 미덕으로 꼽힌다. 그는 『소피스트 반박』에서 "저의 철학이 제안한 것들을 따르기 원하는 사람들은 '연설을 할 줄 아는 것'(rhētoreia)보다는 '공명관대함'(epieikeia) 쪽으로 훨씬 더 빨리 가도록 도움을 받을 것입니다(21)"라고 했다. 이 개념에서는 법에 충실하면서도 합리적이고 유연하게 판단하며 자신의 이익을 양보하기까지 관대한 배려심을 보여준다는 것이 그 핵심이다. 이소크라테스는 자신이 공명관대한 사람이라고 주장하면서, 곧이어 자신에 대한 오해와 편견, 잘못된 인상을 지우려고 노력한다.

12) 투(Too)는 연설의 '힘'(dunamis)이라는 표현은 군사적인 어감을 준다고 해석한다. 실제로 당대 수사학에서 연설은 하나의 전투행위에 비유되곤 했다. 한편 아테네 법정에서 자신은 말을 잘 못하는데 상대방은 '무섭게(겁나게, 위력적으로) 말을 잘한다'(denos legein)고 추켜세우는 일은 전형적인 어법이었다.(플라톤의 『소크라테스의 변론』 17a 등) 여기에서도 상대는 이소크라테스가 말을 잘한다며 공격하기 위해 '힘'(dunamis)이라는 단어를 사용한 것

같다.

13) 이소크라테스는 『소피스트 반박』에서 소피스트의 과장 어법을 공격한 바 있다.(1, 10, 19) 이소크라테스의 학생 수와 그의 재산은 이 법정싸움의 핵심 쟁점이며, 학자들 사이에도 논쟁이 되는 대상이다. 위(僞) 플루타르코스의 기록에 따르면, 이소크라테스는 약 100명의 제자가 있었다.(「10명의 연설가의 생애: 이소크라테스 편」, 『모랄리아』, 837C) 존슨(Johnson)은 이 수가 이소크라테스 평생의 제자 수라고 해석했다. Johnson, R.(1957), "A Note on the Number of Isocrates' Pupils", *The American Journal of Philology*, Vol. 78, No. 3, pp. 297-300. 학생 수에 관해서는 [39]에서, 재산에 관해서는 [146], [154], [158]에서 이소크라테스의 해명이 제시된다.

14) '궁리해보았습니다'(enethumoumēn←enthumoumai)는 '마음(thumos)속(en)에 두다'라는 뜻으로 '생각하다, 반성하다'라는 의미를 갖는다. 특히 '추론의 방식으로 곰곰이 따지고 궁리하기'를 가리킨다. 아리스토텔레스는 명사형인 '엔튀메마'(enthumēma)를 수사학적 연역추론을 가리키는 전문용어로 취했다. 그것은 개연성 있는 전제로부터 출발하여 연역적인 추론을 거쳐 개연성 있는 결론을 끌어내는 일련의 과정을 가리키는 것이다. 그러나 이소크라테스는 그런 엄격한 의미로 이 단어를 사용하지는 않았다. 미주 64)를 보라.

15) '로고스'(logos)를 '연설'로 옮겼지만, 좀 더 넓게 '말'이라고 해도 좋다. 이 구절은 주목할 만하다. 시각 예술에 빗대어 비유적으로 표현하긴 했지만, '말(=연설)'에 대한 이소크라테스의 정의라고 볼 수 있기 때문이다. 말이란 말하는 사람의 생각과 그 사람이 살아온, 살아가는, 살아갈 삶을 '그림'(eikōn)처럼 보여주는 도구라는 정의이다. 따라서 좋은 말은 좋은 생각에서 나오고, 생각을 좋게 해주는 것은 좋은 품성과 인격이며, 총체적으로는 좋은 삶이다. 이에 따르면 말의 교육은 결국 생각과 품성, 삶을 아름답고 훌륭하게 닦아나가는 수양이 뒷받침되지 않으면 잘못된다. 그리고 생각과 품성, 삶을 반영하지 않고 그것에 바탕을 두지 않는 말은 거짓말이고 헛되고 공허한 말이 될 것이다. 여기에서 '그림'으로 번역한 '에이콘'(eikōn)은 종종 '동상'이나 '조각상'을 가리키는 말로도 사용되곤 하였다.(헤로도토스의 『역사』 2.130, 2.143 등을 보라.) 이소크라테스도 곧이어 '연설'을 작성하는 것을 '청동 조각

상'을 제작하는 일과 비교한다.

16) 소크라테스가 델포이 신전의 격언이었던 '너 자신을 알라'(gnōthi seauthon)를 철학적으로 가장 중요하게 평가했다면(『소크라테스의 변명』 20e6-21a, 『카르미데스』 164e 등을 보라.) 여기에서 이소크라테스는 자기 연설(logos)의 목적을 '나 자신을 다른 사람들이 알게 하는 것'(eme gnōsthēsesthai=내가 알려지는 것)이라고 밝히면서 '자기를 아는 것' 못지않게 '다른 사람이 나 자신을 알게 하는 것'의 중요성을 강조하고 있는 셈이다.

17) 뤼시마코스를 가리킨다. '소송꾼'(sukophantēs)의 원래 뜻은 '무화과'(sukon)를 '드러내는(phainō) 자'이다. 아테네에는 무화과를 허가 없이 수출하는 것이 금지되어 있었는데, 이를 적발하여 고발하는 사람을 '쉬코판테스'라고 불렀다고 한다. 다른 설명도 있다. 아테네가 지정한 신성한 무화과나무에서 무화과를 따는 것이 금지되어 있었는데, 몰래 훔쳐가는 사람을 적발하여 고발하는 사람을 그렇게 불렀다고 한다. 이 뜻이 확대되어 '밀고자'(또는 '고발자')라는 뜻으로도 쓰였고, 범법자를 법정에 고발하여 소송을 제기하는 일을 업으로 삼는 사람들까지 생기자 이들을 가리키는 공식적인 말이 되었다. 아테네 민주주의에서는 오늘날의 검사와 같은 역할을 맡는 공직자가 따로 없었다. 시민들의 자발적인 고발에 의해 재판이 이루어졌다. 사적인 분쟁이 아니라 공적인 범죄에 대한 고발은 사회 질서와 공익을 지키는 일이기도 했기 때문에, 정당한 고발에 대해서는 국가가 금전적인 보상을 해주었다. 그러자 이런 보상금을 노리고 고발을 일삼는 사람들이 등장했다. 그러나 이런 사람들 중에 일부가 공공성에 충실하지 않고 부정을 저지른 사람을 협박해서 돈을 갈취하거나, 부정을 저지른 사람과 원한 관계에 있는 사람에게 고발을 조건으로 돈을 받아내는 일이 종종 일어났고, 무고한 사람을 교묘하게 곤경에 빠뜨리는 일도 생기자, 이에 대한 경계의 목소리도 높아졌다. 그래서 무고한 고발임이 밝혀지면 그에 따라 벌을 주었으며, 중간에 고소를 취하하거나 판정관의 1/5의 득표에 실패하면 그에 따른 벌을 받도록 법을 제정하였다. 이와 같은 분위기에서 쉬코판테스에 대한 시선이 고울 리가 없었다. 한편 어떤 사람들은 정치적인 영향력과 연설가로서의 명성을 얻기 위해 의욕적으로 또는 사명감을 가지고 쉬코판테스의 역할을 하기도 했다.

18) '저에게 문제를 일으키고'(ton pragmata moi parekhonta)는 가만히 있는 사람을 고발하여 소송을 제기하여 귀찮은 '일을 만들어준다'는 뜻으로 정치적인 영역에서나 법적으로 문제를 일으킬 때 관용적으로 사용되던 표현이다. '오지랖' 넓게 일을 많이 만들고 다니는 일에 대해서, 특히 자기와 직접 상관도 없는 사안에 관해 소송을 제기하는 소송꾼(sukophantēs)들에 대해서 '폴뤼프라그모쉬네'(polupragmosunē)라는 말을 사용하는데, '많은 일을 만들어내기'라는 뜻이다. 이것은 앞에서 언급되었던 '아프라그모쉬네'(apragmosunē)[4]와 반대되는 말이다. 미주 10)을 보라.

19) '철학'(philosophia)은 이소크라테스에게서는 자주 '교육'(paideia), 특히 '말의 교육'(paideia tōn logōn)과 같은 말로 사용되며, 공적인 장소에서 말을 사용하고 정치적인 의견을 만들어내며 공동체의 사안을 가지고 구성원들과 소통하는 솜씨와 지혜를 가리킨다. 이 개념은 이 연설문에서뿐만 아니라 다른 연설문에서도 중요하며, 이소크라테스의 삶과 공적 활동을 표현하는 핵심 개념이다. 플라톤과 아리스토텔레스, 거슬러 올라가 소크라테스가 사용했던 철학의 개념과 비교할 때 의미 있는 쟁점들이 많이 나타난다. 이소크라테스의 '철학'에 대해 플라톤이 소크라테스의 입을 통해 '어떤 철학'(tis philosophia)라고 말한 대목도 흥미롭다.(플라톤, 『파이드로스』 279a) 플라톤이 추상적이며 보편적인 개념을 진리로 놓고 그에 다가서려고 했으며 그것에 잇닿은 지식(epistēmē)을 참된 지혜라고 하였다면, 이소크라테스는 급변하는 구체적인 정치적인 현실에서 시의적절한 의견(doxa)을 제시하여 공동체에 유익을 끼치려는 노력과 지혜를 참된 것으로 규정하면서 '지혜를 사랑하는' 철학의 개념을 서로 달리 이해했던 것이다. 미주 54), 67)을 보라.

20) '허심탄회하게 말함'(peparrhēsiasmena)은 아테네 민주주의의 특징 중 하나인 '파레시아'(parrhēsia)를 가리키는 말이다. 노예와는 달리 자유시민에게는 개인적인 신상이나 공적인 일에 관하여 공개적으로 모든 것을 말할 수 있는 자유가 보장되었다. 그러나 이것의 폐단 또한 적지 않아 비판의 대상이 되곤 했다. 미주 123)을 보라.

21) '비논리적이거나 시의적절하지 않게 들어간 것은 없으며'(ouk alogōs oud'

akairōs)는 그대로 번역하면 '비논리적이지 않게 비시의적이지 않게 들어가다'라는 식으로 해석되어야 하며, '논리적으로 시의적절하게 들어가다'라는 식으로 표현되어야 할 곳에 사용된 일종의 '곡언법'(litotes)이다. 말하려는 내용을 부정의 부정을 사용하여 더욱 강한 긍정을 표현하려는 것이다. 여기에서 '논리성'과 '시의적절성'은 이소크라테스가 말에서 추구하는 중요한 미덕들이다.

22) '다양한 모습들'(tosautoas ideas)은 연설의 외형적인 '모습'(idea)이나 형태를 가리킬 수도 있다. 『시민대축전에 부쳐』에서 "만약 똑같은 행위들을 분명하게 보여주는 일이 단 하나의 모습을 통해서만 가능하며 도무지 다른 방법을 쓸 수 없다면"[7]이라고 했을 때, 이와 같은 의미로 사용된 것으로 보인다. 그러나 '이데아'는 좁게는 외형적인 모습들을 기준으로 분류될 수 있는 '연설의 장르'를 가리킨다. 이 연설문의 [46]에서 "연설의 모든 '형태(이데아)'들"이라고 할 때, [183]에서 "연설에서 이용하게 되는 모든 '형태(이데아)'들을"이라고 했을 때 바로 이런 뜻으로 사용된 것이다. 아리스토텔레스는 나중에 『수사학』에서 "수사학적 연설의 세 가지 종류(genos)"(1358b7)를 "수사학의 세 가지 '에이도스'(eidos)들"(1358a36)이라고 표현했는데, 에이도스는 이데아와 같이 '장르'를 뜻한다. 이와는 달리 '이데아'는 하나의 연설을 이루는 요소들을 가리키는 말로 사용될 수도 있다. 이 연설문의 [47]에서 "이들은 훨씬 더 두드러진 특징을 보여주는 더 많은 다른 요소(이데아)들을 가지고 연설 전체를 가꾸어 나갈 것입니다"라고 했을 때, 이데아는 연설 전체를 구성하는 부분, 요소로서의 '모습'으로 이해된다. 또한 『소피스트 반박』의 16에서 "우리가 하는 모든 연설들을 구성하고 또 직접 할 때, 그 원천으로 끌어다 쓰는 '이데아'들에 대한 지식을 갖는 것이 아주 어려운 일에 속하지는 않는다"라고 했을 때, 이데아는 연설을 구성하는 요소로 이해된다. 이와 같이 '이데아'는 전문적이고 '기술적인 개념'(technical term)으로 엄밀하게 개념 규정되지 않고 문맥에 따라 다양한 의미로 사용되는 것을 볼 수 있다. 한편 플라톤이 자신의 형이상학 체계에서 주요 개념으로 '이데아'를 사용한 것과도 비교해 볼 만한다.

23) '짓는 일'(poiēsai)은, 플라톤이 지적한 대로 '없던 것을 있게 하는 모든 창작

과 제작 행위'를 가리키지만, 특별히 '시가'(mousikē)에 국한해서 사용되던 것이 당시 관례였다.(『향연』 205b-c) 반면 연설문을 작성하는 경우에는 흔히 '로고포이에인'(logopoiein) 동사를 사용하였다. 여기에서 이소크라테스는 의도적으로 당대 소피스트들이 전념하던 '연설문 작성' 작업과 자신의 작업을 구별하기 위해 '로고포이에인' 대신 '포이에인'(poiein) 동사를 사용한 것 같다. 이로써 그는 산문과 운문, 연설과 시가의 구분을 흐리고 있는 셈이다. 한편 이소크라테스가 자신의 연설이 일관성을 지니도록 하는 일에 각별한 관심을 쏟고 있음이 여러 단어의 사용에서 분명하게 나타난다. 긴 연설을 '한눈에 다 보는 것'(sunidein), 서로 많이 동떨어진 다양한 모습들을 모두 '조화롭게 다듬어'(sunarmosai) '함께 이끌어나가고'(sunagagein), '나중에 나오는 것들을 앞에 나온 것들에 맞춰서' '적절하게 꾸려나가는 것'(oikeiōsai)이며, 그 모든 것들이 함께 '일관성을 갖도록'(homologoumenas) 짓는 일에서 그의 연설이 필수적으로 갖추려는 미덕이 무엇인지 확실하게 볼 수 있다.

24) 이소크라테스는 [10]에서도 언급했듯이, 자신이 패소했던 '교환소송'에 관하여 법정연설의 틀로 자신의 입장을 변호하려는 한편, 그 소송과 관련된 내용들 이외에도 자신의 철학과 교육이 무엇이었으며 어떤 의미를 가지는지 전체적으로 설명할 것임을, 따라서 일종의 시범연설(또는 부각연설, epideixis)을 실행할 것을 예고한 바 있는데, 이것을 최소 두 가지 연설의 장르와 형태가 섞인 '복합적인 연설'(miktou tou logou)이라고 표현하였다. 따라서 내용이 복합적이고 연설의 길이는 길어질 것이다.

25) 이 연설이 많은 청중 앞에서 큰소리로 낭독되거나 실연되는 것이기는 하지만, 일회성으로 끝나는 연설이라기보다는 두고두고 반복되는 읽을거리로 쓰일 목적으로 작성된 것임을 이 구절은 보여준다. 예컨대 학생들은 (함께 모여서=일부는 청중을 이루고, 한 사람은 낭독하면서) 이 연설문을 학습교재처럼 틈틈이 읽고 반복해서 곱씹으며 연설과 철학, 수사학에 관한 공부를 (공동연구의 형식처럼) 해야 함을 지시하는 것이다. "이곳에 있는 사람들을 괴롭게 하지 않을 만큼만 골라내 부분적으로" 읽으라고 한 것은 결국 한꺼번에 다 읽지 않아도 좋다는, 그래야 더 효과적일 수 있다는 일종의 '팁'을 제시하는 셈이다. 놀린(Norlin, p. 192)의 지적처럼, 이소크라테스는 자신의 연설문을 읽

으려는 독자를 염두에 두고 글을 쓸 때에도, 마치 연설가가 청중에게 연설하는 것처럼 낭송하도록 독자에게 요청하는 방식으로 쓰는 것이 그의 습관이었다고 볼 수 있다. [13]까지를 서문이라고 했을 때, 이 연설문을 '읽을' 학생들이 유념해야 할 주의사항을 밝힌 대목이라고 하겠다.

26) "먼저 말씀드려야만 했던 것은"이라는 표현은 연설을 처음 시작할 때 [1]에서 "하지만 지금 이 연설은 아주 새롭고 전혀 다른 것이기 때문에, 왜 제가 다른 것들과 이렇게 비슷하지 않은 이 연설을 쓰기로 작정했는지 그 이유를 먼저 말씀드리는 것이 필요합니다"라고 했던 부분과 어우러져 '수미호응의 작법'(ring composition)의 효과를 낸다. 도입부의 첫 부분이 하나로 모아져 깔끔하게 마무리되는 느낌을 주는 것이다.

27) 자기 스스로 비난 받을 짓을 해놓고도 자신의 잘못된 짓은 생각하지 않고 다른 사람이 자기와 같은 짓을 한다고 비난하는 사람들은 어리석고 멍청하다. 그렇지 않다면 자신의 죄는 감추고 (또는 정당화시키고) 다른 사람의 죄만 부각시켜 문제를 삼으려고 한다는 점에서 위선적이고 뻔뻔하며 이율배반적이고 자기 모순적인 사람이다. 이소크라테스는 바로 이런 사람들이 가장 사악하며, 따라서 가장 큰 벌을 받아야 한다고 주장한다. 그리고 바로 그 사람이 다름 아닌 뤼시마코스라고 지적한다. 이 이름은 이소크라테스가 만들어 낸 가상인물인데, 그 이름은 '분쟁(makhos)을 해결하는(lusi-) 자'라는 뜻이다. 이소크라테스는 '분쟁을 해결하는 자'라는 뜻을 가진 뤼시마코스가 '분쟁을 일삼고 있는' 모순적인 상황을 아이러니컬하게 보여주기 위해 '뤼시마코스'라는 이름을 사용한 것으로 보인다. 뤼시마코스는 소송을 일삼는 소송꾼으로서 돈을 벌 목적으로 '연설을 작성하는 일'을 직업으로 삼고 있으면서도 이소크라테스가 '연설을 작성하는 일'로 돈을 벌면서 아테네의 젊은이들을 타락시키며 공적인 의무를 회피하였다고 고발했다고 지적하면서 그의 모순점과 위선을 부각시키려 한다. 이는 마치 신전에 들어가 신에게 바쳐진 성물들을 잔뜩 들고 나오면서 다른 사람이 성물을 도적질했다고 비난하고 고발하는 행동이나 다름없다는 것이다. 뤼시마코스가 '플라톤'일 수도 있다는 주장에 관해서는 James, C. A.(2013), *On the Defense: Reading Isocrates'* Antidosis *as a Response to Plato's* Phaedrus, University of Arkansas를 보라.

28) '연설을 지어냈다'(pepoiētai logon)는 것은 '연설문 짓기'(logopoiein)를 하는 '연설문 작성가'(logographos)의 일을 직접적으로 가리킨다. 뤼시마코스가 바로 이런 사람이다. 그는 자기가 '쓴 연설문'(sungrammena)으로 '연설을 하면서'(legōn) 이소크라테스가 '쓴 연설문'(sungrammatōn)에 관하여 고발하고 비난하는 '연설을 작성하였다'. 이소크라테스는 동일한 표현을 반복적으로 사용하면서 뤼시마코스의 자기 모순과 위선을 신랄하게 지적하고 비판하는 것이다.

29) 소크라테스도 이와 같은 죄목으로 법정에 섰다. "소크라테스는 죄를 지었으며, 주제넘은 짓을 하고 있으니 …… 한결 약한 주장(logos)을 더 강하게 만들며, 또한 바로 그 똑같은 것들을 남들에게 가르치고 있어서입니다."(『소크라테스의 변론』 19b) 아리스토파네스의 희극 『구름』에서 소크라테스는 작은 것을 크게 보이고 큰 것을 작게 보이는 말솜씨, '더 못한 것이 옳지 못한 말로 더 나은 것을 넘어뜨리는' 말재주를 가르치는 것으로 그려진다.(872-886행) 아리스토파네스에 따르면 소크라테스는 소피스트를 만들어낸 선생인 셈이다.(1111행) 한편 이소크라테스는 뤼시마코스가 고발한 내용을 긍정적으로 해석하여 '말의 위력'이나 '연설의 기능'인 것처럼 말한 적이 있다. 그는 『시민대축전에 부쳐』 [7]-[8]에서 "말은 동일한 것에 관해서도 다양한 방식으로 설명할 수 있으며, 중대한 일을 평범하게 만들고 사소한 것을 중대한 듯이 옷 입힐 수 있으며 …… 다른 사람들이 먼저 말했던 주제에 관하여 무작정 피해서는 안 되며, 그들보다 더 훌륭하게 말하려고 시도해야 합니다"라고 말했다.

30) 뤼시마코스는 이소크라테스를 진퇴양난의 궁지로 몰아넣으려고 한다. 그는 이소크라테스가 '위력적인 연설가'로서 교육을 통해 막대한 재산을 모았으니 삼단노선 건조를 위한 공역의 부담을 지는 것이 마땅하다는 전제를 깔고 있으며, 이에 입각하여 아테네의 젊은이들을 타락하게 만든다는 주장까지 하려고 한다. 만약 이 고발에 대해 이소크라테스가 말을 잘해서 방어한다면 뤼시마코스는 이소크라테스가 '위력적인 연설가'라는 것을 입증하는 것이 되므로 청중의 공감을 얻을 것이다. 반면 이소크라테스가 연설을 잘하

지 못한다면 그가 '위력적인 연설가'라는 뤼시마코스의 주장은 거짓으로 드러나겠지만, 결국 이소크라테스는 변론을 제대로 못할테니 재판에서 패하게 될 것이다. 그러나 이와 같은 논법은 정반대로 해석될 수도 있다. 이소크라테스가 변론을 적절하게 하지 못한다면 그가 위력적인 연설가라는 뤼시마코스의 주장이 거짓임을 밝히는 것이 되므로 재판을 유리하게 몰고 갈 수 있으며, 그가 위력적인 연설 능력을 발휘한다면 뤼시마코스의 주장이 참임은 드러나겠지만 어쨌든 재판에서 승리하게 될 것이기 때문이다. 이와 같은 '뒤집기 해석'의 반론은 코락스와 티시아스 사이에서 (또는 프로타고라스와 그 제자 사이에서) 있었던 유명한 재판에서의 이중 논법과 비교될 수 있다. 그러나 이소크라테스는 이와 같은 논법을 적극적으로 구사하지 않는다. 그는 '위력적인 연설의 능력'과 수사학(물론 이소크라테스는 이 단어를 사용하지는 않았지만)이 아테네의 힘의 근원이라고 주장하며, 이를 위해한 것으로 공격하는 뤼시마코스의 주장은 결국 아테네의 미덕을 부정하며 공동체를 해롭게 하는 것이라고 반박하면서, 자신의 '위력적인 연설 능력'에 대한 뤼시마코스의 공격에 대응하는 전략을 선택한다.

31) 진실이 거짓에 의해 모함 당하는 일이 생긴다면, 언론의 자유가 보장된 곳에서 진실에 충실하지 않고 거짓말을 일삼고도 도덕적인 책임을 지지 않는 교묘한 말솜씨는 사회의 질서와 정의를 어지럽히는 악덕이 될 수도 있다. 소크라테스와 플라톤 같은 철학자들은 물론, 이소크라테스나 뤼시아스, 아이스키네스 등 당대 연설가들과 수사학 교사들도 진실이 결여된 모함이 아테네 공동체를 위협하는 최고의 악덕임을 직시하고 그것을 경계하였다.

32) 평의회에서 통과된 칙령이 대표적인 예다. 펠로폰네소스 전쟁 기간 중인 기원전 406년에 벌어진 아르기누사이(Arginusai) 전투에서 8명의 장군이 이끌던 아테네 함대가 승리를 거두었다. 그러나 장군들의 함선 운영 미숙으로 생존자들을 제대로 구조하지 못해 아테네 해군이 전력에 큰 손실을 입자, 장군 8명 가운데 6명에 대해 적합한 법적 절차를 거치지 않고 사형을 선고했다. 그러자 나머지 2명은 도주하였다. 하지만 아테네인들은 곧 이와 같은 성급하고 경솔한 행동에 대해 후회하고 이들의 처형을 주도했던 책임자들을 소환하였다. 이들에 대한 처형을 논의하는 평의회가 열렸을 때, 소크라

테스는 이와 같은 조치에 강력하게 반대했다. "그때 평의회 업무를 관장하던 부족 사람들 가운데서는 저 혼자만 여러분께서 법률에 어긋나는 그 어떤 것도 하지 말도록 반대했으며, 또한 반대투표까지 했습니다."(『소크라테스의 변론』 32b) 이 사례는 분노라는 감정에 휩싸여 합리적 판단을 내리지 못할 때 일어나는 불상사를 여실히 보여준다. 감정이 청중의 결정과 청중을 설득하는 데에 큰 힘을 발휘한다는 것이다. 그래서 많은 소피스트들은 이성적이고 합리적인 논증보다는 감정을 자극하는 표현과 주장으로 청중을 선동하는 수사적 전략을 자주 사용할 것을 권장하였으며, 아리스토텔레스 역시 감정이 판정에 미치는 영향력에 주목한 바 있다.(『수사학』 1356a15-17, 분노에 관한 수사학적 분석에 관해서는 1378a23 이후 미주 46)을 보라.) 실제로 많은 연설가들이 이와 같은 '감정 자극'의 수사학을 자주 사용하였다. 이소크라테스는 이런 수사학적 전략의 위험성을 인지하고 경고하는 것이다.

33) 아테네 법정에서 판정관들은 종종 시끄럽게 떠들면서 피고인과 고발인(또는 고소인)에 대한 자신들의 선입견을 표현하곤 했다. "그리고 아테네 시민 여러분, 저에 대해 소란을 피우지 않도록 해 주십시오. 설령 제가 여러분께 뭔가 큰소리를 하는 것 같이 여겨질지라도 그러시지는 마십시오."(『소크라테스의 변론』 20e) "아테네 시민 여러분, 소란을 피우지 마시고, 제가 여러분께 요청했던 대로 따라주십시오. 제가 말씀드리는 것들에 대해서 소란을 피우지 마시고 들어주십시오."(30c) '소란스럽게 떠들기'(thorubos)는 기원전 5-4세기 군집한 대중들의 어수선한 분위기를 표현하는 전형적인 표현이었다.

34) 목숨이 걸린 재판에서 판정관의 일정 수가 처음부터 피고인에 대한 호의로 표를 던져주어 판결 전체를 피고인에게 유리하게 만드는 관습이 다른 지역에 있었는지는 확실하지 않다. 놀린(Norlin)은 다른 곳에서 이런 식의 언급을 한 것을 본 적이 없다고 지적한다.(Norlin, G., 1929, *Isocrates II*, p. 197, note d) 반면 투(Too)는 이소크라테스의 언급에 대한 가능성을 열어두었다.(Too, Y. L.(2008), *A Commentary on Isocrates' Antidosis*, p. 107) 한편 플라톤의 『소크라테스의 변명』에서는 아테네와는 달리 다른 나라에서는 "사형이 형량으로 걸려 있는 사건은 단 하루만이 아니라 여러 날을 심리해야 하는 법"이 있다는 말이 나오는데(37a-b, 강철웅 역, 2014, 이제이북스), 이는 피고인에게 자신을 변호

할 수 있는 기회를 더 길게 많이 주고, 판정관들이 심사숙고할 수 있는 시간을 더 많이 준다는 뜻으로, 결국 피고인에 대한 배려가 아테네보다 다른 나라에서 더 많다는 의미로 해석될 수 있다. 그런데 여기에서의 문제는 이소크라테스와 관련된 소송은 부자 시민에게 공역을 부담하는 관행에 따른 '교환소송'이며, 목숨이 걸린 중대범죄에 관한 것이 아님에도 불구하고 이 말을 했다는 것이다. 물론 한 사람의 재산은 그의 생명과도 같은 것이라는 의미로 이 부분을 새겨볼 수는 있을 것이다. 또한 그가 '생명'으로 표현한 '프쉬케'(psukhē)는 몸과 대비되는 '영혼'으로 새겨질 수 있는 중의적 의미의 단어라는 점을 고려한다면, 이것은 목숨이 걸린 재판이라는 의미를 띠면서도 동시에 이소크라테스의 영혼, 즉 지적인 활동에 대한 평가가 걸린 재판이라는 어감을 줄 수 있다.

35) 플라톤의 『소크라테스의 변명』에는 다른 도시국가의 경우 피고인이 충분하게 자신을 변론할 수 있도록 재판을 여러 날 동안 진행한다는 언급이 있다.(37a-b) 이와 같은 관습은 스파르타의 것으로 추정되는데, 사형에 관련된 재판은 며칠이 걸렸는데 사형과 관련해서 저질러지는 실수는 돌이킬 수 없이 중대하기 때문이라고 한다.(플루타르코스, 「스파르타 지역의 경구들」, 『모랄리아』, 217a12-b3)

36) 솔론 시대부터 매해 제비뽑기로 선출된 6,000명의 배심원단은 공무를 시작하기 전에 법정에 모여 선서를 했다. 선서의 내용은 민주정을 수호하고, 양심에 따라 투표하며, 고발인(또는 고소인)과 피고인의 말을 동등한 비중을 두고 공정하게 듣겠다는 것이다. 아테네 법정의 모습을 풍자한 아리스토파네스도 『말벌』이라는 작품에서 이 마지막 선서 내용을 몇 차례 대사에 넣었다. "양쪽 말을 다 들어보기 전에는 판단하지 말라는 말이 옳은 것 같소."(725행) "아버지, 제발 미리 판단하지 마십시오. 양쪽 말을 다 들어보시기 전에는."(919- 920행)

37) 자기에게 주어진 몫(moira)에 충실하고 남의 것을 탐하지 않는 것이 그리스 사회의 전통적인 미덕이었다. 자기 것을 소홀히 하는 사람은 게으름으로 지탄을 받고, 자기 것을 넘어서 남의 것을 탐하는 사람은 '무례'와 '폭력'(hubris)을 저지른다는 비난을 받았다. 호메로스의 『일리아스』에서는 '제몫을 넘어

서는'(hupermoron) 인간들의 행위는 신들의 저지를 받는 것으로 서술된다.(김헌(1997), 「아킬레우스의 분노와 제우스의 뜻」, 『서양고전학연구』 제11집, pp. 75-77) 플라톤은 『국가』에서 공동체의 구성원 각자가 자신에게 주어진 임무를 충실하게 수행하는 것을 정의라고 규정한 바 있다.(400e, 406e, 433b1-2 등) 또한 자신의 역할과 몫에 충실한 것이 탁월성으로서의 아레테를 발휘하는 것으로 보는 것은 그리스인의 전통이었다.(김헌(2013), 「아레테를 어떻게 이해할 것인가? – 호메로스에서 아리스토텔레스까지」, 『비교문학』 제61집, pp. 41-71)

38) 이소크라테스는 전문적인 수사학 교사나 소피스트들의 특징을 가리키는 전형적인 표현인 '자신의 능력을 부각하면서'(epideixamenoi)라는 표현을 사용하면서 뤼시마코스를 비판하고 있다. 그는 당대 최고의 평판을 누리고 있는 이소크라테스를 재판정에 세워 자신의 말솜씨와 능력을 과시하여 대중의 인기를 얻는 한편, 학생들을 끌어모아 '수입'을 올리려고 하는 것 같다. 이소크라테스는 바로 이런 의도를 비판한 것이다. '부각하면서'(epideixamenoi)는 어조를 강화하고 부정적인 어감을 주기 위해 '과시하면서'로도 옮길 수 있다. 미주 55)를 보라.

39) 펠로폰네소스 전쟁 기간 중에, 그리고 전쟁이 끝나고 난 후에 두 차례에 걸쳐 아테네에는 민주정과 과두정 지지자들 사이에 유혈 사태가 벌어졌다. 기원전 411년에 400인으로 구성된 과두정 위원회가 권력을 장악한 적이 있었으며, 404년 전쟁에서 패한 후 스파르타의 지원을 받은 30인 참주들이 등극한 적도 있었다.

40) '중재관'(diaitētēs)은 두 사람 사이에 법적인 분쟁이 생겼을 때, 법정으로 가서 공식적인 재판을 받기 전에 분쟁을 조정해주는 사람을 말한다. 중재관은 분쟁 당사자들의 합의에 의해 정해지기도 하고, 법률이 정한 대로 공적인 중재관들 가운데 제비를 뽑아 선정되기도 한다. 기원전 399년부터 중재관의 임무는 60세 이상의 시민들에게는 군역을 대신하는 의무로서 강제성을 띠게 되었다. 정당한 이유 없이 의무를 다하지 않거나 외국으로 출타할 경우에는 '시민권의 일정한 제한과 박탈'(atimia)과 같은 처벌의 대상이 되었다. 시민들이 지명하는 사적인 중재관도 있었는데, 이들의 결정은 소송 당사자들의 합의에 따라 재판 과정에 채택되는 경우에는 최종적인 것이 되었다.

그러나 중재관에 의한 조정이 이루어지지 않을 경우, 분쟁 당사자들은 사건의 판결을 법정에 맡긴다. 그들은 법정에 서서 각각 고소와 변호의 연설을 하는데, 이들의 말을 듣고 투표로 사건에 대해 판결을 내리는 사람들이 바로 '배심원'(dikastēs)이다. 그들은 제비뽑기를 통해 특정 재판의 판결 의무를 맡게 되며, 이에 대해 일정한 보수가 주어졌다. 중재관과 배심원은 모두 '판정관'(kritēs)이라고 불린다.

41) 아리스토텔레스는 연설의 도입부에서 가장 중요한 것은 사건의 내용을 정확하게 소개하여 청중의 관심을 끄는 것과, 연설가에 대한 청중의 잘못된 인식을 바로잡고 연설가에 대해 호의를 갖도록 만드는 것(eunoun poiēsai)이라고 했다.(『수사학』1415a8-26, 34-36) 이런 기준으로 볼 때, 이 부분에서 이소크라테스는 자신에 대한 잘못된 인식을 바로잡고 청중의 호의를 얻으려고 노력하고 있는 셈이다.

42) 우리에게 전해져 내려오는 법정연설문들은 보통 고발장(또는 고소장)(grapē) 뿐만 아니라 문서(증언, 유언장, 편지 등)들을 포함하고 있지 않다. 그래서 연설가가 특정 문서를 읽어달라고 부탁하는 말이 있은 후에는 그냥 공란이 있게 마련이다. 지금 이 연설문에 '그라페'(grapē)라고 적혀 있는 것은 후대에 편집자에 의해 삽입된 것으로 보인다. 기원전 380년 이전에는 재판이 진행되는 동안 읽을 문서들을 읽기 전에 미리 제출하라고 요구하는 법이 없었기 때문에 문서들이 연설문에 포함되는 경우는 없었다고 한다.(Too(2008), p. 111을 보라.)

43) 이소크라테스에 대한 고발 내용 가운데 '젊은이들을 타락시킨다'는 죄목은 소크라테스에게도 덧씌워졌던 것이다.(『소크라테스의 변론』 23c-d) 아마도 당대 아테네에서 교사로 이름을 드높였던 사람들은, 실제로 그래서이든 아니면 경쟁자의 질투와 무고한 시기심에서든, 이와 같은 비난에서 자유롭지 못했던 것 같다. 이소크라테스 역시 다른 소피스트들에 대해 이와 비슷한 비난을 하였으며, 소크라테스와 플라톤도 소피스트들이 아테네의 도덕을 타락시키며 수사학을 중심으로 하는 소피스트 교육이 젊은이들을 타락시킨다는 의식을 가지고 있었다.

44) 실제로 이소크라테스는 아테네의 유력인사뿐만 아니라 아테네 이외의 도

시에서 중요한 역할을 맡았던 인물들을 교육한 것으로 알려져 있다. 키케로는 이소크라테스를 '연설가들의 교사'(magister rhetorum)로 언급하면서, "그의 학교로부터 마치 트로이아의 목마로부터 나오듯이 군주들이 쏟아져 나왔다"라고 표현하였다.(『연설가에 관하여』 II, 94) 키케로가 언급한 연설가로는 데모스테네스, 휘페레이데스, 뤼쿠르고스, 아이스키네스, 데이나르코스 등이 있으며, 그 이외에도 테오폼포스, 에포로스, 필리스토스, 나우크라테스와 같은 역사가들도 거명되었다.(II, 95) 이소크라테스는 자신의 제자 가운데 니코클레스([40])를 언급하는데, 그는 왕(basileus)과 참주(turannos)로 표현된다. 그가 남긴 편지와 연설문을 보면, 그는 당대의 유력자들에게도 일정한 영향력을 행한 것으로 보이는데, 마케도니아의 필립포스(편지 2, 3, 연설문 5)와 그의 아들 알렉산드로스(편지 5), 안티파테르(편지 4), 시라쿠사의 참주 디오뉘시오스(편지 1), 테살리아의 참주였던 이아손의 아들들(편지 6), 아테네의 장군이었던 티모테오스(편지 7), 뮈틸레네의 자도자들(편지 8), 스파르타의 아르키다마스 3세(편지 9) 등이 그들이다.

45) 이에 관해서는 Johnson, R.(1957), "A Note on the Number of Isocrates' Pupils," *The American Journal of Philology* 78(3), pp. 297-300; Power, J. Edward(1966), "Class Size and Pedagogy in Isocrates' School," *History of Education Quarterly* 6(4), pp. 22-32를 보라.

46) 아리스토텔레스는 『수사학』에서 설득이 연설의 논리성(logos)과 연설가의 품성(ēthos), 그리고 청중의 감정(pathos)에 의해 이루어질 수 있는데, 당대 수사학 기술에 관한 책을 쓰는 사람들이 주로 청중의 감정을 자극하는 일에만 매달린다고 비판한 바 있다. 그는 감정 자극의 수사학적 효과에 주목하면서 "청중이 고통을 느끼는가, 기쁨을 느끼는가, 연설가를 좋아하는가, 미워하는가에 따라 결코 똑같은 판정을 내리지 않는다."(1356a15-17. cf 1377b28-1378a5)라고 말한다. 그는 당대의 수사학 교사들과는 달리 논리적인 입증을 통해 청중의 감정을 조절할 수 있는 방법을 모색하며 감정에 관해 『수사학』 제2권 제2-11장에서 탐구한다. 이소크라테스도 이 부분에서 감정 자극의 부당성을 지적하고 있는 것이다.

47) '증거'는 '엘렝코스'(elenkhos)를 옮긴 것이다. 이것은 수치심과 부끄러움을

일으키는 것으로서 비난의 대상이 되는 것을 가리키는 말이다. 문맥에 따라서는 논박 또는 반박이라는 뜻으로도 쓰이며, 나아가 논박을 위한 수단이나 논증, 증거를 가리키기도 한다. 여기에서는 고발이나 고소 내용에 반박하기 위해 제시하는 증거를 가리킨다. 이 단어는 소크라테스의 '논파술(또는 논박술)'을 가리키는 개념어로 특화되기도 한다.

48) 플라톤은 소크라테스 역시 이런 식의 변론을 한 것으로 기록했다. "아테네 시민 여러분, 이것들은 진실이기도 하고 또 쉽게 검증이 되는 것들이기도 합니다. 내가 과연 젊은이들 가운데 일부는 망치는 중이고 일부는 이미 망쳤다면, 또 그들 가운데 누구라도 나이가 든 후에 그들이 젊었을 때 내가 그들에게 뭔가 나쁜 조언을 한 적이 있다는 걸 알게 되었다면, 분명 그들은 지금 이 자리에 직접 올라와서 나를 고발하고 앙갚음을 했어야 하니까요."(『소크라테스의 변명』 33c-d)

49) '개연성'(eikos)는 수사학적인 입증에서 중요한 역할을 한다. 여기에서 이소크라테스는 개연성 논증을 사용한다. 아리스토텔레스에 따르면, 확증해줄 수 있는 증인이나 물증이 없는 경우에는 개연성 논증이 큰 효과를 낼 수 있다.(『수사학』 1376a15-23) 그는 수사학의 입증 방식을 연역적인 '엔튀메마'와 귀납적인 '예증법'으로 나누고, 그 가운데 '엔튀메마'의 전제 가운데 하나가 개연성이라고 밝히면서 "개연성은 대부분의 경우(또는 많은 경우)에 일어나는 것(hōs epi to polu genomenon)이다"라고 정의한다. 그것은 어떤 사람들이 정의하는 것처럼 단적으로 그런 것이 아니라, 다르게 될 수도 있는 것들과 관련해서, 개연성이 있는 대상에 대해, 마치 부분에 대해 전체가 그런 것과 같은 관계에 있는 것이다.(1357a34-35) '필연성'은 반드시 그렇게 되는 것을 가리키며 '가능성'은 일어날 수 있는 것인 데 반해, '개연성'은 그 둘 사이에서 가능성보다는 일어날 확률이 높고 필연성보다는 그 확률이 낮은 경우에 사용될 수 있는 개념이다. '십중팔구' 그렇게 될 것 같지만, 반드시, 필연적으로 그렇게 되는 것은 아니며, '다르게 될 소지가 있는 경우'(ta endekhomena allōs ekhein)를 가리킨다.(1357a35-36) 이와 같은 개연성 논증을 고안한 사람은 코락스의 제자인 테시아스로 알려져 있으며, 그의 제자인 고르기아스도 개연성 논증을 발전시킨 사람으로 지목된다. 플라톤은 이런 말을 했다. "테시

아스와 고르기아스 …… 그들은 개연성이 있는 것들을 참된 것들보다 한결 값진 것들로 보았고…….”(『파이드로스』 267a) 그런데 흔히 이소크라테스는 고르기아스에게 교육을 받았던 것으로 알려져 있는데, 이것이 사실이라면 이소크라테스에게서도 개연성 논증이 연설을 구성하는 중요한 요소의 하나가 되는 것은 자연스럽다. 한편 개연성 논증이 테시아스는 물론 그의 스승이었던 코락스에게서도 그 흔적을 발견할 수 있으므로, 개연성 논증의 창시자는 코락스와 테시아스라는 주장도 있다. Hinks, D. A. G.(1940), “Tisias and Corax and the Invention of Rhetoric,” *The Classical Quarterly*, Vol. 34, No. 1/2, pp. 61-69.

50) 이소크라테스가 교육의 대가로 수업료를 받기는 했지만, 그 대상은 모두 아테네 바깥에서 온 다른 도시 사람들이었고 아테네 시민에게는 수업료를 받지 않았다는 뜻이다. 하지만 플루타르코스는 이와 전혀 다른 이야기를 전해준다. 그는 데모스테네스가 이소크라테스의 수업료가 너무 비싸서 그의 학교에 들어가는 것을 포기했다는 기록을 남겼다. “당시에 이소크라테스 역시 학교를 운영하고 있었지만, 그(=데모스테네스)는 이사이오스를 연설 지도 선생으로 삼았습니다. 여러 사람들은 그 이유에 대해, 그가 고아였던 까닭에 정해진 수업료 10므나를 이소크라테스에게 지불할 수 없는 상태였기 때문이라고 말합니다.”(『데모스테네스의 생애』 5.6)

51) ‘가장 여유 있는 사람들’이란 ‘스콜레’(skholē)를 가진 사람들을 가리키는데, 이 개념은 직접 노동을 하지 않고도 생계를 꾸려나갈 수 있는 경제적인 여유를 기반으로 한다. 따라서 경제적인 여유가 없는 일반시민들이 생계를 위한 노동에 시간을 들이는 것과는 달리, 그들은 노동의 짐에서 벗어나 학문과 예술, 문학 등에 관심을 보이며 시간을 보낼 수 있는 한가로움을 갖는다. 또한 그들은 법정이나 의회에 자주 나가 도시국가의 정치적인 사안에 간섭하지 않는데, 이와 같은 태도까지도 ‘여유’(skholē)라는 개념에 포함된다. 이와 같은 여유는 고전기 아테네의 사회적 엘리트 집단의 이상적인 삶을 가리키곤 했다.

52) 따라서 이소크라테스가 살라미스의 왕이었던 니코클레스에게 가르친 것은 법정에서 변론하거나 공격하는 연설의 솜씨가 아니라, 재판관으로서 법정소송에 걸린 사람들의 말을 가려듣고 올바른 판단을 내릴 수 있는 현명함

과 왕으로서 나라를 잘 다스리는 통치의 묘책인 셈이다. 이 점을 강조함으로써 이소크라테스는 자신이 법정싸움에서 사적 이익을 극대화시키는 연설의 기술을 가르친다는 세간의 오해를 불식시키면서 자신을 저급한 소피스트와 차별화하려고 한다. 이것은 구체적으로는 뤼시마코스의 공격에 대응하는 것이다. [67]에서 니코클레스는 '퀴프로스의 왕'이라고 표현되는데, 니코클레스가 직접 다스리던 도시국가 살라미스가 퀴프로스섬의 동쪽 해안에 있기 때문이다. 살라미스 해전으로 유명한 아테네 서쪽에 있는 살라미스섬과 혼동하지 말아야 한다.

53) "알 수 있을 것입니다"에서 '알다'로 번역한 말은 "위에서부터 아래로 내려오는 가르침을 배워서 알게 되다"(kathamathein)는 뜻이다. 이소크라테스의 말을 듣고 청중들이 이와 같은 식으로 '알게 된다'는 것은 결국 이소크라테스가 교사처럼 말하고 청중은 학생처럼 듣고 배운다는 관계에서만 성립된다. 이 연설이 겉보기처럼 자신의 행적을 변호하는 목적에서 그치지 않고 제자들에게 교육적인 효과를 가지고 있음을 보여준다. 실제로 이 연설은 이소크라테스의 학교에서 학생들에게 읽어주었던 교육 자료였을 가능성이 높다.

54) '철학'(philosophia)은 뤼시마코스가 연설문 작성가(logographos)들의 활동을 가리키기 위해 사용한 개념으로 '처세의 지혜를 구하는 작업' 정도로 해석된다. 이소크라테스는 논쟁에서 이기고 정치적인 삶에서 자기 이익을 지키려는 연설문 작성의 솜씨와 능력, 그리고 그런 교육을 '철학'이라 부르는 것에 반대하며 자신의 작업을 그런 생각과 구별하려고 한다. 그는 사적인 이익을 지키는 능력이 아니라 공적인 논의의 마당에서 공동체의 안정과 발전, 이익을 위해 시의적절한 의견을 구성하고 공유하는 능력을 참된 지혜로 보았고, 그것을 추구하고 교육하는 행위를 '철학'이라고 보았기 때문이다. 이런 점에서 그는 뤼시마코스와는 다른 의미의 '철학'을 하는 셈이다. 한편 이소크라테스의 '철학'은 플라톤이 사용하는 '철학'의 개념과도 선명하게 다르다. 플라톤은 이소크라테스가 '철학'이라 부르는 것을 '철학'이 아니라 대중을 설득하는 의견을 구성하고 표현하는 '수사학'이라고 불렀다. 플라톤에게 철학은 의견(doxa)이 아니라 참된 앎(epistēmē)을 추구하는 것이다.

55) “만약 누군가가 …… 여러분에게 부각할 수만 있다면”에서 ‘부각한다’(epideixeie)는 말은, 개선식이나 추모연설에서 대중적인 연설가들이 승전용사나 전몰용사의 탁월함을 돋보이게 하면서 동시에 자신의 연설능력을 뽐낸다는 뜻의 전문 용어이다. 그것은 또한 수사학 교사들이 학생들을 끌어 모으기 위해 잠재적인 ‘고객’들을 모아놓고 자신의 말솜씨를 과시하는 ‘연설 쇼’, 즉 ‘시범연설’을 가리키는 동사이기도 하다. 이소크라테스는 지금 자신의 진지한 ‘말의 교육’(paideia tōn logōn)이 사적인 이익을 보호하는 법정연설의 교육과는 무관하며, 그런 연설을 하는 데는 자신이 무능하다는 것을 설득력 있게 보여주고 자신의 연설능력을 유능하게 뽐낼 수 있는 ‘부각연설’의 능력자를 가정하려고 한다. 미주 38)을 보라.

56) 청중을 설득하기 위해 ‘진실을 말하는 것’이 이로운가, 아니면 청중의 생각에 부합하게 말하는 것이, 설령 그것이 진실이 아니거나 아닐 수 있을지라도, 이로운가? 이 문제는 수사학적으로 매우 중요하다. 플라톤은 바로 이 질문과 관련하여 철학에서 벗어난 수사학의 위험성을 『파이드로스』에서 지적한 바 있다. 작중의 소크라테스는 “연설이 잘 이루어지고 아름답게 이루어지려면 말하는 사람은 말하려는 것에 대한 진실을 알아야 하고 그의 생각이 그 연설에 들어가 있어야 한다”고 주장한다. 그러나 이에 대해서 파이드로스는 반대한다. 연설가에게 필요한 것은 ‘정말로 정의로운 것’(ta tōi onti dikaia)이 아니라 정작 판결을 내릴 ‘대중에게 정의로운 것으로 보이는 것들’(ta doxant’ an plēthei), 즉 ‘정말로 훌륭하거나 아름다운 것’(ta ontōs agatha ē kala)이 아니라 ‘그렇게 보이는 것들’(hosa doxei)을 배우는 것, 그리고 그것을 아는 것이다. 설득은 대중에게 받아들여지지 않는 진실이나 진리가 아니라, 대중이 그렇다고 믿고 대중에게 그렇게 보이는 것에서 이루어진다는 주장이다.(259e-260a) 이소크라테스가 보여주는 태도는 소크라테스보다는 파이드로스에 가깝다. 그는 무엇이 청중의 의견에 부합하는 것인지 모르는 상태에서 진리를 말하는 것은 설득에 불리할 수도 있다고 생각하기 때문이다. 그러나 이미 앞에서 이소크라테스는 ‘진실’ 또는 ‘진리’를 강조한 바 있다. “이 변론은 판결을 염두에 두고 작성된 것이기는 하지만, 저에 관한 진실

(alētheia)을 밝히려는 염원에서, 그래서 모르는 사람들은 알게 만드는(eidenai poiēsai)"[13] 목적이 있다고 밝히는 대목에서는 분명히 진리와 지식을 강조한다. 이런 점에서는 분명 이소크라테스가 파이드로스보다는 소크라테스에 가까운 태도를 취한다. 따라서 그는 연설을 할 때 진리는 물론 청중의 생각을 중요하게 여기면서 이 둘을 일치시키는 것을 연설의 목적으로 보는 셈이다. 이어지는 [44]에서도 그는 자신의 연설과 자신의 삶에 대한 '진실'(alētheia)을 밝히겠다고 주장하며, [50]에서는 자신의 교육과 철학에 관한 '진실'을 밝힘으로써 그동안 청중이 가지고 있던 잘못된 생각을 바로잡을 수 있다는 사실에 만족을 표하는 것도 이런 맥락에서 이해될 수 있다.

57) '연설의 방법'(tropoi tōn logōn)은 '연설의 종류'와 '형태', '모양새'(idea. [11], [46], [47], [179], [185], [188] 등)와 같은 의미로 이해될 수 있다. 나중에 아리스토텔레스는 연설의 종류를 의회에서의 '심의연설', 법정에서의 '재판연설', 축사나 시연, 시범을 위한 '부각연설', 이렇게 세 가지로 나누었는데, 이소크라테스는 그보다 종류가 더 많다고 생각했던 것 같다. 시가의 경우에는 서사시, 서정시, 디튀람보스(합창서정시), 비극, 희극 등으로 나뉘는 것이 보통이다.

58) '반신(反神)'(hēmitheōn)이란 부모 중 한쪽은 신이고 한쪽은 인간인 존재, 즉 영웅을 가리킨다. 이소크라테스도 영웅들의 족보를 많이 활용하였다. 『헬레네 찬가』, 『부시리스』는 대표적인 사례이며, 헤라클레스(『필립포스에게』 109-115)와 아가멤논(『전 아테네인의 축제에 붙여(*Panathenaikos*)』 74-87)에 관한 연설문의 일부도 사례로 꼽을 수 있다.

59) 테아게네스는 호메로스, 메트로도로스, 글라우콘, 스테심브로토스, 헤라클레이토스 등의 시가에 관해 글을 쓴 최초의 사람으로 알려져 있다. 하지만 시인에 관한 철학적 탐구를 시도한 사람으로는 플라톤이 대표자로 꼽힌다. 그는 『국가』(특히 2-3, 10권)에서 시인이 이상사회에서 추방되어야 하는 이유를 제시하면서 시인에 관한 철학적 비판을 펼쳤다. 『이온』에서는 호메로스의 서사시를 외워 노래하는 음유시인들을 비판하였으며, 『향연』과 『파이드로스』에서는 시적 영감에 관한 호의적인 논의를 펼치기도 했다. 『고르기아스』(484b)에서는 핀다로스에 관하여, 『프로타고라스』(339a 이하)에서는

시모니데스에 관한 철학적 해석을 제시한 바 있다. 이에 관한 국내 연구로는 강성훈(2009)의 「플라톤의 『프로타고라스』에서 시모니데스의 시 해석 1: 프로타고라스의 질문과 의도」, 『서양고전학연구』 37, pp. 61-80과 강성훈(2010)의 「플라톤의 『프로타고라스』에서 시모니데스의 시 해석 2: 소크라테스의 세 가지 해석」, 『서양고전학연구』 41, pp. 5-47이 있다.

60) 고전기의 작가로 페르시아 전쟁을 다룬 헤로도토스(기원전 484-425년)와 펠로폰네소스 전쟁을 다룬 투퀴디데스(기원전 460-395년)를 대표자로 꼽을 수 있다. 『아나바시스』, 『헬레니카』의 저자 크세노폰(기원전 430-354년)도 중요하다. 이소크라테스의 제자로 알려진 테오폼포스(기원전 380-315년)와 에포로스(기원전 400-330년)도 전쟁을 기록한 역사가로 꼽힌다. 기원전 5세기 중엽에 헤로도토스의 동료로서 활동한 뤼디아 출신의 크산토스는 『뤼디아카(*Ludiaka*)』에서 아마조네스 여인들의 종족과 아르고호의 전사들이 벌인 전설적인 전쟁을 기록했다고 한다. 비슷한 시기에 활동한 람프사코스 출신의 카론은 페르시아 전쟁을 다룬 『헬레니카』(또는 『페르시카』)를 남겼다고 한다. 기원전 5세기 후반에 활동한 레스보스 출신의 헬라니코스(기원전 490-405년?)는 트로이아 전쟁에서 패하고 도주한 아이네아스와 트로이아인의 유민들이 새로운 나라를 건설했다는 전설을 처음 언급한 사람으로 알려져 있다. 기원전 683년부터 404년 펠로폰네소스 전쟁이 끝날 때까지의 아티카 지역의 역사를 기록한 『아티스(*Atthis*)』가 그의 작품이며, 트로이아 전쟁을 다룬 것으로 추정되는 『트로이카』도 그의 작품이다.

61) '반론에 능한 사람들'(antilogikos)의 '반론술'(antilogikē)은 질문과 답변이 빠른 속도로 오가는 가운데에서 위력을 발휘한다. 이 기술의 대표자로 꼽히는 사람은 프로타고라스며, 그는 『반론들(*Antilogiai*)』이라는 작품을 남겼다고 한다.(조지 커퍼드, 김남두 역(2003), 『소피스트 운동』, 아카넷, p. 76) "그런데 여기 이 프로타고라스 님은, 지금 우리가 보았듯이, 질문을 받아서 짧게 대답하기도 잘하고, 질문을 하고 대답을 기다려 받은 것도 잘하시지. 이런 능력을 갖추고 있는 사람은 몇 안 되지."(플라톤, 강성훈 역(2011), 『프로타고라스』, 이제이북스, 329b) 플라톤은 같은 방식으로 '반박술'(antilogikon)을 규정한다. "질문과 답변에 의해 잘게 잘려서 그리고 사사로운 방식으로 이루어지는 것에 대해

서는, 우리가 '반박(술)' 이외의 다른 것으로 부르는 데 익숙한가요?"(플라톤, 이창우 역(2012), 『소피스트』, 이제이북스, 225b) 플라톤은 이와 같은 반박술을 비판한다. 대상의 '참모습에 따라'(kata eidē) 말해진 것들을 잘 구분하며 진리를 향해 나가는 '대화의 기술'(=변증술, dialektikē)과는 달리, '반론술'(antilogikē tekhnē)은 참모습에 따라 구분할 수 있는 능력이 없는 사람들이 순전히 낱말에만(onomata) 의존해서 벌이는 쟁론(eris)의 기술이라는 것이다.(『국가』 453e-454b) 하지만 이소크라테스는 질문과 답변을 주고받는 형식으로 작성된 플라톤의 대화편도 반박술과 관련된 글 속에 포함시키는 것 같다.(Too, Y. L. (2008), *A Commentary on Isocrates' Antidosis*, Oxford University Press, p. 120)

62) 이소크라테스는 다른 사람들이 이런 연설문을 썼다고 했지만, 그 자신도 이런 연설문을 썼다. 그는 학생들을 위한 시범연설문도 썼지만, 전 헬라스인들이 모이는 올림피아 집회에서 『시민대축전에 부쳐(*Panēgurikos*)』라는 연설문을 발표했고, '판아테나이아' 제전에서도 연설문을 발표했다. 이와 같이 공익을 위한, 공공성이 강한 연설은 사사로운 계약에 관련된 연설에 비해서 그 관심의 폭과 지평에서 큰 차이가 난다. 이소크라테스는 이 대조를 강조하고 있다. 여기에서 특별히 주목할 것은 '정치적 연설'이라는 표현이다. 이것은 말 그대로 풀면 '도시와 관련된 연설'이라는 뜻인데, 도시국가에서의 시민생활은 물론 도시국가를 운영해 나가는 '정치적 행위와 관련된 연설', 즉 '정치적 연설'(politikos logos)을 가리킨다. 이것은 당시 사적인 이익을 지키기 위한 법정연설문 작성가들에 비판적인 태도를 취하며 자신의 공적인 관심과 태도를 강조하면서 이소크라테스가 자신의 연설을 특징짓기 위해 고안한 표현으로 특별히 주목되어야 한다.

63) '음악'(mousikē)은 우리가 지금 알고 있는 '음악'(music)보다는 더 넓은 의미로서 시가에 가깝다. 이소크라테스는 '정치적 연설'이 시가에 못지않게 음악적인 요소를 갖추어야 한다고 생각하며 이를 실천하였다. 그의 연설에서 자주 등장하는 대조, 대구법(antithesis), 앞뒤 상응의 문단구성법, 교차법(chiasmus) 등도 음악적인 효과를 주기 위한 방법이다. 아리스토텔레스도 연설에서의 리듬을 강조했다.(『수사학』 1408b30-31)

64) '궁리'는 '엔튀메마'(enthumēma)를 옮긴 것이다. '마음(thumos)속(en)에 품은

것(ma)', 즉 '생각'이라는 뜻이며, 그런 생각을 만들어내기 위해 '마음속에서 곰곰이 따져보고 이리저리 궁리하며 생각을 굴리는 과정으로서의 헤아림', 즉 '추론'을 가리키기도 한다. 아리스토텔레스는 이 단어를 수사학적 추론의 중요한 개념어로 발전시킨다. 개연성이 높은 통념에 전제하여 그럴듯한 논리를 연역적으로 전개하는 것을 가리키는데, 이를 '수사학적 연역추론'(sullogismos rhētorikos)라고 하였다.(『수사학』 1357a7-25, 1358a1-26, 1395b21-1403a14를 보라.) 하지만 이소크라테스에게서 이 단어는 전문용어라기보다는 일상적인 의미를 가진 것이었다. 미주 14)를 보라.

65) '운율이 풍부한 시'(tōn en tois metrois pepoiēmenōn)는 운문으로 지어진 '작품'(poiēma)을 가리킨다. '포이에인'(poiein)은 '만들다, 짓다, 제작하다'라는 일반적인 뜻을 가지고 있지만, 이소크라테스의 시기에 오면 문학과 시가 영역에서의 창작을 가리키는 말로 의미가 굳어져 가고 있었다. 따라서 '짓기'(poiēsis), '짓는 사람(=지은이)'(poiētēs), '짓는 기술(또는 솜씨)'(poiētikē)은 각각 작시(作詩), 시인(詩人), 시학(詩學) 등으로 번역이 가능하다. 그러나 아리스토텔레스 등이 강조한 것처럼, 문학과 시가의 영역에서 짓는다는 것은 단순히 음악적인 언어의 틀을 만드는 것이라기보다는 그 안에 담기는 이야기를 짓는 것이라고 할 수 있다. 하지만 이소크라테스 당시에 산문으로 작성된 소설과 같은 장르는 아직 없었으며, 모든 이야기 창작은 음악성이 있는 언어의 틀 안에 담기는 것이 관행이었으므로, 이야기를 짓는다는 것은 곧 음악적인 언어로 창작을 한다는 것을 뜻하였다. 따라서 이야기 창작은 음악적인 언어로 전달되는 탓에 감각적이고 감성적인 쾌감을 동반한 것이었다. '듣기 좋다'와 '즐겁다'는 말은 일단 청각의 즐거움을 지시하며, 그에 덧붙여 이야기가 불러일으키는 상상의 쾌감(미학적인 즐거움)과, 더 나아가 인간과 세계에 대한 깨달음의 즐거움(인지적인 즐거움)까지도 포함한다. 여기에서 이소크라테스가 운문의 이야기 창작뿐만 아니라 산문으로 작성되는 연설도 시가에 못지않은 쾌감을 주어야 한다고 강조한 점은 주목할 만하다.

66) '이런 연설에 으뜸인 자', 즉 시가를 들을 때와 같은 즐거움을 줄 수 있는 연설가와 "법정에서 말을 잘하는 사람"(tōn tas dikas eu legontōn)의 구분에도 주목해야 한다. 이것은 이소크라테스가 지향하는 연설의 솜씨, 즉 정치 공동

체의 이익을 추구하며 정치적인 상황에서 시의적절한 의견(doxa)을 설득력 있게 제시할 수 있는 능력을 추구하는 '철학'(philosophia)과 '말의 교육'(paideia tōn logōn)을 법정연설문 작성 기술로서의 소피스트술(sophistikē) 혹은 연설문 작성가들의 달변(rhētoreia) 또는 플라톤 용어로서의 '수사학'(rhētorikē)으로부터 구별하려는 의도에서 나온 것이다.

67) 이소크라테스가 말하는 '지혜(sophia)의 사랑(philo-)'으로서의 '철학'(philosophia)은 보편적이며 영원불변하는 존재의 본질(ousia)과 참모습(idea)에 대한 앎(epistēmē)을 추구하는 것이 아니라, 급변하는 정치적 현실 안에서 시의적절한 의견을 제시하는 능력을 추구하며 교육하는 것이다. 의견을 지혜의 요체로 놓는다는 점에서 이소크라테스는 플라톤의 비판을 피할 수가 없다. 반면 이소크라테스는 지식의 무용성을 심각하게 반성하며 모든 대상과 상황에 통하는 보편적이고 절대적인 지식에 대해 회의적이므로 플라톤의 철학에 대해 비판적일 수밖에 없다. 플라톤과 이소크라테스가 철학이라는 개념을 두고 대립하는 것은 바로 이런 이유 때문이다. 플라톤은 이소크라테스가 주장하는 철학을 참된 철학으로 여기지 않았으며, 그를 포함하여 의견을 추구하는 소피스트들과 연설가, 연설문 작성가와 교사들을 모두 묶어 그들에게 '수사학'(rhētorikē)이라는 이름을 만들어주었다. 플라톤이 '수사학'에 대해서나 '의견'에 대해서 비판적인 태도를 취하였지만, 그에 대해 일정한 인식론적인 지위와 철학과의 연결 가능성을 완전히 배제한 것은 아니다. 그 타협점을 긍정적으로 평가한다면, 이소크라테스가 말하는 '철학'은 플라톤의 눈에는 그런대로 '괜찮은 수사학'이거나 또는 '참된 수사학'에 가까운 것이다. 미주 19), 54)를 보라.

68) '교육'으로 번역한 '파이데이아'(paideia)는 원래 '어린아이(pais) 길들이기'라는 정도의 뜻이다. 아무것도 모르는 철부지 아이에게 사회적인 관습과 전통, 가치를 가르쳐 사회의 일원으로 길들이는 교육의 일반적인 행위를 가리킨다. 그리고 교육 과정에서 목표로 삼는 바로서의 '사람됨', 즉 '사람으로서 마땅히 갖추어야 할 교양(culture)'을 가리키기도 한다. 이소크라테스는 특별히 가장 문명화된 사람들이라고 믿는 '그리스인들의 교양'을 가리키는 말로도 사용하곤 한다. 이런 의미에서 로마의 키케로는 그리스의 '파이데이아'

를 받아들이면서 '사람으로서 갖추어야 할 품성'이라는 뜻의 '후마니타스'(Humanitas)로 이해했고, 겔리우스는 이를 '교양'(cultura)이라고 불렀다.(『아티카의 밤』 제13권 17장 1-2절)

69) '소일거리'는 '디아트리베'(diatribē)를 번역한 것이다. 이 단어는 소크라테스가 제자들과 함께 시간을 보내던 것을 가리키는 말로 자주 쓰였다.(플라톤의 『소크라테스 변명』 33e, 37d) 특히 제자들과 대화를 나누며 여유롭게 시간을 보내던 것을 가리킨다.(『뤼시스』 204a, 『향연』 177d, 『파이드로스』 227b, 『국가』 475d, 『테아이테토스』 172c) 그것은 경제적인 활동이 아니며, 따라서 크세노폰과 같은 사람은 '시간 낭비'라는 개념으로 사용하기도 했다.(『오이코노미아』 8.13) [2]에서도 이소크라테스는 이 단어를 자신에 대해 사용한 바 있는데, 여기에서는 이 단어가 '철학'과 '능력'이라는 단어와 함께 쓰여 긍정적인 의미를 갖는다.

70) 이소크라테스는 자신의 연설을 들려줌으로써 그 연설이 어떤 힘을 가지고 있는지를 보여줄 뿐만 아니라, 그 연설을 했던 자신의 '품성'(ēthos)까지 보여줄 수 있다고 한다. 그는 말(=연설. logos)에 관해 [7]에서 다음과 같이 규정한 바 있다. "저는 저의 생각과 제가 살면서 이루어 온 다른 모든 것들의 그림과도 같은 연설(logos)……," 즉 연설은 생각의 반영이며, 생각을 실천하며 이루어 온 삶 전체에 대한 그림과도 같은 것이라는 말이다. 그런데 생각과 행위, 삶은 한 사람의 전반적인 성격과 품성으로부터 나오는 것이다. 따라서 단순한 말재주나 솜씨로 자기를 위장하는 것이 아니라, 자신의 내면과 보이지 않는 삶의 궤적 전체를 드러내 보여주는 것이 바로 말이어야 한다는 것이다. 나중에 아리스토텔레스는 연설(말)을 통한 설득의 세 가지 요소를 이성(logos), 품성(ēthos), 감성(pathos)이라고 꼽으면서, 이 가운데 품성이 가장 강력한 입증(pistis)의 효과를 갖는다고 평가했다. 또한 그는 "연설이 말하는 사람을 믿을 만한 사람으로 만들어주는 방식으로 이루어질 때, 성격(품성)을 통해 설득이 이루어진다"고 말했으며, 이런 일은 연설가가 스스로 자신이 어떤 사람이라는 것을 직접 미리 말하는 방식이 아니라, 연설 자체의 내용을 통해 이루어져야 한다고 정리한다.(『수사학』 1356a4-14) 언어적 표현 자체가 그 사람의 품성과 성격을 반영한다는 주장은 『수사학』 1408a25 이후 내

용을 보라.

71) '여러분에게 예전부터 이미 널리 퍼져 있는'이라는 표현을 사용하여 이소크라테스는 자신의 연설과 교육이 일부 엘리트를 위한 귀족정 또는 과두정의 특징을 가진 것이라는 편견을 깨뜨리려고 한다. 이 편견은 돈이 많은 특권층을 대상으로 비싼 수업료를 받고 연설의 비법을 전수하여 막대한 부를 쌓았다는 세간의 소문과 연결된 것이었다. 실제로 그는 대중연설의 마당에서 많은 시민들이 모인 가운데 자신의 연설문을 여러 차례 발표하였다. 그러나 그가 특정한 권력자에게 연설문을 보내기도 하고 제한된 청중을 대상으로 시범연설을 했던 것도 또한 사실이다. 문제는 그 제한된 청중에게 제시했던 연설문을 내부용(esoterika) 문건으로 관리하였는지, 아니면 일반 대중을 위해서도 일종의 '출판'의 형태로 널리 유통시켰는지 하는 것이다. 널리 유통시켰다면 엘리트 교육이 아니라 일반시민 교육을 위한 노력으로 봐야 한다.

72) 이소크라테스에게 가해진 고소의 죄목, 즉 도시 공동체를 해롭게 하고 젊은이들을 망친다는 비난은 그리스 고전기의 주요 지식인들, 특히 아테네에 들어와 연설 솜씨를 과시하면서 수사학을 가르치던 소피스트들에게 가해졌던 비난들이다. 뿐만 아니라 소크라테스와 같이 소피스트에게 대립각을 세웠던 철학자들에게도 마찬가지의 비난이 쏟아졌고, 그 때문에 사형을 당하기도 했다. 가장 대표적인 사람이 소크라테스다. 나중에 아리스토텔레스도 사형에 처할 위기에서 아테네를 떠난다. 그러나 이소크라테스는 이와 같은 비난이 자신에게 가해지는 것은 전혀 잘못된 것이라고 전면 부인하며 자신을 변론하려고 한다. 마찬가지로 소크라테스는 물론 소피스트에게 가해진 이와 같은 비난과 정죄가 정당한 것인지는 면밀하게 재고되어야 하며, 소피스트에 대한 다양한 측면의 재평가에도 귀를 기울여야 한다. Gagarin, M.(2001), "Did the Sophists Aim to Persuade?," *Rhetorica*, Vol. 19, No. 3, pp. 275-291; Pernot, L.(2002), "Les sophistique réhabilitées," L. Pernot (éd.) *Actualité de la rhétorique*, Paris, pp. 27-48 등을 보라.

73) '다른 분들'이란 이소크라테스의 연설을 아직 들어보지 못한 사람들을 가리킨다. 그는 자신의 연설문이 이미 널리 퍼져 있다고 가정했으며, 그 연설

문을 익히 들었던 청중은 충분히 자신의 편이 되어줄 것이라는 자신감에서 같은 편이 되어줄 것을 요청했지만, 자신의 연설문에 대해 잘 모르는 사람들을 자신의 편으로 끌어들이기 위해 연설문의 일부를 발췌해서 보여주려고 한다. 그는 자신의 연설문을 들으면 그들이 자신을 이해하고 자신의 편이 되어 주리라고 기대하고 있다.

74) 가장 길게 잡아 기원전 499년에서 449년까지 일어난 그리스와 페르시아 전쟁을 승리로 이끈 아테네와 스파르타는 그리스 세계의 주도권을 놓고 격돌한다. 이 펠로폰네소스 전쟁(기원전 431-404년)에서 스파르타가 승리를 거두고 아테네는 힘을 잃었다. 그 이후 아테네는 주도권 회복을 위해 여러 모로 노력하지만, 스파르타에게 계속 밀리면서 이전의 영광을 회복하지 못하고 마침내 북쪽에서 세력을 키운 마케도니아(필립포스 왕과 알렉산드로스 대왕)의 지배 아래 들어간다. 이소크라테스는 페르시아 전쟁 이후에 벌어진 그리스 세계 내의 갈등을 위기로 파악하고 '한마음 한뜻'(homonoia)이 되어 페르시아를 향한 군사적인 원정에 착수해야 한다는 '범그리스주의'를 주장한 것이다. 이때 그 주도권은 이전처럼 아테네가 잡아야 하며, 그게 아니라면 스파르타와 아테네의 쌍두체제가 적절하다고 제안하였다. 범그리스주의에 관해서는 김헌(2015), 「이소크라테스의 범그리스주의」, 『인문논총』(서울대학교), 제72권 제3호, pp. 45-77을, 이 연설문에 관한 수사학적 분석은 김헌(2015), 「『시민대축전에 부쳐』에 나타난 이소크라테스의 수사적 전략」, 『수사학』 제24집, pp.49-89를 보라.

75) 이 연설문은 기원전 380년에 발표된 것으로 추정되는 『시민대축전에 부쳐』(*Panēgurikos*)인데, 작성에만 적게는 약 5년에서 10년(포티오스의 추정, *Codices* 260.487a13-14), 길게는 약 10년에서 15년(위 플루타르코스, 『아테네 10대 연설가의 생애』 837f)이 걸린 것으로 보인다. 여기에서 이소크라테스는 이른바 '범그리스주의'(panhellenism)를 최초로 발표하는데, 이 이념을 죽을 때까지 견지한다. 필로스트라토스에 따르면, 이 연설문은 모든 도시국가의 헬라스인들이 모이는 올림피아 제전에서 발표된 것이다. 그러나 투(Too)를 비롯한 여러 학자들은 이 연설문이 공개석상에서 발표된 것으로 보기 힘들다는 입장을 취하기도 한다. Too, Y. L.(2008), *A Commentary on Isocrates' Antidosis*, p.

127.

76) 이 부분에서 이소크라테스는 왜 아테네가 스파르타보다 그리스 전체의 주도권을 잡을 자격이 있는지를 입증하려고 한다. 먼저 그는 조상 대대로 아테네인들이 그리스인들에게 좋은 일들을 많이 베풀었으며([54]), 특히 이방인들(스퀴티아인들, 트라케인들, 아마조네스 종족들, 페르시아인들)과의 전투에서 승리를 주도했다는 사실을 부각시킨다([66]-[71]). 그는 역사적 사실과 신화적 전설을 모두 인용한다. 예컨대 아테네인들이 그리스의 최고 영웅인 헤라클레스를 도왔다는 전설을 근거로 제시한다([58]-[61]). 이런 내용을 근거로 아테네의 군인들은 최고의 칭송을 받아 마땅하며([75]) 아테네가 아르고스나 테베, 스파르타보다 더 우위에 있다([64], [85] 이후)고 주장하면서, 아테네의 주도권을 잡아야 마땅함을 결론으로 강조한다. 이 연설문의 전문 번역은 김헌 역(2015), 「이소크라테스의 『시민대축전에 부쳐』」, 『그리스의 위대한 연설』, 민음사, pp. 131-192를 보라.

77) '감사'는 '카리스'(kharis)를 옮긴 것이다. '호의'(favour)로도 이해될 수 있는데, 특히 법정에서 판정관들이 피고나 피해자에게 보이는 마음을 나타날 때 쓰인다. 교육적인 맥락에서 보면, 교사가 학생들에게 보여주는 '호의'와 '성의', '열의'를 뜻하며, 또한 그에 대해서 학생들이 표시하는 '감사'와 '고마움'을 뜻하기도 한다. 이소크라테스는 자신이 시민들에게 호의를 품고 정치적인 맥락에서 유익한 교화적 메시지를 던졌으니 그에 합당한 '감사'의 '카리스'가 있어야 한다고 강조하는 것이다. 이와 같은 호의와 감사라는 주고받음의 상호적인 관계의 개념을 사용함으로써 이소크라테스는 자신이 돈을 받고 말솜씨를 상품처럼 파는 소피스트와 다르다는 것을 부각시키고 있다. 이는 [40]에서 니코클레스가 이소크라테스의 가르침에 대한 고마움을 선물로 표현한 것과도 비교될 수 있다.

78) 이소크라테스가 칭송한 것은 '그 시간에 발생했던 위험들' 자체가 아니라, 그것들을 아테네와 이 도시의 선조들이 견뎌내고 극복했던 태도와 용기라고 이해해야 한다. 이것은 구체적으로 『시민대축전에 부쳐』를 가리킨다. 투퀴디데스의 기록에서 볼 수 있듯이, 페리클레스도 이와 같은 내용으로 아테네를 찬양하고 아테네가 맞이한 위기를 선조들이 목숨을 바쳐 극복한 사실

을 동시대의 아테네 시민들에게 상기시켰다. 이것은 모두 현재와 미래를 위한 교훈이다. 페리클레스의 장례식 연설은 투퀴디데스의 『펠로폰네소스 전쟁사』 II.35-46을 참조하라.

79) '기분을 좋게 하는 식으로'는 '카리엔토스'(khariento̅s)를 옮긴 것이다. 이것은 호의를 가지고 상대방을 기분 좋게 하는 방식을 가리킨다. 그것은 호의로 나타날 수도 있고, 그에 대한 감사로 나타나기도 한다.(미주 77)을 보라.) 그러나 이 문맥에서는 다소 경멸적인 어조를 띤다. 이소크라테스가 보기에, 자신이 선조들의 업적을 칭송하는 글을 내놓은 것에 대해서 그만한 연설을 하지도 못하는 사람들이 괜히 트집을 잡으면서 비아냥거리듯이 '듣는 사람 기분 좋으라고 한 말'이라고 비판할 것이다. 그들은 예컨대 장례연설과 같이 과거의 훌륭한 미덕과 업적을 칭송하는 것이 한 사회의 가치관을 정립하고 현재와 미래를 위해 얼마나 유익한 본보기가 될 수 있는지를 모르기 때문이다.

80) 여기에서 인용되는 연설문은 기원전 355년에 발표된 『평화에 관해서』이다. 이 연설문의 화자는 기원전 355년부터 342년까지 아테네 정치에서 중요한 영향력을 발휘했던 재정담당관 에우불로스의 평화주의 정파에 속하는 가상적인 연설가이다. 에우불로스는 당시 아테네의 자주권을 강조하며 전쟁도 불사하겠다는 강경한 입장을 취하던 데모스테네스에게 반대하던 사람이다. 이 연설문에서 연설가는 아테네가 예전의 동맹국들과의 전쟁을 멈추어야 한다고 촉구한다. 그의 정치적인 노선은 과두정을 기반으로 하는 귀족정 형태였는데, 당시 이소크라테스는 민주정을 지지하면서도 상황과 사안에 따라서는 귀족정과 같은 정치적 노선에 서곤 했다. 최선자 정치를 이상적인 것으로 보면서 민주정의 약점을 보완할 수 있다고 생각한 것이다. 그러나 그가 주장하는 평화는 반전주의적인 것은 아니었다. 그리스 내부의 평화와 연합은 에게해 건너 페르시아 제국을 공격하기 위한 범그리스주의의 실현을 위한 전제조건일 뿐이었다. 외부의 제국이 가하는 위험을 제거하지 않는 한 진정한 평화는 없다는 입장이다.

81) '유익함'(sumpherei)은, 아리스토텔레스의 『수사학』에 따르면(1358a36-b29), 평의회나 민회에서 도시의 미래를 위한 정책을 수립하거나 입법을 할 때,

또는 구체적인 사안에 대한 조치와 정치적 결정을 내릴 때 연설가가 지향하는 목표(telos)다. 미래를 위해 심의하는 의회에서는 어떤 것이 과연 도시에 유익(sumpheron)한가, 손해(blaberon)를 피할 수 있는 방법은 무엇인가를 놓고 논쟁을 벌이기 때문이다. 이때 연설가는 이익이 되는 의견은 권유(protropē)하고 손해를 끼칠 의견은 만류(apotropē)해야 한다. 이것은 심의성 연설, 또는 의회 연설의 장르(genos sumbouleutikon)에서 설명될 수 있다. 그런데 이소크라테스는 여기에다 예식연설, 시범연설, 또는 부각(과시)연설의 장르(genos epideiktikon)에 속하는 '부각하다, 과시하다'(epideixas)라는 동사를 사용하였다. 물론 이 단어의 뜻을 장르의 명칭과 관계없이 '드러내 보이다'라고 이해할 수도 있겠지만, 동시에 부각성 연설(epideiktikos logos)의 틀에 심의성 연설(sumbouleutikos logos)의 내용을 넣었음을 의도적으로 표현한 것이라고 볼 수도 있다. 이 연설에서 이소크라테스가 이익을 추구하는 것은 여느 소피스트가 추구하는 사적 이익이 아니라 도시 공동체와 그 구성원들의 전반적인 이익, 즉 공적인 이익이다.

82) 그리스에서 성직은 제의를 관리하는 일이 핵심이며, 이것 말고는 다른 특별한 능력을 요구하지 않았다. 따라서 종종 성직은 세습되거나 제비뽑기로 결정되곤 했다. 그렇지만 왕의 경우는 이와는 달라야한다는 것이 이소크라테스의 생각이다. 많은 교육을 통해 현명함을 갖추어야 하고, 안일한 태도에서 벗어나 성실하고 진지한 태도로 일을 해야 하며, 절제와 금욕적인 생활을 통해 자신을 다스릴 줄 알아야 한다는 것이다. 『니코클레스에게』(연설문)에서 이소크라테스는 "왕노릇은 인간들의 행위 가운데 가장 중요하고, 선견지명(pronoia)을 가장 많이 요구하는 것이며, 성직처럼 아무나 할 수 있는 일이 아니다"라고 밝힌 바 있다.([6])

83) 더 나은 자에 의한 정치, 나아가 '가장 훌륭한 사람(最善者)에 의한 정치'(aristokratia)에 대한 전통적인 표현이다. 이소크라테스는 민주정을 지지하지만, 대중이 가장 훌륭한 사람의 의견에 따라 인도되길 희망한다는 점에서는 과두정이나 귀족정의 일부를 수용한다고 볼 수 있으며, 나아가 전제정치 자체에 대해서도 완전히 반감을 가지지는 않았다. 실제로 그는 왕과 같은 전제적 권력을 가진 사람들을 학생으로 받은 적이 있고, 말년에는 그리스 전

역에서 명망이 있는 전제적인 지도자들에게 그리스의 미래를 부탁하기도 한다.

84) 이 부분에서 이소크라테스는 니코클레스에게 왕이 가져야 할 조건을 열거한다. 먼저 그는 한 나라에서 가장 훌륭한 자가 지도자가 되어야 하고, 지배를 받는 사람들을 잘 다루어야 하며, 나라를 위해 최선을 다해야 한다고 전제한 후에, 이를 위해서는 다른 나라의 법에서 좋은 것들을 취사선택하여 자신의 통치 규칙으로 삼아야 한다고 역설한다. 그 밖에도 왕이 신들에 대해서, 그리고 친구들과 외국인들과 다른 나라에 대해서 어떤 관계를 가져야 하며 어떤 의무를 다해야 하는지를 조언한다. 왕으로서의 품격을 지키면서 자기 자신을 다스려야 한다는 말을 끝에 덧붙인다.

85) 이 문장은 이소크라테스 수사학의 핵심을 이루는 두 개념을 담고 있다. '지금 이 시의적절한 시점에'(tōi paronti kairōi)라는 표현에서 '시의적절'(kairos)의 개념이 있고, 여기에 '적절함'(prepon)이 덧붙는다. 이소크라테스는 연설가의 말이 특정한 정치적 상황 속에서 적절한 의견을 제시할 수 있는 지적인 능력을 진정한 '지혜'(sophia)로 보았고, 이를 '현명함'(pronēsis)이라고 했으며, 그 의견을 말로 표현하는 능력을 가진 사람을 '수사적 인간'(rhētorikos)이라고 했다. 그가 곧 '현명한 자'(pronimos)이며 '지혜를 사랑하는 사람'(philosophos)이라는 것이다. 이때 중요한 것은 모든 경우에 어떤 것이 절대적이고 보편적으로 적절한 것이라고 아는 지식(epistēmē)이 아니라, 지금 이 시점에 적절한 것으로 보인다는 판단과 의견(doxa)이며, 그것을 말로 표현하여 다른 사람들과 소통할 수 있는 능력이다.

86) 여기에서 '더 정치적이며'(politikōteros)란 도시국가 폴리스에 속해 있는 구성원의 다수를 이롭게 한다는 긍정적인 의미로서 '정치적인' 가치가 더 크다는 뜻이며, 어원에 충실하게 새기면 공동체인 '폴리스(polis)에 더 유익하다'는 뜻이다. 정치적인 연설(logos politikos)로 가장 대표적인 것은 『시민대축전에 부쳐』이다. 이 연설에서 이소크라테스는 그리스 전체를 한마음 한뜻으로 묶고 페르시아에 대한 원정을 실천하자는 '범그리스주의'를 본격적으로 피력하는데, 그 주도권은 아테네에게 있거나, 아테네가 스파르타와 함께 가져야 한다는 주장을 편다. 이와 같은 정치적 연설은 '범그리스적'이면서

도 동시에 매우 '아테네 중심적인' 연설이다.

87) 성문법 형태의 수가 많아진 것에 대해서 이소크라테스는 비판적인 입장이다. "법이 가장 정확하게 규정된 곳에서 가장 훌륭한 사람들이 나온다고 생각하는 사람들은 무지하다." "덕은 성문화된 법들에 의해서가 아니라 일상적인 행적들로부터 발전하는 것이다." "법이 아주 상세하고 많다는 것은 그 도시국가가 잘못 다스려지고 있다는 것의 증거이다." "실수(또는 범죄, hamartēmatōn)를 막으려는 사람들은 법을 많이 만들어야 한다는 압박을 받는다." 이와 같은 언급을 『아레오파고스 연설』 39-40에서 찾을 수 있다.

88) 법이 오래되었음에도 불구하고 바뀌지 않았다는 것은 사람들에게 그만큼 익숙하며 불편을 끼치지 않았는다는 것을 의미한다. 만약 법이 사람들에게 불편하고 공동체에 해악이 된다면 진작에 바뀌었을 것이다. 이런 상식에 근거하여 이소크라테스는 법이 오래될수록 좋은 것이라 평가한 것이다. 플라톤도 이와 비슷한 생각을 표현한 적이 있다. "사람들이 그 안에서 자라게 된 법률이 천행으로 오랜 기간 동안 바뀌지 않고 있다면, 그래서 법규들이 지금의 것들과 다른 적이 있었다고 기억하는 사람이 아무도 없고 또한 그것에 대해서 들은 바도 없다면, 영혼은 온통 그것들을 우러를 것이며 현재의 그것들 가운데 어느 것을 바꾸는 것을 두려워할 것이기 때문입니다. 입법자는 어떤 방식으로 이런 상태가 나라를 위해 형성되겠는지 바로 그 방책을 어떻게 해서든 생각해 내야 합니다."(『법률』 798b. 번역은 박종현(2009)의 것을 살짝 고침)

89) 이소크라테스는 소피스트들이 공동체 전체의 행복이 아니라 단지 개인의 행복만을 약속한다고 지적한 바 있다. "그들은 젊은이들에게 자신의 곁에 머물며 제자가 된다면 무엇을 해야 하는지 알게 될 것이며, 그와 같은 지식을 통해 행복하게 될 것이라고 설득하려 합니다."(『소피스트 반박』 3) 그의 교육은 폴리스 안에서의 개인의 행복이 아니라 모든 개인이 행복해질 수 있는 공동체를 지향한다는 것이다. 그는 자신에게서 배운 티모테오스의 행적을 소개하며 자신의 교육이 갖는 차별성과 가치를 강조한다.(115-128쪽을 보라.)

90) 이소크라테스는 소피스트들과는 달리 학생들이 일정한 기간의 교육과정

을 거치야 하는 상설 학교를 운영하며 교육을 하였다. 반면 프로디코스와 같은 소피스트는 강연을 해서 돈을 받곤 했는데, 그것은 대체로 일회성이었다. 플라톤의 『크라튈로스』에서 소크라테스는 "내가 프로디코스에게서 전에 들었던 강연이 50드라크마짜리였더라면 …… 당장에라도 자네가 이름들의 올바름에 관한 진실(명사들이 올바른 이름을 가졌는가에 관한 진실)을 아는 데 아무런 장애가 없을 텐데. 그러나 사실 나는 그 강연은 듣지 못했고 대신 1드라크마짜리 강연을 들었네. 그래서 이 문제에 관한 진실이 어떤지를 알지 못한다네"라고 말하였다.(384b. 김인곤 · 이기백 역(2007), 『크라튈로스』, 이제이북스; 프로디코스의 50드라크마짜리 강연에 대해서는 아리스토텔레스의 『수사학』 1415b15를 보라.) 참고로 1드라크마는 대체로 일용 노동자의 하루 품삯 정도에 해당하는데, 이소크라테스의 학교에서 정해진 교육과정을 수료하려면 약 천 드라크마 정도가 들었다고 한다. 플루타르코스의 기록에 따르면, 데모스테네스는 이소크라테스의 제자가 되고 싶었지만 그럴 수 없었고, 그 대신 그의 제자였던 이사이오스에게 배웠다고 한다. "여러 사람들은 그 이유에 대해, 그가 고아였던 까닭에 정해진 수업료 10므나(=100드라크마)를 이소크라테스에게 지불할 수 없는 상태였기 때문이라고 말합니다."(「데모스테네스의 생애」 5.6) 위 플루타르코스의 기록에 따르면, 데모스테네스가 200드라크마만 가지고 와서 이소크라테스에게 전체 교육과정 가운데 다섯 번째만 듣고 싶다고 부탁하니, 이소크라테스는 "데모스테네스, 우리는 교육내용(prag- mateian)을 자르지 못하네. 그것은 마치 아름다운 물고기를 통째로 파는 것과 같다네. 그와 같이 나도 역시 만약 자네가 배우고 싶다면 자네에게 이 기술을 통째로만 제공할 것이네"라고 대답했다고 한다.(「10대 연설가의 생애」 가운데 '이소크라테스' 편 837d) 한편 플루타르코스의 기록에 따르면, 로마의 정치가 카토는 "이소크라테스의 학생들은 너무 오랜 기간 교육을 받아서 하데스에 가서나 실력발휘를 할 수 있을 정도다"라고 말했다고 한다.(「카토의 생애」 23.1-3)

91) '악행'(kakourgēma)은 유괴와 도적질과 같이 재산권 침해와 상해를 가리킨다. 이들은 감옥 관리와 형 집행을 담당하는 '11인 관리'(hoi hendeka)에 의해 처벌될 수 있었다. 이와 같은 죄를 짓다가 현행범으로 잡히면 '사전심문'

(anakrisis) 없이도 재판에 회부되었으며, 재판 중에 자신의 무죄를 주장하면서 그에 상응할 만한 입증 근거를 대지 못할 경우에는 사형에 처해질 수도 있었다고 한다.(Too, Y. L.(2008), p. 139) 이에 관해서는 Todd, S.(1993), *The Shape of Athenian Law*, Oxford, p. 117을 보라.

92) 자신의 무죄를 입증하기 위해 시민들 사이에서 신망이 높은 인사를 증인으로 세우는 것은 아테네 법정에서는 전형적인 일이었다. 소크라테스 역시 법정에 섰을 때 자신을 도와줄 증인을 내세웠다. 『소크라테스의 변명』 33d-34a를 보라. 이소크라테스가 자신을 위한 증인으로 언급한 여덟 명의 면면은 다음과 같다. (1) 연설가 뤼시아스에 따르면 에우노모스는 시라쿠사의 참주 디오뉘시오스의 궁전에 초청된 인사며 친구로 지냈다고 한다. 『아리스토파네스 재산에 관한 연설』 19를 보라. (2) 뤼시테이데스는 대부업자였던 파이손의 아들이었고 이소크라테스의 친구로 알려져 있다. 데모스테네스는 그를 '아름답고 좋은 사람'(kalos kagathos)라고 소개한 바 있다. 기원전 355년에는 삼단노 건조비용의 공역을 맡을 만큼 재산이 많았다. 광산을 소유한 부동산 부자로서도 자주 언급되곤 한다. (3) 칼립포스는 아익소네 출신 필로의 아들로 기원전 390년경에 태어났으며, 플라톤에게도 배운 적이 있다고 한다. 그는 단독으로 삼단노 건조비를 담당할 만큼 부자였지만, 아폴로도로스는 그를 밀고행위로 고발한 적이 있다. 뤼시테이데스의 친구였으며 도시국가 행정에 적극 참여하여 공직을 맡기도 했다. (4) 오네토르는 필로니데스의 아들이며 30탈란톤이 넘는 재산을 가진 부잣집 자제였다고 한다. (5) 안티클레스는 멜리테 출신의 멤논의 아들로 세 자녀를 두었다고 한다. (6) 필로니데스는 오네토르의 형제로 알려져 있다. (7) 필로멜로스는 아버지와 이름이 같았는데, 그의 아버지는 소피스트들과 어울려 다녔으며, 이소크라테스는 그가 대부업자와의 친분이 있음을 보여준 바 있다. 『대부업 관련 소송 연설(*Trapezitikos*)』 9, 45를 보라. 데모스테네스는 그가 메이디아스의 조력자였다고 소개한 바 있고, 뤼시아스는 그가 재산도 많지만 그것을 공적인 일을 위해 기꺼이 내놓다는 이유로 재산 이상의 많은 장점을 가진 사람이라는 생각을 밝힌 바 있다. 『아리스토파네스 재산에 관한 연설』 15를 보라. (8) 카르만티데스는 기원전 366년 이전에 타르겔리아 제전의 디

튀람보스 경연대회에서 우승을 차지했다는 기록이 있으며, 그의 할아버지인 카르만티데스는 플라톤의 『국가』 328b에서 언급되는데, 소크라테스가 케팔로스의 아들 폴레마르코스(뤼시아스의 형)의 초청으로 '정의로운 국가'에 관해 대화를 나눌 때 배석했던 인물이다.

93) 기원전 4세기에 아테네는 공적인 임무를 충실히 수행한 사람들에게 보답하며 그 뜻을 기리고 장려하는 의미로 명예의 금관을 씌워주었다. 아테네의 대표적인 정치연설가 데모스테네스도 이 금관을 받았다. 그의 친구인 크테시폰이 기원전 336년에 이를 제안했었다. 이에 관해 이의를 제기한 아이스키네스와 데모스테네스의 공개적인 설전은 그리스 정치사와 수사학사에서 유명하다.

94) 프뤼타네이온은 '영빈관'(플라톤, 박종현 역(2003), 『에우티프론, 소크라테스의 변론, 크리톤, 파이돈』, 서광사)이나 '시 중앙청사'(플라톤, 강철웅 역(2014), 『소크라테스의 변명』, 이제이북스) 또는 '시청사'(투퀴디데스, 천병희 역(2011), 『펠로폰네소스 전쟁사』)로 번역되기도 한다. 플라톤의 『소크라테스 변명』에서 소크라테스는 법정에서 사형이 구형된 것에 반박하며 그는 오히려 그와 같은 처벌이 아니라 상을 받아야 한다고 주장했다. '공명관대한 사람'(epieikesteron)으로서 '가장 훌륭하고 현명한 사람이 되기 위해 자신을 돌보는 일'과 '국가 자체를 돌보는 일'을 앞세우며 아테네 시민들을 설득하려고 노력했기 때문이라는 것이다. 그리고 자신에게 합당한 상은 프뤼타네이온에서 식사대접을 받는 것이어야 한다고 주장했다.(36b-37a) 이것은 전쟁에서 승리한 장군이나 올륌피아 경기에서 승리하여 도시의 명예를 드높인 이들, 또는 전몰용사의 자녀들이나 국가 유공자들, 외국 사절에게 제공되는 영예로운 것이었다. 아리스토파네스의 『개구리』에도 이런 말이 나온다. "이곳의 법에 따르면, 모든 위대하고 정당한 기술에서 동료 기술자들 가운데 가장 뛰어난 자는 프뤼타네이온에서 무료식사를 제공받는다."(761-3) 그곳에는 도시의 안정과 평화, 번영을 상징하는 공공화덕(koinē hestia)이 있으며 꺼지지 않도록 잘 보관된 불이 타오르고 있고 공공 식당도 있었기에 식사대접이 가능했다. 아테네에서는 테세우스가 도시를 재정비하는 과정에서 "하나의 시청사를 마련했다"고 한다.(투퀴디데스, I.15.2) 처음에는 '프뤼타니스'라 불리는 지도자가 시정을

살피는 곳이었다. 기원전 508년 클레이스테네스가 평의회를 재조직하면서 각 부족으로부터 평의회 의원 5명씩 모두 50명을 뽑으면서 그들에게 '프뤼타니스'라는 이름을 주었고, 프뤼타네이온은 그들이 시정을 논의하는 곳으로 사용되었다. 그러나 점차 그 기능이 톨로스로 이전되자 프뤼타네이온은 대내외 의전용 건물로서의 기능을 갖게 되었다. 이곳에서 평생 식사대접을 받는 경우는 최고의 명예로 간주되었으며(키케로, 『연설가에 관하여』, I.54.232), 한 번의 식사대접(deiponon, xenia)도 제공되곤 했다. 더 자세한 사항은 Miller, S. G.(1978), *The Prytaneion. Its Function and Architectural Form*, Berkeley: University of California Press를 보라. 이소크라테스는 자신이 교환소송과 관련해서 곤욕을 치르는 것은 부당하며, 오히려 프뤼타네이온에서 식사대접을 받는 사람들보다 더 많은 감사를 받아야 한다고 주장하고 있다. "나는 프뤼타네이온에서 식사대접을 받을 자격이 있는 사람이다"라는 주장은, 소크라테스의 경우에서 보듯이 피고로 법정에 선 사람들이 흔히 사용하던 일종의 토포스였으며, 이소크라테스는 『소크라테스의 변론』 내용을 염두에 두면서 그것보다도 더 많은 감사와 대접을 받아야 마땅하다고 주장한 것이다.

95) '평가'는 '도키마시아'(dokimasia)를 옮긴 말이다. 여기에서는 '사정(査定)하다, 평가하다'라는 일반적인 의미로 사용되었지만, 이 단어는 아테네의 제도화된 특정 사정, 평가를 가리키는 것이었으며, 다음 네 가지가 있었다. (1) 18세가 된 소년에 대한 도키마시아: 시민으로서 자격이 되는지를 평가하였다. (2) 신임 공무집행자들에 대한 도키마시아: 제비뽑기나 선거를 통해 뽑힌 인물이 공무를 집행하는 데에 적절한 자질을 갖추었는지, 복수의 공무집행에 참가하고 있는지, 범죄 등의 이유로 시민권을 상실한 경우(atimia)는 아닌지 등을 평가하였다. (3) 기병대에 편입된 군인들에 대해 평가하였다. (4) 연설가로서 법정에서나 민회에서 발언할 권리가 있는지를 평가하였다. 이소크라테스는 이와 같은 공식적인 행정용어를 사용하여 자신이 교사로서 제대로 평가되었는가를 강하게 물었던 것이다.

96) '공식 제안'으로 번역한 '프로클레시스'(proklēsis)는 법정에서 공방 중인 당사자들 중에 한 사람이 반대쪽 사람에게 보내는 일종의 공식적인 도전장 또는 내기와 같은 것으로, 주요 쟁점을 안건으로 상정하려는 목적을 가지고

있다. 예컨대 무죄를 증명하기 위해 "내 노예를 고문해 봐라" 하는 식의 제안이 가능하다. 이소크라테스는 자신의 결백을 주장하기 위해 "내 제자들을 다 조사해 봐라. 만에 하나 못된 자가 있다면 내가 벌을 받으마"라는 식으로 공개 제안을 한 것이다.

97) 아테네 법정에서는 피고와 변호인이 일정한 시간을 부여 받아 말을 할 수 있었고, 그 시간은 물시계로 측정했다. 연설 도중 상대에게 '자리를 내주겠다'는 것은 자기에게 주어진 시간을 상대에게 양보할 테니 할 말 있으면 해 보라는 뜻이다. 소크라테스도 변론 중에 고발인인 멜레토스에게 "내가 자리를 내주겠다"라는 말을 했는데(34a), 이소크라테스가 이를 모방한 것으로 보인다.

98) 티모테오스는 코논의 아들이며 이소크라테스의 제자로, 기원전 378년에 군대의 요직에 임명되었고, 그때부터 22년 동안 장군으로 아테네의 원정활동에 참가하여 활약했으며, 기원전 357년에는 이피크라테스, 메네스테우스, 카레스와 함께 아테네 해군을 지휘하였다. 이 과정에서 범한 실책으로 아테네에서 재판을 받았고(디오도로스에 따르면 기원전 356년의 일) 100탈란톤에 해당하는 막대한 벌금형을 받았다고 한다. 이 벌금을 낼 수 없자 에우보이아의 칼키스로 물러났고, 얼마 후 그곳에서 죽었다.

99) 일찍이 솔론은 죽은 사람의 실책이나 과실에 관하여 말하는 것을 금하는 법을 제정한 바 있다.(플루타르코스의 『솔론의 생애』 21) 휘페레이데스는 산 사람에 대한 비방은 500드라크마의 벌금형에 처해질 수 있는 반면(이소크라테스도 『로키테스 고발연설』에서 모욕적인 언사들 가운데 일부가 금지되어 있고 그것을 법정에서 사용할 경우에는 위법으로 간주되어 500드라크마의 벌금이 있다고 말한다.[3]), 죽은 사람에 대한 비방은 그 두 배인 1,000드라크마였다는 정보를 전해준다.(단편 100) 하지만 이 조항은 잘 지켜지지 않았고, 많은 연설가들은 자신을 변호하거나 남을 공격하기 위해 죽은 사람을 비방하는 일을 서슴지 않았다.(이소크라테스의 연설문 『멍에 매기에 관하여』 22-23)

100) 티모테오스와 이소크라테스 사이의 친분을 잘 보여주는 대표적인 사례는 티모테오스가 엘레우시스에 이소크라테스의 조각상을 세웠던 것이다. (플루타르코스가 썼다고 전해지는 『아테네 10대 연설가의 생애』 가운데 「이소크라테

스」 27) 또한 티모테오스는 정치적인 입지를 굳힐 수 있는 편지('아테네인들에게 보내는 티모테오스의 편지')를 써달라는 요청을 이소크라테스에게 했고 그 대가로 1탈란톤을 지불했다고 한다.(위의 글 9)

101) 스파르타의 위협으로부터 코르퀴라를 구하고 아테네의 통제 아래 두기 위한 군사적 원정에 아테네는 티모테오스를 지휘관으로 뽑았다. 크세노폰의 기록에 따르면, 아테네는 그에게 50척이 아니라 60척의 배를 제공했다고 한다.(『헬레니카』 5.4.63-65) 코르퀴라는 민주주의적 성향의 정부 형태를 가지고 있었으며, 티모테오스는 이를 존중하고 변화를 주지 않았다. 이 원정은 기원전 375년에 있었다. 그 이듬해인 기원전 374년 7월에 아테네와 스파르타 사이에 평화조약이 체결되었다. 아리스토텔레스는 티모테오스가 능수능란하게 재원을 운영한다는 이야기를 전해준다. 그는 휘하의 병사들이 급료 지급이 늦어지는 것 때문에 들썩거리기 시작하자, 그들에게 무료 배급을 함으로써 병사들을 진정시켰다는 것이다. 언젠가는 돈이 지불될 것이라고 믿게끔 설득에 성공한 것이다.(『경제(*Oikonomikos*)』 II.2.23a-d)

102) 이소크라테스는 티모테오스가 코르퀴라를 정복하며 거둔 성과가 직접적으로 스파르타에 타격을 가하였고 스파르타의 힘이 결정적으로 약화되었으며 이로써 아테네와 스파르타 간에 평화협정이 체결된 것으로 서술하고 있지만, 다소 과장된 것으로 보인다. 티모테오스의 성과가 협정 체결의 한 요인으로 평가될 수는 있지만, 결정적인 요인이었다고 말하기는 힘들다.(Too, Y. L.(2008), p. 150) 스파르타가 결정적인 타격을 입은 것은 레욱트라 전투(기원전 371년)에서 테베에 패배한 후라고 할 수 있다. 이때 가장 큰 활약을 보인 사람은 테베의 에파미논다스였고, 스파르타는 클레옴브로토스가 이끌고 있었다. 그때 체결된 '칼리아스 평화조약'으로 인해 아테네는 스파르타를 육지에 묶어두면서 사실상 바다의 지배권을 장악할 수 있었다.

103) 티모테오스가 트라케와 마케도니아 해변을 따라 군사원정을 이끌 때, 마케도니아의 왕 페르디카스 3세(알렉산드로스 2세의 형제이며 아뮌타스 3세의 아들)가 그를 도왔다. 기원전 364년에 그는 트라케 지역의 동맹국들로부터 조공을 받았고, 포테이다이아, 토로네, 퓌드나를 비롯해서 올륀토스와 동맹관계에 있던 다른 도시들을 통제할 수 있었다.

104) 이소크라테스는 티모테오스가 타고난 체력이 탁월하지 않음에도 불구하고 전쟁터의 지휘관(장군)으로서 얼마나 뛰어난 능력을 갖추었는가를 설명한다. 지휘관의 능력과 자질은 육체적인 데에 있지 않고 지적인 능력에 있음을 강조하는 것이다. 이것은 이소크라테스 자신의 변호를 위해서도 적절한 수사적인 전략이다. 이소크라테스는 자신이 수많은 청중 앞에 나가 크고 명료하며 설득력 있게 말할 수 있는 목소리를 갖지 못하였고, 떨지 않고 당당한 모습을 보여줄 수 있는 배짱도 갖지 못했음을 여러 차례 밝힌 바 있다. 하지만 그는 자신을 대신해 청중 앞에 나가 말할 수 있는 연설가들에게 훌륭한 연설을 제공할 수 있는 지적인 능력을 갖추었음을 자부하고 있다. 이는 티모테오스가 훌륭한 전략 전술을 짜는 데에서 탁월함을 발휘하고, 신체적인 조건이 뛰어난 인재들을 돌격대장으로 등용하여 전략 전술을 실현했던 것과 마찬가지인 셈이다. 전쟁에서 적을 제압하는 것이나, 대중이 모인 곳에서 청중을 설득하고 논쟁의 상대자를 압도하는 것이나, 중요한 것은 신체적인 조건이 아니라 지적인 탁월함임을 보여준 것이다. 더 나아가 이소크라테스는 자신의 철학과 교육의 힘으로 수사학적 인재를 육성함은 물론, 티모테오스와 같은 훌륭한 장군을 길러냈음을 자랑하고 있다. 실제로 그는 전쟁터에서 병력을 배치하고 운용하는 장군의 기술이나 정치집회에서 연설가가 생각과 주제, 언어를 배치하고 사용하는 수사학적 기술이 상응한다고 생각했다. 그가 이 문장 이후에 보여주는 티모테오스의 장군으로서의 탁월함에 관한 구체적인 내용은 그가 수사학적인 연설의 탁월함을 설명하는 것과 매우 유사하다. 훌륭한 장군이 현명한 판단과 행동을 해야 하는 것(phronimos)처럼, 연설가도 철학과 교육을 통해 “많은 사안들에 대해 더 현명하게 대처할 수 있도록(phronimôterōs diakeisthai)”(『소피스트 반박연설』 15) 육성되어야 한다. 이로써 훌륭한 연설가, 즉 현명한 연설가는 다음과 같은 능력을 발휘하여 연설을 할 수 있어야 한다. “먼저 우리가 하는 모든 말(logos)들을 구성하고 직접 할 때, 그 원천으로 끌어다 쓰는 형태들(ideôn)에 대한 지식(epistēmē)” 갖추고, “그 형태들 가운데 각각의 상황에 맞는 형태를 선택하고, 그것들을 서로 잘 섞어 적절하게 배열하며, 또한 시의성에서 벗어나지 않아

야 한다." "그리고 연설 전체를 알맞은 논리(tois enthumēmasi prepontōs)로 장식한 후, 듣기 좋은 리듬과 음악적인 표현으로 연설을 해야 한다."(16) 이것이 바로 훌륭한 연설가, 즉 "용감하며 의견을 잘 만들어내는 영혼의 할 일(psukhēs andrikēs kai doxastikēs ergon)이다."(17)

105) 『필립포스에게』(연설문) 68에서 이소크라테스는 "당신은 헬라스인들로부터 호의를 얻을 것입니다. 호의를 얻는 것이 헬라스의 많은 도시들을 힘으로 얻는 것보다 훨씬 더 아름다운 일입니다"라고 했다. 필립포스에게 보내는 두 번째 편지에서도 "도시들로부터 호의를 얻는 것은 성채를 얻는 것보다 훨씬 더 아름다운 일"이라고 했다. 사람들의 호의를 얻는 것은 전투에서 승리를 거두는 것 못지않게, 아니 그 이상으로 중요하며, 그것이 수사학의 힘, 말과 품격의 힘이라고도 할 수 있다. 아무리 높은 성과를 이루었다고 해도 사람들의 인심과 호의를 잃는다면 위기에 빠질 수 있으며, 반대로 큰 실수를 저질러 놓고도 사람들의 호의를 얻는다면 무사히 넘어갈 수도 있는 인간사의 속성을 잘 드러낸 표현이다. 이것은 뒤의 [134]-[135]에서도 잘 드러난다. 적을 아(我)로 포섭하고 동맹군에게는 물론 정복한 적에게도 호의를 베풀고 세심하게 배려하는 티모테오스는 이소크라테스가 찾는 '호의의 리더십'을 보여준 셈이다. 이것은 아테네가 폴리스의 경계를 넘어 그리스를 하나로 묶고 세계를 거대한 하나의 폴리스로 통합할 수 있는 원동력으로 이소크라테스가 생각한 것이기도 하다.(Too, Y. L.(1995), *The Rhetoric of Identity in Osocretes*, 130 ff)

106) 이 부분은 이소크라테스가 헤로도토스의 『역사』의 한 부분을 연상시키려는 의도로 작성한 것 같다. 헤로도토스의 기록에 따르면, 뤼디아의 크로이소스는 페르시아의 퀴로스에게 패한 후 포로로 잡혔을 때, 페르시아인들이 뤼디아인의 도성을 약탈하는 것을 보고 이렇게 말했다고 한다. "저들이 지금 약탈하는 것은 제 도시도 저의 재물도 아닙니다. 그것은 이미 제 것이 아니옵니다. 저들은 전하의 것을 약탈하는 것입니다." 정복당한 자의 것은 정복자의 소유가 되므로 정복지에 대한 약탈은 일종의 자해행위와 같다는 지적이다. 이런 말을 함으로써 크로이소스는 정복된 뤼디아인들이 정복자인 페르시아인들에 의해 약탈과 핍박을 당하는 것을 많이 줄일 수 있었

다.(I.88-89) 이와 같이 지혜로운 크로이소스의 이미지를 티모테오스에게 입히려는 것이 이소크라테스의 의도인 셈이다.

107) 뤼산드로스(기원전 395년 사망)는 스파르타의 장군으로서 펠로폰네소스 전쟁(기원전 431-404년)의 마지막 주요 전투의 하나였던 아이코스포타미 전투(기원전 405년)에서 아테네 해군을 전멸시켰다. 그는 171척의 아테네 함선을 노획했으며 3,000명에 이르는 아테네인들을 처형했다. 이 전투에서 패배한 아테네는 페이라이에우스 항구를 봉쇄당하여 해상로를 통해 곡물을 수입할 수 없었고, 다른 동맹국들과 연락을 주고받을 수 없게 되었다. 뤼산드로스의 활약으로 스파르타는 결정적인 승리를 거두었고 전쟁을 끝낼 수 있었다.

108) 이 사건은 기원전 357년에 있었던 뷔잔티온 원정과 관련된다. 카레스가 먼저 파견되어 반란군과 싸우고 있었고, 나중에 티모테오스와 이피크라테스, 메네스테우스가 60척의 삼단노 함선을 이끌고 합류했다. 이듬해 겨울에 벌어진 엠바타 전투에서 카레스는 이미 합의했던 공격을 해야 한다고 주장하며 전투를 감행했지만, 나머지 세 사람은 폭풍우가 심하다는 이유로 공격을 포기하자고 주장하며 카레스를 돕지 않았다. 지원을 받지 못한 카레스는 결국 전투에서 패배하고 말았다. 아테네로 돌아온 카레스는 세 사람에게 반역과 부패의 죄목으로 소송을 걸었다. 세 사람이 적으로부터 뇌물을 받아 공격을 포기했다는 주장이었다. 이 재판에서 이피크라테스는 원정에 대한 책임으로 법정에 섰으며, 메네스테우스는 수입과 지출에 관해 상세하게 해명했다. 그들은 무죄로 방면되었다.(그러나 이피크라테스는 유죄 판결을 받았다는 기록이 있으며(디오도로스의 『역사의 도서관』(16.21.3-4), 학자들 사이에서 논쟁이 되고 있다. 이에 관해서는 Harris, E. M.(1989), "Iphicrates at the Court of Cotys," *The American Journal of Philology*, Vol. 110, No. 2, pp. 264-271을 보라.) 그러나 티모테오스는 대중의 지지를 받지 못한 채 100탈란톤의 벌금을 물어야 했다. 카레스가 제기한 소송은 티모테오스를 제거하려고 정치적인 정적들이 추동한 것으로 보인다. 이에 관해서는 Moysey, R. A.(1985), "Chares and Athenian Foreign Policy," *The Classical Journal*, Vol. 80, No. 3, pp. 221-227을 보라. 100탈란톤의 벌금형을 선고받은 티모테오스는 칼키스로 망명하였고 기원전 354년에 그곳에서 죽었다. 티모테오스의 아들인 코논은 그 가운데 10탈란톤을 냈다고

한다.

109) 이소크라테스는 지도급 인사가 갖추어야 할, 그리고 훌륭한 교사라면 반드시 초점을 맞추어야 할 전통적인 두 가지 측면, 즉 말과 행동을 두 번에 걸쳐 함께 부각시킨다. "행위(praxis)에서는 …… 말(logos)에서는 ……", "말하고(legontes) 행동하는(prattontes)". 그런데 이것은 단순한 반복이 아니다. 첫 번째는 전통적인 교육이 지향하는 것, 예컨대 호메로스의 『일리아스』에서 전사들이 갖추어야 할 탁월함(aretē)과 관련이 있다. 호메로스의 작품 속에서 전사들은 하나뿐인 목숨을 던져 불멸의 명성을 추구하는데, 그것을 획득할 수 있는 곳은 전쟁터(polemos)와 회의장(agora)이었다. 호메로스는 그곳을 '남자들을 돋보이며 빛나게 하는 곳'(hina t' andres ariprepees telethousi)이라고 불렀다. 아킬레우스는 이 두 곳과 관련하여 탁월한 능력을 발휘할 수 있도록 포이닉스의 교육을 받았는데, 그 목적은 "말(muthos)을 함에 있어 연설가(rhētēr)가 되고, 일(ergon)을 함에 있어 실천가(prēktēr)가 되도록"(9.443)이라고 표현되었다. 이와 같은 모습의 포이닉스는 전통적인 그리스 교육에서 이상적인 교사로 꼽힐 수 있다. 첫 번째 부분에서 이소크라테스는 바로 이런 전통에 자신이 서 있음을 보여주고 있다. 훌륭하게 말하고 행동할 것, 그리고 말과 행동을 일치시킬 것. 그러나 이소크라테스는 여기에 멈추지 않고 또 다른 중요한 측면의 교육이 필요하다고 생각하며 자신이 이를 실천했다고 덧붙인다. 그것이 바로 두 번째 부분에서 나오는데, "훌륭하게 말하고 행동하되, 그것을 다른 사람들이 알 수 있도록 할 것"이 그것이다. 티모테오스는 전통적인 두 가지 측면, 즉 말과 행동에서 모두 탁월함과 미덕을 보여주라는 교육에 충실하게 행동했지만, 다른 또 다른 측면, 즉 다른 사람들이 그런 그의 모습을 제대로 알도록 말하고 행동하는 데에는 성공하지 못했다고 지적하는 것이다. 그러나 역설적이게도 이소크라테스 자신도 지금 이 연설문을 통해 자신이 다른 사람들로부터 호의를 얻는 데에는 성공하지 못했음을 고백하고 있는 셈이다. 제자가 그랬듯이 이소크라테스 역시 훌륭한 말과 행동으로 살아왔지만, 다른 사람들의 호의를 얻지 못해 오해와 잘못된 의견으로 고통을 당하고 있으며, 그것을 떨쳐내려고 변론을 하고 있는 것이다.

110) '말을 지어내다'(logopoiein)는 여기에서는 부정적인 의미로 사용되었다. 말

할 만한 가치가 있는 행동을 하지 않았으면서도 그 행동을 거짓말로 포장하는 짓, 따라서 겉으로 표현된 말에 상응하는 실질적인 행동은 아무것도 없으면서 말만 하는 짓을 가리킨다. 그런 사람들은 공동체에 이익을 끼치는 행동을 한 훌륭한 사람에 대해서도 거짓말을 꾸며내어 모함할 수 있으며, 실제로는 공동체에 해를 끼친 사람도 훌륭한 일을 한 것처럼 말을 지어낼 줄 안다. 이것은 단순히 '말을 한다, 연설을 한다'는 뜻의 의미는 아니다. 이와 비슷한 용례가 두 연설문에서 확인되는데, 『필립포스에게 보내는 연설문』(75)에 나오는 '말 지어내는 자들'(hoi logopoiountes)은 그리스 전체에 대해 해악을 끼치려고 하는 자들로서 사태에 대해 정확하게 모르면서도 아는 척하며 쓸데없는 말을 지껄이면서도 말로써 모든 사태를 신속하게 뒤바꿔놓고 대중을 설득할 수 있는 재능을 발휘하는 사람들로 묘사되고 있으며, 『부시리스』(37-38)에서는 역사를 견강부회(牽强附會) 왜곡하는 자들로 그려진다.(반면 '로곤 포이에테스'(logōn poiētēs)는 '연설문 작성가', '산문작가'라는 의미로 사용된다. 『소피스트 반박』 15, 『교환소송에 관하여』 192를 보라.) 이들의 활동 장소로 지적된 '사사로운 논의 장소'는 플라톤의 『향연』에서 '에로스'에 관한 담론을 여러 사람들이 돌아가며 내놓고 즐기는 장면이나 술이 어우러지며 자유롭게 말을 주고받는 밀교의식의 장소라고 볼 수도 있지만, 이소크라테스가 특별히 주목하는 것은 정치적인 음모와 반란의 모의 장소, 즉 정치적 당파성에 따라 정파의 이익을 추구하며 특정 인물의 이미지를 조작하는 일을 도모함으로써 공동체의 안정과 건전한 여론을 해칠 수 있는 위험한 사적 모임이다.

111) '고귀하다'는 '스푸다이오스'(spoudaios)를 번역한 것이다. 이것은 사회적 지위와 신분이 높은 엘리트를 표현하는 말이었으나, 그런 엘리트에게 요구되는 자질과 능력, 품격이나 태도를 가리키는 윤리적이고 도덕적인 의미까지 갖게 되었다. 아리스토텔레스의 분석에 따르면, 이 형용사는 '탁월함, 뛰어남, 훌륭함, 덕'을 뜻하는 '아레테'(aretē)와 짝을 이룬다. "때때로 명사는 놓여 있지만, 그 명사에서 파생되는 방식으로(parōnumōs) 그 성질에 따라 어떠하다고 불리는 대로 불리지는 않는다. 예를 들어 '아레테'로부터 '스푸다이오스'한 사람이 불리는 방식을 보자. 그(='스푸다이오스'한 사람)는 '아레테'를

가지기 때문에 '스푸다이오스'하다고 불리지만, '아레테'로부터 그 명사가 갈라져 나오는 방식(=파생어의 생성방식)으로 불리는 것은 아니다."(『범주론』 10b6-9) '아레테'로부터 파생되는 형용사가 없는데, 이 의미에 가장 잘 어울리는 형용사가 '스푸다이오스'라는 설명이다. 아리스토텔레스는 『시학』에서 비극과 서사시의 주인공은 '아레테'에 따라 그 성격이 '스푸다이오스'하다고 말한다.(1448a1-4) 이와 같은 설명은 아리스토텔레스의 독창적인 설명이 아니라 그리스 사회에서 이미 일반화된 상식임을 바로 이곳에서 이소크라테스가 보여주고 있다. 흥미로운 것은 아리스토텔레스가 윤리학과 정치학에서는 이와 같은 '스푸다이오스'한 인물, 즉 '고귀한' 인물은 개인적으로나 국가적으로(공동체적으로) 행복을 누린다는 이론적인 당위론을 펼치면서도 실제 삶에서는 그렇지 못한 것을 직시하고 있다는 사실이다. 이는 행복해야 마땅한 고귀한 인물이 자신의 힘으로 통제할 수 없는 운명의 힘 앞에, 의도하지 않는 치명적인 실수에 의해, 사람들과의 복잡다단한 관계 속에서 불행의 나락으로 떨어지는 이야기, 즉 비극의 진실로 표현된다. 아테네인들은 바로 이런 삶의 비극적 진실을 디오뉘소스 대제전이라는 축제에서 거행되는 비극경연대회를 통해 공유하며 삶의 역설을 통찰하고 있었다. 이에 관한 좀 더 자세한 논의는 『서양고대철학 2 · 아리스토텔레스부터 보에티우스까지』(길, 2016)에 수록된 김헌의 글 pp. 242-246을 보라. 이소크라테스도 바로 이곳에서 고귀한 사람의 비극적 운명을 안타까워 하는 셈이다.

112) 이소크라테스의 말을 듣는 사람의 '부족함 때문에'(aporiōn)라는 표현은 이소크라테스가 [140]에서 말을 시작하면서 '저는 잘 모르겠습니다'(aporō)라는 표현과 발음과 의미의 유사성으로 일종의 말장난과 같은 울림을 갖는다. 부족한 사람의 말에 질투심과 자신의 부족함을 느끼는 일부 청중의 대조가 '부족함'이라는 모종의 공통점을 가진다는 역설이 작동하는 것이다. 한편 '난폭해지고'(exēgriōntai)라는 표현은 길들여지지 않는 짐승이나 야수의 이미지를 떠오르게 하며, 충분한 교육과 철학으로 문명화된 교양인의 모습과 극명한 대조를 이룬다. 이소크라테스와 일부 청중의 관계가 인간 대 야수의 관계로 설정되는 것이다. '적개심을 갖는다'(dusmenōs ekhousin)는 표현은 결국 호의를 갖지 않는다는 뜻이며, 이소크라테스가 청중의 호의를 얻는 데에

실패했다는 말이다. 이것은 이소크라테스에게는 모순적이다. 그는 바로 앞에서 티모테오스가 훌륭한 행동을 하고도 사람들의 호의를 얻는 데 실패하여 곤욕을 치르고 있다고 비판적으로 지적했는데, 자기 자신도 그와 똑같은 지적을 동료로부터 받고 있기 때문이다.

113) '평온함'(hēsukhia)은 개인적으로는 민사적으로나 형사적으로 소송에 연류되어 법정싸움에 휘말리지 않는 평온한 상태를 가리키며, 사회적으로는 전쟁이 없는 평화로운 상태를 가리킨다. 한편 '일거리(pragma)가 없는(a-) 상태'라는 뜻의 '한가로움'(apragmosunē)은 공무에서 엮이지 않고 자유로운 상태를 가리킨다. 반면 소피스트와 정치연설가, 소송꾼은 공무에 관련된 일에 개입하여 한가로울 틈도 없이 분주하게 '일이 많으며'(polupragmosunē), 끊임없이 법적인 소송을 제기하며 누군가와 싸우기 때문에 조용히 지낼 수가 없고 평온함도 없다.

114) 아테네의 민주정은 시민들의 직접적인 참여에 기반을 두고 있었다. 특정한 인물이 재판정의 판사가 아니었고, 대신 일반시민들 가운데 제비뽑기를 통해 배심원[또는 판정관]을 선정하였다. 민회에서 법률을 통과시키고 정책을 결정할 때에도 일반시민들의 참여가 중요했다. 그러나 생업에 종사하지 않으면 생계의 유지가 어려운 시민들에게 배심원으로 법정에 가거나 투표를 위해 민회에 참석하는 것은 경제적으로 큰 부담이었다. 따라서 민회와 법정에 경제적인 부담 없이 참여할 수 있는 부자들에 의해 정치적인 문제들이 결정될 위험이 있었다. 따라서 시민들이 안심하고 정치에 참여할 수 있도록 제도적인 보완책이 마련되었는데, 이는 의회와 법정에 참여하는 시민들에게 일당을 지급하는 것이었다. 하지만 아무리 일당을 준다고 해도 생업을 팽개치고 정치적인 집회에 참여하는 것은 보통 시민들에게는 여전히 부담이었고, 나중에 정치적인 집회에는 부자들과 노인들만이 참여하는 폐단도 생겼다. 이를 풍자한 아리스토파네스의 『벌』(기원전 422년 공연)을 보라.

115) 소피스트는 대체로 부정적인 의미로 사용되며, 이소크라테스 역시 『소피스트 반박』을 썼지만 적어도 이 작품에서 이 단어는 그와 같은 부정적인 시각과 편견에서 벗어나 원래 의미대로 사용되곤 한다. 소피스트는 아주 넓은 의미로 '지혜로운 것들을 아는 자'(tōn sophōn epistemōn, 플라톤, 『프로타고라

스』 312c)라는 의미다. 이소크라테스는 클라조메나의 아낙사고라스, 페리클레스의 스승인 다몬을 소피스트라고 부르며([235]), 솔론도 그렇게 부른다.([313])

116) 이소크라테스는 내부적으로는 민주정과 사회적 인식, 가치관의 악화를, 외부적으로는 아테네의 정치 · 외교 · 군사적 영향력의 약화를 염두에 두고 있다. 내부적인 악화 가운데 하나는 민주정이 변질되면서 대중에 영합하는 소송꾼(sukophans)들이 선량하고 조용히 지내는 사람들을 해코지하는 일이 잦아진 것이며, 바로 이 '변화' 때문에 큰 피해를 본 사람 중 하나가 바로 이소크라테스다. 이어지는 [161]을 보라.

117) 현재 이소크라테스는 교환소송이라는 사적인 문제로 법정에 서 있기 때문에 자신의 문제에 초점을 맞춰 변론을 해야 한다. 공적인 문제를 거론하며 변론을 펴는 것은 초점을 흐릴 수도 있고, 쟁점에서 벗어날 수도 있다. 따라서 이곳에서 공적인 문제를 다루는 것에 관해 머뭇거리는 태도를 취하며 청중의 의아심을 이해하고 그에 동조하는 모습을 보인다. 자칫 아테네 사회의 내외적 변화를 비판적으로 언급한다면, 자신의 책임을 환경에 있다고 전가하는 모습으로 보일 수도 있다. 이소크라테스는 이런 점을 고려하여 자신이 왜 공적인 문제를 다루려고 하는지 설명하려고 한다. 이를 위해 그는 개인의 문제가 사회, 국가의 문제와 불가분의 관계로 맺어져 있다는 것을 보여주려고 한다.

118) 이소크라테스는 자신이 다른 사람들을 위해 연설문을 써준 것도, 학교를 세우고 교육에 전념했던 것도, 다른 사람들의 눈에는 돈을 벌고 사적인 이익을 충족시키기 위한 것처럼 보였을 것임을 잘 알고 있었다. 이에 대해 그것은 치부를 위한 것이 아니라 자신에게 유산 등으로 주어질 몫을 부당하게 잃은 것을 회복하기 위한 노력이었음을 보여주려고 한다. 그는 앞서 자신이 교육을 통해 부자가 된 것처럼 보이기 때문에 교환소송에 연루되고 큰 범죄를 저지른 사람보다 더 나쁘게 취급받고 있는 상황을 암시한 바 있다.

119) '말도 안 되는'(alogias)이라는 말은 상식과 사리에 맞지 않는다는 뜻의 '합리적이지 않는'이라는 뜻이며, 논리적으로도 성립하지 않다는 뜻도 있지만, 이소크라테스가 아테네에 행한 수많은 좋은 일들과 그 혜택이 얼마나 되는

지 '제대로 계산도 해보지 않은'이라는 뜻도 된다. logos가 말과 논리, 합리성을 뜻하면서 일일이 따져가며 계산하는 셈을 뜻하는 까닭이다.

120) 말을 할 때 누구의 판단과 생각을 가장 중요한 것으로 여겨야 하는가? 다수의 의견과 판결에 의해 모든 것이 결정되는 민주적인 조직에서는 다수의 의견을 무시할 수 없다. 그러나 다수의 청중은 진실에서 벗어나고 정의롭지 못한 의견에 마음을 빼앗길 수 있으며, 그들이 내린 판결에 따라 사람이 죽을 수도 있다. 이와 같은 상황이 플라톤의 『크리톤』에서 잘 그려진다. 무고한 소크라테스가 다수의 잘못된 의견과 판단 때문에 사형 언도를 받고 죽음을 기다리고 있는 것을 본 크리톤에게 다수의 의견은 무시할 수 없는 요소다. 진리와 정의가 소크라테스를 구할 수 없는 것을 본 것이다. 그런 걱정을 하는 그에게 소크라테스는 이렇게 말한다. "크리톤, 왜 우리는 다수의 평판에 그토록 신경을 쓰는가? 우리가 현명한 마음으로 고려해야 할 가치가 더 많은 가장 공명관대한 사람들은 우리가 한 일을 있던 그대로 생각할 것이니 말일세."(44c) "우리가 지금 숙고하고 있는 정의로운 것과 정의롭지 못한 것, 추한 것과 아름다운 것, 좋은 것과 나쁜 것과 관련해서 살펴보세. 이것들과 관련해서 우리는 '다수의 의견'을 따르고 두려워해야 하는가, 아니면 만약 누군가가 '진실에 귀를 기울이는 사람'이라면, 그를 다른 모든 사람들보다 더 부끄러워하고 두려워해야 하며, 그 한 사람의 판단을 따르고 두려워해야 하는가?"(47c-d) 이와 같은 생각이 지금 여기 이소크라테스에게서도 보인다. 이소크라테스는 '공명관대한 사람들'의 판단을 믿고 그들의 판단을 중요시한다. 그들은 부당하게 형성된 의견에 마음을 두지 않고, 대신 진실과 정의로운 말에 귀를 기울이기 때문이다. 그러나 문제는 공명관대한 사람들이 소수며, 다수결의 선택을 바로잡을 만한 힘을 갖지 못한 상태에서 심각해진다. 다수의 판단이 결국 정치적인 힘을 행사한다면, 플라톤의 다른 대화편 『파이드로스』에 나오는 파이드로스의 말처럼 설득의 힘은 진리, 정의, 아름다움의 지고한 가치에서 나오는 것이 아니라, 그것과 관련된 다수의 의견에서 나오는 것이 아니겠는가? 그는 이렇게 말한다. "소크라테스, 나는 이런 말을 들었소. 연설가가 되려는 사람이 꼭 배워야 하는 것은 '실제로 정의로운 것들'(ta tōi onti dikaia)이 아니라, 판결을 내리게 될 '대중에게 정의롭게 보이는

것들'(ta doxant' an plēthei), '정말로 좋거나 아름다운 것들'(ta ontōs agatha ē kala)이 아니라, '그렇게 보이는 것들'(hosa doxei)이라고. 설득은 그 보이는 것들로부터 나오는 것이지 진리에서 나오지 않는다는 것입니다."(259e-260a)

121) 이전 세대가 새로운 세대에게 도시의 일들을 건네주었다는 것은 정치적인 차원에서의 세대교체를 의미할 수 있다. 구체적인 예로 본다면, 마티유(Mathieu)가 예시했듯이 아테네 법정의 사례를 들 수 있다. 아리스토텔레스의 설명에 따르면, 아테네의 시민법정에서 판결의 책무는 주로 30~59세의 중장년에게 맡겨졌으며, 분쟁을 중재하는 일은 60세의 원로급 어른들이 맡았다.(『아테네의 정체』 53.4, 63.3) 이 나이가 지나면 더 이상의 업무를 맡지 않았다.(『정치학』 1275a15) 이에 따르면, 현재 이 교환소송 변론을 하고 있는 이소크라테스는 모든 공적인 임무에서 면제된 상태며, 이 변론을 듣고 판결을 내려야 하는 청중은 이소크라테스의 다음 세대인 셈이다. 교육적인 측면에서 좀 더 크게 본다면, 곧 이어서 나올 내용처럼 잘못된 교육을 하게 된다면, 즉 기성세대가 교육을 통해 새로운 세대에게 올바른 정치적인 전통을 전수해주지 못한다면, 국가는 잘못된 길로 갈 수 있다. 이런 일을 바로잡기 위해 이소크라테스는 법정에 선 것이며, 자신의 입장을 변론하고 있는 것이다.

122) '정치적 권리'는 시민으로서 의회에 나가 발언할 수 있는 권리를 뜻한다. 그런데 고소꾼들은 거짓말로 중상모략을 일삼기 때문에 여론과 사회의 질서를 망칠 위험이 있다. 따라서 이소크라테스는 그들에게서 정치적 권리를 박탈해야 한다고 주장하는 것이다. 여기에서 사용된 '아티메테온'(atimēteon)은 시민의 권리를 박탈하는 형벌인 '아티미아'(atimia)를 염두에 둔 표현이다. 이것은 통상 부모에게 못되게 굴거나 군사적인 의무를 회피하거나 잘못 이행했을 때, 성폭력이나 유산을 탕진했을 때 가해지는 것이다. 좀 더 원초적인 의미에서 '아티미아'는 문제가 된 개인을 거의 법적으로 매장하는 것이나 다를 바가 없었다. 재산을 몰수하기도 하고, 그 가족까지 형벌을 가하기도 하며, 아예 도시국가에서 영원히 추방하기도 했다. 심지어 아미티아의 형벌을 짊어진 사람을 죽인 사람에게 법적인 책임을 묻지 않기도 했다.

123) '허심탄회함'은 'parrhēsia'를 옮긴 것인데, '모든 것(pan)'을 숨김없이, 낱낱이, 거리낌 없이 대담하게 밝히며 '말함'(rhēsia)을 뜻한다. 이것은 고전기 아

테네 민주정의 특징을 가장 잘 보여준다. 의회에서나 법정에서 아테네의 자유시민은 무엇이든지 말할 수 있는 자유를 누렸다. 이 자유는 극장에서, 특히 희극시인이 누리던 언론의 자유에도 적용된다. 하지만 그만큼 책임도 막중했다. 무엇이든 다 말할 수 있는 자유가 있지만, 그 말이 거짓이거나 널리 통하는 대중적인 상식에 위배되거나 비도덕적이라는 판정을 받게 되면 그에 상응하는 벌을 받아야 하며, 심지어는 목숨까지도 내놓아야 했다. 목숨을 걸고 자신의 생각을 말할 수 있는 자유는 양날을 가진 칼이었던 셈이다. 이소크라테스도 지금 그와 같은 막중한 책임을 감수하고 자신을 변호하기 위해 모든 것을 다 말하겠다는 대담함을 보이고 있는 것이다. 미주 20)을 보라.

124) 기술 자체를 뜻하지만, 특정 기술을 정리한 교본이나 핸드북, 매뉴얼을 가리킬 수도 있다. 영혼과 몸에 관련된 기술과는 다른 기술이란, 예컨대 아이스퀼로스의 『결박된 프로메테우스』에서 열거되는 '들짐승에게 멍에를 얹는 것'과 같이 가축을 다루면서 농업이나 수송에 응용하는 기술, '아마포의 날개를 달고 바다 위를 떠돌아다니는' 배를 만들고 항해하는 기술을 포함하여, 목수들의 제작술이나 건축술이 포함된다.(447-468) 그것 이외에도 헤시오도스의 『일과 나날』에 소개되는 농업과 축산에 관련된 다양한 기술도 포함된다. 즉 몸과 영혼 자체를 돌보는 것이 아니라, 그 바깥의 외부 대상을 다루거나 제작하는 기술을 모두 포함한다.

125) 이소크라테스는 '체육'(paidotribikē)을 '체련'(gumnastikē)보다 더 큰 개념으로 두고 있다. 번역에서는 그 차이가 크게 드러나지 않지만, 원어에서는 비교적 분명하다. '파이도트리비케'는 '아이'(paido-)를 어른으로 성장시키기 위해 '훈련시키고 육성하는'(tribi-) '행위와 솜씨, 기술'(-kē)을 가리킨다. 따라서 그 자체로는 '몸의 육성'이라는 뜻은 없지만, 어린아이가 어른으로 제대로 성장하기 위해서는 몸 상태를 잘 갖추는 한편, 특정한 활동을 위해 몸을 움직여 어떤 일을 해낼 수 있는 능력을 갖추도록 해주어야 하기 때문에 '어린이 육성'은 곧 '체육'이라는 뜻으로 쓰인 것이다. 파이도트리비케가 체육의 뜻 자체를 넘어설 만큼 일반적인 의미라면, '체련'으로 번역된 '귐나스티케'의 의미는 비교적 제한적이다. 아이들이 '옷을 벗고 맨몸으로'(gumna-) 레스

링 등의 운동을 하는 '활동과 재능, 솜씨, 기술'(-ikē)을 가리키기 때문이다. 그런데 아리스토텔레스는 이소크라테스와 같이 이 두 개념을 전체와 부분의 관계로 보지 않고 서로 대등한 관계로 파악한 것 같다. 그는 일단 교육이 설명이나 이성(logos)보다는 먼저 습관(ethos, 또는 습성)에 의해 이루어져야 하며, 생각(dianoia., 또는 정신)보다는 몸에 관해 먼저 이루어져야 한다고 말하며 이렇게 덧붙였다. "이런 사실들로부터 어린이들은 체련과 체육에 맡겨져야 한다는 것은 분명하다. 체육(paidotribikē)은 '몸의 상태'(hexis tou sōmatos)를 특정하게 만들어주고, 체련(gumnastikē)은 '그 활동'(ta erga)을 특정하게 만들어준다."(『정치학』 VII.3. 1338b4-8) 즉 체육은 특정한 활동을 할 수 있는 몸 상태를 만드는 일에 초점이 맞춰지는 반면, 체련은 특정하게 만들어진 몸을 움직여 특정한 기능이나 활동을 해내는 데에 초점이 맞춰진다는 것이다. 한편 플라톤은 이상적인 국가의 수호자를 위한 교육과 관련해서 몸과 영혼에 각각 체련(gumnastikē)과 시가(mousikē)를 가장 먼저 연결시키는데(『국가』 376e), 이때 체련(gumnastikē)은 좁은 의미의 개념으로서 체육(pai- dotribikē)의 부분이거나 체육에 대립되는 대등한 개념이라기보다는 넓은 의미로 사용되었고, 이소크라테스가 사용한 체육의 개념과 거의 같은 뜻인 것 같다.

126) 이소크라테스는 '철학'을 '영혼의 돌보기'로서 '말의 교육'이라고 정의한다. 말이 영혼의 영상이며 생각의 그림이기 때문이다. 따라서 말을 잘할 수 있도록 교육하는 것은 생각을 잘하고 좋은 영혼이 되도록 돌보는 일인 것이다. 이런 이유로 Too(2008)는 이소크라테스의 철학을 '수사학'(rhetoric)으로 이해한다. 그러나 이러한 이해는 이소크라테스의 생각을 좁게 만든다. 한편 플라톤은 영혼에 대한 교육에 대해 어린 시절에는 무엇보다도 '시가'(mousikē)가 중요하며, 이것이 체육보다도 더 먼저 또는 더 중요한 것으로 시작되어야 한다고 말한다. 그리고 거기에는 '이야기'(muthos) 교육이 포함되며, 그런 점에서 '이야기 작가'(muthopoios)의 역할이 중요하게 부각된다.(376e-377c) 반면 철학은 장기간의 수많은 교육과정과 경험을 겪은 후에 엄격하게 선발된 소수 정예에게 필수적인 교과목으로 제시된다.(540a)

127) 이소크라테스는 이미 『소피스트 반박』 8에서 정치적인 연설에서 지식이 무용하며 의견이 더 우수하다는 사실을 밝힌 바 있다. "지식(epistēmē)을 가지

고 있다고 공표하고 다니는 사람들보다는 오히려 의견(doxa)을 이용하는 사람들이 합의점을 더 잘 찾아내고 더 많은 성공을 거둔다는 사실을 잘 헤아려본다면" 소피스트나 추상적인 담론과 논쟁술에 전념하는 사람들을 피하게 된다는 것이다. 그는 말의 교육과 철학을 잘 갈고 닦은 사람들에 대해 '용감하며 의견을 잘 만드는 영혼'(psukhē andrikē kai doxastikē)이라는 표현을 사용하였다. 반면 플라톤은 『파이드로스』에서 '잘 그리고 아름답게 말하거나 글을 쓰기' 위해서는 진리를 알아야 한다고 주장한다.(259e) 대화의 주인공인 파이드로스가 "나는 이런 말을 들었소. 연설가가 되려는 사람이 꼭 배워야 하는 것은 '실제로 정의로운 것들'(ta tōi onti dikaia)이 아니라, 판결을 내리게 될 '대중에게 정의롭게 보이는 것들'(ta doxant' an plēthei), '정말로 좋거나 아름다운 것들'(ta ontōs agatha ē kala)이 아니라, '그렇게 보이는 것들'(hosa doxei)이라고. 설득은 그 보이는 것들로부터 나오는 것이지 진리에서 나오지 않는다는 것입니다."(259e-260a) 의견을 강조하는 파이드로스는 언뜻 이소크라테스의 입장과 유사해 보이는데, 극중의 소크라테스는 그런 파이드로스의 입장을 반박한다. 진리에서 벗어난 의견으로 대중을 설득하는 것은 위험한 일이라고 지적하는 것이다. 한편 '의견을 잘 구성하는 능력'(doxastikē)에 대한 비판은 『고르기아스』에서 잘 볼 수 있다. 대화 중의 고르기아스는 수사학에 관해 다음과 같이 말한다. "제가 보기에 수사학은 기술적인 활동의 일종은 아니고, 어림잡는 데 능숙하고 용감하며 사람들과 교제하는 재주를 타고난 영혼의 활동입니다. 저는 한마디로 그것을 '아첨'(kolakeian)이라고 부르지요."(463a) 플라톤은 이소크라테스가 사용한 표현을 의식한 듯, '의견을 잘 만드는'(doxastikē)이라는 표현 대신에 '어림잡는 데 능숙한'(stokhastikē)이라는 표현을 사용하면서, 둘이 거의 같은 의미임을 시사한다. 정확한 지식이 아니라 어림잡는 능력은 결국 진리에서 벗어나 청중을 미궁에 빠뜨린다는 것이다. 한편 아리스토텔레스는 이성을 가진 영혼에는 두 부분이 있다고 하면서, 필연적 지식을 추구하는 학문적 인식과 관련된 부분과 달리 현명함(또는 실천적 지혜, phronēsis)을 다른 부분의 탁월성(또는 덕, aretē)이라고 했다. 바로 이 부분이 개연성을 가진 인식을 추구하며 '이렇게도 될 수 있고 저렇게도 될 수 있는 일들'에 관하여 어떻게 하는 것이 좋은지에 관한 의견(doxa)을 만들어내는 부분, 즉 '의견을 형성하는 부분'(doxastikon)이라고 했고, 그 부분의 탁월성을 실천적 지혜인 프로네시스, 즉 현명함이라고 했다.(『니코마코스 윤리학』 1140b 26-30) 이 점에서 아리스토텔레스는 플라톤보다는 이소크라테스와 더 밀접하고 깊게 통한다.

128) 철학의 '주형틀'(tupos)이라는 은유는 말의 교육이 학생들의 영혼에 특정한 모양을 찍어 넣는다는 그림을 그려준다. 녹아 있는 쇳물처럼 아직 형태를 갖추지 못한 아이들의 영혼이 특정한 생김새를 가진 틀에 부어지면 그 생김새 그대로 영혼이 꼴을 갖추게 될 것이다. 이런 주물작업의 그림과 동시에 '튀포스'(tupos)의 동사형인 '튀프토'(tuptō)는 대장장이가 불에 달궈진 쇠를 두들겨 특정한 모양의 물건을 만들어내는 그림도 떠오르게 한다. 이런 그림의 교육에서는 학생들의 자율성보다는 교사의 권위가 더 우선하며, 부정적으로는 폭력적인 이미지를 갖는다. 이와 비슷한 그림을 플라톤도 『국가』에서 사용하는데, 조각이나 공예처럼 아이들의 영혼을 '빚어낸다'(plattein)고 표현한 것이다. 그에 따르면 어린아이의 영혼을 위해서는 이야기 교육이 무엇보다도 선행한다. '이야기 작가'(muthopoios)들이 이야기를 특정한 모양으로 빚어내고 그것을 아이들이 들으면, 그 이야기의 생김새대로 아이들의 영혼의 생김새가 빚어진다는 것이다.(377b-7)

129) 목소리와 발성, 과감성 등은 이소크라테스에게는 부족한 것들이었다. "저는 정치적 활동을 하고 연설을 하는 데에서 벗어나 있었습니다. 왜냐하면 저는 충분한 목소리와 과감성이 없었기 때문입니다."(「8. 뮈틸레나이아 사람들의 지도자들에게 보내는 편지」 7) "사실 저는, 제가 아는 한, 시민들 가운데 다른 누가 그럴 수 있을까 싶을 만큼이나, 우리에게 가장 강력한 힘을 발휘하는 두 가지 조건, 즉 충분한 성량과 대담성을 갖지 못한 채 태어났습니다."(『전 아테네인들의 축전에 부쳐』 10) 거의 같은 내용이 『필립포스에게』(연설문) 81에 나온다.

130) 현재 우리에게 전해지는 본문은 아래와 같다. 그러나 이소크라테스는 예전보다 더 세련되게 다듬은 것을 읽어주었다고 밝히므로, 실제 읽었던 것이 아래 본문과 표현에서 차이가 있을 수 있다. 그러나 내용은 다르지 않다고 한다. "[14] 만약 다른 사람들을 비난하는 데서 그치지 않고 제 자신의 생각

을 분명히 해야 한다면 그렇게 하겠습니다. 저는 현명한 사람이라면 누구나 저에게 동의하리라 생각합니다. 철학 했던 사람들 중에 다수가 일반시민으로 지내는 데 반해, 어떤 소피스트와도 함께 지내본 적이 없는 사람들이 오히려 말하는 데서도 시민생활에서도 뛰어난 능력을 발휘했다는 것입니다. 말에서건 다른 모든 실천에서건 능력은 타고난 재능이 뛰어난 사람들과 경험을 통해 훈련을 거듭한 사람들 안에 깃듭니다. [15] 그런데 교육행위는 그런 사람들이 훨씬 더 기술적으로 뛰어나고 탐구를 더 잘할 수 있도록 만들어줍니다. 따지고 보면 교육행위가 그들이 어쩌다가 얻게 되는 것들을 훨씬 더 잘 준비된 원천에서 취하도록 가르쳐주긴 합니다만, 타고난 재능이 그만 못한 사람들을 훌륭한 논쟁가나 연설문 작성가로 완전하게 만들어줄 수는 없습니다. 그 대신 그들을 그들 자신보다 더 낫게 되도록 이끌어주며, 많은 사태에 더 현명하게 대처할 수 있도록 해줄 수는 있을 것입니다. [16] 제가 여기까지 온 이상 이것들에 관하여 좀 더 자세하게 말하고 싶습니다. 제가 말씀드리고자 하는 것은, 먼저 우리가 하는 모든 말들을 구성하고 또 직접할 때 그 원천으로 끌어다 쓰는 형태들에 대한 지식을 갖는 것이 아주 어려운 일이 아니라는 것인데, 만약 자기 약속을 쉽게 하는 사람들이 아니라 그 형태들에 관하여 뭔가 알고 있는 사람들에게 자신을 맡긴다면 말입니다. 그 다음은 그 형태들 중에 각각의 상황에 맞는 형태를 선택하고, 그것들을 서로 잘 섞어 적절하게 배열하며, 또한 시의성에서 벗어나지 않아야 한다는 것입니다. 그리고 말 전체를 알맞은 논리로 장식한 후, 듣기 좋은 리듬과 음악적인 표현으로 말을 해야 합니다. [17] 이것들이 집중적으로 돌봐야 할 것들이며, 용감하며 의견을 잘 만드는 영혼이 해야 할 일입니다. 그리고 학생은 기본적으로 필요한 재능을 갖는 것은 물론, 먼저 말의 종류를 배워야 하고, 그것들을 적절히 활용하는 방법을 훈련을 통해 익혀야 합니다. 반면에 교사는 가르쳐야 할 내용을 하나도 빼먹지 않고 그 내용을 정확하고 꼼꼼하게 제시해야 하며, 그래도 남는 것이 있다면 그에 대해선 자기 자신을 그에 대한 본보기로 제공할 수 있어야 합니다. [18] 그래서 그를 본받아 모방할 수 있는 사람들은 곧 다른 사람들보다 훨씬 더 화사하고 우아한 연설가로 돋보일 것입니다. 그리고 이 모든 조건들이 전부 갖추어졌을 때, 철학 하는 사람들은 완숙한 상태에 이를 것입니다. 그러나 언급된 것들 가운데 뭐라도 하나 빠지게 되면, 배우러 온 학생들은 바로 그 점에서 그만큼 더 나빠지는 것은 피할 수 없습니다."

131) 이와 같은 비난과 고발은 그 이전에 소크라테스에게 가해진 것과 거의 같다. 소크라테스는 멜레토스에 의해 '젊은이들을 망친다'는 죄목으로 고발당해 법정에 섰다.(『소크라테스의 변명』 24c) 이렇듯 소크라테스와 이소크라테스 두 사람 모두 자신의 활동을 '철학'(philosophia)라고 생각하고 있다는 점에서, 그리고 "더 약한 논변을 더 강하게 만들며, 다른 사람들에게 바로 이것을 가르침으로써 불의를 행하고 있다"(19c)는 비난을 받는다는 점에서 공통점이 있다. 이와 같은 비난은 비단 두 사람에게만 해당하는 것이 아니라, 흔히 '소피스트'라 불리는 일부의 교사들에게 가해지는 당대의 전형적인 비난이었다. 이런 비난은 아테네인들이 당대에 '철학', 즉 '지혜를 사랑함'(philosophia)이라고 불리는, 또는 직접적으로 지혜의 가르침을 표방하는 소피스트 주도의 새로운 교육에 자신을 맡기면서도 동시에 그것에 대한 깊은 회의를 품고 있음을 잘 보여주는 대목이다. 이소크라테스 역시 최고의 교사로 정평이 나 있었지만, 많은 사람들에게 이와 같은 의심을 받았던 것이다.

132) 동일한 사안에 관해서는 판단이나 판결에 일관성이 있어야 된다는 뜻. 그러나 하나의 주제에 관하여 상반된 결론이나 의견을 낼 수 있는 능력이 수사학에서는 요구된다. 수사학이란 인간의 판단과 실천에 관계하는데, 거기에는 반드시 이렇게 되어야만 한다는 필연성보다는 이럴 수도 있지만 저렇게 될 가능성이나 개연성이 높다는 식의 판단이 가능하기 때문이다.(아리스토텔레스의 『수사학』 1357a22-b9를 보라.) 이소크라테스도 역시 (아리스토텔레스보다 앞서서) 이와 같은 점을 적극적으로 인정했다. "말은 동일한 것에 관해서도 다양한 방식으로 설명할 수 있으며, 중대한 일을 평범하게 만들고 사소한 것을 중대한 듯이 옷 입힐 수 있으며, 옛일을 최신의 일인 양 기술하고 최근에 일어난 일에 대해 고풍스럽게 (또는 낡은 것처럼) 말할 수 있는 본성을 가지고 있기 때문에, 다른 사람들이 먼저 말했던 주제에 관해서 말하는 것을 무작정 피해서는 안 되고, 그들보다 더 훌륭하게 말하려고 시도해야 합니다."(『시민대축전에 부쳐』 7-8)

133) 이 문장에는 '말들에 대한 판정관들'(tōn logōn kritas)이라는 표현이 나온다. 수사학, 말의 교육으로 표현된 이소크라테스의 철학은 정치적 사안들에 관하여 공동체의 이익을 도모하는 시의적절한 의견을 만들어내고 사람들 앞에 조리 있고 설득력 있게 내놓는 연설가의 육성을 일차적인 목적으로 한다. 그러나 그에 못지않게 중요한 것은 연설가의 말이 좋은지 나쁜지, 정의로운 것인지 불의(不義)한 것인지, 아름다운 것인지 추한 것인지를 과거와 현재와 미래와 관련하여 판단할 수 있는 청중의 육성이다. 이소크라테스는 바로 이 점을 이 문장에서 강조한 것이다. '청중'(akroatēs)이 '판정관'(kritēs)이라는 생각과 청중이 세 종류로 나뉨에 따라 수사학 자체가 세 장르로 구분된다는 생각에 관해서는 아리스토텔레스의 『수사학』 1358a36-b8을 보라.

134) 이소크라테스의 교육은 사회 지도자급 육성을 위한 교육이었지만, 동시에 그것은 지도자들과 함께 한 사회를 이끌어나가야 하는 공동체 구성원 모두를 위한 시민교육의 효과를 갖는다. 더군다나 그의 연설문들은 단순히 학교에 모인 엘리트 또는 엘리트 후보생들의 교육을 위한 교재로서뿐만 아니라, 일반시민들 사이에서도 널리 유포되어 읽히기를 바라는 의도에서 작성되었으며, 일부 연설문들은 아테네 시민들과 다른 그리스 도시의 구성원들이 모인 축제의 자리에서 낭독할 목적으로 작성되었다. 따라서 이소크라테스의 교육은 일차적으로 엘리트를 위한 귀족적 성격을 갖지만, 궁극적으로는 시민교육을 지향하고 있는 셈이다. 이에 관해서는 김헌(2015), 「이소크라테스와 시민교육」, 『서양고전학연구』 제54권 제1호, pp. 35-64를 보라.

135) 예를 들어 뛰어난 도자기의 장인이 도자기를 만들 때 그의 작품들은 서로 비슷한 수준을 유지할 수 있다. 작품들의 수준의 편차가 심하고 창작에 기복이 심하다면 그는 뛰어난 '기술'(tekhnē)을 가진 사람이라기보다는 '운'(tukhē)에 따라 작품을 만드는 사람이다. 마찬가지로 그가 제자를 길러낸다면 그의 제자들도 일정한 수준의 기량을 발휘할 수 있을 것이며, 제자들의 실력도 서로 비슷비슷할 것이다. 여기에서 이소크라테스가 '배출할 수 있는'(apodeixōsi)이라는 표현을 쓴 것이 특이하다. 아리스토텔레스의 경우에 '아포데익시스'(apodeixis)는 연역적인 추론에 의한 증명을 가리키는 것으로

‘귀납법’(epagōgē)과 대비되는 논리적인 개념으로 사용되었다. 이와 비슷한 뜻으로 이해한다면 자기 제자들이 서로 비슷한 자질을 가진 장인임을 다른 사람들에게 여실히 보여주고 증명할 수 있다는 뜻이 될 것이다. 이때 기술이나 공예는 주로 물건을 만들어내는 ‘제작술’(poiētikē)을 가리킨다. 이제 이소크라테스는 말의 교육으로서의 철학 역시 제작술과 마찬가지로 같은 능력을 가진 제자를 육성하는 일에서 최고의 수준을 가늠할 수 있다고 말하는 셈이다. 이소크라테스가 말한 바를 기준으로 본다면 그는 철학에서 최고수준에 이르렀음을 확인할 수 있다. 키케로의 『연설가에 관하여(*De Oratore*)』 2.22.94를 보라. “모든 연설가의 스승인 이소크라테스가 그대 눈에 띌 것이다. 그의 학교에서는 마치 트로이아 목마로부터 나온 것만큼의 지도자들이 나왔다. 그들 중 일부는 능력을 과시하는 데에서, 일부는 치열한 논쟁에서 두각을 나타내길 원했다.” 여기에서 열거된 역사가들(테오폼포스, 에포로스, 필리스토스, 나우크라테스)은 “서로 비슷했고 그들의 스승과도 비슷했다”고 한다.

136) 교육에 의해 같은 습성과 같은 말의 방식, 따라서 생각하고 살아가는 방식이 같아지는 것이 사람들 사이의 ‘동질성’과 동일한 ‘정체성’을 만들어준다는 생각이다. 이것은 혈통적인 동질성과 종족의 한계를 교육을 통해 극복하고 혈통이나 종족의 관점에서 이질적인 사람들까지 하나로 묶어줄 수 있다는 ‘세계시민주의’(cosmopolitanism)로 발전할 수 있다. 이와 같은 생각은 이미 『시민대축전에 부쳐』 50에서도 비슷하게 표방된 바 있다. “우리 도시는 현명한 생각에서나 말하는 것과 관련해서나 다른 사람들보다 너무 앞서 나간 나머지 이 도시에서 배운 학생은 다른 사람의 교사가 되었습니다. 또한 ‘헬라스 사람’이라는 이름은 더 이상 ‘종족’이 아니라 그런 ‘생각’을 가리키는 것이라는 의견을 만들었고 공통되는 태생적 조건을 갖는 사람이 아니라 우리의 교육을 같이 받은 사람들이 오히려 ‘헬라스 사람’이라고 불릴 수 있도록 만들었던 것입니다.”

137) 이소크라테스는 ‘다른 사람들’에게로 화제를 돌리는데, 무고한 대상을 부당하게 공격하고 고발하는 소송꾼들이다. 즉 이소크라테스를 법정에 세운 사람들이며, 이소크라테스가 맞서서 자신을 변호해야 하는 대상들이다. 이

들은 크게 다음 두 가지 특징을 보인다. 첫째, 철학을 무시하지는 않지만 다른 사람들보다 (또는 다른 지적인 활동들보다) 더욱 신랄하게 철학을 공격한다. '지혜 사랑'으로서의 '철학'(philosophia)에 대한 공격은 곧바로 '지혜를 알고 지혜를 다루는 사람'이라는 뜻의 건전한 '소피스트'에 대한 악의적인 공격으로 이어진다. 둘째, 그들은 소피스트라고 자처하면서도 그 이름에 어울리지 않는 전혀 다른 행위를 하는 사람들이 보여주는 사악함을 진정한 소피스트에게 뒤집어씌우는 사람들이다. 참된 소피스트는 사악한 소피스트가 하는 짓은 전혀 하지 않는데도 그들에게 그 '다른 사람들'은 잘못된 소피스트의 '사악함'을 전가시켜 그들의 인상에 흠집을 내고 대중에게 그들에 대한 잘못된 인상을 심어준다. 실제로 이소크라테스는 소피스트를 두 부류로 나누고 있다. 자칭 소피스트이면서 그 이름에 걸맞은 행동은 없고 그와는 전혀 다른 짓을 하는 사악한 소피스트가 한쪽에 있고, 다른 쪽에는 사악한 소피스트 때문에 오해를 받는 참된 소피스트가 있다. 참된 소피스트는, 플라톤이 『프로타고라스』에서 그려준 바에 따르면, 그 이름에 걸맞게 '지혜로운 것들을 아는 자'(312c)이며 '영혼의 양육자'(313c)로서 '사람들을 교육하는데'(317b), 특히 그는 '집안일과 관련해서 어떻게 자기 집안을 가장 잘 경영할 것인지, 또 나랏일과 관련해서 어떻게 나랏일들을 가장 능력 있게 행하고 말할 것인지'에 관하여(318e-319a) '능통하게 만들어주는 일을 주관하는 사람'(312d)이다. 플라톤의 대화편에서 프로타고라스는 이렇게 그 효과를 말한다. "나와 함께 지내게 된 바로 그날 자네는 더 나은 사람이 되어서 집에 가게 될 것이다. 그다음 날도 마찬가지고 그래서 나날이 항상 더 나은 쪽으로 진전을 보일 것이다." 이와 같은 능력은 '사람들을 좋은 시민으로 만들 것을 약속하는' '시민적 기술'(politikē tekhnē), 즉 '정치학'이다. 따라서 소피스트는 한 마디로 훌륭한 시민을 육성하는 교육자인 셈이다.(인용된 번역은 강성훈 역, 2011, 『프로타고라스』, 이제이북스)을 손질한 것) 전체적으로 보아 플라톤이 『프로타고라스』에서 그려주는 소피스트의 모습은 이소크라테스가 생각하고 있는 그 이름값에 충실한 소피스트와 다르지 않다. 아테네의 입법자며 정치가인 솔론([235]와 [313]을 보라.)이 소피스트로 불리며, 아테네의 전성기를 이끈 정치가 페리클레스의 스승으로 언급되는 클라조메네의 아낙사고라스와 다몬도 소피스트로 언급된다.([235]를 보라.) 반면 소피스트라는 이름을 내걸면서 그 값을 다하지 못하는 소피스트가 있다. 그들의 약속과 행동은 사악한데, 바로 그들이 앞쪽 소피스트인 것이다. 이 둘이 같은 이름으로 불리는 데에서 건전한 소피스트에 대한 오해가 발생한다. 그들에게 사악한 소피스트의 이미지가 덧씌워지기 때문인데, 이소크라테스는 이와 같은 악의적인 오해를 일으키는 사람들에 대해 이야기를 시작하려고 한다. 이소크라테스 자신에 관해 말하자면, 그도 프로타고라스가 그랬던 것처럼 자신이 소피스트임을 부인하지는 않았지만, 자신에게 덧씌워진 소피스트의 부정적인 이미지 때문에 고통을 당하고 있다고 생각한다. 그리고 그 부정적인 이미지를 덧씌운 사람들에 맞서 자신의 이미지를 개선하려는 것이 이 연설문의 주요 의도 가운데 하나다.

138) 13세기에 작성된 필사본 Laurentianus LXXXVII 14(Θ)에는 다음과 같은 내용의 문단이 더 기록되어 있다. 그러나 이 내용이 다른 필사본에는 없고 내용상으로도 다소 부적절해 보인다는 이유로 노린(Norlin, G., 1929)은 삭제하고 편집했고(Loeb Classical Library), 최근 투(Too, Y. L., 2008) 역시 이 부분을 해제에는 소개하고 번역도 제공했지만(pp. 29-30) 본문의 번역에서는 뺐다. 그러나 뷔데(Budé) 판을 편집한 마티유(Mathieu, G., 1942)는 이 부분을 작은 글씨체로 본문에 삽입했으며, 독일의 토이브너(Teubner) 판을 편집한 만델아라스(Mandelaras)도 이 부분을 포함시켜 편집했다.(Mandelaras, V. G., 2003, *Opera Omnia. Isocrates*, Munich) "ἀλλὰ γὰρ οὐ δίκαιον διὰ τοὺς ἀκρατεῖς καὶ πονηροὺς διαβάλλεσθαι καὶ τοὺς καλῶς τῇ φιλοσοφίᾳ χρωμένους· οὐδὲ γὰρ εἴ τινες τῶν πολιτῶν συκοφάνται καὶ κακοπράγμονες τυγχάνουσιν ὄντες ὥσπερ ὁ κατήγορος, προσήκει καὶ τοὺς ἄλλους ἅπαντας δοκεῖν εἶναι τοιούτους, ἀλλὰ δεῖ χωρὶς περὶ ἑκάστου διαγιγνώσκειν. τούτου δ' ἕνεκα καὶ τοὺς λόγους ὑμῖν προανέγνων καὶ τοὺς πλησιάσαντάς μοι διῆλθον, <δηλῶσαι> βουλόμενος ὅσον διέσταμεν ἀλλήλων. εὑρήσετε γὰρ οὐδὲν τῶν αὐτῶν ἡμᾶς οὔτ' ἐπιτηδεύοντας οὔτε λέγοντας οὔτ' ἀσκοῦντας οὔθ' ὑπισχνουμένους· ἀλλ' οὐδὲ τοὺς πλησιάζοντας τῶν αὐτῶν ἑκατέροις ἕνεκα συνόντας· ἀλλὰ τοὺς μὲν ἀλαζονείας, τοὺς δὲ παιδείας μετασχεῖν

βουλομένους. πρὸς δὲ τούτοις ἴδοιτ' ἂν τοὺς μὲν δικαίως ἂν μισηθέντας [ἐν] ἁπάσαις ταῖς Ἑλληνίσι πόλεσιν ἐνοχλοῦντας καὶ ζητοῦντας οὕστινας ἐξαπατήσουσιν, ἐπὶ δὲ τοὺς ἀληθεστέρους καὶ σπουδαιοτέρους ἐξ ἁπάντων τῶν τόπων [πρὸς] αὐτοὺς πλέοντας. περὶ ὧν ἂν ἡδέως Λυσιμάχου πυθοίμην, τίνα ποτὲ γνώμην εἶχε περὶ τῶν ἐκ Σικελίας καὶ τοῦ Πόντου καὶ τῶν ἄλλων τόπων δεῦρο πλεόντων ὡς ἡμᾶς ἵνα παιδευθῶσιν. πότερον αὐτοὺς οἴεται σπανίζοντας ἐκεῖ πονηρῶν ἀνθρώπων ἐνθάδε ποιεῖσθαι τὴν πορείαν; ἀλλὰ πανταχοῦ πολλὴν ἀφθονίαν εὕροι τις ἂν τῶν συμπονηρεύεσθαι καὶ συνεξαμαρτάνειν βουλομένων."

139) 이소크라테스는 자신의 교육 덕택에 아테네가 전 그리스의 스승이 되었다는 자부심을 드러내고 있다. 일반적인 선에서 그는 이미 기원전 380년에 『시민대축전에 부쳐』를 발표하면서 "우리 도시(=아테네)는 현명한 생각에서나 말하는 것과 관련해서나 다른 사람들보다 매우 앞서 나갔기에 이 도시에서 배운 사람은 다른 사람의 교사가 되었습니다"라고 주장했다. 이 주장의 구체적이며 가장 대표적인 사례가 바로 이소크라테스 자신임을 그는 지금(기원전 354/3년) 『교환소송에 관하여』에서 밝히고 있는 것이다. "우리 도시(=아테네) 전체는 헬라스의 학교이고, 시민 개개인은 가장 다양한 삶의 방식 속에서도 최대한 우아함을 지니고 유명하게 자기 자신을 자족적인 사람으로 드러낸다"(투퀴디데스, 『펠로폰네소스 전쟁사』 II.41.1)라고 했던 페리클레스의 자부심과 일맥상통한다. 이로써 이소크라테스는 "우리 도시(=아테네)는 철학(philosophia)을 보여주었습니다. 철학은 이 모든 것을 발견하고 갖출 수 있도록 도와주었고, 우리를 교육하여 실천하게 하였으며, 서로를 대할 때 정중한 태도를 갖게 해주었습니다. 불행이 닥쳤을 때 그것이 무지 때문에 생긴 것인지 아니면 필연적인 것인지 구별하게 하고, 앞의 불행은 막아내고 뒤의 불행은 아름답게 견딜 수 있도록 가르쳐주었던 것도 철학입니다"(『시민대축전에 부쳐』 47)라고 밝혔던 '아테네의 철학'에 그 후로도 약 26년간 매진하여 철학의 전통에 충실한 진정한 계승자임을 천명하는 셈이다. 자신의 가르침을 받으려고 그리스 전역에서 아테네로 오고 있다고 하니 말이다. 더 나아가 그의 행보는 그리스인들이 모인 축제에서 연설문을 발표하고 그리

스 전역의 주요 정치지도자들에게 편지와 연설문을 보내며 자신의 정치적인 이념인 '범그리스주의'를 전파하는 데까지 이른다. 그는 그리스 각지에서 아테네로 오는 학생들을 받아들이며 아테네를 그리스의 학교로 자리매김하는 것과 동시에, 좀 더 적극적인 행보로 아테네 바깥에서도 '그리스의 교사' 역할을 수행한 것이다. 이소크라테스는 자신 이외에도 아테네의 명예를 교육적인 측면에서 높여준 다른 교사들이 있음을 시사하였지만, 구체적인 언급은 하고 있지 않다.

140) 고대 그리스에는 이른바 '7현인'(hoi hepta sophoi)이 있었는데, 솔론은 그중 한 사람으로 꼽힌다. 이소크라테스가 '일곱 소피스트'라는 표현을 사용하면서 솔론을 그 가운데 한 사람으로 표현한 것은 결국 '소피스트'(sophist)가 '지혜로운 사람'(sophos)과 같은 뜻으로 쓰일 수 있음을 보여준다. 플라톤의 『프로타고라스』에서도 소피스트는 '지혜로운 것들을 아는 자'(tōn sophōn epistemōn)라고 표현하는 것(312b)도 같은 맥락에서 이해될 수 있다. 이 작품에서 플라톤은 7명의 현인의 이름을 열거하며 그 안에 역시 솔론을 포함시키는데, 그들이 지혜를 사랑하는 철학자로도 통할 수 있음을 알려준다.(343a) 그 이전에 헤로도토스 역시 솔론에 관해서 지혜(sophia)와 지혜 사랑하기(philosophein), 즉 철학으로 이름이 널리 알려져 있다는 사실을 알려준다.(I.30) 그러나 소피스트라는 개념은 기묘한 말재주를 가르치며 돈을 벌던 교사들을 가리키는 말로 주로 사용되면서 오명이 되었다. 이소크라테스는 만물의 근원을 탐구하던 소크라테스 이전 철학자들에 대해서 '옛 소피스트'라는 말을 사용하는데, 바로 뒤에서는 아낙사고라스를 소피스트라고 칭하며, 나중에는 고르기아스와 함께 엠페도클레스, 이온, 알크메온, 파르메니데스, 멜리소스가 언급된다.([268]을 보라.) 솔론에 대해서 그랬던 것과는 달리 그들에 대해서는 긍정적인 의미를 부여하지 않는다.

141) 이소크라테스는 솔론과 테미스토클레스, 페리클레스를 최고의 연설가로 꼽았는데, 플라톤 역시 『고르기아스』에서 그들을 연설가로 소개한다. 그 작품 속에서 '고르기아스'는 '연설의 솜씨'(=수사학(rhētorikē))가 갖는 위력을 보여주기 위해 이렇게 말한다. "아테네인들의 이 조선소와 성벽들, 그리고 항구들의 건설은 테미스토클레스의 조언에 따라 이루어졌고, 다른 것들은 페

리클레스의 조언으로 이루어졌지," (해당 분야와 기술의) "장인들의 조언으로 이루어지지는 않았습니다."(455e) 그래서 특정 분야에 관해 조언을 하는 자와의 대결에서 승리를 거두는 자는 그 분야의 전문가인 장인이 아니라 말솜씨에 능한 연설가임이 입증되었다는 것이다. 그래서 수사학은 "모든 힘을 끌어모아서 자신의 지배 아래 둔다고 해도 과언이 아니다"는 것이다.(456a) 주목할 점은 말의 힘을 발휘할 수 있는 연설가의 능력에 대해 이소크라테스는 그 원천이 말의 교육이라고 규정되는 철학(philosophia)에서 온다고 한 반면, 플라톤은 이소크라테스가 말한 그 철학을 수사학(rhētorikē)으로 대체했다는 것이다. 이로써 플라톤은 철학을 새로운 방식으로 규정하고 이소크라테스를 철학의 영역 바깥으로 그래서 수사학의 영역 안으로 밀어낸 것이다.

142) '사법관'은 테스모테테스(thesmothetēs)를 번역한 것이다. 아테네에는 최고 공무원을 '집정관'(arkhōn)이라 불렀는데, 모두 아홉 명이었다. 이 가운데 최고위직 3인(arkhōn, basileus, polemarkhos) 이외에 6인을 사법관(thesmothetēs)이라 불렀는데, 이들은 소송을 위한 재판을 소집하고, 공무원들의 비리를 감찰하며, 추방된 자들의 밀입국을 단속하는 한편, 매년 필요에 따라 법을 개정하는 일도 맡았다.

143) 헤시오도스는 페이토(=설득) 여신을 테튀스가 낳은 딸들의 신성한 종족 가운데 하나라고 소개했다. 그에 따르면, 페이토를 포함해서 테튀스의 딸들은 아폴론과 강들과 함께 소년들을 남자로 성장할 수 있도록 해주는데, 이와 같은 역할을 제우스로부터 몫(moira)으로 부여받았다.(『신통기』 346-8) 제우스가 인간에게 고통을 주기 위해 헤파이스토스로 하여금 판도라를 만들게 했을 때, 페이토 여신은 판도라의 온몸을 황금 장신구로 꾸며주었다.(『일과 나날』 73-74) 다른 전승에 따르면, 페이토는 아프로디테를 수행하는 여신들의 무리에 속해 있으며(아이스퀼로스의 『탄원하는 여인들』 1039-1040행), 그녀의 아버지가 프로메테우스이며, 튀케(우연) 여신과 에우노미아(선한 질서)와는 자매 사이라고도 한다.(피에르 그리말, 최애리 외 역(2003), 『그리스 로마 신화사전』, 열린책들) 파우사니아스에 따르면, 설득의 여신 페이토에 대한 숭배는 테세우스에 의해 아테네에 정착되었으며, 그녀의 조각상은 아크로폴리스 가까운 곳에 세워졌다고 한다.(I.22.3) 또한 극장에 비극이나 희극 경연대회

가 벌어지면, 설득의 여신을 섬기는 여사제에게는 특별히 명예의 좌석이 주어졌다고 한다.

144) 종합격투기는 '팡크라티온'(pangkration)을 옮긴 말로, '모든 힘을 다 사용하기'라는 뜻이다. 이것은 기원전 648년 제33회 고대 올림픽 대회부터 정식 종목으로 채택되어 당시 가장 많은 인기를 누린 격렬한 격투무술이자 실전무예이다. 일정한 무기와 보호장구 없이 맨손으로 습한 모래나 진흙 위에서 경기를 하며, 주먹 지르기, 발차기, 꺾기, 던지기, 조르기 등 모든 기술이 허용된다. 물어뜯기와 눈 후비기만 반칙으로 금지되었고, 일정한 규칙 없이 상대방이 항복할 때까지 경기가 계속된다.

145) 권투와 종합격투기를 가르치는 교사와 그것을 부당하게 사용하는 학생을 똑같이 취급해서는 안 된다는 이소크라테스의 주장은 플라톤의 『고르기아스』 편에 나오는 '고르기아스'의 주장을 떠올리게 한다. 수사학에 비판적이고 부정적인 태도를 보이는 '소크라테스'에게 고르기아스는 권투나 종합격투기를 배워서 부모나 친구들을 때리거나 중무장 전투를 배워서 친구를 때리거나 죽인다면 그 당사자를 비난하고 벌해야지, 그것을 가르친 교사를 미워하거나 벌해서는 안 된다고 말한다. 교사는 자신이 가르치는 기술을 "적이나 불의를 행하는 자들을 대상으로 정당하게 사용하라고 그 기술을 전해준 것"인 한, "가르친 사람이 몹쓸 자가 아니며," 제자들이 그 기술을 부당하게 사용했다고 해서 "기술 자체가 비난을 받을 것도 아니고 몹쓸 것도 아니다"는 것이다. 연설의 기술, 즉 수사학에 대해서도 마찬가지다. "어떤 사람이 수사학에 유능해진 다음에 이 힘과 기술로 불의를 저지른다면" 그 당사자를 미워하고 벌을 주거나 추방해야지, "그 기술을 가르친 사람을 미워하거나 나라 밖으로 내쫓아서는 안 된다고 생각한다"고 주장한다.(456d-457c) 이소크라테스는 고르기아스보다 한 발 더 나아가 그런 선생은 존중을 받아야 하며 칭찬의 대상이라고 더 추겨세운 셈이다.

146) 인간은 말을 사용한다는 것 이외에는 다른 짐승과 다를 바 없으며, 오히려 다른 짐승보다 여러 측면에서 열등하다는 주장은 『니코클레스』 5와 똑같다. 그러나 한 부분에서만 학자들 사이에서 이견을 보이는데, 노린(Norlin)과 투(Too)는 필사본 Θ를 따라 '다른 동물들과'(τῶν ἄλλων ζῴων)라고 읽는

반면, 마티유(Mathieu)는 다른 필사본들을 따라 '동물들과'(τῶν ζῴων)라고 읽는다. 나는 이소크라테스가 『니코클레스』 5를 그대로 가져온 것으로 보고 앞엣사람들처럼 읽었다. 플라톤은 『프로타고라스』에서 인간이 다른 동물에 비해 여러 측면에서 약하다는 사실을 인정하고 그 이유를 신화로 설명해준다. 그에 따르면 에피메테우스가 다른 동물에게는 민첩함이나 완력, 무장, 털과 가죽 같은 보호수단 등을 모두 나누어주고 정작 인간을 위해서는 아무것도 남겨두지 않았기 때문에 인간은 다른 동물에 비해 열등하게 되었다. 그래서 프로메테우스는 아테나 여신의 기술적인 지혜와 헤파이스토스의 불을 훔쳐다가 인간들에게 나누어주었다. 반면 인간은 생존을 위해 모여 도시 공동체를 이루게 되었고, 제우스는 그들에게 "염치와 정의를 가져다주어 나라의 질서와 우정의 결속이 그들을 함께 모을 수 있도록 했다." 그것은 곧 시민공동체 구성원에게 필요한 시민적 덕이었으며 '시민적 기술'(politikē)의 요체가 되었다고 한다.(320c-323c) 말하자면 이소크라테스는 이와 같은 시민적인 덕, 즉 다른 동물과 달리 공동체를 이루고 생존을 도모하는 능력의 요체를 말(logos)로 본 것이다.

147) 논쟁을 '고귀한 것으로 생각하고 진지하게 다루는 사람들'(spoudazontōn)이라고 말했지만, 이것이 논쟁술을 진지한 학문이나 기술로 생각했음을 뜻하는 것은 아니다. 이소크라테스에게 정말로 '고귀한 것이며 진지한 관심과 고려의 대상이 되는 것'(ta spoudaiotera, 256; spoudaiotera tōn mathēmatōn, 267)은 말의 기술, 즉 수사학이다. 논쟁술을 다루는 사람들은 바로 뒤에 나오는 것처럼 '비천한 사람들'(hoi phaulotatoi)과 다를 바가 없다. 이소크라테스는 플라톤(Mathieu(1942), pp. 114-115, p. 166)이나 아리스토텔레스(Norlin(1929), pp. 328-329)를 생각하고 있는 것 같다.

148) 이소크라테스는 플라톤과 같은 방식의 철학자들은 학생들에게 특별히 해를 끼치지는 않지만, 그렇다고 특별히 더 많은 유익을 주는 것 같지는 않다고 생각한 것 같다. 이소크라테스는 앞서 이런 사람들을 논쟁을 '고귀한 것으로 생각하고 진지하게 다루는 사람들'(spoudazontōn)이라고 불렀다. 그러나 이들이 학생들에게 전혀 무익한 것은 아니다.([261], [265]를 보라.) 반면 학생들에게 해를 입히는 교사들에 대해서는 '비천한 사람들'(hoi phaulotatoi)이

라고 말했다. 전자가 유익을 끼치지 못하고 후자가 해를 입히는 이유는 이들이 학생들에게 '공적으로 유익한 말에 관해서'(tōn logōn tōn koinōn kai tōn khrēsimōn) 아무것도 가르치지 않고 오히려 비방하기 때문이다.

149) 플라톤은 『국가』에서 수호자들의 교육 프로그램을 기획하면서 시가와 체육의 기초교육과 계산술(logistikē)과 수론(arithmētikē)을 가르친 후에 기하학(geōmetria)과 천문학(astronomia)을 가르쳐야 한다고 주장한다.(522c-530c) 한편 그리스 고전기에는 소피스트가 기하학과 천문학을 가르친다는 일반적인 관념이 있었다. 아리스토파네스의 『구름』에 나오는 '소크라테스'는 소피스트와 다를 바 없이 나오는데, 그의 관심사와 교육과정에는 우주론(101행), 천문학(174-181), 기하학(202)이 있는 것으로 소개된다. 플라톤의 『프로타고라스』에서는 소피스트인 힙피아스가 계산법(logismos)과 기하학과 천문학과 음악(mousikē)을 가르친다고 소개된다.(318e) 『대(大) 힙피아스』에서 힙피아스가 알고 있는 것들 중에 가장 아름다운 것은 별들과 하늘에 관한 것들이라고 표현되고(285b), 『소(小) 힙피아스』에서 힙피아스는 계산법과 계산술(logistikē)에 경험이 많은 전문가로 인정되고 있다.(366c)

150) 플라톤의 『고르기아스』에서는 고르기아스에 이어 소크라테스와 대화를 나누는 칼리클레스가 이와 비슷한 말을 한다. 이 작품에서 플라톤의 '소크라테스'는 '고르기아스'의 기술, 즉 연설의 기술과 말솜씨를 '수사학'(rhētorikē)이라 부르고 공격하는 데 반해 – 분명 이소크라테스는 이 대화편에서 '고르기아스'가 내세우는 수사학을 말의 교육으로서의 철학이라고 인정했을 텐데 – 칼리클레스는 '소크라테스'가 내세우는 철학의 무용성을 비판한다. 이때 철학은 이소크라테스가 이곳 『교환소송에 관하여』에서 비판하는 '정교하게 갈고 닦는' 학과들을 가리킨다고 할 수 있다. "소크라테스, 누구든 적절한 나이에 알맞게 손을 댄다면 철학은 분명히 고상한 것이지요. 그러나 필요 이상으로 거기에 남아 시간을 보내면 그것이 사람들을 망칩니다. 아주 좋은 자질을 타고났어도 적절한 나이가 훨씬 지나도록 철학을 할 경우에는 훌륭하고 좋은 사람이 되고 명망 있는 사람이 되려는 자가 반드시 경험해야 하는 모든 것에 미숙해질 수밖에 없기 때문입니다."(484c-d) 같은 작품의 487c-d도 보라.

151) '여러 사안들 가운데 비교적 더 고귀하고 더 많은 가치를 가진 것들'이란 결국 '말의 교육', 즉 '철학'과 다른 것이 아닌 '수사학'을 가리킨다. 이소크라테스는 기하학이나 천문학과 같은 다른 모든 학문은 수사학(=철학)을 위한 기초적인 과목이지, 그 자체가 철학이라고 할 수는 없다는 입장에 서 있다. 이와 같은 생각은 표현된 것만 따지자면 플라톤이 『국가』에서 말하는 교육 커리큘럼과 크게 다르지 않다. 플라톤 역시 천문학과 기하학은 철학을 배우기 전에 익히는 예비 학문의 성격을 갖는다고 했기 때문이다. 철학은 통치자와 수호자가 가장 마지막에 접하는 학문이다. 플라톤과 이소크라테스의 근본적인 차이점은 최종적인 (그리고 최고인) 학문으로서의 '철학'을 어떻게 규정하느냐에 달렸다.

152) 철학이 시민들의 정치적인 사안에 관한 말과 행동에서 유익하지 않다면 철학이라고, 즉 '지혜를 사랑하는 것'이라고 부를 수 없다는 이소크라테스의 입장은 아리스토텔레스의 그것과는 크게 달라 보인다. 아리스토텔레스는 『형이상학』에서 다른 어떤 목적에 유용하거나 그 목적을 위해 필요하기 때문에 생겨난 기술이나 지식은 그 어떤 것에도 매이지 않고 그 자체가 목적이 되는 것보다는 덜 지혜롭다는 입장을 취한다. "학문 중에서는 자기 목적적이요 앎을 목적으로 선택된 것이 파생적 결과들을 위해서 있는 것보다 지혜에 더 가까우며, 더 지배적인 위치에 있는 것이 예속된 것보다 지혜에 더 가깝다."(982a15-18. 조대호 역(2012), 『형이상학』, 나남) 그는 『니코마코스 윤리학』에서도 그 점을 강조한다. 행복을 위해서 덕(aretē)을 발휘해야 한다면, 덕에 따르는 활동 중에서도 가장 즐거운 것은 "지혜에 따르는 활동"이며 "지혜에 대한 사랑, 즉 철학은 그 순수성이나 견실성에서 놀랄 만한 즐거움을 가지고 있는 것 같다"고 말하면서, 지혜란 다른 사람과의 논의나 토론의 형태를 가지지 않고 관조(theorein)의 형태를 띤다. "지혜를 가진 사람은 혼자 있어도 관조할 수 있으며, 그가 지혜로우면 지혜로울수록 더욱더 그러할 것이다. 그가 동반자를 가지면 아마 더 잘 관조할 수도 있겠지만, 그럼에도 그가 가장 자족적이다." 자족적이라는 것은 이것만으로 충분하다는 뜻이며, 이것이 다른 어떤 것으로부터 파생되거나 이것으로부터 무엇인가가 나와야

할 필요는 없다. "이 관조적 활동만이 그 자체 때문에 사랑받는 것 같다. 관조적 활동으로부터는 관조한다는 사실 이외에 아무것도 생겨나지 않는 반면, 실천적 활동으로부터는 행위 자체 외의 무엇인가를 다소간 얻고자 하기 때문이다."(1177a35-1177b5. 강상진 · 김재홍 · 이창우 역(2011), 『니코마코스 윤리학』, 길) 이에 따르면, 이소크라테스는 지혜를 사랑하고 추구하는 사람이라기보다는 유익을 추구하는 사람이며, 철학이 그 유익, 즉 공동체의 유익과 그에 따른 개인의 유익을 추구하기 위해 봉사해야 하는 도구라는 입장을 취한 셈이다. 따라서 아리스토텔레스의 눈에 이소크라테스는 철학을 추구하는 사람이 아니며, 또한 추구한다고 해도 최고 수준의 철학을 하는 것이 아니며, 더 큰 목표를 위해 철학을 수단으로 이용하는 사람으로 보일 것이다.

153) 키오스의 이온이 말한 3개의 원소가 구체적으로 무엇인지는 전해지지 않는다. 딜스(H. Diels)가 편집하고 크란츠(W. Kranz)가 보완한 『소크라테스 이전 사람들의 단편(*Die Fragmente der Vorsokratiker*)』(흔히 DK로 약칭. 이 책의 일부는 김인곤 등에 의해 『소크라테스 이전 철학자들의 단편 선집』(2005, 아카넷)으로 출판되었다.) 36 B1에 따르면, 기본 원소들 가운데 일부는 항상 반목하며 전쟁 중이지만, 다른 일부는 함께 모여 자손을 낳는다고 한다. 이와 비슷한 내용이 플라톤의 『소피스트』에서도 나온다. "파르메니데스와 그 밖의 모든 이가 있는 것들에 관해서 그것이 몇 개인지, 그리고 어떤 것들인지 구분해내는 결정에 달려들었을 때" "그중의 한 사람에 따르면, 있는 것들은 3개이고, 이것들 중 어떤 것들은 때로는 어떤 식으로 서로 싸우지만, 또 그러고 나서는 서로 친해져서 결혼을 하고 출산을 해서 아이들을 양육합니다."(242c-d. 이창우 역(2011), 『소피스트』, 이제이북스) 그런데 플라톤은 이들이 "마치 어린아이에게 옛날이야기(muthos)를 하듯이 하기 때문에 부주의하다"고 하는데, 빌(Wiehl)은 이 부분이 제우스와 크로노스, 땅의 싸움과 화해로 세상을 설명한 기원전 6세기 중반의 페레퀴데스의 주장을 가리킨다고 추정한다.(Wiehl, R.(1985), *Platon, Der Sophist*, Hamburg: Felix Meiner, p. 187) 로젠(Rosen)은 이 옛날이야기는 이오니아의 신화에서 온 것이라고 해석하지만 구체적으로 누구인지는 알 수 없다고 말한다.(Rosen, S.(1983), *Plato's Sophist - The Drama of Original and Image*, New Haven and London: Yale University, p. 206)

154) 알크메온이 말한 2개의 원소가 정확하게 무엇인지는 알 수 없다. 하지만 서로 반대되는 것들이 존재하는 것들의 원리라는 입장은 분명하다. 아리스토텔레스는 『형이상학』에서 피타고라스학파의 이론을 설명하면서 알크메온의 입장을 곁들여 소개하였다. "크로톤의 알크메온도 이런 방식(피타고라스학파의 경우에는 10개의 서로 대립되는 2개의 항, 예컨대 한계-무한자, 홀수-짝수, 하나-다수, 오른쪽-왼쪽 등 모두 10개의 항으로 설명하는 방식)으로 생각했던 것 같은데, 그가 앞서 말한 사람들(피타고라스학파 사람들)에게서 그 이론을 취했거나 이 사람들이 그에게서 그 이론을 받아들였거나 둘 중에 하나이다." "알크메온은 인간과 관련된 여러 가지 것들을 둘로 나누지만" "예컨대 하양과 검정, 단것과 매운 것, 좋음과 나쁨, 큼과 작음을 내세운다. 그래서 알크메온은 나머지 대립자들에 대해서는 불확정적으로 대강의 생각을 펼친 데 반해, 피타고라스학파는 반대 상태의 수가 얼마이고 그에 해당하는 것들이 어떤 것들인지 분명히 밝혔다."(986a21-b1) 한편 플라톤은 있는 것들의 기본 원소에 관하여 그것이 2개라고 하는 사람들의 입장을 다음과 같이 소개한다. "있는 것은 2개, 즉 습한 것과 마른 것, 혹은 더운 것과 차가운 것이라고 말을 하는 또 다른 사람은 이것들을 같이하게 하고 결혼을 시켜서 내보냅니다."(242d) 이에 관하여 빌(Wiehl)은 디오게네스 라에르티오스의 『유명한 철학자들의 삶』 II.16에 의거하여 아르켈라오스일 수도 있다고 시사한다.(Wiehl, R(1985), *Platon, Der Sophist*, Hamburg: Felix Meiner, p. 187) 그가 근거로 삼고 있는 곳에는 "아르켈라오스는 생성(genesis)의 두 가지 원인은 더운 것과 차가운 것이라고 말했다"고 기록되어 있다. 아르켈라오스는 이오니아 철학을 처음으로 아테네로 가져왔으며 소크라테스의 스승이었다고 소개된다.

155) '잉여적인 논의'는 'περιττολογίας'를 옮긴 것이며 주요 필사본인 $\Gamma\Delta^{1}$E를 따라 읽은 결과다. 그러나 필사본 Θ와 Γ와 E의 필사본 가장자리, 그리고 필사본 Δ에는 원래와는 다른 필체(Δ^2)로 'τερατολογίας'라고 적혀 있는데, 이에 따라 번역하면 '별스러운 논의'가 된다. 노린(Norlin)은 앞엣것으로 읽었으며 투(Too)가 그에 따라 읽었던 반면, 마티유(Mathieu)는 뒤엣것으로 읽었

다. 뒤엣것으로 읽는 사람들은 흔히 뒤([285])에 나오는 옛 소피스트들의 '별스러운 논의'라는 표현을 이곳에도 그대로 적용한 것이다. 또한 『아테네 대축전에 부쳐』(77)에 '아무런 유익도 주지 못하는 잉여적이며 별스러운 행동들'이라는 표현도 근거로 제시하곤 한다. 반면 앞엣것으로 읽는 사람들은 『헬레네 찬가』에서 이소크라테스가 제논과 멜리소스와 고르기아스에 관하여 '잉여적이고 묘기 부리기'(περιττότητας καὶ θαυματοποιίας)라는 표현이 사용된 것이 이곳의 표현과 거의 유사하다는 점을 근거로 삼는다. 이 책에서는 이에 따라 읽고 번역한다. '별스러운 논의'(τερατολογίας)라고 읽는 것은 바로 뒤에 나오는 '묘기 부리기'(θαυματοποιίαις)와 의미가 중복되어 일종의 동어반복처럼 보이기 때문에 적절하지 않는 반면, '잉여적인 논의'(περιττολογίας)라고 읽는 것은 뒤에 나오는 '아무런 쓸모도 없는 말'(τῶν λόγων τοὺς ματαίους)과 잘 호응한다고 보기 때문이다.

156) 주어진 상황을 잘 관찰하고(theōrein) 시의적절함을 따져서 어떤 행동을 하는 것이 가장 이롭고 정의로우며 아름다운 일인가에 관하여 '평가를 내리는 일'(dokimazein)은 이소크라테스 교육의 핵심이다. '평가를 내리는 일'이란 단어의 구성에서도 알 수 있듯이, 상황에 가장 잘 맞는 것으로 보이며(dokein), 가장 적절한 것으로 판단되는 의견(doxa)을 만들어내는 일까지를 포함한다. 더 나아간다면 그 의견을 다른 사람들에게 명확하게 제시하고 설득하려고 노력하거나, 적어도 다른 사람들과의 상호이해를 통해 분란과 갈등을 최소화시켜 나가는 일도 포함된다.

157) 청중에게는 발언된 말 자체보다 말을 하는 사람의 품성과 그가 살면서 보여주었던 것들이 더 큰 설득력을 갖는다는 주장이다. 나중에 수사학을 체계화시킨 아리스토텔레스는 말을 통해 제공되는 입증(pistis)을 세 가지로 나누는데, 말하는 사람의 성격(또는 품성, ēthos)과 청중의 감정(pathos), 말 자체의 논리(logos)와 사실성이 그것이다. 말하는 사람을 믿을 만한 사람으로 만들어주는 말은 설득력이 있는데, 청중은 공명관대한 사람의 말을 더 빨리, 더 많이 믿어주기 때문이다.(I.2.1356a1-7) 아리스토텔레스는 연설가가 청중에게 신뢰를 얻을 수 있는 요건을 세 가지로 제시하는데, 현명함(phronēsis)과 훌륭함(또는 덕 aretē), 그리고 청중에 대한 호의(eunoia)가 그것이다. 현명하지

못하다면 연설가의 주장에 대해 청중의 신뢰를 얻을 수 없을 것이고, 현명하다고 해도 그가 악덕하고 천박하다면 청중은 그를 외면할 것이며, 그가 현명하고 훌륭하다고 해도 청중에 대해 반감을 갖고 있거나 무정하고 냉정하거나 무시하는 태도를 갖고 있다고 보이면 청중은 연설가의 의견에 동의하지 않을 것이다.(II.1.1377b20-1378a19) 그러나 아리스토텔레스는 연설가의 성격도 말 자체를 통해서 드러나고 입증되어야 하며, 말 이외의 다른 외적인 요소들에 의해 좌우되어서는 안 된다는 점을 명확하게 했다. "그러나 이것(=성격을 통해 청중의 신뢰를 얻고 설득력을 갖는 것)도 말을 통해서(dia tou logou) 이루어져야 하며, 연설가가 어떤 성격의 사람이라고 하는 선입견을 통해서(dia tou prodedoxasthai) 하면 안 된다."(I.2.1356a8-10)

158) 마티유(Mathieu)에 따르면, 필사본의 이 부분은 복원하기 힘들 정도로 파손되었다고 한다.("locus sine dubio corruptus est"(의심할 바 없이 이 자리는 훼손된 상태다)) 이런 의미에서 자신이 복원(또는 추정)한 단어 앞에 복원 불가능성을 의미하는 문헌학적인 기호인 '십자가'(✝)를 붙였다. 하지만 주요 필사본을 최대한 복원한다면 '무관심합니다'(ἀμελήσαντες)라고 읽을 수 있다.(p. 172 왼쪽 각주 4. '뷔데판'은 이렇게 편집했다.) 다른 사본에는 '칭찬하는 일에는 무관심합니다'(ἀμελήσαντες ἐπαινεῖν)라고 적혀 있기도 하다. 사우페(Sauppe)는 '쫓아냈습니다'(ἀπελάσαντες)라고 추정하며, 블라스(Blass)는 '그러나 ……(그렇게 말하지) 않습니다'(ἀλλ' οὐ)라고 읽었다. 노린(Norlin)은 블라스의 추정을 따라 읽고 편집했다.

159) 플라톤의 『프로타고라스』에서 소크라테스는 소피스트인 프로타고라스에게 무엇을 배울 수 있냐고 묻자, 프로타고라스는 이렇게 대답했다. "내게 온 사람은 자기가 배우러 온 바로 그것 말고는 다른 어떤 것에 대해서도 배우지 않을 겁니다. 그 배울거리란 잘 숙고하는 것(euboulia)입니다. 집안일과 관련해서 어떻게 자기 집안을 가장 잘 경영할 것인지, 또 나랏일과 관련해서 어떻게 나랏일들을 가장 능력 있게 행하고 논할 것인지 말이죠."(318e-319a) 이에 대해 소크라테스는 그것은 '사람을 좋은 시민으로 만들 것을 약속하는' '시민적 기술'(politikē), 즉 시민으로서 도시국가 안에서 잘 살아갈 수 있는 기술과 능력이라고 규정한다. 바로 이것을, 즉 집안일과 나랏일을 잘

꾸려나가는 시민적인 기술을 이소크라테스는 여기에서 '철학'이라고 이름 붙이는 것이 마땅하다고 주장한다. 이에 따르면 이소크라테스는 프로타고라스의 생각을 계승한 사람이며, 이소크라테스가 말하는 철학은 프로타고라스의 그것을 가리키는 셈이다. 그러나 다른 가능성도 있다. 철학적인 드라마를 쓴 플라톤이 이소크라테스의 입장을, 적어도 "철학이란 무엇인가?"라는 질문과 관련해서 이소크라테스의 입장을 우회적으로 검토하고 비판하기 위해 자신의 작품 속에서 프로타고라스에게 입힌 것일 수도 있다. 물론 이 작품에서 프로타고라스는 덕이 가르쳐질 수 있다고 하기 때문에([274]를 보라.) 이소크라테스의 입장과는 대립되며, 오히려 이 문제에 관해서 이소크라테스는 소크라테스와 가깝지만, 이런 설정과 이야기 전개 자체도 또한 플라톤이 이소크라테스를 비판적으로 다루기 위해 구사하는 고도의 전략이라고 할 수 있다. "그대는 프로타고라스처럼 정치적인 기술이 철학의 요체라고 말하는데, 그렇다면 덕은 가르쳐질 수 있다고 해야 하지 않는가?"라고 질문하는 것처럼 해석할 수 있기 때문이다.

160) 아크로폴리스 근처에 있는 유명한 샘으로, 처음에는 '아름다운 물줄기'(Kallirroē)라고 불렸다. 나중에 페이시스트라토스가 그 샘에 9개의 분출구를 만들고 울타리를 두르고 장식을 덧붙인 후로는 '아홉 샘'(Enneakrounos)이라고 불렸다. 투퀴디데스는 이 샘에 관해서 다음과 같은 기록을 남겼다. "그곳에는 참주들이 개수한 뒤로 지금은 '아홉 샘'이라고 부르지만, 전에는 대지에서 곧장 흘러나온다 하여 '아름다운 물줄기'라 부르던 샘이 있다. 당시 아테네인들은 이 샘이 가까이에 있어서 여러 가지 중요한 목적에 사용했는데, 지금도 옛 관습에 따라 결혼식을 올리기 전이나 다른 종교의식에 이 물을 쓴다."(II.15, 천병희 역(2011), 『펠로폰네소스 전쟁사』, 숲) 이에 따르면 이 샘물은 신성한 의미를 갖는다. 이소크라테스는 방종에 휩싸인 젊은이들이 포도주를 시원하게 마시기 위해 이 샘의 의미를 더럽혔다는 뜻에서 고발하고 있는 것이다.

161) '여성 아울로스 연주자'(aulētris)는 당시 청년들의 문란한 생활의 한 요소였으며(플라톤의 『향연』 212c-d를 보라.) 매춘과도 관련이 있었다고 한다. 아리스토파네스의 『개구리』에 나오는 다음 대사를 보라. "나리를 그냥 보내지

않겠어요. 안에는 예쁜 여성 아울로스 연주자도 있고, 무희도 두세 명 대기시켜놨으니까요." "꽃다운 나이에 음모도 말끔히 제거해버렸어요."(512-6)

162) 『소크라테스의 변명』 29d-3을 보라. 플라톤과 이소크라테스의 입장이 어디에서 차이가 나는지를 볼 수 있다. "그대는 가장 위대하고 지혜(sophian)와 힘(iskhun)으로 가장 이름난 나라인 아테네의 시민이면서, 그대에게 재물은 최대한 많아지도록 마음 쓰면서, 또한 평판(doxēs)과 명예(timēs)에 대해서도 그러면서, 현명함(phronēseōs)과 진리(alētheias)에 대해서는 그리고 자신의 영혼이 최대한 훌륭해지도록 하는 데 대해서는 마음을 쓰지도 않고 생각도 하지(phrontizeis) 않습니까?" 이소크라테스에게 평판과 명예는 교육과 삶에서 중요한 요소인데, 플라톤은 이것을 재물과 같은 수준에서 부질없는 것으로 보고 있다. 현명함(phronēsis)에 대한 강조는 둘 다 같지만, 이소크라테스는 말을, 플라톤은 진리를 강조한다. 이때 플라톤이 말하는 진리는 지식(epistēmē)과 관련되지만, 이소크라테스가 강조하는 말은 절대적이며 보편적인 진리에 대한 지식을 추구하고 그것에 도달하는 도구가 아니라, 의견(doxa)을 구성하며 영혼 속의 생각을 그림(eikōn, eidōlon)처럼 드러내는 수단이다.

163) '훈련하다'(gumnazesthai), '훈련장'(gumnasia) 등은 몸을 단련하는 교육과 훈련과 관련된 용어인데, 지금 이것을 영혼의 돌보기인 철학과 말의 교육에 옮겨 사용하고 있다. 일종의 은유(metaphora)다. 참고로 은유란 『시학』에서 정의된 아리스토텔레스 개념이다. "은유란 다른 것과 관련된 명사를 가져와 얹어 놓는 것인데, 유(類)에서 가져와 종(種) 위에, 또는 종에서 가져와 유 위에, 또는 종에서 가져와 종 위에, 또는 유추(類推)에 의해 가져와 얹어 놓는 것이다."(1457b6-9) 이소크라테스는 몸을 돌보는 데 사용되는 단어들을 그 맥락에서 꺼내어 영혼을 돌보는 일에다 가져다 은유로 사용한 것이다. 아리스토텔레스는 이와 같은 은유를 천재적인 능력에서 비롯된 것으로 높이 평가한다. "가장 중요한 것은 은유에 능함이다. 그것만은 다른 사람에게서 취할 수가 없으며, 타고난 재능이 좋다는 증거다. 사실 은유를 잘한다는 것은 (대상들 사이의) 동일성을 통찰할 수 있다는 것이기 때문이다."(『시학』 1459a4-7)

164) '말에 대한 사랑'은 '필로로기아'(philologia)의 번역. 종종 '말하기 좋아함'

이라는 뜻으로 소크라테스와 같이 담론과 대화를 즐기는 사람들에게도 사용되지만(플라톤, 『테아이테토스』, 146a), 수다스러움이나 실천보다는 말을 앞세운다는 부정적인 의미로 사용되기도 하며, 소피스트의 궤변과 언어적 유희를 가리키기도 한다. 문학, 추론, 논리, 학문 등 로고스(logos)의 진지한 의미에 대한 열정을 가리키는 말로 '배우기를 좋아함'(philomathēs)이나 '지혜사랑'(philosophia)과 같은 말로 사용되기도 했다. 페르가몬 도서관과 알렉산드리아 도서관의 문서수집 경쟁 이후에는 수집된 문서를 체계적으로 다루는 학자들의 작업을 가리키는 전문용어로 사용되었고, 현재 고대문헌을 연구하는 문헌학(philology)의 어원이 되었다.

165) 도성(astu)과 촌락(kōmē)의 구분은 아테네 안에서도 존재했다. 성벽으로 둘러싸인 도심이 도성이라고 불렸던 것이다. 아리스토파네스의 희극에서 이런 구분이 자주 언급된다. "그때 시골뜨기(agrikos)인 내가 메가클레스의 아들 메가클레스의 질녀와 결혼했는데, 그녀는 도성(astu) 아가씨여서 거만하고 사치스럽기가 완전히 코이쉬라였어."(『구름』 46-) "시골(agros)을 바라보며, 평화를 갈망하며, 도시(astu)생활에 염증을 느끼며, 내 마을(dēmos)을 그리워하며."(『아카르나이 구역민들』 32-33) 아리스토텔레스는 페이라이에우스 항구가 도성에서부터 지리적으로 떨어져 있고 도성보다도 더 민주적이라고 밝히면서 그곳이 도성과는 다른 외곽의 촌락임을 암시했으며(『정치학』 1307b7-16), 플라톤은 아폴로도로스로 하여금 또 다른 항구인 팔레론을 시내(astu)와는 다른 곳이라고 말하게 한다.(『향연』 172a) 이소크라테스의 말에 따르면, 이와 같은 아테네 내부에서의 도성과 촌락, 시내와 변두리의 구분은 그리스 전체에 대해서도 적용된다. 즉 아테네는 그리스 전체의 도성이며 시내이고 수도인 반면, 다른 곳은 촌락인 셈이다. 한편 기원전 1세기에 활동한 역사가 디오도로스(Diodoros)는 아테네가 '아스튀'라는 용어로 자신들의 도시를 가리키는 것은 그들이 원래 이집트에 있는 사이스(Sais)에서 온 식민지인임을 알려주는 증거라고 주장했다. '아스튀'라는 말이 이집트에 있는 도시 '아스튀'에서 왔다는 것이다.(DS 1.28.4. 이 내용은 Too, Y. L.(2008), p. 233에서 재인용되었다.)

166) 투퀴디데스도 비슷한 증언을 한다. "도시(=아테네)가 크다보니 온 세상에

서 온갖 상품이 모여들어, 우리에게는 외국 물건을 사용하는 것이 자국 물건을 사용하는 것만큼이나 자연스럽습니다."(II.38.2) 바로 이런 편의가 아테네인들을 위해서뿐만 아니라 다른 그리스 도시들에도 제공되었는데, 이소크라테스는 이것이 페이라이에우스항을 통해서라고 밝힌 바 있다. "우리 도시가 헬라스 한가운데에 페이라이에우스라는 항구를 풍부한 물품을 갖춘 시장으로 세워놓았기 때문입니다. 그래서 사람들은 서로 다른 곳에서, 이건 여기에서 저건 저기에서 어렵게 취해야 하는 것들을 모두 이곳에서 쉽게 구할 수 있게 되었던 것입니다."(『시민대축전에 부쳐』 42) 그리고 이와 같은 일을 할 수 있었던 원동력이 다름 아닌 철학, 즉 말의 교육에 있다고 주장했다. "더 나아가 우리 도시는 철학을 만천하에 보여주었습니다. 철학은 이 모든 것을 발견하고 마련할 수 있도록 도와주었으며, 우리를 가르쳐 실천하게 하였고 서로를 대할 때 정중한 태도를 갖게 해주었습니다."(47)

167) 이 부분부터는 연설의 마무리(epilogos)라고 할 수 있다. 아리스토텔레스는 『수사학』에서 연설의 결론은 다음 네 가지 요건을 충족시켜야 한다고 분석했다. 첫째, 청중이 연설가 자신에 대해서는 좋은 태도를 갖도록 만드는 반면, 논쟁의 상대편에 대해서는 저급하다는 생각을 갖도록 만드는 것이다. 둘째, 연설가에게 유리한 것은 크게 증폭시켜 중요하게 보이게 하는 반면, 불리한 것은 축소시키는 것이다. 셋째, 연설가가 원하는 감정을 청중이 갖도록 자극하거나 연설가가 원하지 않는 감정에 청중이 들떠 있을 때 이를 진정시키는 것이다. 넷째는 연설 가운데 다시 한 번 강조하고 싶은 내용을 청중에게 상기시키거나, 연설의 내용을 알기 쉽게 요약하는 것이다. 자연스러운 순서는 무엇보다도 먼저 자신은 진실한 반면 상대는 거짓되다는 것을 보여주고, 자신에게 유리한 것을 칭찬하고 상대를 비난한 후에 결정적인 한 방을 날리는 것이다.(1419b10-15) 이소크라테스의 마무리 부분은 이와 같은 요건을 충족시키는 모범적인 사례라고 할 수 있으며, 아리스토텔레스는 이소크라테스의 연설문 자체를 사례로 자신의 분석과 이론을 체계화시켰을 가능성이 높다.

168) 아테네는 클레이스테네스에 의해 민주정이 성립된 이후에도 과두정을 옹호하는 정파들에 의해 계속적으로 위협을 받았다. 과두정주의자들은 스

파르타의 지원을 받았다. 이 때문에 소송꾼들이 피고인을 몰아붙일 때는 물론 대중연설가(혹 정치가)가 정적을 공격할 때, 과두정주의자라고 하거나 '친(親)라케다이몬 성향을 가진 사람'이라고 하면서 민주주의를 위협하는 위험한 인물이라고 주장하며 대중을 자극하고 선동했다. 실제로 스파르타는 펠로폰네소스 전쟁에서 승리한 이후, 30인 참주로 구성된 극단적인 과두정 옹호자들로 구성된 괴뢰정부를 지원하였다.

✿ 참고문헌*

강상진 외, 2016, 『서양고대철학 2 – 아리스토텔레스부터 보에티우스까지』, 길, pp. 242-246.

강성훈, 2009, 「플라톤의 『프로타고라스』에서 시모니데스의 시 해석 1: 프로타고라스의 질문과 의도」, 『서양고전학연구』 37, pp. 61-80.

강성훈, 2010, 「플라톤의 『프로타고라스』에서 시모니데스의 시 해석 2: 소크라테스의 세 가지 해석」, 『서양고전학연구』 41, pp. 5-47.

고영호, 2003, 「이소크라테스의 수사학과 도덕 교육론에의 시사」, 『교육철학』 24, pp. 1-19.

김동광, 2006, 「이소크라테스의 철학정의와 교육사상」, 『사회과학논집』 37(2), pp. 25-44.

김봉철, 1992, 『이소크라테스의 정치사상: 전 4세기 폴리스의 위기에 대한 인식을 중심으로』, 박사학위논문(서울대학교).

김봉철, 1992, 「전(前) 4세기 폴리스의 위기 현상과 이소크라테스」, 『서양사론』 38(1), pp. 1-47.

김봉철, 1997, 「이소크라테스의 교육과 필로소피아」, 『인문논총』 8(1), pp. 21-51.

* 이 목록에는 본 주해서에 직접 인용된 자료뿐만 아니라, 인용되지는 않았으나 집필에 참조했던 자료, 그리고 이소크라테스의 교육과 철학에 관해 참고할 만한 자료가 다수 포함되어 있다.(문법서나 사전 등과 같은 참고자료는 특기하지 않았다.) 이소크라테스에 관해 관심 있는 다른 연구자들에게 좋은 정보가 되길 기대한다. 본 주해서는 그리스 원문을 정리하는 데에는 Mathieu, G.(1942)의 편집본에 많은 부분을 의존했으며, 본문 내용에 대한 주해 작업에는 Too, Y. L(2008)의 책이 가장 큰 도움이 되었음을 밝힌다.

김봉철, 2004, 『전환기 그리스 지식인 이소크라테스』, 신서원.
김석완, 2010, 「이소크라테스의 역사교육」, 『한국교육사학』 32(1), pp. 53-75.
김우영, 2018, 『이소크라테스의 수사학 교육연구』, 박사학위논문(공주대학교).
김유석, 2012, 「이소크라테스의 개연성의 수사학」, 『법사학연구』 46, pp. 511-543.
김헌, 1997, 「아킬레우스의 분노와 제우스의 뜻」, 『서양고전학연구』 11, pp. 75-77.
김헌, 2007, 「공자의 『논어』와 이소크라테스의 『소피스테스 반박』의 비교」, 『서양고전학연구』 27, pp. 1-42.
김헌, 2009, 「왜 이소크라테스는 철학자로 불리지 않는가?」, 『대동철학』 47, pp. 21-42.
김헌, 2013, 「아레테를 어떻게 이해할 것인가? – 호메로스에서 아리스토텔레스까지」, 『비교문학』 61, pp. 41-71.
김헌, 2013, 「이소크라테스의 철학과 파이데이아에서의 '의견(doxa)': 플라톤의 '의견' 개념과 비교연구」, 『서양고전학연구』 50, pp. 74-99.
김헌, 2015, 「『시민대축전에 부쳐』에 나타난 이소크라테스의 수사적 전략」, 『수사학』 24, pp. 49-89.
김헌, 2015, 「이소크라테스와 시민교육」, 『서양고전학연구』 54(1), pp. 35-64.
김헌, 2015, 「이소크라테스의 범그리스주의」, 『인문논총』(서울대학교) 72(3), pp. 45-77.
김헌, 2016, 「그리스 고전기에 '아테네가 보여준 철학'」, 『서양고전학연구』 55(2), pp. 145-182.
김헌, 2016, 「소피스트의 활동에 대한 재고 – 기원전 5세기 아테네를 중심으로」, 『지중해지역연구』 18(2), pp. 1-26.
김헌, 2017, 「이소크라테스의 에피에이케이아(epieikeia)」, 『수사학』 29, pp. 27-54.
김헌, 2018, 「고대 올륌피아 제전과 『시민 대축전에 부쳐』」, 『인문논총』(서울대학교) 75(3), pp. 13-51.
김헌, 2018, 「이소크라테스의 '트로이아 전쟁신화' 해석」, 『서양고전학연구』 57(2), pp. 115-138.
부성희, 1997, 「플라톤과 이소크라테스의 교육사상 비교」, 『한국교육의 사상적 이해』(정세화 외, 학지사), pp. 255-284.

성기산, 1991,「이소크라테스의 교육이론」,『교육의 이념과 실천: 죽당 안상원 박사 회갑기념논문집』, 성우출판사, pp. 177-196.
성기산, 2011,「이소크라테스의 교육목적론」,『교육사상연구』25(3), pp. 79-96.
양태종, 1989,「이소크라테스의 수사교육에 관하여」,『언어와 언어교육』4, pp. 43-93.
오인탁, 1993,「이소크라테스의 수사학적 도야 이론」,『교육학연구』31(5), pp. 1-31.
오인탁, 2001,『파이데이아: 고대 그리스의 교육사상』, 학지사.
최자영, 1998,「이소크라테스의『아레오파고스론』에 보이는 이상적 정부형태」,『복현사림』21, pp. 1121-1145.
최자영, 1999,「두 가지 그릇된 자유와 민중을 위한 정치 – 이소크라테스에 보이는 민중과 과두파의 방종에 관하여」,『역사교육논집』24, pp. 1-28.
한기철, 2014, 「수사학 교사 이소크라테스의 교육사상 연구」,『교육사상연구』28(3), pp. 171-202.
한석환, 2015,『아리스토텔레스 수사학연구』, 서광사.

김인곤 외 역, 2005,『소크라테스 이전 철학자들의 단편 선집』, 아카넷.
아리스토텔레스, 김재홍 외 역, 2011,『니코마코스 윤리학』, 도서출판 길.
아리스토텔레스, 천병희 역, 2017,『수사학/시학』, 도서출판 숲.
이소크라테스 외, 김헌 외 역, 2015,『그리스의 위대한 연설』, 민음사.
이소크라테스, 한기철 역, 2016,『소피스트들에 대하여, 안티도시스, 니코클레스』, 한국문화사.
이소크라테스, 김헌 주해, 2018,『그리스 지도자들에게 고함 – 이소크라테스의 아홉 통의 편지』, 서울대학교출판문화원.
조지 커퍼드, 김남두 역, 2003,『소피스트 운동』, 아카넷.
투퀴디데스, 천병희 역, 2011,『펠로폰네소스 전쟁사』, 숲.
플라톤, 박종현 역, 2003,『에우티프론, 소크라테스의 변론, 크리톤, 파이돈』, 서광사.
플라톤, 김인곤·이기백 역, 2007,『크라튈로스』, 이제이북스.
플라톤, 김주일 역, 2008,『에우튀데모스』, 이제이북스.
플라톤, 강성훈 역, 2011,『프로타고라스』, 이제이북스.
플라톤, 김인곤 역, 2011,『고르기아스』, 이제이북스.

플라톤, 김주일 역, 2012, 『파이드로스』, 이제이북스.
플라톤, 이창우 역, 2012, 『소피스트』, 이제이북스.
플라톤, 정준영 역, 2013, 『테아이테토스』, 이제이북스.
플라톤, 강철웅 역, 2014, 『소크라테스의 변명』, 이제이북스.
피에르 그리말, 최애리 외 역, 2003, 『그리스 로마 신화사전』, 열린책들.

Adams, C. D., 1912, "Recent Views of the Political Influence of Isocrates", *Classical Philology* 7(3), pp. 343-350.
Balla, C., 2004, "Isocrates, Plato and Aristotle on Rhetoric", *Rhizai* 1, pp. 45-71.
Baynes, N., 1955, "Isocrates", in Baynes, N., *Byzantine Studies and Other Essays*, London, pp. 144-167.
Benoit, W. L., 1990, "Isocrates and Aristotle on rhetoric", *Rhetoric Society Quarterly* 20(1), pp. 251-259.
Benoit, W. L., 1991, "Isocrates and Plato on Rhetoric and Rhetorical Education", *Rhetoric Society Quarterly* 21(1), pp. 60-71.
Blass, F., Bensler, G., 1889, *Isocratis Orationes*, Leipzig.
Bonner, R. J., 1920, "The Legal Setting of Isocrates' Antidosis", *Classical Philology* 15(2), pp. 193-197.
Bons, J. A. E., 1993, "Amphibolia: Isocrates and Written Composition", *Mnemosyne* 46(2), pp. 160-171.
Bouchet, C., 2014, *Isocrate l'Athénien, ou la belle hégémonie: Étude des relations internationales au IVᵉ siècle a. C.*, Bordeaux: Diffusion De Boccard.
Bringmann, K., 1965, *Studien zu den politischen Ideen des Isokrates*, Göttingen.
Buchner, E., 1958, *Der Panegyrikos des Isokrates. Eine historisch-philologische Ungersuchung*, Weisbaden.
Cahn, M., 1989, "Reading Rhetoric Rhetorically: Isocrates and the Marketing of Insight", *Rhetorica* 7(2), pp. 121-144.
Cartelier, A. and E. Havet, 1862, *Le Discours d'Isocrate sur lui-même, intitulé, sur l'Antidosis*, Paris.
Christ, M., 1990, "Liturgy Avoidance and *Antidosis* in Classical Athens", *Transactions of the American Philological Association* 120, pp. 147-169.

Cloché, P., 1978, *Isocrate et son temps*, Paris: Les Belles Lettres.

Cole, T., 1991, *The Origin of Rhetoric in Ancient Greece*, Baltimore: Johns Hopkins University Press.

Collins II, J. H., 2015, *Exhortations to Philosophy: The Protreptics of Plato, Isocrates, and Aristotle*, New York: Oxford University Press.

Coulter, J. A., 1967, "*Phaedrus*' 279A: The Praise of Isocrates", *Greek, Roman and Byzantine Studies* 8(3), pp. 225-237.

Cuvigny, M., 1981, *Plutarque Oeuvres Morales*, Tome XII, Paris: Les Belles Lettres.

Davidson, J., 1990, "Isocrates Against Imperialism: An Analysis of the *De Pace*", *Historia* 39(1), pp. 20-36.

Drerup, E., 1906, *Isocratis Opera Omnia*, Leipzig.

Eucken, C., 1983, *Isokrates. Seine Positionen in der Auseinandersetzung mit den zeitgenössischen Philosophen*, Berin: Walter de Gruyter.

Field, G. C., 1930, *Plato and His Contemporaries. A Study in Fourth-Century Life and Thought*, London.

Flower, M. A., 2000, "From Simonides to Isocrates: The Fifth-Century Origins of Fourth-Century Panhellenism", *Classical Antiquity* 19, pp. 65-101.

Forster, E. S., 1912, *Isocrates. Cyprian Orations. Evagoras, Ad Nicoclem, Nicocles aut Cyprii*, Oxford: The Clarendon Press.

Fuks, A., 1972, "Isocrates and the Social-Economic Situation in Greece", *Ancient Society* 3, pp. 17-44.

Gabrielsen, V., 1987, "The *Antidosis* Procedure in Classical Athens," *Classica & Mediaevalia* 38, pp. 17-44.

Gagarin, M., 2001, "Did the Sophists Aim to Persuade?", *Rhetorica* 19(3), pp. 275-291.

Gaines, R. N., 1990, "Isocrates, *Ep*. 6. 8", *Hermes* 118, pp. 165-170.

Gaspard, A. M., 1862, *Oeuvre complètes d'Isocrate*, Tome I-III, Paris: Librairie de Firmin Didot et Frères.

Goggin, M. D. and E. Long, 1993, "A Tincture of Philosophy, a Tincture of Hope: The Portrayal of Isocrates in Plato's Phaedrus", *Rhetoric Review* 11(2), pp. 301-324.

Gomperz, H., 1905, *Isokrates und die Sokratik*, Wien.

Harris, E. M., 1989, "Iphicrates at the Court of Cotys," *The American Journal of Philology* 110(2), pp. 264-271.

Haskins, E. V., 2004, *Logos and Power in Isocrates and Aristotle*, Columbia, SC: University of South Carolina Press.

Haskins, E. V., 2005, "Philosophy, Rhetoric, and Cultural Memory: Rereading Plato's *Menexenus* and Isocrates' *Panegyricus*", *Rhetoric Society Quarterly* 35(1), pp. 25-45.

Havet, E., 1863, *Introduction au discours d'Isocrate sur l'Andidosis*, Paris: Imprimerie Impériale.

Heilbrunn, G., 1975, "Isocrates on Rhetoric and Power", *Hermes* 103, pp. 154-178.

Hinks, D. A. G., 1940, "Tisias and Corax and the Invention of Rhetoric," *The Classical Quarterly* 34(1/2), pp. 61-69.

Hook, L. R. V., 1918, "Alcidamas versus Isocrates: The Spoken versus the Written Word", *The Classical World* 12, pp. 89-94.

Howland, R. L., 1937, "The Attack on Isocrates in the *Phaedrus*", *The Classical Quaterly* 31(3/4), pp. 151-159.

Hubbell, H. M., 1913, *The Influence of Isocrates on Cicero, Dionysius and Aristides*, Doctoral Dissertation, New Haven: Yale Univeristy.

Jaeger, W., 1933-1967, *Paideia; die Formung des griechischen Menschen*, 3 vols., Berlin: Walter de Gruyter. (trans. by Gilbert Highet as *Paideia: The Ideals of Greek Culture*, 1939-1944)

James, C. S., 2013, *On the Defense: Reading Isocrates'* Antidosis *as a Response to Plato's* Phaedrus, University of Arkansas.

Janik, J., 2012, *Political Concepts and Language of Isocrates*, Kraków.

Jebb, R., C., 1893, *The Attic Orators. From Antiphon to Isaeus*, 2 vols., London and New York.

Johnson, R., 1957, "A Note on the Number of Isocrates' Pupils," *The American Journal of Philology* 78(3), pp. 297-300.

Johnson, R., 1959, "Isocrates' Methods of Teaching", *The American Journal of Philology* 80(1), pp. 25-36.

Kennedy, G. A., 1958, "Isocrates' Encomium of Helen: A Panhellenic Document", *Transactions and Proceedings of the American Philological Association* 89, pp. 77-83.

Kennedy, G. A., 1963, *The Art of Persuasion in Greece*, Princeton, N. J.: Princeton University Press.

Kim, H., 2012, "Isocrates' Philosophy in Relation to Education", *The Journal of Greco-Roman Studies* 47, pp. 5-33.

Laistner, M. L. W., 1930, "The Influence of Isocrates's Political Doctrines on Some Fourth Century Men of Affairs", *The Classical Weekly* 23(17), pp. 129-131.

Laplace, M., 1988, "L'hommage de Platon à Isocrate dand le *Phèdre*", *Revue de philology, de littérature et d'histoire ancienne*, Ser. 3: 62(=114), pp. 273-281.

Livingstone, N., 2001, *Isocrates' Busiris: A Commentary*, Leiden.

Livingstone, N., 2004, "Writing Politics: Isocrstes' Rhetoric of Philosophy", *Rhetorica* 25(1), pp. 15-34.

Lombard, J., 1990, *Isocrate. Rhétorique et éducation*, Paris: Klincksieck.

Mandelaras, V. G., 2003, *Opera Omnia. Isocrates*, Munich.

Marrou, H.-I., 1965, *Histoire de l'éduation dans l'antiquité*, Paris: Édition du Seuil.

Masaracchia, A., 1995, *Isocrate. Retorica e Politica*, Rome.

Mathieu, G., 1929-1962, *Isocrate, Discours*, tome I-IV, Paris: Les Belles Lettres.

McAdon, B., 2004, "Plato's Denunciation of Rhetoric in the Phaedrus", *Rhetoric Review* 23(1), pp. 21-39.

McCoy, M. B., 2009, "Alcidamas, Isocrates, and Plato on Speech, Writing, and Philosophical Rhetoric", *Ancient Philosophy* 29(1), pp. 45-66.

Michelini, A. N., 1998, "Isocrates's Civic Invective: Acharians and on the Peace", *Transactions and Proceedings of the American Philological Association* 128, pp. 115-133.

Mikkola, E., 1954, *Isokrates. Seine Anschauungen in Lichte seiner Schriften*, Helsinki.

Miller, S. G., 1978, *The Prytaneion. Its Function and Architectural Form*, Berke-

ley: University of California Press.
Misch, G., 1950, *A History of Autobiography of Antiquity*, Vol. I, trans. D. McLintock, Cambridge.
Momigliano, A., 1971, *The Development of Greek Biography. Four Lectures*, Cambridge.
Moysey, R. A. 1985, "Chares and Athenian Foreign Policy," *The Classical Journal* 80(3), pp. 221-227.
Muir, J. R., 2005, "Is Our History of Educational Philosophy Mostly Wrong?: The Case of Isocrates", *Theory and Research in Education* 3(2), pp. 165-195.
Muir, J. R., 2015, "Overesimating Plato and Underestimating Isocrates", *Journal of Thought* 49(3/4), pp. 18-34.
Neserius, P. G., 1933, "Isocrates' Political and Social Ideas", *International Journal of Ethics* 43(3), pp. 307-328.
Norlin, G. and L. Van Hook(eds.) 1928-1945, *Isocrates I-III*, Cambridge, Massachusetts: Harvard University Press.
Orth, W.(ed.), 2003, *Isokrates. Neue Ansätze zur Bewertung eines politischen Schriftstellers*, Trier.
Papillion, T. L., 1995, "Isocrates' techne and Rhetorical Pedagogy," *Rhetoric Society Quarterly* 25, pp. 149-163.
Papillon, T. L., 1996, "Isocrates and the Use of Myth", *Hermathena* 161, pp. 9-21.
Perkins, T. M., 1984, "Isocrates and Plato: Relativism vs. Idealism", *Southern Speech Communication Journal* 50(1), pp. 49-66.
Pernot, L., 2002, "Les sophistique réhabilitées," L. Pernot(éd.) *Actualité de la rhétorique*, Paris, pp. 27-48.
Poulakos, J., 1986, "Argument, Practically, and Eloquence in Isocrates' Helen", *Rhetorica* 4(1), pp. 1-19.
Poulakos, J., 1995, *Sophistical Rhetoric in Classical Greece*, Columbia, S. C.: University of South Carolina Press.
Poulakos, T., 1997, *Speaking for the Polis, Isocrates' Rhetorical Education*, Columbia, S. C.: University of South Carolina Press, p. 4.
Poulakos, T., 1997, "Isocrates' Use of Doxa", *Philosophy and Rhetoric* 34(1),

pp. 61-78.

Poulakos, T. and D. Depew(ed.), *Isocrates and Civic Education*, Austin: University of Texas Press.

Power, J. Edward, 1966, "Class Size and Pedagogy in Isocrates' School," *History of Education Quarterly* 6(4), pp. 22-32.

Race, W. H., 1978, "Panathenaicus 74-90: The Rhetoric of Isocrates' Digression on Agamemnon", *Transactions of the American Philological Association* 108, pp. 175-185.

Race, W. H., 1981, "The Word kairos in Greek Drama", *Transactions of the American Philological Association* 111, pp. 197-213.

Robinson, E. W., 2007, "The Sophists and Democracy Beyond Athens", *Rhetorica* 25(1), pp. 109-122.

de Romilly, J., 1958, "*Eunoia* in Isocrates or the Political Importance of Creating Good Will", *The Journal of Hellenistic Studies* 78, pp. 92-101.

de Romilly, J., 1988, *Les grands Sophistes dans l'Athènes de Périclès*, Paris.

Rosen, S., 1983, *Plato's Sophist – The Drama of Original and Image*, New Haven and London: Yale University, p. 206.

Seck, F.(hsg.), 1976, *Isokrates*, Darmstadt.

Timmerman, D. M., 1998, "Isocrates' Competing Conceptualization of Philosophy", *Philosophy and Rhetoric* 31(2), pp. 145-159.

Todd, S., 1993, *The Shape of Athenian Law*, Oxford.

Too, Y. L., 1995, *The Rhetoric of Identity in Isocrates*, New York: Cambridge University Press.

Too, Y. L., 2006, "Rehistorizing Classicism: Isocrates and the Politics of Metaphor in Fourth-Century Athens", in Porter, J. I.(ed.), *The Classical Traditions of Greece and Rome*, Princeton, pp. 106-126.

Too, Y. L., 2008, *A Commentary on Isocrates' Antidosis*, Oxford University Press.

Usener, S., 1994, *Isokrates, Platon und ihr Publikum. Hörer und Leser von Literatur im 4. Kahrhundert v. Chr.*, Tübingen.

Usher, S.(ed.), 1990, *Isocrates Panegyricus and to Nicocles*, Warminster.

Voliotis, N., 1977, "Isocrates and Plato – An Effort to Interpret *Phaedrus* 278e-279b", *Platon* 29, pp. 145-151.

de Vries, G. J., 1953, "Isocrates's Reaction to the *Phaedrus*", *Mnemosyne* 6(1), pp. 39-45.

de Vries, G. J., 1971, "Isocrates in the Phaedrus: A Reply", *Mnemosyne* 24(4), pp. 387-390.

Warech, T., 2012, *The Theory and Practice of Life: Isocrates and the Philosophers*, Washington, DC: Center for Hellenic Studies.

Wersdörfer, H., 1940, *Die Philosophie des Isokrates im Spiegel seiner Terminologie*, Leipzig.

Wiehl, R., 1985, *Platon, Der Sophist*, Hamburg: Felix Meiner, p. 187.

Wilcox, S., 1943, "Criticisms of Isocrates and his Philosophia", *Transactions and Proceedings of the American Philological Association* 74, pp. 113-133.

Wilms, H., 1995, *Techne und Paideia bei Xenophon und Isokrates*, Stuttgart.

Wilson, C. H., 1966, "Thucydides, Isocrates and the Athenian Empire", *Greece & Rome* 13(1), pp. 54-63.

✿ 찾아보기

[ㄴ]

[ㄷ]

[ㄹ]

[ㅁ]

[ㅅ]

이소크라테스(Isokratēs)

그리스 고전기의 대표적인 수사학 교사이자 철학자로, 기원전 436년에 아테네에서 태어나 기원전 338년에 세상을 떠났다. 프로디코스, 고르기아스, 티시아스와 같은 소피스트에게 교육을 받았다고 전해진다. 펠레폰네소스 전쟁 직후 30대 초반의 나이에 연설문 작성가(logographos)로 활동했으나 그만두었고, 기원전 392년쯤에 학교를 열어 죽을 때까지 약 50여 년 동안 교육과 집필에 전념했다. 그의 학교는 아테네를 비롯해서 그리스 전역에 명성이 자자했고, 수많은 유력자들을 제자로 길러냈다. 아테네 시민과 그리스 지도자들을 대상으로 연설문과 편지를 보내 범그리스주의(panhellenism)라는 정치적 이념을 실현하려고 노력했다. 기원전 403년에서 339년 사이에 작성된 21편의 연설문과 편지 아홉 통이 남아 있다. 당대 아카데미아를 세우고 활동했던 플라톤과 철학의 개념을 비롯해 여러 가지 측면에서 대립 각을 세웠다.

김헌(金獻)

서울대학교 불어교육과를 졸업하고, 같은 대학교 대학원 철학과에서 석사학위(서양고대철학, 플라톤), 서양고전학 협동과정에서 석사학위(서양고전학, 호메로스)를 받고 박사과정을 수료한 후, 프랑스 스트라스부르 대학(Université de Strasbourg)에서 서양고전학 박사학위(서양고전학, 아리스토텔레스)를 받았다. 서양 고대 그리스의 문학과 신화, 고전기 아테네의 수사학과 철학이 주요 관심 분야이다. 현재 서울대학교 인문학연구원 부교수(HK교원)로 재직 중이다. 『고대 그리스의 시인들』, 『인문학의 뿌리를 읽다』, 『그리스 문학의 신화적 상상력』 등의 저서가 있고, 역서로는 『두 정치연설가의 생애』, 『그리스 지도자들에게 고함』 등이 있다.

❁ 문명총서 발간사

서울대학교 인문학연구원은 2007년 11월 한국연구재단의 인문한국(HK) 사업을 수탁하여 HK문명연구사업단을 출범시켰다. 한국과 아시아, 세계를 향한 문명연구의 허브를 구축하기 위해 '한국 인문학'의 정립을 목표로 인문학 제 분야는 물론 인근 분야의 전공자들까지 한 지붕 아래 모였다.

인문학연구원이 한국 인문학의 도약을 위해 핵심과제로 주목한 것은 문명에 대한 새로운 이해이다. 문명이란 장구한 세월 동안 인류가 일구어낸 정신적·물질적 성과들의 종합이며, 타 문명들과 서로 영향을 주고받으며 진화해 온 복합적 실체이다. 이에 대한 심층적인 이해가 선행되지 않는다면 현재와 미래에 대한 유효적절한 준비와 대응은 불가능하다.

'문명텍스트총서'는 인문학 안팎의 다양한 전공을 가진 우리 연구원의 연구자들이 자신의 영역에서 과거와 현재 문명의 정수와 그에 대한 인식을 담은 중요한 텍스트를 선정하여 번역하고 주해한 결과물이다. 이는 긴 시간의 노동을 요하면서도 성취가 단기간에 가시화되지 않는 우직한 작업이지만, 인류의 유산을 한국화하는 이 같은 작업이 주체적으로 세계문명을 사유하고 새로운 문명을 개척하는 데 발판이 되리라고 믿는다. 문명텍스트총서가 현재와 과거를 엮는 씨줄 놓기 작업이라면, 문명공동연구총서는 인간과 세계를 총체적으로 이해하려는 날줄 엮기라고 할 수 있다. 오랫동안 자신의 분야에서 전문화를 추구했기에 공동연구가 쉬운 일은 아니지만, 문명 이해의 융합적 시각뿐만 아니라 한국 인문학의 새로운 전망을 써 내려가는 방법론을 제시할 수 있기를 희망한 결과물이다. 또한 문명지평총서는 연구원 안팎의 연구자들이 참여한 연구서와 교양서를 아우르고 있다.

아무쪼록 문명총서 시리즈가 동서고금의 문명을 더 깊고 더 넓게 이해하는 창발의 효과를 가져오길 기대하며, 국내외의 학자들이 참여하고 교류하는 열린 연구공간이 되길 바란다.

2014년 4월

서울대학교 인문학연구원 원장